Kommunikations- und Verhaltenstrainings

Schriftenreihe
Psychologie für das Personalmanagement
herausgegeben von
Prof. Dr. Werner Sarges
Hamburg

Kommunikations- und Verhaltenstrainings

herausgegeben von
Dr. Bärbel Voß

Redaktion:
Dr. Bernhard H. Sowarka

Verlag für Angewandte Psychologie
Göttingen

Kommunikations- und Verhaltenstrainings

herausgegeben von

Bärbel Voß

2. Auflage

Verlag für Angewandte Psychologie
Göttingen

Dr. Bärbel Voß, geb. 1952. 1971-78 Studium der Psychologie an der Technischen Universität Braunschweig; 1975-77 Mitarbeit in Forschungsprojekten (u.a. DFG). 1979-83 Wissenschaftliche Mitarbeiterin an der Universität Hannover. 1984-87 Mitarbeiterin und Stellvertretende Leiterin der Zentralen Studien- und Studentenberatung an der TU Braunschweig. 1987-91 Trainerin im Bildungswesen bei der Volkswagen AG in Wolfsburg. Seit 1991 Fachreferentin im Personalwesen bei der Volkswagen AG in Salzgitter.

© by Hogrefe-Verlag, Göttingen · Bern · Toronto · Seattle 1995 und 1996
Rohnsweg 25, D-37085 Göttingen

Das Werk einschließlich aller seiner Teile ist urheberrechtlich geschützt. Jede Verwertung außerhalb der engen Grenzen des Urheberrechtsgesetzes ist ohne Zustimmung des Verlages unzulässig und strafbar. Das gilt insbesondere für Vervielfältigungen, Übersetzungen, Mikroverfilmungen und die Einspeicherung und Verarbeitung in elektronischen Systemen.

Gesamtherstellung: Dieterichsche Universitätsbuchdruckerei
W. Fr. Kaestner GmbH & Co. KG, D-37124 Göttingen-Rosdorf
Printed in Germany
Auf säurefreiem Papier gedruckt

ISBN 3-87844-102-9

Vorwort

des Herausgebers der Schriftenreihe „Psychologie für das Personalmanagement"

Zielgruppe für die Reihe „Psychologie für das Personalmanagement" sind Praktiker des Personalmanagements sowie alle an dieser Thematik interessierten Führungskräfte anderer Ressorts. Die Reihe soll leben von Titeln, die von unmittelbarem Interesse für die Praxis sind, und von Autoren, die für Praktiker anwendbares Wissen kompetent und verständlich darstellen können.

Ein wichtiges Gestaltungselement ist, daß zu jedem Titel-Thema die bedeutsamsten Konzepte mit Pro's und Contra's dargestellt und nach Möglichkeit auch mit Praxisbeispielen illustriert werden. Dadurch soll der Leser eine fundiert-bündige, verständliche und für seine Arbeit wirklich nützliche Übersicht über den derzeitigen Stand eines jeden Themas erhalten – wobei gemäß dem Titel der ganzen Reihe die praktisch-psychologischen Probleme einen gewissen Schwerpunkt bilden.

Der hier vorgelegte Band *Kommunikations- und Verhaltenstrainings* will Zeitzeichen setzen für Personalentwicklungsmaßnahmen auf Gebieten wie Führungsverhalten, Teamentwicklung, Kommunikation, Motivation, Lernverhalten oder Konfliktmanagement, und dabei erfüllt er in mehrfacher Hinsicht eine wichtige Aufgabe. Rückblickend erhellt er, was mit Kommunikations- und Verhaltenstrainings in den letzten Jahren bezweckt und was mit ihnen erreicht wurde, vergleicht Soll- und Ist-Zustände der Vergangenheit, bringt Versäumnisse zur Sprache, schlägt Korrekturen vor und gibt aufschlußreich Auskunft über die Anforderungen an künftige Trainingskonzepte.

Herzlich bedanken möchte ich mich bei der Herausgeberin, Frau Dr. Bärbel Voß, für ihre engagierte Arbeit an dem Band und bei Herrn Dr. Bernhard H. Sowarka für seine gründliche Redaktion und organisatorische Unterstützung.

Eine willkommene und fruchtbare Ergänzung zu dem vorliegenden Band dürfte der zeitgleich, ebenfalls in dieser Reihe erscheinende Band *Innovative Weiterbildungskonzepte* (hrsg. von Laila Maija Hofmann und Dr. Erika Regnet) bieten.

Hamburg, im Mai 1994   Werner Sarges

Vorwort
der Herausgeberin

Neue Schlagworte beschreiben aktuelle Managementtrends: flache Hierarchien, Kundenorientierung, permanentes Lernen, kontinuierlicher Verbesserungsprozeß, lean production sowie lean management.

In einer Zeit des zunehmend schärfer werdenden Wettbewerbs, verbunden mit einer Diskussion um den Wirtschaftsstandort Deutschland, sind alternative Managementkonzepte, die Unternehmenserfolge auch in der Zukunft gewährleisten, für das Überleben notwendig. Dem eindeutigen Vorsprung der internationalen Konkurrenz, beispielhaft dafür die „Japanische Herausforderung", können wir nur begegnen durch kreative Lösungen von Problemen, intelligente Nutzung vorhandener Ressourcen sowie entsprechende Managementkonzepte. Dieses bedeutet ein zielorientiertes Überdenken und den Wandel bisheriger Strategien.

Ein grundlegender Wandel in der Arbeitsorganisation zeigt sich beispielsweise in der Einführung von Gruppenorganisation. Man hat erkannt, daß durch die Bildung kleiner, sich selbst regulierender Teams mehr Delegation von Verantwortung als wichtige Voraussetzung für Motivation, Identifikation und Wertschöpfung möglich ist.

Von dem gleichen Grundprinzip ausgehend wandeln sich ganze Organisationsstrukturen. Ein Abbau von Hierarchiestufen läßt Arbeitsabläufe crossfunktional werden, und dieses ist wiederum für die Lösung zunehmend komplexerer Probleme erforderlich. Projektmanagement ist hierfür ein prägnantes Beispiel. Die Probleme von heute können nur durch die intelligente Bündelung unterschiedlicher, sich ergänzender Qualifikationen und Perspektiven einer adäquaten Lösung zugeführt werden. Dieser Ansatz entspricht auch den Grundideen des Systemischen Managements.

Der Weg der Veränderung ist ferner von einem Wandel in der Auffassung von Personalführung gekennzeichnet: Neue Qualitäten von Führung sind gefragt. Während sich ehemals die Tätigkeit von Führungskräften stärker auf die Lösung faktischer Fragen aufgrund ihres erworbenen Fachwissens bezog, sind heute ganz andere Kompetenzen der Führungskräfte gefordert.

Begriffe wie „Moderator" oder „Berater" oder „Organisationsentwickler" vermitteln einen Eindruck davon, welches diese neue Qualität ist. Im Sinne von „Kundenorientiertem Management" ist der nächste Kunde für eine Führungskraft der Mitarbeiter. Von ihr wird erwartet, daß sie unternehmerisch denkt und handelt und dabei ganzheitlich Verantwortung übernimmt. Ein Überdenken und Überarbeiten von Grundannahmen gängiger Führungsauffassungen findet statt. So beispielsweise wird gefragt: Braucht lean production einen neuen Manager-Typ?

Bei sämtlichen Reformvorhaben steht letztlich die Kernfrage im Mittelpunkt: Wie können Mitarbeiter durch Veränderungen in der Arbeitsorganisation und der Personalführung zu größerer Eigenverantwortung, Kreativität, Arbeitszufriedenheit und dadurch zu effektiverer Arbeitsweise und zu größerer Produktivität, Qualität etc. motiviert werden?

Nicht die intelligente Technik oder Organisation, sondern deren intelligente Nutzung durch die Mitarbeiter ist der unabdingbare Wettbewerbsfaktor. Eine neue Dimension im Wettbewerb ist entstanden: der Wettbewerb über die Ressource „Mensch".

Nicht umsonst findet in vielen Industrie-Unternehmen der sogenannte Kontinuierliche-Verbesserungsprozeß (KVP) Eingang. Mit dieser Methode werden die Probleme durch die Mitarbeiter grundlegend analysiert und gezielt gelöst. Nur wenn es uns gelingt, morgen besser als heute zu sein, können wir im fortschreitenden Wettbewerb mithalten.

Der Weg der Veränderung oder des Wandels ist jedoch auch ein Weg der persönlichen Verunsicherung: Bisheriges, Gewohntes und Vertrautes wird in Frage gestellt. Nicht nur eine Veränderung von Verhalten, sondern auch ein Wandel in den Denkweisen und Einstellungen sind für alle diejenigen erforderlich, die den Fortschritt bewirken wollen und müssen. Im Sinne permanenten Lernens ist die Weiterentwicklung überfachlicher Fähigkeiten unumgänglich.

Antworten auf Fragen werden häufig in Kommunikations- und Verhaltenstrainings gesucht. Das Angebot auf dem Markt ist groß und für den Interessenten kaum überschaubar. Dieses Buch bietet einen aktuellen Überblick über den derzeitigen Stand bedeutsamer Trainingskonzepte, u. a. auf den Gebieten Führung, Kommunikation, Konfliktmanagement, Teamentwicklung. Die Autoren sind, teilweise nach einer wissenschaftlichen Laufbahn, als Managementtrainer, Organisationsentwickler, Unternehmensberater oder im Personalbereich für Industrie-Konzerne tätig.

Bei der Darstellung wird der Bogen von grundsätzlichen Überlegungen zu Verhaltenstrainings über konkrete Trainingsmaßnahmen bis zu umfassenden Personalentwicklungs-Konzepten gespannt. Praktisch-psychologische Probleme bilden einen gewissen Schwerpunkt. Beispiele aus der Praxis illustrieren Wege für die konkrete Umsetzung theoriegestützter Erkenntnisse.

Dem Wandel in den Grundauffassungen von „Training" Rechnung tragend wurden die Kommunikations- und Verhaltenstrainings unter dem Aspekt ausgewählt, daß sie dieses veränderte Verständnis widerspiegeln: individuelle Maßnahmen im erweiterten Sinn als Beitrag zur Organisationsentwicklung. Sowohl bei der inhaltlichen Konzeption von Trainings als auch bei Maßnahmen für einen effektiven Transfer sind Aspekte der jeweiligen Organisation des Teilnehmers zu berücksichtigen. Die als „klassisch" geltenden Trainings, wie z. B. Rhetorik, sind in diesem Rahmen nicht einbezogen.

Vorwort

Der Leser erhält durch die einzelnen Beiträge in diesem Band konkrete Anregungen für die eigene Praxis; sogenannte Patentrezepte findet er jedoch nicht, denn diese gibt es nicht bzw. sie bieten keine problemadäquaten Lösungen. Antrainiertes Verhalten ist nicht erfolgreich, denn es ist nicht überzeugend. Im Training angebotene Strategien und Techniken bieten zwar eine gute Grundlage für den eigenen „Werkzeugkasten", die bewußte Auswahl und überzeugende Umsetzung im Verhalten müssen jedoch der eigenen Persönlichkeit entsprechen.

Jedes Training, will es konstruktive Veränderung bewirken, muß bei der Person des einzelnen Trainingsteilnehmers ansetzen und individuelle Fähigkeiten bewußtmachen und weiterentwickeln. Dieses übergreifende Ziel ist als „roter Faden" in den verschiedenen Darstellungen erkennbar: Kommunikations- und Verhaltenstrainings als Impulse zur Persönlichkeitsentwicklung.

Braunschweig, im Frühjahr 1994   Bärbel Voß

Inhalt

Vorwort
des Herausgebers der Reihe „Psychologie für das Personalmanagement"
Werner Sarges (Universität der Bundeswehr, Hamburg) V

Vorwort
der Herausgeberin VII

**Künftige Anforderungen an Führungskräftetrainings
im Verhaltensbereich**
Dieter Jaehrling (Volkswagen AG, Wolfsburg) 3

Lernen lernen: Die Optimierung des eigenen Lernverhaltens
Georg Birkhan (Hamburg) 12

Führungsverhalten: Feststellung – Wirkung – Veränderung
Lutz von Rosenstiel (Universität München) 34

**Die Fähigkeit zu führen – Vom Zufallsprodukt zur
persönlichen Entwicklungsaufgabe**
Gerd Landshut (Hamburg) und *Thomas Beyer*
(Volkswagen AG, Wolfsburg) 57

**Die neue Führungsherausforderung – Bewußtseins- und
Persönlichkeitsentwicklung**
Ulrich Schwalb und *Christo Quiske* (Institut für angewandte
Kreativität, Burscheid) 70

Wachstumsorientiert Führen
Thomas Steinert (Beratungsinstitut Endruweit,
Steinert & Partner, Hannover) 84

**Weiterentwicklung der Personalführungsarbeit in neuen
Arbeitsorganisationsformen**
Christian Bürmann und *Claus Hackethal*
(Volkswagenwerk AG, Salzgitter) 101

**Frauen in Führungspositionen – Analyse und Konsequenzen
neuer gesellschaftlicher Anforderungen**
Elisabeth Ardelt und *Christa Berger* (Universität Salzburg) 109

Kommunikationstraining und Persönlichkeitsentwicklung
Horst Krähe (Beratungsinstitut Krähe & Partner, München)
und *Klaus Koeppe* (Berlin) 125

Bewerber-Interviews und Mitarbeiter-Gespräche:
Engpaß Exploration
Werner Sarges (Universität der Bundeswehr, Hamburg) 136

Gesprächstraining zur Reduzierung motivationsbedingter
Fehlzeiten
Wolfgang Dressler und *Bärbel Voß* (Volkswagen AG, Salzgitter) 157

Konflikt-Management als angewandte Dialektik
Bernhard Pesendorfer (Institut für angewandte Philosophie, St. Gallen) 164

Praxis der Konfliktintervention
Gerhard Schwarz (Wien) 184

Teamentwicklung
Peter Heintel (Universität Klagenfurt) 193

Steuern von Gruppen
Ewald E. Krainz (Universität Klagenfurt) 206

„Synergie im Team"
Ein dreitägiger Workshop zur Teambildung
Roland Spinola (Herrmann Institut Deutschland, Fulda) 221

Organisationsdynamik als Seminar – ein Widerspruch?
Veronika Dalheimer (Wien) 233

Wie manage ich ein „Komplexes System ...?"
... ein Ausbildungs-Curriculum zum Erlernen, Erfahren
und Vertiefen des Systemischen Managements
Peter Weissengruber (KEBA GmbH & Co, Linz) 243

Zielorientiert verhandeln:
Wertschätzung und Durchsetzung – geht das zusammen?
Marlen Theiß (Trainings- und Beratungsinstitut „Stairs", Wiesbaden) 256

Neue Verkaufstrainings in Deutschland –
Vom Verhaltenstraining zur Persönlichkeitsentwicklung
Peter Weil (Beratungsinstitut „Quest", Niedersteinebach) 272

Autorenverzeichnis 280

Dieter Jaehrling

Künftige Anforderungen an Führungskräftetrainings im Verhaltensbereich

Obwohl die Unzahl der selbsternannten Verhaltensexperten mit unverminderter Geschwindigkeit ansteigt und sie sich mit messianischem Selbstbewußtsein schon als Anfänger oft nur gegen Star-Gagen zur Preisgabe ihres wunderwirkenden, kreativen und natürlich einmaligen Wissens bewegen lassen, wissen die tatsächlichen Experten auf dem Gebiet des *Verhaltenstrainings* längst, daß es *(wieder einmal) in der Krise* steckt. Es ist nicht die erste Krise seit in den sechziger Jahren aus den inhaltlich und zielgruppenbezogen noch schmalen Flüssen vor allem der Verkäuferschulung und sozialer Therapieformen – dem amerikanischen Vorbild folgend – der breite, hauptsächlich durch das Managementtraining und seine Anforderungen angeregte, Strom des heutigen *Verhaltenstrainings* geworden ist. So wie heute auch, waren all die vorhergegangenen *Krisen* zu einem guten Teil *verursacht durch Zweifel an* der Glaubwürdigkeit, dem Sinn und Zweck, dem Nutzen von Verhaltenstrainings. *Ausgelöst* wurden sie mehr *durch* das Auftauchen *neuer Methoden* wie Transaktionsanalyse, Kreativitätstechniken, Metaplantechnik u. v. a. m., die sich zum Teil dauerhaft durchsetzten, zum Teil aber auch wieder fast ganz verschwanden wie z. B. die Transaktionsanalyse.

Eine wichtige Rolle bei den Krisen haben auch die *Trainerinnen und Trainer* selbst gespielt, weil sie häufig sehr *einseitig ausgebildet*, dafür *aber umfassend eingebildet* waren. Wie wenig aufgeschlossen sie (auch heute häufig noch) sind, zeigt sich auch darin, daß neue Ansätze wie erlebnispädagogische Elemente oder Suggestopädie oft kaum geprüft, aber energisch abgelehnt werden. Der etablierte Trainer braucht anscheinend nicht mehr zu lernen! Bei dieser Haltung stellten sich oft genug Situationen ein, in denen die eigenen Methoden völlig zu Unrecht für Probleme verkauft und angewendet wurden. Aber wer nur den Hammer bedienen kann, für den ist jedes Problem ein Nagel.

Diese Krisen waren aus zwei Gründen notwendig: Zuerst einmal wurden dadurch neue Zielgruppen gewonnen, denen die bis dahin verfügbaren Ansätze zu wenig Bezug zur eigenen Lebenswirklichkeit boten, zum anderen erweiterten sich dadurch die Anwendungsmöglichkeiten auch inhaltlich und ermöglichten erst den breiten Strom, den wir heute vorfinden.

Zu den Zeiten, da das Verhaltenstraining noch in den Kinderschuhen steckte und die Teilnehmerinnen und Teilnehmer, frustriert von jahrelangem Schulunterricht, noch jede aktivierende Lehrmethode als belebend, ja begeisternd empfanden, waren die Krisen jedoch leicht zu bewältigen: Der jungen Disziplin Verhaltenstraining billigte man kleine Irrwege in Sackgassen zu, mit Recht, und außerdem wog der verbleibende Erlebniswert der Trainings den Einsatz an Zeit und Geld auf. Heute ist dies anders: Viele von den Teilnehmerinnen und Teilnehmern haben durch die inzwischen reichlich vorhandene Literatur Vorkenntnisse, häufig auch durch private Gespräche oder eigene Erfahrungen eine mehr oder weniger ausgeprägte Kritikfähigkeit in sich entwickeln können.

Diese fundierteren Zweifel bewirken, daß die heutige Glaubwürdigkeitskrise auch eine andere Dimension hat als die früheren Krisen, grundsätzlicher ist und nicht mehr so einfach dadurch zu überwinden sein wird, daß eine neue Methode auf den Markt geworfen wird.

Die Krise besteht darin, daß *fundierte* Zweifel daran geäußert werden, ob Verhaltenstrainings überhaupt Erfolg haben können, ob sie wirklich Verhaltensänderungen bewirken oder einleiten. Dabei geht es weniger um die extremen Positionen von „man kann alles lernen" bis zu „Erwachsene kann man nicht mehr ändern". Daß aber zu wenig von den gelehrten bzw. trainierten Inhalten in die berufliche Praxis überführt wird, *daß die Führungskultur, die Unternehmenskultur sich trotz jahrelang durchgeführter Verhaltenstrainings zu wenig ändert,* ist unbestritten.

Die Trainerinnen und Trainer hatten dies seit längerem erkannt und daraus ja auch die Schlußfolgerung abgeleitet, daß sie die Teilnehmerinnen und Teilnehmer in das berufliche Umfeld begleitend betreuen müssen. Auch dies Modell funktioniert offenbar aber nur begrenzt. Zwar wird dann die Zusammenarbeitsstruktur in den Organisationseinheiten oft besser, schneller, wirksamer verändert: Nur die Quelle der Veränderung ist eben nicht die Führungskraft, sondern die/der TrainerIn selbst. Die TrainerInnen ersetzen also das, was die Führungskraft im Verhaltenstraining nicht gelernt hat. Das heißt nicht, daß man auf diese Ersatzfunktion verzichten soll, bedeutet aber doch, daß man daraus die ernüchternde Erkenntnis über die Grenzen des Verhaltenstrainings ableiten muß.

Auch aus diesen Gründen ist man *bei VW* in doppelter Weise dabei, die Führungskultur zu verändern: Einmal *wird das Konzept des Führungstrainings überdacht* und permanent überprüft. *Zum anderen ist das Verhältnis von Auswahl und Entwicklung von Führungskräften neu definiert worden.* Auf die Auswahl als Prozeß und Vorgang wird heute weit mehr und viel systematischer Wert gelegt als früher. Vor allem die überfachlichen Qualifikationen, also diejenigen, die bei Verhaltenstrainings verbessert werden könnten, werden einer systematischen Überprüfung unterzogen, um sicherzustellen, daß die Grundlagen für die spätere Führungsqualifikation auf hohem Niveau vorhanden sind.

Wir werden die Krise überwinden können, wenn wir auf die Glaubwürdigkeit strengstens achten, Scharlatane entlarven und bei der Auswahl der Inhalte und Methoden genaue und (selbst-)kritische Analysen nutzen. Dabei sind die Teilnehmerinnen und Teilnehmer in die Planung systematisch miteinzubeziehen, und es ist auch ihre Kritikfähigkeit nach den Trainings intensiv zu nutzen. Vor allem aber ist nötig, daß die Trainerinnen und Trainer selbst diese Glaubwürdigkeit verkörpern.

Vielleicht stimmen mir diejenigen, die die letzten 20 Jahre über das Verhaltenstraining mitverfolgt haben, zu, daß sich neue Ansätze in den letzten 5 bis 10 Jahren zunehmend schwerer tun, bekannt zu werden bzw. sich durchzusetzen. Ich denke dabei beispielsweise an die Themenzentrierte Interaktion (TZI) oder an das Neurolinguistische Programmieren (NLP).

Die Tatsache, daß mehr Verhaltenstrainer tätig sind, mehr Verhaltenstrainings stattfinden und gleichzeitig eine Krise des Verhaltenstrainings besteht, ist nur scheinbar ein Widerspruch. Nach wie vor steigt im Berufs- wie im Privatleben der Bedarf an der Fähigkeit zur Kooperation, zur Kommunikation, zur Lösung zwischenmenschlicher und innermenschlicher Probleme. Nach wie vor steigen aber auch die Konfliktpotentiale und das Konfliktbewußtsein, wobei die Schulen (neben ihren unbestreitbaren fachlichen Lernerfolgen) auf dem Gebiet der überfachlichen Qualifikationen oder Schlüsselqualifikationen eher mehr als weniger Schulschäden produzieren, etwas, das von den Hochschulen in gleicher negativer Form fortgesetzt wird.

Die *Schulen und Hochschulen* verstoßen leider nach wie vor täglich tausendfach gegen den von ihnen so oft gepredigten Satz „wir lernen nicht für die Schule, sondern für das Leben" (non scholae, sed vitae discimus). Und sie *verspielen* damit *täglich neu ihr ursprünglich einmal hohes Ansehen selbst, gerade weil sie nicht mehr das Verhaltensrepertoire vermitteln, das die Erwachsenen heute im privaten und beruflichen Bereich dringend benötigen.* Obwohl dadurch nämlich die Lebenschancen der Erwachsenen selbst gemindert werden, scheint es fruchtlos, daß die Wirtschaft hier massive Kritik übt. Dies zeigt, welche dringende Notwendigkeit für das Verhaltenstraining besteht. Dies zeigt aber auch, mit welchem Verantwortungsbewußtsein man Verhaltenstraining betreiben muß.

Gerade auch Verstöße gegen das notwendige Verantwortungsbewußtsein haben das Verhaltenstraining mit in die Glaubwürdigkeitskrise gestürzt und das Image in die Nähe dessen gerückt, was Lernen, schulisches Lernen, bei Erwachsenen häufig hat. Deshalb schwebt auch über der Frage nach den künftigen Anforderungen an Verhaltenstrainings für Führungskräfte der gute (oder auch böse) Geist der Glaubwürdigkeit als permanente Forderung, die sich sowohl auf die Inhalte wie auf die Methoden und Bedingungen bezieht. Bevor ich auf inhaltliche und methodische Trends eingehe, so wie ich sie auf uns als Anforderung der Zukunft zukommen sehe, möchte ich jedoch einige Grundprinzipien darlegen, die verständlich machen, aus welcher Grundhaltung heraus für mich Verhaltenstraining zu betreiben ist. Auch wenn ich mir meiner eigenen Grundannahmen sicherlich nicht vollständig bewußt bin und hier auch nur einige wichtige aufführen kann, hilft es vielleicht doch, die von mir zu beschreibenden Trends zu verstehen.

1. Wissen ist nicht verhaltensrelevant, aber die Änderung des Verhaltens bedarf häufig bewußter Vorgänge. Wissen und Einsicht sind als Anstoßkräfte für die meisten Verhaltensänderungen die Voraussetzung.

2. Das Verhalten ist eine Funktion der Einstellung, des Wissens und Könnens einer Person und dessen, was die Umwelt zuläßt bzw. fordert. Kurt Lewins Formel gilt

auch in unserer individualisierten Welt selbst für diejenigen, die gegen die Verhaltensnormen verstoßen. Denn der Verstoß setzt die Verhaltensnorm voraus.

3. Verhaltenstraining ist Persönlichkeitsbildung und kann deshalb nur von Persönlichkeiten durchgeführt werden, die an sich gearbeitet haben.

4. In nicht-hierarchisch gelenkten Gruppen müssen ungefähr 20 % der Gruppe für eine Veränderung sein, damit einer Veränderungstendenz genügend Bedeutung beigemessen wird, um eine Chance auf Verwirklichung zu erhalten.

5. Die Wissensexplosion hält weiter an. Es gibt keine Anzeichen dafür, daß die Entwicklung neuen Wissens sich verlangsamt, so daß die Spezialisierung der Menschen auf fest umrissene Arbeitsgebiete weiterhin nötig ist, um Spitzenleistungen zu erzielen.

6. Innovation wird weiterhin als herausragender Marketingfaktor bestehen bleiben, weil sich Verbesserung und Innovation in einer leicht verständlichen Korrelation zueinander befinden.

7. Entscheidende limitierende Faktoren auch für Verhaltenstrainings sind Zeit und Geld, da Wettbewerbsdruck und Arbeitszeitregelungen enge Grenzen setzen.

8. Die Weiterbildung von Führungskräften hat drei unterschiedliche Ziele:
   A. Sie soll Orientierung für mögliche Innovationen geben.
   B. Sie soll betriebliche Veränderungsprozesse unterstützen.
   C. Sie soll individuelle Qualifikationen schaffen bzw. fördern.

Alle drei Ziele gelten auch für das Verhaltenstraining von Führungskräften.

Die künftigen Inhalte der Verhaltenstrainings

leiten sich natürlich weitgehend von den Zielen ab. Ich werde dabei im folgenden die methodisch-didaktischen Ansätze gleichzeitig mitbehandeln, da sie von den Inhalten im allgemeinen nicht abtrennbar sind. Alle drei Zielgruppen sind dabei gleichermaßen wichtig. Besonders unterschätzt worden ist dabei m. E. in den letzten Jahren die Bedeutung der Verhaltenstrainings, die Orientierung für mögliche Innovationen geben. Dies Feld wird man eher dem Fachwissen und -können zuordnen. Zweifellos liegt hier auch eine wichtige Aufgabe für die Führungskräfte, denn natürlich ist und bleibt es eine ihrer wichtigsten Aufgaben, sich auch selbst mit den möglichen Innovationen für ihr Aufgabengebiet zu befassen, sie genau zu prüfen. Aber es hat sich auch gezeigt, daß es nicht genügt, sich mit den neuen Technologien zu befassen, neue Werkstoffe kennenzulernen und ihre Einsatzmöglichkeiten beurteilen zu können.

Verhaltenstrainings können Innovationsfähigkeit vorbereiten, wenn die Verhaltenstrainer sich selbst für die Innovationen fit machen.

In vielen Fällen verlangen die technologischen Innovationen veränderte Arbeitsstrukturen, die wiederum z. T. veränderte überfachliche Anforderungen an die Mitarbeiterinnen und Mitarbeiter stellen. Dies ließ sich etwa bei dem Übergang zum computerunterstützten Konstruieren beobachten, gilt heute für die Einführung von lean production, lean management oder simultaneous engineering und viele andere Veränderungsprozesse. Führungskräfte müssen sich schon im Vorfeld solcher möglichen Veränderungen mit den Verhaltensweisen sehr viel genauer befassen als dies bisher geschah, um abschätzen zu können, welche Veränderung in ihrem Arbeitsfeld tatsächlich notwendig sein wird, welche Anforderungen auf sie selbst und ihre Mitarbeiterinnen und Mitarbeiter, auf das eigene Unternehmen, ggf. aber auch auf das Umfeld bis hin zu den Kunden oder auch Zulieferern von Produkten und Dienstleistungen zukommen.

Selbstverständlich werden die Angaben je ungenauer sein, desto früher dieser Orientierungsprozeß stattfindet. Dies gilt für die technologischen wie arbeitsorganisatorischen Veränderungen gleichermaßen und führt wohl auch dazu, daß dies immer noch häufig vernachlässigt wird. Allerdings muß man auch sehen, daß die Angebote an Trainings, wie z. B. „Führungs- und Zusammenarbeitsformen in der schlanken Fertigung", „bei simultaneous engineering", „im Büro der Zukunft" usw., sicherlich noch ungenügend sind. Dies gilt weniger für die Zahl der Veranstaltungen und die angebotenen Inhalte, sondern mehr für die kundengerechte Aufbereitung und Aufmachung und ist sicherlich auch mit darauf zurückzuführen, daß sich die Verhaltenstrainer viel zu spät mit den technologischen und arbeitsorganisatorischen Veränderungen beschäftigen, die auf ihre Klienten zukommen könnten.

Ich weiß, daß ich die Verhaltenstrainer damit vor eine (fast) unlösbare Aufgabe stelle: Sie sollen noch vor der Innovation die notwendigen Verhaltensweisen so konkret abschätzen, beschreiben und in Trainingsformen umsetzen, daß die Führungskräfte daraus Konsequenzen für den Entscheidungsprozeß im Zusammenhang mit der Einführung ableiten können. Die Schwierigkeit besteht vor allem in dem hohen Konkretisierungsgrad, denn dieser ist nötig, damit das Management die Risiken auch wirklich erkennen kann. Hier sind die heute zu findenden Ratschläge und Informationen fast durch die Bank zu allgemein, zu abstrakt und zu gleichartig, als daß sie dem Praktiker als wichtig und vor allem als glaubwürdig erscheinen.

Methodisch-didaktisch sind dabei neue Ansätze nötig, denn Verhaltenstraining kann sich nicht mehr losgelöst von inhaltlich-fachlichen Trainings verstehen. Es muß beginnen mit nüchterner Wissensvermittlung über die veränderten biologischen und psychologischen individuellen und interaktiven Verhaltensabläufe bei der Einführung neuer Technologien oder neuer Arbeitsstrukturen. (Arbeits-)Rechtliche, physiologische, technologische, betriebswirtschaftliche Kenntnisse und Inhalte lassen sich in diesem Stadium gar nicht davon abtrennen. Dies muß zu Lehrformen führen, die die Erlebnispädagogik zur Verfügung hält: Das neue Verhalten muß in „Laborsituationen" erlebbar gemacht werden. Führungskräfte hierfür zu gewinnen, wird nur möglich sein, wenn es gelingt, sie stufenweise, d. h. je nach ihrer Interessenlage unterschiedlich intensiv einzubinden.

Dies alles ist zwar „nur" eine Art Marketingmaßnahme für Verhaltenstrainings, ich denke aber, daß gerade hier die entscheidenden Weichen für die Durchführung von

Verhaltenstrainings zur Unterstützung der betrieblichen Veränderungsprozesse während der Einführung gestellt werden. Denn hier läßt sich klären, welche Widerstände es gegen Verhaltensänderungen gibt, welche objektiv vorhanden sind, welche aber ggf. auch subjektiv empfunden werden, weil Unsicherheiten und Ängste auftreten, die nur noch schwer auffindbar sind, sobald der Änderungsprozeß eingeleitet ist und der Erfolgsdruck zusätzlich gegen das offene Zugeben von Schwächen wirkt. Das bedeutet, daß die VerhaltenstrainerInnen hier sehr eng mit den Fachspezialisten zusammenarbeiten müssen und die Kluft zwischen den Fachleuten und sich immer wieder überwinden müssen.

Insgesamt habe ich den Eindruck, daß die Lehrmethoden variabler an die Lernziele gekoppelt werden müssen. Geistige Anleihen an das Intervalltraining des Sports, Coachingprozesse oder interaktive Selbstlerngruppen, nach dem Prinzip der Selbsthilfegruppen aufgebaut, könnten besser genutzt werden. Mir scheint, daß die Methodik und Didaktik sich z. T. sehr brav auf den Erfolgen der siebziger Jahre ausruht und gar nicht gemerkt hat, daß die Teilnehmerinnen und Teilnehmer inzwischen deutlich höhere Ansprüche stellen. Und ich habe auch den Eindruck, daß die Trainerinnen und Trainer zum großen Teil gar nicht bemerkt haben, daß z. B. in den Selbsthilfegruppen eine sehr wirkungsvolle Form der Verhaltensänderung vollzogen wird.

Vielleicht liegt es auch daran, daß sie sich zu wenig um ihre eigenen Philosophien und Visionen gekümmert haben und häufig keine oder keine annähernd vollständige Vorstellung von Welt-Gesellschaft-Mensch haben. Verhaltenstrainings haben nun einmal die Pflicht, eine Orientierung zu geben. Wie will das jemand tun, der selbst keine Orientierung gefunden hat?

Dieser ganzheitliche Ansatz gilt auch für die Verhaltenstrainings von Führungskräften, mit denen betriebliche Veränderungsprozesse zu unterstützen sind. Gerade dort, wo Organisationsentwicklung kein Lippenbekenntnis ist, sondern berufs- und praxisnah in den Organisationseinheiten Zusammenarbeitsstrukturen verändert werden, gibt es eine Fülle von guten Ansätzen. Da es dafür genügend Literatur und bekannte Vorbilder gibt, möchte ich mich darauf beschränken, lediglich die Ganzheitlichkeit noch einmal etwas genauer unter die Lupe zu nehmen und auf das Phänomen des Berufsstresses einzugehen, das hierbei m. E. auch noch zu wenig Beachtung findet.

Zunächst zur Ganzheitlichkeit: Die Geschichte der Entwicklung von NLP zeigt, daß es keine objektiv richtige Therapieform gibt (etwas, was viele TrainerInnen und TherapeutInnen heute noch ihren Klienten glaubhaft machen wollen), sondern daß es nur eine subjektiv-situativ richtige Therapieform oder, etwas weniger anspruchsvoll gesagt, Trainingsform gibt. Richard Bandler und seine Kolleginnen und Kollegen vollzogen eine entscheidende Wende bei der Therapie, indem sie davon ausgingen, daß nicht die vom Therapeuten beherrschte Therapieform die „richtige" ist, sondern die von dem Klienten innerlich akzeptierbare, zu nutzende. *Dieser kundenorientierte Ansatz ist auf das Training ebenfalls zu übertragen, allerdings vielfach noch nicht üblich.* Zu schnell gehen viele TrainerInnen noch dazu über, die von ihnen beherrschten Techniken und Methoden einzusetzen, zu lehren, zu trainieren, ohne ganzheitlich und kundenorientiert nach äußerlich wirkenden Ansätzen (Organisationsstrukturen, arbeitsorganisatorische Ansätze usw.) zu suchen und die innerlich wirkenden (Verhaltensformen, mentale Bedingungen) damit zu verbinden.

Streß mindern muß permanentes, begleitendes Ziel sein

Der zweite Bereich, der m. E. mehr Beachtung verdient, ist der Bereich des Stresses. Natürlich ist Streßbewältigung ein weites (und lukratives) Feld geworden, ich habe jedoch nicht den Eindruck, daß es bisher gelungen ist, den Streß zu mindern. Einzelne werden damit leichter fertig, allgemein streßmindernde Tendenzen sehe ich nicht. Dennoch ist Streß einer der Faktoren, die erhebliche Belastungen und Kosten mit sich bringen. Gerade dort, wo betriebliche Veränderungen durch Verhaltenstraining von Führungskräften gestützt werden, kann mit darauf geachtet werden, daß die neuen Strukturen streßärmer werden.

Dabei kann es nicht nur darum gehen, wie man den Streß leichter bewältigt, sondern vor allem darum, wie man es schafft, die Arbeitswelt so einfach und überschaubar zu machen, daß weniger Streß entsteht. Auch hier sind viele TrainerInnen sicherlich überfordert. Es wird deshalb z. T. nötig sein, nicht nur die eigenen Fähigkeiten zu erweitern und zu nutzen, sondern auch, eigene Defizite durch die Kooperation mit geeigneten Kolleginnen und Kollegen aufzufangen. Hiervon wird die Glaubwürdigkeit entscheidend mitgeprägt werden.

Das dritte Ziel, individuelle Qualifikationen zu schaffen bzw. zu fördern, muß ebenfalls mit neuen Impulsen versehen werden. Dies ist nicht so sehr deshalb notwendig, weil auch hier die Erfolgsfrage gestellt wird. Ich persönlich bin fest davon überzeugt, daß sich die Führungskultur in den letzten beiden Jahrzehnten in Deutschland massiv verändert hat und daß dies auch zu einem guten Teil auf die Verhaltenstrainings für Führungskräfte zurückzuführen ist. Wo anders als im Verhaltenstraining sollen die jungen, nachwachsenden Führungsgenerationen denn ihre ersten Gehversuche für ihre Führungsqualitäten machen? *Verhaltenstraining ist (auch) als „Spielwiese",* und dies ist für mich ebenso etwas Seriöses wie etwa Planspiele, *nötig,* wobei Wissensvermittlung über die Verhaltensprozesse und Anwendung für mich untrennbar miteinander verbunden sein müssen.

Verhaltenstraining und Wissensvermittlung koppeln

Mehr Impulse sehe ich als erforderlich an, um die Verhaltenstrainings nicht isoliert von den Führungsaufgaben durchzuführen, sondern überall in die Vermittlung fachlicher Inhalte mit einzuflechten. Dies kann nicht immer gelten, denn auch Verhaltenstrainings bedürfen in vielen Fällen eher mehr als weniger der Wissensvermittlung, der stofflichen Anreicherung, damit die Führungskräfte die komplizierten Vorgänge im Menschen, in Körper, Geist und Seele besser verstehen. Soweit es aber nicht um diese Grundlagenvermittlung geht, kann man in die Vermittlung arbeitsorganisatorischer, arbeitsrechtlicher oder anderer Führungsthemen durchaus Bestandteile des Verhaltenstrainings einbauen. Dies wird vor allem dann möglich, wenn man durch die Lehrmethoden die TeilnehmerInnen aktiviert und sie so konkret selbst mit den Verhaltensproblemen konfrontiert. Auch hier ist also wieder die Zusammenarbeit zwischen Fachtraining und Führungstraining gefordert.

Hinsichtlich der Inhalte möchte ich mich aus Platzgründen, aber auch weil es darüber durch Programmangebote und Literatur genügend Informationsmöglichkeiten gibt, auf eine grundsätzliche Anmerkung beschränken. Natürlich ist hier eine bedarfsorientierte Durchführung gefordert. Da es sich hierbei aber oft um einen Bedarf handelt, der sich erst aus einer künftigen Position des oder der TeilnehmerIn ergibt, müssen die Personalabteilungen hier stärker die zukunftsorientierte Bedarfsbestimmung in den Unternehmen durchsetzen, das bedeutet:

Die quantitative Personalplanung um die qualitative Personalplanung ergänzen

Dies ist vor allem dann möglich, wenn die Personalfachleute die Notwendigkeit der qualitativen Personalplanung selbst einsehen und in den Betrieben dafür werben. Immer noch verstehen jedoch viel zu wenig Personalfachleute, daß es nicht die quantitative Personalplanung ist, die die Personalpotentiale des Unternehmens sichert. *Die Zukunft des Unternehmens* gerade auch in Zeiten hoher internationaler Konkurrenz *hängt* nicht an der Zahl, sondern *an den Potentialen, dem Know-how und der Motivation der Mitarbeiterinnen und Mitarbeiter.* Dies zu planen ist zwar schwieriger, aber auch wesentlich wichtiger für die Produktivität des Unternehmens als die isolierte quantitative Personalplanung und das z. T. fast unbeholfene Herumhantieren mit Einstellungen oder Personalabbaumaßnahmen. Hier können Trainerinnen und Trainer noch mehr Hilfe leisten, indem sie die Zusammenhänge allen Führungskräften, vor allem auch denjenigen aus den produktiven Einheiten und der Finanz besser bewußt machen.

Bei der Förderung der individuellen Qualifikationen besteht auch nach wie vor ein Defizit an ganzheitlichen Trainings, immer noch wird viel stärker das Training einer einzelnen Disziplin in den Vordergrund gestellt. Als wüßten wir nicht längst, daß man zwar rhetorische Techniken, Kreativitätstechniken, Moderationstechniken erlernen kann, die Anwendung in der Praxis dann aber davon abhängt, wieweit sich die Persönlichkeit insgesamt weiterentwickelt hat. Dies ist zum Teil ein Problem der Verständigung mit den TeilnehmerInnen, denn sie „verlangen" immer wieder, daß sie Hilfe für ein spezielles Problem, das sie für sich sehen, erhalten. Es ist bisher auch noch ungenügend gelungen, die Ganzheitlichkeit so verständlich zu machen. Ich sehe hierfür noch erhebliche Chancen, um die Anwendungsorientierung der Kurse zu verbessern. Daß man dabei weiterhin sehr sensibel auf die Ängste von TeilnehmerInnen achten und eingehen muß, die befürchten (oder auch manchmal ängstlich hoffen), sie würden in den Trainings in ihrer Persönlichkeit manipulativ verändert, ist selbstverständlich.

Die Transferproblematik ist keine Frage der Nacharbeit, sondern der Arbeit in den Kursen

Die angesprochene Ganzheitlichkeit umfaßt noch einen weiteren Aspekt, der in die Trainings mehr integriert werden muß: Die TeilnehmerInnen müssen in den Kursen mehr darauf vorbereitet werden, die erlernten Verhaltensweisen in der Praxis weiter zu trainieren und ihre MitarbeiterInnen in diesen Fähigkeiten anzuleiten. Es mangelt m. E. in dieser Hinsicht sowohl in den Kursen an den geeigneten Trainingseinheiten (incl. Materialien) als auch an Anleitung in der Praxis. Ich denke, daß man hier Ansätze für Coaching sehen kann und vielleicht auch Anregungen von dem im Sport weithin üblichen Intervalltraining holen kann.

Ich hoffe aufgezeigt zu haben, daß die heutige Krise des Verhaltenstrainings für Führungskräfte eine Fülle von Chancen bietet, wenn wir die berechtigte Kritik an den bisherigen Inhalten und Formen ernst nehmen und streng kundenorientiert vorgehen, um zu Verbesserungen zu kommen. Die Verbesserungen sind nötig, eines ist aber ebenso sicher: Wir können in Zeiten, in denen der Führungsnachwuchs die notwendigen Führungsverhaltensformen nicht mehr im Elternhaus erlernt, in Zeiten, in denen sich die Arbeitsstrukturen und Wissensgebiete so ungeheuer rasch entwickeln, auf Verhaltenstrainings im Führungskräftebereich auch dann nicht verzichten, wenn wir die Auswahlprozesse optimal gestalten.

Literatur

Ich habe bewußt auf Angaben zur umfangreichen Literatur verzichtet, aus der ich selbstverständlich einen großen Teil meiner Anregungen beziehe. Aber mein Beitrag ist Meinung und nicht Wissenschaft. Dennoch möchte ich vier Bücher angeben, die mir sehr hilfreich erscheinen und die wiederum so viele weitere Literaturhinweise enthalten, daß ich hier darauf verzichten kann:

Becker, M. (1993). *Personalentwicklung.* Bad Homburg. – **Dörner, D. (1989).** *Die Logik des Mißlingens.* Reinbek: Rowohlt. – **Hüholdt, J. (1984).** *Wunderland des Lernens.* Bochum. – **Jeserich, W. (1989).** *Top – Aufgabe. Die Entwicklung von Organisationen und menschlichen Ressourcen* (Handbuch der Weiterbildung Bd. 8). München/Wien: Hanser.

Georg Birkhan

Lernen lernen:
Die Optimierung des eigenen Lernverhaltens

Learning organisations are possible because, deep down, we are all learners. No one has to teach an infant to learn. In fact, no one has to teach infants anything. They are intrinsically inquisitive, masterful learners who learn to walk, speak, and pretty much run their households all on their own.
(Peter M. Senge: The Fifth Discipline)

1. Lernen

1.1 Lernen ?

Weshalb gehen Menschen zur Schule, in die Lehre, zur Bundeswehr, in die USA oder auf die Universität, lesen Bücher, Zeitschriften, Comics oder Gebrauchsanweisungen, hören Märchen, Predigten oder Hörspiele, besuchen Museen, Kongresse, Nationalpark-Visitor-Centers oder Vorlesungen, büffeln Vokabeln, experimentieren mit Laugen und Säuren, fallen fortwährend in den Schnee oder ins Wasser, fahren nach Poona, Ephesus oder neuerdings nach Japan, machen irgend etwas regelmäßig täglich zweimal zehn Minuten, lassen sich von anderen abfragen, wiederholen eine Tonsequenz auf dem Klavier ungeachtet der nervtötenden Wirkung auf unbeteiligte Zuhörer, sezieren Tote, schauen bei Operationen zu, fragen Kollegen nach einem DOS-Befehl, lassen sich loben, filmen, kritisieren oder bestrafen, nehmen oder geben Nachhilfeunterricht, lassen sich die Encyclopaedia Britannica aufschwatzen, kaufen Alphawellenerzeuger-Brillen, musikunterlegte Sprachkassetten oder beidseitig beschriebene Karteikärtchen im mehrfach unterteilten Pappschuber, lassen sich letztlich von ihrem Vorgesetzten oder Ehepartner auf Verhaltens- und Kommunikationsseminare schicken? Richtig: unter anderem, um etwas zu lernen.

Was jedoch ist Lernen? Während der Psychologe unter **Lernen jede Form von Verhaltens-, Empfindungs- oder Wissensveränderung** versteht, **die nicht auf Reifung beruht**, soll hier die engere alltagsprachliche Bedeutung verwendet werden. Gemeint ist die **Erweiterung des eigenen Wissens- und Verhaltensrepertoires durch Aufnahme, Verarbeitung, Speicherung und Abrufen von Information**. Lernen als Lerngegenstand eines Trainings bezieht sich jedoch im wesentlichen auf den Erwerb von Wissen und weniger auf Verhaltensänderung, es sei denn, es handelt sich um Verhalten, dessen Beherrschung **Wissen** voraussetzt. Allerdings wird das Thema Lernen in Trainings nicht nur über Wissen, sondern auch über Erleben vermittelt, so daß auf diese Weise die Ebene des **Lernverhaltens** mit einbezogen ist.

Wieso kann bzw. soll man Lernen lernen? Zur Beantwortung dieser Frage ist es sinnvoll, den Lernprozeß in seine verschiedenen Facetten und Teilprozesse zu zerlegen.

Lernen lernen: Die Optimierung des eigenen Lernverhaltens

1.2 Lernen als individueller Prozeß

Durch Lernen entsteht eine Differenz zwischen einerseits schon bisher besessenem und andererseits neu erworbenem Wissen oder Verhalten. Mit anderen Worten, Lernen fängt nicht bei Null an, sondern knüpft an etwas Vorhandenes an, es baut darauf auf, modifiziert oder entwickelt es weiter. Gelerntes ist mehr oder weniger langfristig in unserem Gedächtnis gespeichert und in den meisten Fällen – leider nicht immer – schnell verfügbar. Lernen setzt in der Regel eine Erkenntnis oder ein Begreifen des zu Erlernenden voraus. Zu diesem Zweck werden die über unsere Sinne an das Gehirn übermittelten aktuellen Informationen mit schon vorhandenen verglichen und bezüglich bestimmter Kriterien wie Neuigkeitsgrad, Dringlichkeit, emotionaler Wertigkeit, Verständlichkeit, Einordnungsmöglichkeit in Bekanntes usw. bewertet.

In der Regel ist ein Mensch sich dessen bewußt, daß er lernt. Sein Wollen (seine Motivation), mehr zu wissen oder zu können – sei es aus eigenem Antrieb oder aufgrund fremder Erwartungen –, setzt ein bestimmtes Verhalten oder Handeln in Gang, dessen einzelne Stadien wie folgt beschrieben werden können:
- Bedürfnis, lernen zu wollen (**Lernmotivation**)
- Geneigtheit, Informationen an sich heranzulassen (**Lernbereitschaft**)
- Fokussierung der Aufmerksamkeit (**Konzentration**)
- Informationsaufnahme (**Wahrnehmung**)
- Informationsverarbeitung (**Denken und Fühlen**)
- Behaltensaktivitäten (**Wiederholen, persönliche Kodierung**)
- Behaltenskontrollen (**Abruf, Anwendung, Abfrage durch andere**)

1.3 Gesellschaft und Lernen

Lernen ist nicht allein eine Angelegenheit des Individuums. Die Fähigkeit und Bereitschaft – möglichst ein Leben lang zu lernen – sind zu gesellschaftlichen Maximen erhoben worden und werden damit häufig zur notwendigen (nicht hinreichenden) Voraussetzung für eine gesicherte Existenz.

Die Gesellschaft fordert jedoch nicht nur, sondern sie bietet auch beinahe unbegrenzte Möglichkeiten, sich beim Lernen helfen zu lassen. Betrachten wir die Vielzahl von Medien, sei es die persönliche Anleitung durch Sprache und modellhaftes Vorführen, seien es Wissensspeicher wie Bücher, Filme, Audio- und Videokassetten oder interaktive Lernwerkzeuge wie Spielzeuge, Sprachlabor und Computer, immer steckt hinter den offensichtlich zu vermittelnden Inhalten auch eine – selten ausdrücklich erwähnte – **Lernmethode**. Nicht genug, wir werden sogar zum Ausüben unterschiedlicher Lernmethoden gedrängt; das Spektrum dieser Zwangsmaßnahmen schließt die elterliche und die Kindergarten-Erziehung ebenso mit ein wie die schulische, betriebliche und universitäre Ausbildung.

1.4 Quintessenz

Der Erwerb von Wissen und Verhalten wird von der Gesellschaft gefordert und gefördert. Er findet als Informationsverarbeitungsprozeß in jedem Individuum statt: zu einem Teil unwillkürlich und autonom, zu einem anderen Teil jedoch in Form kontrollierbaren Verhaltens und steuerbaren Handelns. Dieses ist wie jedes menschliche Agieren mehr oder weniger effektiv in bezug auf ein zu erreichendes Ziel. Daher ist die Annahme folgerichtig und plausibel: In jedem individuellen Lernverhalten stecken Optimierungs- und Effektivierungsmöglichkeiten, die durch entsprechendes Training besser ausgeschöpft werden können. Anders gesagt, **man kann Lernen als Handeln und Verhalten – zumindest teilweise – auch lernen.**

2. Lernen lernen

2.1 Der Stellenwert eines Lerntrainings in der Personalentwicklung

Personalentwicklung ist die von Firmen und Organisationen betriebene Anleitung der Mitarbeiter und Führungskräfte zum Lernen. Wenn dabei auch heute noch das Schwergewicht auf der Verabreichung von Lerninhalten in Form von Trainings und Seminaren liegt, so ist dennoch unbestritten, daß der Lernerfolg nicht nur von der Verabreichungsform (**Didaktik**), sondern auch und vor allem von der Lernfähigkeit und den Lernfertigkeiten der Lernenden abhängt. Personalentwickler sind häufig enttäuscht über den geringen Wirkungsgrad der Entwicklungsmaßnahmen. Dieser Mangel resultiert zu großen Teilen aus unzureichender Informiertheit der Lernenden darüber, wie Lernen funktioniert sowie ihrer Unfähigkeit, ihr Lernen – auch unter fremder Anleitung – selbst zu organisieren. Daß auch die von lernpsychologischen Erkenntnissen wenig getrübte Lehrweise der Lehrenden mitschuldig ist, bleibt unbestritten. Die angesprochenen Mängel wirken noch einschneidender, wenn an die Mitarbeiter die Anforderung gestellt wird, ihr Lernen selbständig, das heißt außerhalb der betrieblichen Weiterbildungsangebote, zu organisieren.

Aus diesem Grunde bildet ein Training zur Optimierung des Lernverhaltens – kurz Lerntraining – die Grundlage jeglicher Personalentwicklungsmaßnahme. Die darin vermittelten Erkenntnisse und Prinzipien sollten dann vernünftigerweise in der gesamten Planung – auf der PE-Ebene ebenso wie auf der Ebene der Maßnahmen – berücksichtigt werden. In diesem Sinne ist ein Lerntraining ein Meta-Training.

2.2 Lernziele eines Lerntrainings

Am Anfang eines Lerntrainings führe ich regelmäßig eine kleine Erhebung durch, in der die Teilnehmer über ihre **Lernschwierigkeiten** berichten sollen. Die zu Gruppen zusammengefaßten Ergebnisse lauten in der Reihenfolge ihrer Nennungshäufigkeiten:

Lernen lernen: Die Optimierung des eigenen Lernverhaltens 15

– Konzentrationsschwierigkeiten,

– allgemeine Probleme beim langfristigen Behalten,

– spezielle Gedächtnisprobleme wie kurzfristiges Merken, Namensgedächtnis, Zahlengedächtnis, Vokabelgedächtnis usw.,

– Unlust zu lernen,

– Probleme beim zeitgerechten Erfassen von Information: Verstehen, Strukturieren, Reduzieren,

– Ängste wie Prüfungsangst und Versagensangst,

– Schwierigkeiten beim Organisieren des eigenen selbstgesteuerten Lernens.

Als **lernhemmende Umgebungsmerkmale** werden genannt:

– Informationsfülle,

– Zeitdruck,

– Lärm und allgemeine Unruhe,

– persönliche Probleme.

Dieses ist die **Selbstsicht** von Seminarteilnehmern. Gespräche mit Teilnehmern verschiedenster Trainings und von Assessment-Centers sowie meine Erfahrung mit Lernschwierigkeiten bei Studenten veranlassen mich, diesen Katalog aus meiner **Fremdsicht** zu ergänzen:

– mangelndes Wissen darüber, wie Lernprozesse ablaufen, welchen Regeln und Einschränkungen sie unterworfen sind;

– mangelnde Reflexion über die bisher erworbenen Lernformen und ihre Angemessenheit bezüglich der eigenen Fähigkeitsausstattung;

– mangelnde Neugier auf alles, was außerhalb des eigenen Faches liegt, und damit mangelnde Erfahrung im Umgang mit unterschiedlichen Modellen zur Erfassung und Erklärung neuer Sachverhalte;

– Resignation vor vermuteten eigenen Begabungslücken;

– unrealistische bzw. perfektionistische Lernziele als Legitimation für die Unterlassung weiterer Lernaktivitäten;

– mangelndes Wissen über die Vielzahl und Vielfalt moderner Lernmedien und die Unterlassung ihrer Nutzung.

Ein Lerntraining, das sich nicht nur einzelner Probleme annimmt, sollte daher **realistische Ziele** zu erreichen suchen. Unrealistisch wäre die Vorstellung, am Ende eines z.B. dreitägigen Seminars hätten die Teilnehmer ein besseres Gedächtnis oder sie könnten sich jetzt besser konzentrieren oder sie hätten ihre Lesegeschwindigkeit um 30% gesteigert. Realistisch ist die Erwartung, daß die Teilnehmer:

– ihre Schwierigkeiten bei Lernprozessen erkannt und darüber mit anderen diskutiert und reflektiert haben;

– grundlegende Kenntnisse über die Wirkweise der am Lernen beteiligten psychologischen Instanzen wie Aufmerksamkeit, Wahrnehmung, Motivation, Denken, Fühlen und Gedächtnis erworben haben;

- Erfahrung mit verschiedenen Techniken aus den Bereichen Konzentration, Wahrnehmung, Erkunden von Unbekanntem, Merken, Erinnern und Selbstmotivieren gewonnen haben;
- verschiedene Lernmedien ausprobiert haben;
- die erprobten Techniken und Medien daraufhin bewerten können, ob sie eine angemessene Hilfe zur Verbesserung des eigenen Lernverhaltens darstellen;
- eine realistische Planung zur stufenweisen Verbesserung des eigenen Lernverhaltens zu Hause und im Beruf erarbeiten können.

3. Komponenten eines Lerntrainings

Die Erwartungen von Teilnehmern an ein Lerntraining konzentrieren sich auf zwei Thematiken. Zum einen erwarten fast alle, daß ihnen der Weg zu einer erheblichen Erweiterung der Gedächtniskapazität gewiesen wird, zum anderen erhoffen sie sich insgeheim, dieser Weg sei wenig dornenreich und arbeitsintensiv: Vielleicht gäbe es ja doch eine bisher unbekannte Variante des Nürnberger Trichters. Beide Voreinstellungen rühren nicht nur von in uns fest verankerten Omnipotenzgelüsten, sie werden in hohem Maße auch geschürt durch marktschreierische Verheißungen der Anbieter von Lernprogrammen und -trainings. In einem Fall gilt es, die behauptete Minderausschöpfung unseres Gehirnpotentials von 25% auf annähernd 100% zu bringen, in einem anderen lernt man wie im Schlaf. Die einen haben die todsichere Methode des „zwei-mal-täglich-10-Minuten-Programms", die anderen verweisen auf Gedächtniskünstler von „Wetten-Daß"-Format. Wiederum andere wollen der verödeten rechten Hirnhälfte zu einer Frischzellenkur verhelfen oder bieten elektronische Wunderwerke zur direkten Beeinflussung spezieller Gehirnzentren an.

Wer sich am Ende eines Seminars von den Teilnehmern nicht vorwerfen lassen will, ihre Erwartungen enttäuscht zu haben, muß sich nicht nur vor überzogener Eigenwerbung hüten, sondern sollte zu Seminarbeginn die Erwartungshaltung der Teilnehmer erkunden und entsprechende Korrekturen im Hinblick auf realistische Lernziele eines Lerntrainings (s.o.) vornehmen.

3.1 Konzentration

Grundlegende Kenntnisse

Konzentration ist die Fähigkeit, eine bestimmte Informationsmenge für eine gewisse Zeit im Arbeitsgedächtnis zu behalten. Sie steht im unmittelbaren Zusammenhang mit dem **Wachheitsgrad (Aktivationsniveau)**, welcher(s) über bestimmte Zentren des Hirnstamms (u.a. retikuläres System und limbisches System) gesteuert wird. Die

Lernen lernen: Die Optimierung des eigenen Lernverhaltens 17

aktuelle Aktivation oder Erregtheit hängt zum einen von tagesrhythmischen Einflüssen ab, zum anderen – und das ist für ein Lerntraining wichtig – vom Neuigkeitsgrad der gerade verarbeiteten Information. **Das Aktivationsniveau ist von der Person direkt beeinflußbar**: erstens durch Einnahme sedierender oder aktivierender Gifte, zweitens durch körperliche Aktivitäten und drittens durch willentliche Beeinflussung mit Hilfe entsprechender Techniken. Konzentrationsfähigkeit und Aktivationsniveau hängen in Form einer umgekehrten, leicht asymmetrischen U-förmigen Funktion zusammen: Bei sehr schwacher und sehr hoher Aktivation sinkt die Konzentrationsfähigkeit. Sie erreicht ihr Maximum bei einer mittleren bis hohen Aktivation.

Mögliche **physiologische Ursachen** für Konzentrationsschwächen oder -störungen sind Schlafmangel, Sauerstoffmangel, Überreizung bzw. Sedierung durch Drogen (legale: Coffein, Tein und Nikotin sowie Medikamente; illegale: consule et numera).

Mögliche **psychische** Ursachen sind – abgesehen von pathologischen Fällen – kurzfristige oder länger andauernde emotionale Belastungen und mangelnde Übung im Umgang mit konzentrationshinderlichen **Umweltbedingungen** (Lärm bzw. allgemeine Reizüberflutung, Informationsfülle, Informationen bzw. Aufgaben, die mit den aktuell verarbeiteten konfligieren oder interferieren, Zeitdruck, Erfolgsdruck sowie angstauslösende Verhaltenskonsequenzen).

Selbsterfahrung und Übungen
– Checkliste der persönlichen Konzentrationsschwächen mit genauer Beschreibung der Symptome und der Rahmenbedingungen, unter denen sie auftreten.
– Konzentrationstests, anhand derer der zeitliche Verlauf des Aufmerksamkeitsgrades sowie die individuelle Erscheinungsform von Konzentrationsstörungen oder auch Resistenzen gegen Störungen bei unterschiedlichen Umwelteinflüssen erfahren werden können.
– Konzentrationsübungen, in denen die im Arbeitsgedächtnis zu behaltende Informationsfülle immer weiter angereichert wird (Kopfrechnen, Rückerinnern von Ereignisketten, räumliche Imaginationen usw.).
– Techniken, um aus extrem niedriger bzw. hoher Aktiviertheit zu einem mittleren Niveau zur finden (z.B. Bewegung, isometrische Übungen bzw. Meditationsübungen, Entspannungsübungen).
– Besprechung und Anleitung zu Übungen und Übungsprogrammen, die zu Hause durchgeführt werden sollen (Hinweis auf entsprechende Bücher, spezielle Trainings (z.B. autogenes Training, Meditation, Yoga) und Computerprogramme (s.h. 5. Literatur)).

3.2 Wahrnehmung

Die Themen „Wahrnehmung" und „Konzentration" hängen sehr stark miteinander zusammen, so daß auch die gemeinsame Behandlung in einem Trainingsabschnitt sinnvoll ist.

Grundlegende Kenntnisse

Die von den Sinnesrezeptoren aufgenommenen Informationen werden über Nerven-bahnen an sensorische Zentren des Großhirns weitergeleitet. Ein ganzheitlicher Wahrnehmungseindruck erfolgt jedoch erst nach vielfachem Abgleich mit assoziier-ten Inhalten und Mustern im Langzeitgedächtnis sowie nach einer emotionalen Be-wertung in Zentren des Mittelhirns. Ein Gegenstand bzw. Sachverhalt der Umwelt wird in der Regel gleichzeitig über verschiedene Sinneskanäle aufgenommen, und diese unterschiedlichen Wahrnehmungsqualitäten werden separat abgespeichert. Hieraus ergibt sich, daß die Chance, etwas zu behalten mit der Anzahl der bei der Wahrnehmung beanspruchten Sinneskanäle steigt. **Die Wahrnehmungsfähigkeit läßt sich** – wie sich am Beispiel sportlich, gestalterisch oder musikalisch aktiver Menschen zeigt – **durch Übung erheblich steigern.**
Die bevorzugten Wege der Aufnahme von Lerninformation sind das **aktive Zuhören und Mitschreiben** sowie das **Lesen**.

Selbsterfahrung und Übungen

– Übungen zur Selbstdiagnose des bevorzugten Sinneskanals;
– Übungen zur Erhöhung der Sensibilität vor allem des visuellen und des auditi-ven Kanals;
– Lesetrainings, in denen das selektierende sowie das auswertende Lesen geübt werden sollen, mit anschließender Erfolgskontrolle;
– Übungen zum aktiven Zuhören;
– Techniken des strukturierten Mitschreibens von Vorträgen, Berichten usw.;
– Hausaufgabe: Übungsaufgaben des Zuhörens, Mitschreibens und Lesens für ak-tuelle Lern- bzw. Arbeitsinhalte; Hinweis auf Trainingsmöglichkeit anhand auf-gezeichneter Fernsehsendungen, vorzugsweise aus dem Bildungsbereich.

3.3 Wissensspeicherung und Wissensabruf

Wie schon oben erwähnt, erwarten die meisten Teilnehmer von einem Lerntraining Hilfen, ihr Gedächtnis zu verbessern. Daher wird dieser Teil den Schwerpunkt des Trainings bilden.

Grundlegende Kenntnisse

Unser Gedächtnis läßt sich – sieht man einmal von dem für die Trainingspraxis unerheblichen sensorischen Speicher (Ultra-Kurzzeit-Gedächtnis) ab – aus psycho-logischer (nicht aus gehirnphysiologischer) Sicht grob in zwei funktionale (aber nicht regionale) Einheiten gliedern: das **Kurzzeitgedächtnis** (KZG; auch Arbeitsspeicher /-gedächtnis) und das **Langzeitgedächtnis** (LZG). Unter letzterem versteht man die zu größten Teilen im Großhirn abgelegten Informationen, die entweder durch unsere Sinnesorgane aus der Umwelt wahrgenommen und intern verarbeitet wurden, oder die Informationseinheiten, die ursprünglich selbst schon aus dem LZG stammen, durch Denkvorgänge sowie emotionale und motivationale Bewertung zu neuen Einheiten transformiert und erneut bzw. zusätzlich dort abgelegt wurden. Inhalte des LZG gelten als dauerhaft gespeichert, wenn auch nicht zu jeder Zeit und willkürlich abrufbar. Eine plausible Modellvorstellung über das Langzeitgedächtnis ist die eines unermeßlich großen **Netzes**, dessen Knoten Wissensinhalte unterschiedlichster Komplexität und Abstraktheit sind. Die Verbindungen sind die schon mehrfach erwähnten **Assoziationen**, die auf unterschiedlichsten Ähnlichkeits- und Zugehörigkeitsmerkmalen zwischen den Inhaltsknoten beruhen.

Die in einem LZG zu einem bestimmten Zeitpunkt aktivierten Gedächtnisinhalte bezeichnet man als Arbeits- oder Kurzzeitgedächtnis. Es hat nur eine begrenzte Kapazität, und die Informationen sind höchstens *wenige Sekunden* verfügbar. Die im KZG ebenfalls zur Verfügung gehaltenen aktuellen Wahrnehmungsinformationen aus der Umwelt sind nicht pure Abbilder der physikalischen Realität, sondern immer schon durch vorhandenes Wissen beeinflußte interne „Realitäten". Sie werden mit Hilfe kognitiver Operationen wie Generalisierung, Differenzierung, Klassen- und Relationenbildung kodiert und zu neuen individuellen Wissenseinheiten geformt. Die Behaltensspanne im KZG bewegt sich zwischen Extremwerten von einerseits einigen hundertstel Sekunden bei den wenig bewußten und automatisch ablaufenden Kodierungsprozessen [akustische Merkmale: Höhe, Lautstärke, Quelle usw.; visuelle Merkmale: Helligkeit, Farbe, primitive Muster, Buchstabe usw.], bis hin zu einer Minute bei den kontrollierten und kognitiv differenzierten Kodierungen [Tonbereich: Melodien, Harmonien, komplizierte Klangmuster, Bedeutung von Tönen; Bildbereich: geometrische Muster, Landschaften, Bedeutung von Bildern und Graphiken; Sprache: Orthographie, Grammatik, Semantik und Pragmatik]. Da das KZG höchstens 6-8 Wissenseinheiten gleichzeitig behalten kann, „vergißt" es permanent eben noch zur Verfügung gehaltene Information – genauer gesagt, sie werden im LZG inaktiv.

Überholt ist die klassische Vorstellung, Wissen müsse, um nicht nur kurzfristig **gemerkt,** sondern langfristig **behalten** zu werden, den Übergang vom KZG ins LZG schaffen. Jeder Inhalt des KZG ist ein vorübergehend aktivierter Inhalt des LZG und bleibt dort auch gespeichert. Allerdings bedarf es, um ihn wieder aktiv werden zu lassen, d. h. um sich an ihn nach einiger Zeit wieder zu erinnern, einer Mindestzahl von Verknüpfungen mit anderen Gedächtnisinhalten. In diesem Sinne sprechen wir von Vergessen, wenn eine Rückerinnerung (zur Zeit) nicht möglich ist. Das bedeutet nicht, daß es nicht schwache Gedächtnisspuren gibt, die in anderen Zusammenhängen aktiviert werden können.

Aus der Vielzahl der neueren und älteren Erkenntnisse über unser Gedächtnis sind die folgenden für das praktische Umsetzen beim bewußten Lernen und damit für ein Lerntraining relevant:

Kurzzeitgedächtnis

– Am besten merkt man sich Dinge kurzfristig, indem man sie mehrmals wiederholt.

– Die Kapazität unseres KZG beträgt ca. sieben Wissenseinheiten.

– Wissenseinheiten können unterschiedlich komplex sein, so daß jemand seine Kapazität des KZG optimal ausnutzt, wenn er Wissensinhalte zu möglichst komplexen Einheiten zusammenfaßt. [Das Merken der Ziffern 1, 3 und 7 benötigt mehr Kapazität als das Merken der Zahl 137; Profis, wie z.B. sehr gute Schachspieler, Börsenmakler usw., erfassen hochkomplexe Sachverhalte im Überblick und merken sie sich als jeweils eine Wissenseinheit.]

– Je komplexer oder anspruchsvoller eine Information kodiert wird, umso größer ist die Wahrscheinlichkeit, daß sie im KZG gehalten werden kann. [Es ist leichter, sich das Wort Butter unter dem Sachverhalt „ein heute einzukaufendes Lebensmittel, ohne daß ich die Seezunge nicht braten kann" zu merken als unter der Beziehung „reimt sich auf Mutter".]

– Die Verlustrate aus dem KZG nimmt mit der Anzahl neu zu verarbeitender Inhalte zu. [Je schneller neue Informationen auf mich einstürmen, desto weniger schaffe ich es, mir die alten zu merken.]

– Die Verlustrate aus dem KZG nimmt zu, wenn neue Inhalte ähnlich kodiert sind. [Es ist leichter, sich gleichzeitig einen Namen, ein Gesicht, eine Stadt und eine Telefonnummer zu merken, als gleichzeitig jeweils vier Namen oder vier ...]

Langzeitgedächtnis

– Wenn eine neue Information nicht innerhalb der ersten zwanzig Minuten wiederholt, abgeprüft oder in modifizierter Form ins KZG zurückgerufen wird, ist die Wahrscheinlichkeit sehr hoch, daß sie nicht langfristig behalten wird. [Nach einem Gehirntrauma erlangt man häufig sein Gedächtnis zurück bis auf eine Spanne von ca. 20 Minuten vor dem Eintreten des Traumas.]

– In vielen Fällen (vor allem beim Vokabellernen) reicht eine 3-5-malige erneute Verarbeitung (häufig nur eine Wiederholung) aus, um den Lerninhalt für sehr lange Zeit fortwährend abrufen zu können; noch häufigere Verarbeitung führt zu besonders sicherem Wissen (Überlernen).

– Einfache Wiederholung ist – anders als beim kurzfristigen Merken – nicht die optimalste Form, etwas zu behalten. Besser behalten werden Inhalte, die im Kopfe ausgearbeitet, das heißt auf höheren Kodierungsebenen verarbeitet wurden. [Die Wortverbindung „destiny – fate" ist für einen Deutschen nicht so gut zu behalten wie die „destiny – Schicksal", da für ihn Schicksal eine Bedeutung hat.]

– Die Vielzahl der Verknüpfungen eines neuen Inhaltes mit anderen erhöht die Chance, ihn zu behalten. [Noch besser als das genannte Wortpaar behält man das Tripel: (1) destiny – (2) Schicksal – (3) jaulende Schlagerstimme: „You are my destiny".]

Lernen lernen: Die Optimierung des eigenen Lernverhaltens 21

– Informationen, die über verschiedene Sinneskanäle hineinkommen, werden, da sie mehrfach verkodet sind, besser behalten als Informationen, die nur einen Kanal benutzen. [„Uentrop" merkt man sich am besten, indem man an Anthrazitgeruch denkt, sich gleichzeitig die Kühltürme eines Atommeilers vor's geistige Auge holt und die Vorsilbe „Hamm" in sich erklingen läßt.]

– Je ähnlicher die Rückerinnerungssituation der Lernsituation ist, desto schneller fällt einem etwas wieder ein. [Den Satz des Pythagoras können die meisten von uns noch reproduzieren, indem sie sich eine Zeichnung machen – so wie sie ihn einmal gelernt haben; unter Streß gelernte Dinge werden in streßbesetzten Situationen besser zurückerinnert als z. B. in neutralen.]

– Je vielschichtiger Wissensinhalte in unserem Gedächtnis organisiert sind bzw. je mehr sie in komplexe Wissenseinheiten eingebunden werden, umso größere Mengen behält man. [Die Predigt des Pfarrers kann man dann gut behalten, wenn er sie zum Beispiel an einer bekannten Situation aus der biblischen Geschichte festmacht: Sie ist dadurch gut rekonstruierbar.]

– Ungünstig ist es, wenn zu viele neue Inhalte an nur wenige schon bekannte Inhalte geknüpft werden; dem kann dadurch entgegengearbeitet werden, daß die jeweils einfachen Verknüpfungen zu größeren Wissenseinheiten zusammengefaßt werden. [Die alle an die Vorstellung eines schwimmenden Gegenstandes mit einer in der Mitte stehender Stange gebundenen Begriffe wie Vorliek, Steven, Auge, Großschot, Achterstag, Ducht, Schäkel, Ende, Pinne usw. lassen sich besser merken, wenn sie zu verschiedenen funktionalen Einheiten wie Segel, Leinen, Werkzeug usw. zusammengefaßt werden.]

– Es gibt eine Vielzahl von Strukturen im LZG, deren Anwendung bei der gezielten Suche nach bestimmten gelernten Informationen den Findeerfolg verbessert. [Beim Suchen nach einem Namen das Alphabet durchgehen; den Ort des Verlustes eines Gegenstandes dadurch bestimmen, daß das Geschehen der letzten Stunden (Minuten) rekonstruiert wird.]

Selbsterfahrung und Übungen

Die Übungen dieses Teils sollten vor allem Techniken demonstrieren, welche die genannten Regeln berücksichtigen. Die Teilnehmer können dabei ausprobieren, mit welchen Techniken sie gut zurechtkommen und vor allem, welche Techniken ihre in einem späteren Test festzustellenden Behaltensleistungen verbessert haben.

– Übungen zur Selbstdiagnose: Art der Inhalte am Arbeitsplatz, die kurzfristig gemerkt werden müssen; Art der Inhalte, die fortwährend abrufbar sein sollen; spezielle Lernschwierigkeiten (z.B. Gesichter/Namen merken)
– Übungen zum Lernen auf mehreren Sinneskanälen
– Übungen des zeit- und umfangbezogenen Einteilens von Lerninhalten
– Übungen des Einordnens und Kategorisierens von neuem Wissen
– Übungen zu verschiedenen Mnemotechniken und Abruftechniken
– Übungen zum Elaborieren von und Assoziieren zu neuen Lerninhalten

3.4 Erfassen neuen Wissensstoffes und entdeckendes Lernen

Wissen, welches von einer Person erworben wird, ist nur zu einem Teil in Medien aufbereitet bzw. wird durch Personen systematisch vermittelt. In großem Umfang lernen wir dadurch, daß wir die Alltagserfahrungen in uns aufnehmen, verarbeiten, ordnen usw. und schließlich mehr oder weniger systematisch im Gedächtnis ablegen. Diese Lernform benutzt nicht didaktisch aufbereitetes Wissen, sondern beruht auf der impliziten „Didaktik" jedes einzelnen. Diese Didaktik kann systematisiert und verbessert werden.

Grundlegende Kenntnisse

Wissen – hier speziell Wissen über wie, wann, warum, wozu usw. – ist in unserem Langzeitgedächtnis nach den heutigen Modellvorstellungen in **Strukturen** organisiert. Daß dies wiederum die gleichen Strukturen sind, in denen wir denken – sogar über Themen wie „Gedächtnis" und „Denken" – , ist nicht weiter verwunderlich.

Die wichtigste grundlegende Struktur unserer Wissensorganisation ist die von **Verknüpfungen oder Beziehungen zwischen Dingen**. Diese Beziehungen spiegeln unser Erfassen und Begreifen der Umwelt wider. So beschreiben wir z.B. die Dinge, indem wir ihnen **Eigenschaften** zuordnen. [Ein Hund ist bissig: „bissig (Hund)" ; oder der Hund gehört zur Klasse der tierischen Lebewesen, die eine Wirbelsäule haben: „Lebewesen ... (Tiere & Wirbelsäule) ... Hund"]. Eine andere Denkform stellt das **Tun** und **Handeln** – in unserer Sprache ausgedrückt durch Verben, die Subjekte mit Objekten verbinden, – in den Vordergrund. [Herr Meierschnitt schnitt die Hecke, als ein Hund ihn biß. „schnitt (Herr Meier, Hecke) & biß (Hund, Herr Meier)"].

Neben diesen Bedeutungsnetzen, welche die allgemeine Grundform von Wissensverknüpfung darstellen, gibt es Strukturen, die unser Wissen zu größeren Einheiten formen. Als die bekanntesten Strukturen gelten **Klassen** bzw. **Schachtelungen** [Siemens, AEG, SEL ... sind Unternehmen der Elektroindustrie], **Ordnungen** [Mitarbeiter weiß (manchmal) mehr als Vorgesetzter], **Netze** [FE ist Kunde von Marketing, Konstruktion ist Kunde von FE, Produktion ist Kunde von FE und Konstruktion], **Drehbücher** bzw. **Skripten** [Führen eines Einstellungsgespräches, management by objectives], **Prinzipien** [Huckepack-Prinzip, Peter-Prinzip], **Geschichten** [das Duell zwischen IBM und Apple] – um nur die wichtigsten zu nennen.

Der größte Vorteil dieser Strukturen besteht in der hohen Ökonomie, mit der wir Umweltinformationen aufnehmen, verarbeiten und vor allem im Gedächtnis verwalten. Der Vergleich unseres Gedächtnisses mit einer Bibliothek ist recht zutreffend: Eine Ansammlung von Millionen von Büchern ist als solche höchstens ein Gegenstand von Kosten, Reputation usw., aber wenig brauchbar. Erst die Arbeit der Bibliothekare und der Archivare macht dieses ungeheure Wissen für die Allgemeinheit verfügbar, indem anhand von Sortierungen nach den unterschiedlichsten Kriterien dem Benutzer der Weg zur richtigen Literaturquelle gewiesen wird.

Lernen lernen: Die Optimierung des eigenen Lernverhaltens   23

Lernen, ohne daß der Lernstoff didaktisch aufbereitet wird, heißt **entdeckendes Lernen** und ist selbstgesteuert. Sieht man von automatisch ablaufenden Lernprozessen ab, so gibt es nur einen vernünftigen Weg, bewußt Neues zu lernen: Erstens durch Anpassung neuartiger Information an schon vorhandene Gedächtnisstrukturen; zweitens durch Erweiterung und Modifikation dieser Strukturen, um sie zu befähigen, bisher noch nicht Einzuordnendes in Form neuer Muster in unser vorhandenes Wissensnetz einzuknoten.

Selbsterfahrung und Übungen

In diesem Übungsteil sollten die Teilnehmer anhand von Beispielen die wichtigsten Wissensstrukturen erarbeiten, neues Material durch Vergleiche mit bekannten Mustern einordnen und Schlußfolgerungen ziehen, die möglichst auch Veränderungen bekannter Schemata offenbar werden lassen. Das wichtigste Schlußfolgerungsprinzip sollte dabei die Analogienbildung sein.

– Übungen zum Wiedererkennen von Strukturen in konkreten Beispielen
– Übungen zum Finden von Beispielen für Strukturen
– Übungen zur Methode der Analogienbildung
– Übungen zu speziellen Methoden der Wissensaufbereitung und Wissensablage (Matrizen, Netze, Bäume, Graphiken, Karteien, Tabellenkalkulationsprogramme, Datenbanken)
– Übungen zur Erarbeitung von Problemlösungen mit Hilfe von Analogien

3.5 Motivation

Lernen macht nicht selten Mühe; der Zwang, etwas zu lernen und es in bestimmten Situationen können zu müssen, kann Angst erzeugen. Etwas gelernt zu haben, bereitet in der Regel Freude und fördert den Wunsch, noch mehr lernen zu wollen. Es ist klar, daß nicht-automatisiertes, d.h. selbstgesteuertes Lernen – wie jedes bewußte Handeln – ohne Motivation nicht möglich ist.

Beim Seminarbaustein „**Lernmotivation**" steht der Trainer in einem Dilemma: Auf der einen Seite ist das Thema so wichtig, da Motivation die Grundvoraussetzung für selbstgesteuertes Lernen ist, daß man es nicht unbehandelt lassen kann, auf der anderen Seite ist es so umfangreich – vor allem weil es in hohem Maße auch die persönliche Betreuung jedes einzelnen Teilnehmers erfordert –, daß man ihm ein eigenständiges Seminar widmen kann. Die folgenden Ausführungen beziehen sich auf einen Trainingsbaustein, der im Rahmen eines Lerntrainings die wichtigsten Grundlagen des Themas in Vortrag und Übungen behandelt.

Grundlegende Kenntnisse

Wenn wir etwas bewußt tun – z.B. lernen – so müssen wir zuvor zum einen den Wunsch gehabt haben, etwas zu besitzen oder zu erreichen (**Motivation**), zum anderen uns innerlich „beauftragt" haben, das dafür Erforderliche auch zu tun (**Wille**). Motivation und Wille zum Handeln hängen von dem Zusammenspiel zweier Instanzen ab, nämlich den Merkmalen der Umwelt bzw. der Situation sowie der kurz- und langfristigen psychischen Befindlichkeit der handelnden Person. Die Umweltfaktoren sind daran immer nur indirekt beteiligt, denn um handlungswirksam zu werden, müssen sie von der Person im Rahmen eines inneren Abbildes wahrgenommen und bewertet sein. Diese Abbilder sind nur mehr oder weniger realitätsnah, da sie – wie oben ausgeführt – erst den Filter unserer Wahrnehmung und weiterer Informationsverarbeitung durchlaufen haben müssen.

Grundsätzlich gilt, daß wir die Dinge erreichen bzw. beibehalten wollen, die in uns positive **Gefühle** wie Befriedigung, Freude, Lust, Entspannung usw. erzeugen. Andererseits werden wir mit unangenehmen Gefühlen besetzte Zustände zu vermeiden trachten. Eines der wichtigsten Gefühle drückt unsere Zufriedenheit mit uns selbst aus. Zu wissen, daß man etwas weiß, steigert das **Selbstwertgefühl**.

Grundlegende, überdauernde Bedürfnisse nennen wir **Motive**. Zwar kann der Wille zum Lernen auch durch Streben nach **Überlegenheit** und **Macht** entfacht werden, in höherem Maße hat er jedoch **soziale Anerkennung** und **Selbstachtung** zum Motiv.

Motive orientieren sich nicht nur an der sozialen, sondern auch an der dinglichen Umwelt. Wir wollen in der Regel wissen, wie etwas ist, bzw. warum es so und nicht anders ist (**Neugierde** oder **Erkenntnismotiv**); wir wollen aber auch die Dinge beherrschen, d.h. unsere Erkenntnisse über die Welt in Handhabbarkeit umsetzen, um uns das Leben zu erleichtern und angenehm zu machen (**Werkzeug-** oder **Gestaltungsmotiv**).

Lernen ist in der Regel zielgerichtet. **Ziele** werden von uns daraufhin bewertet, wie erstrebenswert sie sind (**Anreizwert**) und welche **Wichtigkeit** und welche **Dringlichkeit** sie für uns haben.

Bevor wir die **Entscheidung** für eine bestimmte Handlung oder auch komplexe Handlungsabfolgen – und Lernen ist komplex – treffen, schätzen wir ab, welche Chancen es gibt, ein Ziel überhaupt zu erreichen (**Ereigniswahrscheinlichkeit**), und welches Mittel mit welchem Aufwand zum Erfolg führt (**Handlungsfolgenerwartung**, **Anstrengungserwartung**, **Effizienzerwartung**).

Der Entschluß zum Lernen setzt außerdem voraus, daß wir es uns zutrauen, einen Lernerfolg zu haben (**Selbstvertrauen**). **Mangel an Selbstbewußtsein** oder **Selbstüberschätzung** führen zu Lernmißerfolgen.

Lernen lernen: Die Optimierung des eigenen Lernverhaltens

Wir suchen nach Erklärungen dafür, daß wir beim Lernen mehr oder weniger erfolgreich waren (**Ursachenzuschreibung**). Hier neigen bestimmte Menschen dazu, die Ursachen vorwiegend bei sich selbst (**Selbstzuschreibung**) zu suchen, andere hingegen weisen lieber die Verantwortlichkeit von sich (**Fremdzuschreibung**).

Die Erfahrung, etwas nicht ändern zu können, was auch immer man unternimmt, führt zu einem überdauernden Gefühl der **Hilflosigkeit**, wahrscheinlich dem schlimmsten Motivationskiller überhaupt.

Angemessenes Lern- und Problemlöseverhalten beweist sich besonders in kritischen Situationen. So neigen manche dazu, sich fortwährend ein Bild über die eigene – meist kritische – Lage zu machen (**Lageorientierung**), während andere – davon eher unberührt – zur Handlung drängen (**Handlungsorientierung**).

Letztlich müssen wir uns auch vornehmen, eine Handlung, für die wir uns – aus welchen Gründen, Motiven, Gefühlen auch immer – entschieden haben, durchzuführen oder durchzuhalten (**Wille, Entschlossenheit, Durchhaltewille**). Und auch hier erleben wir uns im Vergleich zu anderen eher als willensstark oder willensschwach.

Folgende Regeln der Motivationspsychologie sollten den Teilnehmern eines Lerntrainings zur Verbesserung des eigenen Lernverhaltens vermittelt werden.

Es fördert die Motivation, lernen zu wollen:
- wenn man grundsätzlich neugierig ist, sich nicht mit faden Erklärungen zufrieden gibt, die Dinge kritisch hinterfragt, der Meinung anderer tolerant gegenüber steht, sich daran freuen kann und es als Gewinn ansieht, daß die Welt komplex und kompliziert ist;
- wenn man sich öfter die Erfahrung bewußt macht, daß man heute an Dingen Interesse hat, die einem früher fremd, unangenehm oder langweilig erschienen, nur weil man jetzt etwas mehr davon versteht;
- wenn man etwas bewegen und gestalten möchte – Wissen und Kompetenz erhöhen das Selbstwertgefühl;
- wenn man sich darüber freuen kann, etwas trotz vieler Mühe begriffen zu haben, und stolz auf sich ist, die unternommenen Anstrengungen durchgestanden zu haben;
- wenn man die Anerkennung von außen anstrebt, daß man als lernwillig und lerneifrig eingeschätzt wird, und Leute meidet, denen man es nie recht machen kann, die einem Können mißgönnen oder Lernbereitschaft als Strebertum verleumden;
- wenn man zusammen mit anderen lernt;
- wenn man sich realistische Lernziele setzt und schwierige Lernziele über realisierbare Teilziele zu erreichen versucht;
- wenn man mit sich selbst Verträge abschließt und ihre Einhaltung selber kontrolliert bzw. durch andere kontrollieren läßt;

- wenn man sich vor Augen hält, daß es auch beim Lernen selbstverständlich Mißerfolge gibt, daß diese sogar schmerzen können (z.B. Nichtbestehen einer Prüfung), daß Mißerfolge jedoch auch immer eine Herausforderung sind, erneut zu versuchen, es zu schaffen;
- wenn man die Lösung von Problemen möglichst zügig angeht und sich nicht immer nur Gedanken über die (komplizierte) Lage macht;
- wenn man möglichst genau herausfindet, was bei bisherigen Lernerfolgen und Lernmißerfolgen der eigene Anteil und was vernünftigerweise den Umständen zuzuschreiben war;
- wenn man sich selbst Belohnungen für das Erreichen von Teilzielen aussetzt;
- wenn man sich selber unter Druck setzt, bzw. sich von außen kontrollieren läßt (Achtung – manche Menschen reagieren auf Druck und Kontrolle eher mit Demotivation!);
- wenn man sich nicht neue Lernaufgaben vornimmt, bevor man andere abgeschlossen hat und somit kein Lernziel erreicht;
- indem man seinen möglichen Hang zum Perfektionismus erkundet und ihn kritisch dahingehend überprüft, ob er nicht häufig nur zur Rechtfertigung dient, daß etwas nicht zu Ende gebracht wurde;
- wenn man sich einen Zeit- und Mengenplan für sein Lernvorhaben anlegt;
- wenn man seine Lernumgebung so ordnet, daß man sich in ihr wohl fühlt und sich in ihr zurechtfindet;
- wenn man erfolgreiches Lernverhalten zur liebgewordenen Gewohnheit werden läßt, die man vermißt, wenn sie nicht ausgeübt werden kann – selbst wenn sie zur Marotte wird;
- wenn man seine Lernmittel wie Bücher, Karteien, Computerprogramme usw. in Ordnung hält und pflegt, wie der Handwerker sein Werkzeug.

Selbsterfahrung und Übungen

Die Übungen sollten jedem Teilnehmer die Möglichkeit geben, seine spezifische Lernmotivationslage zu analysieren und mit anderen darüber zu sprechen. Darüber hinaus sollte er Motivationshilfen in Form von Arbeits- und Ordnungstechniken und von mit sich selbst geschlossenen Verträgen kennenlernen.

- Übungen zur Selbstdiagnose: Arten und mögliche Ursachen von Motivationsproblemen;
- Übungen zum Erkunden von positiven eigenen Motivationserfahrungen und zum Motivationstransfer;
- Übungen zur Definition und Bewertung von Zielen;
- Übungen zum Zeitmanagement;
- Übungen zu verschiedenen Arbeitstechniken;
- Übungen zum mentalen Training und zur Selbstsuggestion;

Lernen lernen: Die Optimierung des eigenen Lernverhaltens

– Erarbeiten von Verträgen mit der eigenen Person;
– Kennenlernen verschiedener Lernmedien.

3.6 Lernmedien und -institutionen

Lerninhalte müssen vermittelt werden. Die klassischen Informationsträger – das praktische Demonstrieren, der mündliche Vortrag mit und ohne visuelle Unterstützung, die Printmedien und das Lernspiel – werden wohl auch heute noch am häufigsten genutzt. Sie werden ergänzt durch die modernen elektronischen Datenspeicher wie Audiokassetten, Videokassetten und Computerprogramme oder sogar durch spezielle Lernmaschinen. Medien vermitteln nicht nur Wissen, sondern sie animieren durch die jeweils spezifische Art der Vermittlung auch zum Lernen. Daher sollte ein Lerntraining den Teilnehmern gerade auch die Welt der neuen Medien eröffnen, indem nicht nur auf die unterschiedlichen Angebote aufmerksam gemacht, sondern auch die Möglichkeit zum exemplarischen Ausprobieren eröffnet wird.

Printmedien

Da es eine enorme Vielfalt von Büchern zum Thema „Lernen lernen" gibt, bietet es sich geradezu an, einen Grundstock geeigneter Bücher und Zeitschriften während des Seminars zur Ansicht auszulegen. Sie können ergänzt werden durch Druckerzeugnisse, die eine fundierte populärwissenschaftliche Einführung in moderne Erkenntnisse aus Naturwissenschaft, Technik oder Ökonomie bieten.

Lernspiele und Lernhilfen

Fast alle **Spiele** sind lehrreich. Einige eignen sich jedoch besonders zum **Konzentrations- und Gedächtnistraining**, wie das klassische Memory (natürlich auch Skat und Doppelkopf). Andere, wie die aus der variantenreichen Scrabble-Klasse bzw. Quiz-Klasse, dienen der **Erweiterung des aktiven Wortschatzes bzw. des Allgemeinwissens**. Die Spiele einer dritten Gruppe dienen der **praktischen Einführung in gängige technische, ökonomische oder ökologische Modelle**, weil sie gut bestimmte Realitätsausschnitte oder strategische Handlungsweisen simulieren. Warum nicht einen Spielabend während des Lerntrainings veranstalten?

Neben dem Vokabelheft gibt es eine vergleichbare und dennoch viel effektivere **Lernhilfe**, die **Lernkartei**. Zwar bleibt das Lernen auch hier auf das Wiederholen von Paarassoziationen (Fenster = Window; ECU = Europäische Währung) beschränkt: Der Vorteil besteht jedoch in der Aussortierung der Begriffe, die bisher noch nicht behalten wurden, damit sie umso eindringlicher und ausführlicher wiederholt werden können – solange bis sie „sitzen" . Fertige Lernkarteien gibt es für die gängigen Sprachen auf der Ebene von Vokabeln und von Redewendungen.

Video-, Audiokassetten und CDs

Audiokassetten (und neuerdings **CDs**) sind die klassischen Hilfsmittel des **Sprachunterrichts**. Keine seriöse Firma vermittelt heute noch das Sprachenlernen nur über Bücher. Eine weitere Domäne der Tonkassette ist die Einführung in und Begleitung von **Meditation, Entspannungsübungen** und **mentalem Training** in Form direkter Anleitung bzw. durch Untermalung mit geeigneter Musik. Erwähnenswert sind außerdem die **Lesungen** bekannter Werke der deutschen Literatur oder Mitschnitte von speziellen Universitätsvorlesungen und Kongreßbeiträgen.

Die Videokassette erobert sich den Lernmarkt im Eilschritt. Fast alle Lernverlage bieten mittlerweile auch **Videokassetten** als **Einführung in Wissensgebiete** oder als **Anleitung zu praktischem Handeln** an.

Aber nicht nur passives Lernen ist mit diesen Medien möglich. Vor allem die Audiokassette bietet vielfältige Möglichkeiten, als **selbsterstellter Wissensspeicher** das aktive Lernen zu unterstützen. Die mit selbst gelesenen oder verfaßten Texten, mit Auszügen, Zusammenfassungen, Vokabeln usw. bespielten Tonkassetten können fast jederzeit – vor allem bei Reisen in Auto, Flugzeug oder Bahn – abgehört werden.

Computerprogramme

Der Personalcomputer hat längst eine Erweiterung seiner ursprünglichen Arbeitsbereiche des „Zahlenknackens" und Textverarbeitens erfahren. Er dient immer mehr auch als Steuerzentrale für **interaktives, multimediales Lernen**. Mit Hilfe von entsprechenden Programmen können nicht nur hochkomprimierte Wissensspeicher angesteuert werden, die die Inhalte der oben genannten Medien auf den Bildschirm oder Drucker bringen; dabei können Texte, bewegte und unbewegte Bilder und Graphiken sowie Tonmaterial beliebig miteinander kombiniert werden. Das qualitativ Neue ist die Möglichkeit der **Lernkontrolle**. Dabei wird nicht nur Wissen abgefragt, es werden auch Kontrollen von Handlungen durchgeführt, soweit sich Handlungen oder Handlungsabsichten auf dem Computer abbilden lassen, sei es in Form von Bewegung, Text, Entscheidungen oder Berechnungen. **Probehandeln** in **virtuellen Welten** wird die Art und Weise, wie wir uns bisher auf reales und angemessenes Handeln in Beruf und Alltag vorbereiteten, revolutionieren. Weitere Vorteile dieses Meta-Mediums liegen in der schnellen Verfügbarkeit spezieller Wissensinhalte mittels effektiver Suchhilfen in elektronischen Karteien, in der Kompaktheit der Datenträger sowie der Freiheitsgrade, die der Benutzer bei der Wahl der Wissensmodule und der Lernart hat.

Aber auch jenseits der speziellen Lernprogramme kann der Computer sehr effektive **Lernhilfen** anbieten. Es gibt **für wichtige kognitive Funktionen**, wie rationales Entscheiden, Strukturieren, Kategorisieren, Ideensuchen, Rechnen und externe Speicherung, hervorragende und für den Laien relativ einfach handhabbare Werkzeuge als da sind: Tabellenkalkulations-, Statistik-, Graphik-, Entscheidungshilfe- und Datenbankprogramme und noch vieles mehr.

Lernmaschinen und Superlearning

In unserer High-Tech-Gesellschaft nehmen die Mythen „Nürnberger Trichter", „Geist aus der Flasche", „Dr. Allwissend" etc. die Gestalt von Maschinen an, die sich via Resonanzprinzip mit Hilfe bestimmter Signale in unsere Gehirnwellen einschleichen wollen, um dort besonders lerneffektive Zustände zu erzeugen.

Daß diese Art der Bewußtseinsbeeinflussung von außen möglich ist, ist psychologisch und physiologisch unumstritten. Was sie jedoch zur Effektivierung des Lernens beiträgt, ist äußerst fraglich.

Neben den modernen Brain- oder Mindmachines, die eher unspezifisch auf die Beeinflussung von Bewußtseinszuständen abzielen, gibt es noch die Apparaturen und Verfahren, die unter dem Titel „**Suggestopädie**" oder populärer „**Superlearning**" firmieren. Sie versuchen das Prinzip umzusetzen, nach dem im Bewußtseinszustand der **Tiefenentspannung** (EEG-Wellen des Alpha-Typs) die Aufnahmekapazität unseres Gehirns und des Gedächtnisses besonders hoch sein soll. Dabei sind die Werbeverheißungen „Lernen wie im Schlaf" oder „Ins Langzeitgedächtnis ohne den dornigen Weg der Wiederholung im Kurzzeitgedächtnis (Pauken)" so offensichtlich verdummend, daß sich diese Lernmethode einer seriösen Effektivitätsbetrachtung unwürdig erwiese, wäre da nicht das erwähnte Prinzip. Was sagt die Forschung?

Zunächst müssen die Befunde auf diesem Gebiet äußerst kritisch betrachtet werden, da immer wieder Forschernamen auftauchen, die auf der Honorarliste von Anbietern einschlägiger Produkte stehen. Des weiteren gibt es kaum eindeutige Ergebnisse. Nach heutigem Erkenntnisstand kann von folgendem ausgegangen werden:

– Der **Alpha-Zustand** hat eine besondere Bedeutung: Der durch das retikuläre System kontrollierte Aktivationszustand ist zwar stark reduziert, und dennoch ist die bewußte Verarbeitung von Sinnessignalen gewährleistet. Er kennzeichnet bestimmte Empfindungen und kognitive Zustände, die mit den Begriffen wie Tiefenentspannung, Trance, hohe Suggestibilität usw. beschrieben werden können. Er kann auf unterschiedliche Weise von außen induziert werden, z.B. durch Verfahren wie Hypnose und Selbsthypnose, Meditations- und Entspannungstechniken sowie Biofeedback.

– Mit Lerntests im Sinne der Wiedererkennung und der Wiedererinnerung konnte gezeigt werden, daß Informationen, die im Zustand der Tiefenentspannung verabreicht wurden, zu einem gewissen Teil aus dem Langzeitgedächtnis abrufbar waren.

– Nur ein Teil der untersuchten Personen konnte Erfolge aufweisen – ein anderer fühlte sich durch die Lernmethode gestört bzw. konnte damit nichts anfangen.

– Die Lernerfolge waren nie höher als die, welche durch wiederholendes Lernen im gleichen Zeitraum erzielt werden konnten, meistens beträchtlich geringer!

– Die relativ besten Erfolge werden noch beim Vokabellernen erzielt, während Lernmaterial, bei dem es auf das Begreifen von Zusammenhängen ankommt, für diese Lernmethode höchst ungeeignet ist.

– Die Lernerfolge sind kaum eindeutig der Tatsache zuzuschreiben, daß jemand tiefenentspannt war, da man auch in diesem Bewußtseinszustand seine normalen kognitiven Tätigkeiten, wie Nachdenken, Ausarbeitung und Wiederholen, nicht ausschalten kann und der Effekt unterschiedlicher Motiviertheit nicht kontrollierbar ist.

Im übrigen ist die Erwartung der meisten einschlägigen Anbieter an die Effektivität des Wissenserwerbs mittels suggestopädischer Methoden doch eher realistisch, würden sie sonst ihre Programme (bis zu einem Anteil von 2/3) mit den geächteten klassischen Methoden, wie Wiederholen, Vertiefen, Üben usw., anreichern?

In einem Lerntraining sollten den Teilnehmern die Zusammenhänge des suggestopädischen Lernens erklärt werden. Sie sollten im Seminar die Gelegenheit bekommen, diese Verfahren exemplarisch für sich zu erproben. Auf diese Weise erhalten einige Teilnehmer die Chance, ihr vorhandenes suggestibles Potential zu nutzen, während andere „nur" zu einer realistischen Betrachtung der Preis-Leistungs-Relation von auf dem Markt befindlichen Produkten befähigt werden.

4. Folgerungen

4.1 Umsetzung im Beruf

Die in den vorangegangenen Abschnitten erfolgten Erklärungen und Vorschläge zur Optimierung des Lernverhaltens bezogen sich nicht speziell auf das Lernen von Inhalten, die im unmittelbaren Zusammenhang mit betrieblichen Belangen stehen. Ihr Geltungsbereich ist so universell, daß ein Transfer in spezielle Lernbereiche grundsätzlich gewährleistet ist. Dennoch kann ein Lerntraining dem besonderen Bedürfnis der Firmen und der Lernenden nach einer besonders praxisgerechten Ausrichtung Rechnung tragen. Die ebenso einfachen wie plausiblen Regeln lauten:

- Bilde in Beispielen und Übungen so viel wie möglich betriebliche Realität und Erfordernisse ab.
- Knüpfe an die individuellen Alltagserfahrungen der Teilnehmer an, indem entweder Probleme behandelt werden, die so generell sind, daß sich jeder leicht mit ihnen identifizieren kann, oder eröffne jedem Teilnehmer die Möglichkeit, seine eigenen speziellen Probleme in Angriff zu nehmen.
- Verweise darauf, daß Lernen, welchen Inhalts auch immer, die Lernleistung in anderen strukturell ähnlichen Inhaltsbereichen erhöht und demonstriere dies an geeigneten Übungen.

Die Einhaltung der Regeln ist umso leichter, je einheitlicher die Gruppe ist. Durch vorherige Erkundung der arbeitsplatzspezifischen Informationsverarbeitung bzw. der entsprechenden fachgebundenen Lerninhalte lassen sich die Übungen speziell an die beruflichen Rahmenbedingungen anpassen. Dennoch sollten, da ein Lerntraining ja auch zu selbstgesteuertem Lernen und zur Erkundung fachübergreifenden Wissens anleiten will, auch fachfremde Themen in den Übungen verarbeitet werden.

4.2 Trainingserfolge

Die Beantwortung der Frage, ob Lernen durch „richtiges" Lernverhalten verbessert werden kann, soll hier aus vier unterschiedlichen Blickwinkeln beantwortet werden.

1. Eine notwendige – wahrscheinlich aber nicht hinreichende – Voraussetzung für die Verbesserung von Lernergebnissen ist, daß ein neues Lernverhalten geübt und beherrscht wird. Das ist häufig gar nicht so leicht und setzt fast immer voraus, daß man sein Verhalten ändern will und man das Ausbleiben von sofortigen spektakulären Erfolgen aushält. Selbst das Absolvieren eines Motivationsprogrammes zum Lernen bedarf schon wieder eines gewissen Ausmaßes an Grundmotivation und Durchhaltewillen. Spekuliert man nicht auf den automatischen Erfolg oder den „Aha-Effekt" , so kann nur die Person einen Lernerfolg erwarten, die etwas dafür tut.

2. Daß bestimmte Vorgehensweisen beim Erwerb neuen Wissens sehr wirksam und andere eher hinderlich sind, gehört zu den bestgesicherten Erfahrungen jedes einzelnen. Selbstverständlich haben wir davon profitiert, wie uns Eltern, Lehrer, Kollegen usw. zu bestimmten Formen des Lernens angeleitet haben. Betrachtet man einmal die hier empfohlenen Lernverhaltensweisen, so haben die meisten einen hohen Plausibilitätsgrad. Ihre Wirksamkeit haben wir oft selbst schon erfahren, und es geht „nur" darum, sie konsequenter umzusetzen bzw. immer wieder auszuprobieren, welche denn für einen selbst die wirksamsten sind.

3. Die hier vorgestellten Verhaltensziele leiten sich alle von empirisch abgesicherten Effekten der experimentellen Erforschung von Lernen ab. Wichtig ist dabei zu wissen, daß psychologische Forschung in der Regel statistische Ergebnisse hervorbringt. Aber selten gibt es 100%-ige Lernleistungen und fast nie eine untersuchte Gruppe von Menschen, die im Experiment den gleichen Lernerfolg hatten. Es gelten weitere Einschränkungen: Zum einen sind Ergebnisse der lernpsychologischen Forschung nicht eins-zu-eins auf die Praxis zu übertragen, da im Experiment darauf geachtet wurde, daß zumindest ein Teil der verstärkenden und störenden Einflüsse einer Alltagssituation ausgeschaltet war. Zum anderen wird in der Regel das Lernen unter dem Aspekt untersucht, wie es durch bestimmte, vom Versuchsleiter erzeugte, Bedingungen beeinflußbar ist und nicht die Fragestellung „Was bewirkt ein Lerntraining?" .

4. Aber auch solche Untersuchungen gibt es. Die Ergebnisse lassen sich grob in drei Punkten zusammenfassen:

   a. In fast allen Studien werden positive Effekte von Lern- und Denkstrategie-Trainings gefunden.

   b. Die Verbesserung des Lernergebnisses hängt vom Vorwissen und von der Geübtheit des neuen Verhaltens ab. Je mehr Vorwissen vorhanden ist und je automatisierter neue Lernstrategien angewendet werden, desto größer die Verbesserung relativ zu dem Lernerfolg, der mit bisherigen Strategien erzielt wurde.

   c. Der Transfer auf andere Inhaltsbereiche als die, welche im Training verwendet wurden, ist schwierig. Er gelingt umso eher, je mehr die Teilnehmer die hinter den gelernten Strategien steckenden psychologischen Prinzipien auch abstrakt verstanden haben und je ausdrücklicher und ausführlicher die Übertragung von einem auf einen anderen Inhaltsbereich schon im Training geübt wurde.

4.3 Fazit

Die Fähigkeit, lernen zu können – im Sinne von Wissen aufnehmen, verarbeiten, speichern und abrufen – wird häufig nur der Begabung, also einer genetisch festgelegten Intelligenzkapazität, zugeschrieben. Selbstverständlich sind intellektuelle Fähigkeiten in uns angelegt, und es gibt offensichtlich auch Grenzen der Begabung. Auf der anderen Seite müssen Begabungen genutzt und trainiert werden, damit sie sich optimal entfalten. Unsinnig wäre dabei die Zielvorstellung, jeder könne – wenn er nur richtig und ausreichend übe – so ziemlich alles erreichen; vernünftig ist die Annahme, daß jede Fähigkeit, wie individuell unterschiedlich sie auch ausgeprägt sei, durch Training noch ausgebaut werden kann. Auch die individuelle Fähigkeit zu lernen kann unterschiedlich zur Entfaltung gebracht werden, je nachdem wieviel geübt wird und wie effektiv oder ineffektiv jemand sein eigenes Lernen in die Hand nimmt. Also:

Lernerfolge können durch adäquates Lernverhalten verbessert werden.
Ein Lerntraining dient der Optimierung des Lernverhaltens.

Ausgewählte Literatur und Medien

Lern- und Gedächtnispsychologie

Baddely, A. (1986). *So denkt der Mensch.* München: Drömer & Knaur – **Kluwe, R. (1990).** Gedächtnis und Wissen. In H. Spada (Hrsg.), *Lehrbuch allgemeine Psychologie* (S.115-187). Bern: Huber. – **Lindsay, P.H. & Norman, D.A. (1981).** *Einführung in die Psychologie* (Kap.8-11). Berlin: Springer. – **Mandl, H. & Friedrich, H.F. (Hrsg.). (1992).** *Lern- und Denkstrategien.* Göttingen: Hogrefe. – **Scheidgen, H., Strittmatter, P. & Tack, W.H. (Hrsg.). (1990).** *Information ist noch kein Wissen.* Weinheim: Beltz. – **Steiner, G. (1988).** *Lernen: 20 Szenarien aus dem Alltag.* Bern: Huber. – **Vester, F. (1978).** *Denken, Lernen, Vergessen.* Stuttgart: dtv. – **Zimbardo, P.G. (1983).** *Psychologie* (4. neubearb. Aufl.; Teil II, Aus Erfahrung lernen). Berlin: Springer.

Motivation

Schmalt, H.-D. & Heckhausen, H. (1990). Motivation. In H. Spada (Hrsg.), *Lehrbuch allgemeine Psychologie* (S.451-494). Bern: Huber. – **Preiser, S. (1989).** *Zielorientiertes Handeln.* Heidelberg: Asanger.

Lerntrainingsprogramme, Lerntechniken und Gedächtnistraining

Behlich, K.-H. & Schweede, H.-H. (1974). *Lern- und Arbeitstechniken.* Würzburg: Vogel. – **Beitinger, L. & Mandl, H. (1992).** *Impulse zum Weiterlernen.* Bremen: PLS. – **Keller, G. (1991).** *Lehrer helfen lernen.* Donauwörth: Auer. – **Klauer, J.K. (1993).** *Kognitives Training.* Göttingen: Hogrefe. – **Leitner, S. (1972).** *So lernt man lernen.* Freiburg: Herder. – **Schräder-Naef, R. (1991).** *Lerntraining für Erwachsene.* Weinheim: Beltz. – **Stengel, F. (1982).** *Gedächtnis spielend trainieren.* Stuttgart: Klett. – **Vollmer, G. & Hoberg, G. (1990).** *Lernwege* (Trainerhandbuch und Teilnehmerunterlagen). Stuttgart: Klett WBS.

Lernen lernen: Die Optimierung des eigenen Lernverhaltens   33

Lernen in der Organisation

Geißler, H. (Hrsg.). (1992). *Neue Qualitäten betrieblichen Lernens.* Frankfurt: Lang. – **Senge, P. M. (1990).** *The fifth discipline: The art and practice of the learning organisation.* New York: Doubleday.

Lernkarteien

Hewitt, P.H. & Langhans, R. (1979). *Vokabelkartei Englisch.* Stuttgart: Klett. – **Wadsworth, T. & Wadsworth, U. (1982).** *Stufenkartei Englisch I.* Gauting: Gerhard Hagemann. – **Smythe, M.J. & Naumann, D. (1982).** *Stufenkartei Englisch II.* Gauting: Gerhard Hagemann.

Computerprogramme

Eine Fülle von Lernsoftware bietet z.B. der Comet Verlag in Duisburg an.

Audio- und Videokassetten

Vorlesungen und Vorträge zu Themen der allgemeinen und angewandten Systemtheorie auf Audiokassette im Verlag Carl-Auer-Systeme (Heidelberg). – Lesungen bekannter Romane bei der Deutschen Grammophon. – Videofilme zu naturwissenschaftlichen Themen bei GEO-Vision (Neckarsulm) und Spektrum Akademischer Verlag (Heidelberg).

Lutz von Rosenstiel

Führungsverhalten:
Feststellung – Wirkung – Veränderung

Auf dem Höhepunkt des Wertewandelschubs am Ende der 60er Jahre wurde vielfach über eine hierarchiefreie Organisation, über ein Zusammenwirken von Menschen ohne Führung gesprochen. Es handelt sich dabei um eine Utopie, die keine ernsthafte Realisierungschance besitzt. Ein Beispiel soll das plausibel machen:
Eine zwar einfache, aber eindrucksvolle Übung aus der Praxis der Gruppendynamik zeigt, daß es ohne Führung „nicht geht". Es handelt sich um den „Turmbau" (Antons, 1973; v. Rosenstiel, 1992). Diese Übung kann im Rahmen von Führungs- und Kooperationstrainings angewandt werden, man kann sie aber auch in der Phantasie leicht nachvollziehen.

Drei Gruppen, bestehend aus je 6 Mitgliedern, werden gebildet. Alle Gruppen erhalten gleiches Material: Pappstreifen in beliebiger Menge, eine Schere, eine Rolle Klebstreifen, eine Tube Klebstoff, ein Lineal. Jeder Gruppe wird eine gleiche Aufgabe gestellt: „Bauen Sie aus dem vorgegebenen Material einen Turm, der so hoch, so schön und so stabil wie möglich sein soll. Sie haben für Ihre Arbeit 2 Stunden Zeit!"

Die sich nun in den drei Gruppen entfaltenden Aktivitäten werden beobachtet oder – besser noch – mit einem Videogerät aufgezeichnet. Was zeigt sich?

Meist entsteht bei der Turmbauübung zunächst zwischen den Gruppenmitgliedern Chaos. Alle reden durcheinander. Fast jeder entwickelt Vorschläge, die von den anderen – da sie selber Vorschläge machen – nicht beachtet werden. Der eine plädiert dafür, aus den Pappstreifen kleine Würfel zu kleben, die dann aufeinander geschichtet den Turm bilden sollen. Ein anderer setzt sich für das Formen langer Röhren ein, die – ineinander gesteckt und durch Papierstreifen verbunden – ein Gerüst turmähnlichen Aussehens abgeben sollen. Wieder andere schlagen vor, kurze Säulen zu bauen, sie nebeneinander zu stellen und darauf aus Pappstreifen eine Plattform zu kleben, auf die in ähnlicher Weise ein nächstes Stockwerk zu bauen ist und so fort. Diese Ideen konkurrieren miteinander bis sich schließlich eine durchsetzt. Und dann gilt es, Arbeit zu koordinieren.

Bald organisiert sich ohne Anstoß von außen aus dem anfänglichen Chaos eine strukturierte Gruppe mit gemeinsamen Zielen, wechselseitiger Interaktion, gemeinsamen Normen und Werten, Rollendifferenzierung und einem Wir-Gefühl (v. Rosenstiel, 1993). Da gibt es „Fließbandarbeiter", die in monotoner Tätigkeit die für den Bau notwendigen Bausteine fertigen. Da gibt es „Monteure", die diese Bausteine in plangerechter Weise miteinander verbinden. Und da ist meist auch jener, der die Aktivitäten der einzelnen koordiniert, den Einsatz der knappen Güter (Schere, Klebstreifen, Klebstoff) überwacht und auf die knapper werdende Zeit achtet. So läßt im Zeitraffertempo die Entstehung einer „Organisation" beobachten, die durch arbeits-

Führungsverhalten: Feststellung – Wirkung – Veränderung   35

teilige Aktivitäten der verschiedenen Mitglieder gekennzeichnet ist und diese durch Führung, d.h. eine Hierarchie der Verantwortung, koordiniert, um ein gemeinsames Ziel zu erreichen (Gebert, 1978).

Dies gilt analog für Betriebe und Verwaltungen. In ihnen herrscht Arbeitsteilung, mit deren Hilfe wirtschaftlich gemeinsame Ziele erreicht werden sollen. Und in ihnen allen gibt es Führung, durch welche die verschiedenen Aktivitäten koordiniert werden. Ohne Führung geht es nicht. Nicht nach dem *ob*, sondern nach dem *wie* soll gefragt werden.

1. Was heißt Führung?

Führung wird häufig als bewußte und zielbezogene Beeinflussung von Menschen definiert (v. Rosenstiel, Molt & Rüttinger, 1988). Wer aber beeinflußt wen auf welche Weise (Neuberger, 1990)?

Organisationen der Wirtschaft und Verwaltung setzen auf Verschiedenes: Auf *Strukturen* und auf *Menschen*.

1.1 Führung durch Strukturen

Wer das Wort Führung hört, denkt meist an einen durch seine Stellung oder durch sein Charisma herausgehobenen Menschen, der zielorientiert auf andere einwirkt. Dies aber ist nur die eine Seite der Führung. Der Führungswille kann sich aber auch von der Person eines Führenden ablösen und zur Struktur werden. Minuziös ausgefeilte Stellen- oder Tätigkeitsbeschreibungen sagen dem Stelleninhaber, was er wann wie zu tun hat. Leistungslohn- oder Prämiensysteme motivieren zu gesteigerter Leistungsbereitschaft. Ein Fließband schreibt dem gewerblichen Arbeitnehmer bis ins Detail jeden Handgriff und das Arbeitstempo vor. Das Programm im PC steuert die Tätigkeit des Konstrukteurs, des Designers oder einer Sekretärin.

„Führungssubstitute" (Weinert, 1989) ersetzen das Führungsverhalten eines Menschen. Papier und Technik verdrängen die Person. Man erkennt eine Annäherung an das von Max Weber (1921) beschriebene „Bürokratische Modell der Organisation", innerhalb dessen alles so präzise geregelt ist, daß Führung durch Menschen sich erübrigt. Der Vorgesetzte ist bestenfalls für den nicht vorhergesehenen Ausnahmefall zuständig. Er wird zum Lückenbüßer der Organisation.

1.2 Führung durch Menschen

Wer eine Organisation von innen kennt, weiß, daß trotz, vielleicht sogar gerade wegen bis ins einzelne gehender Vorschriften Führung durch Menschen nicht über-

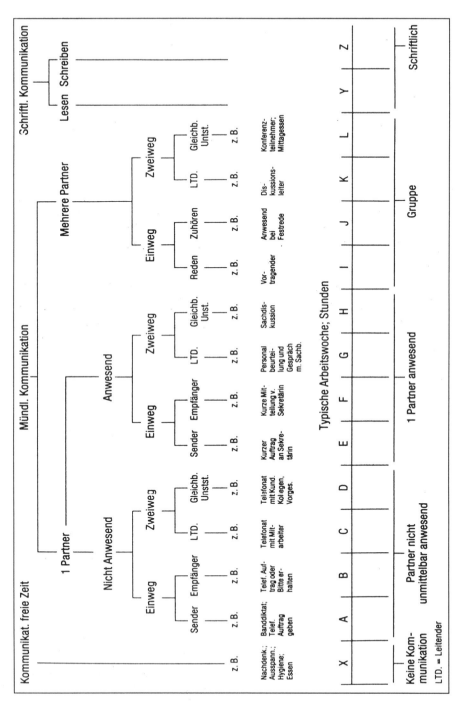

Abbildung 1
Zeitverwendung für Kommunikation

flüssig wird. Es ist ja in diesem Sinne bemerkenswert, daß die Bezeichnung „Dienst nach Vorschrift" keineswegs höchstes Lob darstellt, sondern als Bezeichnung für einen latenten Streik dient. Selbstverständlich: Personale Führung vollzieht sich innerhalb einer Führungsorganisation (Seidel, Jung & Redel, 1988). Sie ist aber stets und keineswegs nur im Ausnahmefall gefordert.

Führung durch Menschen ist Führung durch Kommunikation. Das läßt sich am Beispiel einer einfachen Demonstrationsübung klarmachen. Geht man davon aus, daß Führungskräfte des mittleren Management im Durchschnitt 50 Stunden pro Woche arbeiten (Streich, 1985), so daß eine Stunde zwei Prozent der wöchentlichen Arbeitszeit darstellt, so lassen sich in einem Kreis von Führungskräften leicht Zeitverwendungsprofile erarbeiten. Eine entsprechende Vorlage zeigt Abbildung 1.

Faßt man Kommunikation weit, d.h. unter Einschluß des Lesens und Schreibens, der hierarchischen und der lateralen Gespräche in der Zweier – oder Mehr-Personen-Situation, der Interaktion mit Hilfe technischer Medien wie Telefon, Anrufbeantworter, Diktiergerät, electronic mail, Video-, Fernseh- oder Rundfunkgerät etc., so verbleibt Führungskräften und hochspezialisierten Experten meist weniger als 10 % kommunikationsfreier Arbeitszeit, in der sie z.B. in Ruhe, im Sessel zurückgelegt über ein Problem oder eine strategische Konzeption nachdenken oder in der sie im Auto fahren, ohne dabei dem Radio oder einer Kassette zu lauschen und auch nicht (falls sie über einen Chauffeur verfügen), Akten studieren oder telefonieren.

Der Befund ist spezifisch. Man denke – um ein Kontrastbild zu gewinnen – an die Tätigkeit gewerblicher Arbeitnehmer in einer lärmerfüllten Gießerei oder in einem Röhrenwerk.

Selbstverständlich bezieht sich der hohe Anteil der Arbeitszeit, den Führungskräfte der Kommunikation widmen, nicht ausschließlich auf Kommunikation mit unterstellten Mitarbeitern. Sie kommunizieren mit ihrem Chef, mit Kollegen, mit Kunden, mit Kooperationspartnern aus anderen Organisationen etc. Und natürlich ist dies alles nicht Kommunikation um ihrer selbst Willen. Es geht vielfach um komplexe fachliche Dinge. Und darauf sind die Fach- und Führungskräfte durch ihre grundständige Ausbildung gut vorbereitet – als Ingenieure, Betriebs- oder Volkswirte, Natur- oder Sozialwissenschaftler, als Juristen oder Mediziner. Wie man allerdings dieses Wissen einem anderen nahe bringt und wie man generell – dies gilt für Linienvorgesetzte im besonderen Maße – mit Menschen umgeht, das wird vorausgesetzt. Gewiß, man lernt schon in der Grundschule das Lesen und Schreiben, doch wie man ein Gespräch mit einem anderen Menschen strukturiert, wie man Fragen angemessen formuliert, wie man ein kurzes Statement vor einer laufenden Fernsehkamera abgibt, wie man eine Entscheidung vorbereitet oder begründet, wie man eine Diskussion oder Konferenz leitet, eine Projektgruppensitzung moderiert etc., all dies wurde nicht gelehrt, sondern dem „Naturtalent" des einzelnen bzw. der betrieblichen Weiterbildung überlassen.

Für die Führung ist dies ein schwerwiegendes Argument, denn personale Führung ist Kommunikation. Mitarbeiter werden informiert – Ziele werden ihnen vorgegeben, oder es werden Ziele mit ihnen vereinbart. Durch Gespräche werden sie für ihre Aufgaben motiviert: In einem Kontrollgespräch wird überprüft, ob die Ziele erreicht werden. Anerkennungs- oder Kritikgespräche schließen sich – je nach Aufgabenerfüllung – an. Bilanz über das Verhalten in einer größeren Periode wird in einem Beurteilungs- oder Mitarbeitergespräch gezogen, dem sich in der Regel mit Blick auf die Zukunft ein Förderungsgespräch anschließt. Vorgesetzte sind mit ihren Mitarbeitern im Gespräch – zumindest aber sollten sie es sein.

Können Sie es? Sind Sie dabei erfolgreich?

2. Was heißt Führungserfolg?

Führungsverhalten ist in Organisationen kein Selbstzweck. Es soll etwas bewirken, soll zum Erfolg führen. Was aber heißt Führungserfolg?

Meist wird auf diese Frage geantwortet: „Daß die Ziele erreicht werden!" Was aber sind die konkreten Ziele?

Diskussionen in der Praxis vieler Unternehmen zeigen, daß diese Ziele häufig nicht präzisiert sind. Versucht man dies im einzelnen zu leisten, so stößt man bald auf eine Vielzahl denkbarer Ziele, die sich zum Teil wechselseitig unterstützen, zum Teil aber auch im Widerspruch zueinander stehen (Neuberger, 1976). Klassifiziert man grob, so werden sie an drei Kriterien festgemacht:
- der Gehalts- und Karriereentwicklung der führenden Person,
- der Leistung der geführten Gruppe,
- der Zufriedenheit der geführten Personen bzw. dem Klima in der Arbeitsgruppe.

Selbstverständlich lassen sich viele Einzelkriterien nicht eindeutig einem dieser drei Kriterien zuordnen. Man denke etwa an die Fehlzeiten- oder Fluktuationsrate, an Indikatoren der Qualifikation und Personalentwicklung innerhalb der Gruppe, an die Identifikation der Geführten im Unternehmen etc.

Es ist ebenfalls einleuchtend, daß Gehalts- und Karriereentwicklung des Führenden bei kritischer Analyse kaum als direkter Indikator des Führungserfolgs gewertet werden darf, sondern – faire Systeme der Belohnung im Betrieb vorausgesetzt – als ein indirekter Beweis für erbrachte Führungsleistungen. Diese lassen sich aber nun tatsächlich vernünftigerweise daran festmachen, ob die Aufgabenziele – wie auch immer sie definiert wurden – von der Gruppe gemeinsam erreicht werden und ob die unterschiedlichen Bedürfnisse der geführten Menschen bei der Arbeit Befriedigung finden.

Das Erreichen der Sachziele, die Leistung, ist kein Selbstzweck, sondern dient innerhalb einer Marktwirtschaft der Bedürfnisbefriedigung der Kunden, also der Menschen in der umgebenden Gesellschaft. *Der Führende hat durch sein Führungshandeln der Bedürfnisbefriedigung durch die Organisation (Leistung) und in der Organisation (Zufriedenheit) zu dienen.*

Betriebe suchen nun auf zweierlei Weise jene personale Führung zu sichern, die innerhalb ihrer spezifischen Kultur (Dierkes, v. Rosenstiel & Steger, 1993) und im Rahmen ihrer besonderen Situation (Staehle, 1973) zum Erfolg führt. Es handelt sich um

- die *Auswahl der richtigen Personen mit Hilfe der Eignungsdiagnostik* (Schuler & Funke, 1989), zunehmend dabei durch Verwendung des Assessment Center (Lattmann, 1989), worauf hier nicht eingegangen werden soll und
- die *Ausbildung des adäquaten Führungsverhaltens.*

Und darum soll es im Nachfolgenden gehen.

3. „Diagnostik" des Führungsverhaltens

Es wäre vorschnell, in einer Organisation ohne weitere Vorüberlegung mit dem Training des Führungsverhaltens zu beginnen. Vernünftigerweise hält man es hier mit der Medizin, die zunächst einmal eine Diagnose vornimmt, bevor sie mit dem eingreifenden Handeln der Therapie oder Intervention beginnt.

Diagnostik, Feststellung des Führungsverhaltens – das ist leicht gesagt. Wie aber soll man das anstellen? Man denke sich in die Situation eines Studenten, der von seinem Professor den Auftrag erhält, im Rahmen einer Semesterarbeit das Führungsverhalten der Meister in einer Lackiererei des nahegelegenen Automobilwerkes zu beschreiben. Welchen Rat soll man diesem Studenten geben? Was soll er tun?

Sicherlich kommt es darauf an, das Führungsverhalten zu beobachten und diese Beobachtungen in Worte zu fassen, die auch anderen den Sachverhalt vermitteln. Auf wessen Beobachtungen aber soll man sich stützen?

- Man könnte an den Stelleninhaber, den Führenden selbst denken und ihn bitten, sein Führungsverhalten selbstkritisch zu beschreiben. Gewiß ein interessanter Weg, aber Beschönigungstendenzen, Selbsttäuschungen dürften hier vielfach zu einem verzerrten Bild führen.
- Man könnte Experten bitten, die Beobachtungen vorzunehmen und das Führungsverhalten zu beschreiben. In der Wissenschaft hat man so etwas versucht, doch sind derartige Maßnahmen natürlich äußerst kostspielig und außerdem dadurch nicht selten fehlerhaft, weil sich der von Experten Beobachtete anders verhält als in einer alltäglichen Situation, in der man ihn nicht beobachtet.

Was geschieht in der Praxis? Hier sind es – etwa im Rahmen *der systematischen Personalbeurteilung* – meist die nächst höheren Vorgesetzten, die das Verhalten der ihnen nachgeordneten Vorgesetzten beobachten, beschreiben und beurteilen sollen.

Können sie das? Zumindest müssen sie sich mit erschwerenden Umständen auseinandersetzen. Das läßt sich aus rollentheoretischen Überlegungen ableiten, die sich gut in das Bild des „Fahrradfahrers" kleiden lassen: Der nächst höhere Vorgesetzte sieht zwar den gebuckelten Rücken, nicht aber die tretenden Beine.

Und wie wäre es, wenn man die Kollegen auf gleicher Ebene fragen würde? Der Gedanke ist nicht abwegig: Man denke an die Schulzeit zurück: Meistens wußten die Mitschüler besser als der Lehrer, wer wirklich gut war, wer bei den Schulaufgaben abschrieb, sich sorgfältig auf die nächste Stunde vorbereitete oder erfolgreich zu „bluffen" verstand. Dennoch überzeugt auch dieses Vorgehen – rollentheoretisch gesehen – in Bezug auf die Analyse des Führungsverhaltens nicht ganz. Als Kollege gibt sich mancher anders als in der Rolle des Vorgesetzten.

Dann also sollte man die Geführten selbst über ihren Vorgesetzten befragen! Obwohl auch hier Täuschungen und Wahrnehmungsverzerrungen nicht auszuschließen sind, ist dies der rollentheoretisch adäquate Weg. Die Unterstellten sehen nun tatsächlich „die tretenden Beine". Und da in der Regel ein Vorgesetzter mehrere Unterstellte hat, haben Fehler die Chance sich auszugleichen und damit zu relativieren. Und so ist denn die Wissenschaft auch meist diesen Weg gegangen (Fleishman, 1973; Fittkau-Garthe, 1970), der vermehrt mit der sogenannten *Aufwärtsbeurteilung* auch in der Praxis gegangen wird (v. Rosenstiel, 1991).

Auf Probleme der theoretischen Konzeption, der Fragebogenentwicklung und der Dateninterpretation, die dabei entstehen (Neuberger, 1976; Nachreiner, 1978; v. Rosenstiel, 1992), sei hier nicht eingegangen. Interessant erscheint dagegen ein immer wieder aufgedeckter Befund: Wie auch immer man die Fragen formuliert und wieviele Fragen man auch verwendet – das von den Geführten am Vorgesetzten beobachtete Führungsverhalten läßt sich drei statistisch relevanten unabhängigen Dimensionen zuordnen.

4. Dimensionen des Führungsverhaltens

Zwei Dimensionen des Führungsverhaltens wurden bereits in frühen amerikanischen Untersuchungen (Fleishman, 1973) innerhalb der berühmten „*Ohio-Studie*" gefunden und als
– *Consideration* und
– *Initiating structure*
bezeichnet. Consideration ließe sich dabei als praktische Besorgtheit oder frei als „Mitarbeiterorientierung" übersetzen. Initiating structure weist darauf hin, daß der Vorgesetzte zur Leistung initiiert und die Aufgabe für die Mitarbeiter strukturiert, und ließe sich frei als „Aufgabenorientierung" übersetzen.

Die beiden Verhaltensdimensionen sind statistisch voneinander unabhängig; d.h. sie schließen einander nicht aus und können in beliebigem Mischverhältnis auftreten.

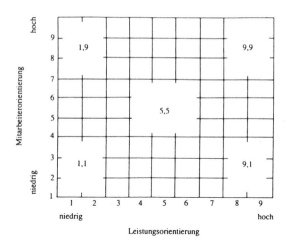

Abbildung 2
Verhaltensgitter zur Kennzeichnung des Vorgesetztenverhaltens

Für die Praxis der Führungsschulung wurde daraus das sogenannte „Verhaltensgitter" (Blake & Mouton, 1964) entwickelt, das Abbildung 2 zeigt.

Die darin liegende Botschaft ist relativ eindeutig: *Wer in einer Leistungsorganisation eine Arbeitsgruppe führt, muß zumindest zweierlei tun:*
– *sich um die Leistungsziele kümmern, um die es geht;*
– *sich um die Menschen kümmern, die diese Leistung erbringen sollen.*

Auch theoretisch ist dies gut begründbar. Zwei Grundfunktionen von Gruppen lassen sich beschreiben (Lukasczyk, 1960):
– *Lokomotion* (Bewegung auf das Ziel der Gruppe hin) und
– *Kohäsion* (Zusammenhalt der Gruppe).

Durch aufgabenorientiertes Führungsverhalten sichert der Vorgesetzte die Verfolgung des Sachziels; durch mitarbeiterorientiertes Führungsverhalten trägt er zum Zusammenhalt bei. Funktional ist eine gewisse wechselseitige Abhängigkeit dieser beiden Komponenten unübersehbar: Eine Gruppe wird es schwer haben zusammenzubleiben, wenn sie sachlich nicht zum Ziel kommt; eine Gruppe, die menschlich nicht zusammenhält, wird kaum zum Ziel gelangen. Fußballmannschaften sind gute Beispiele dafür.

Man wird freilich darüber streiten können, ob ein Vorgesetzter gleichermaßen die Lokomotion und die Kohäsion sicherzustellen hat oder ob hier „Arbeitsteilung" denkbar erscheint wie in der traditionellen Familie, bei der Rollendifferenzierung zwischen Vater und Mutter oder in der Aufgabenteilung in der Politik, wie sie in der deutschen Verfassung durch die Positionen des Bundeskanzlers und des Bundespräsidenten oder in der in Großbritannien durch die Aufgabenzuweisungen des Ministerpräsidenten und des Königs vorgezeichnet sind. Im Betrieb allerdings wird erwartet, daß – ähnlich wie es die amerikanische Verfassung vorsieht – beide Funktionen in einer Hand sind. Informell kann man dennoch häufig die Rollenteilung, das Führungsdual (Bales, 1958), beobachten: Der Linienvorgesetzte kümmert sich um die Aufgaben, sein Stellvertreter bzw. der informelle Führer kümmert sich um den Zusammenhalt der Gruppe. Oder der Institutsdirektor an der Universität ist für die Sachziele verantwortlich, die langjährig erfahrene Institutssekretärin ist „Seele des Ganzen" und für das menschliche Zusammenspiel informell verantwortlich. Und wenn beide positiv kooperieren, muß dies kein Schaden sein, sondern kann dem Ganzen nützen.

Dennoch, im Regelfall erwartet man, daß ein Vorgesetzter beide Funktionen erfüllt und damit über die jeweils notwendigen Verhaltenskompetenzen verfügt.

Bei Replikationen der Ohio-Studie im deutschen Sprachraum (Fittkau-Garthe, 1970; v. Rosenstiel, 1992) wurden die beiden soeben beschriebenen Führungsverhaltensdimensionen immer wieder bestätigt, jedoch eine dritte ergänzend gefunden: Die *Partizipation*, die man als „*Mitwirkung fördern und zulassen*" umschreiben könnte. Aus dem Führungsverhaltensquadrat wird somit ein Führungsverhaltenswürfel, wie es Abbildung 3 zeigt.

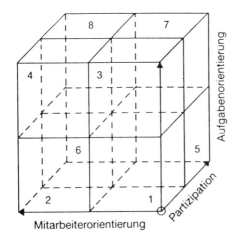

1 (P ↓ M ↓ A ↓) = „Der Vorgesetzte schläft"

2 (P ↓ M ↑ A ↓) = „Der Vorgesetzte als Freund"

3 (P ↓ M ↓ A ↑) = „Der Vorgesetzte als Sklaventreiber"

4 (P ↓ M ↑ A ↑) = „Der Vorgesetzte als Patriarch"

5 (P ↓ M ↓ A ↓) = „Der Vorgesetzte schiebt Arbeit und Verantwortung ab"

6 (P ↑ M ↑ A ↓) = „Der Vorgesetzte als Förderer

7 (P ↑ M ↓ A ↑) = „Der Vorgesetzte überfordert die Selbständigkeit anderer"

8 (P ↑ M ↑ A ↑) = „Der Vorgesetzte fordert und fördert die Selbständigkeit anderer"

Abbildung 3
Typen des Führungsverhaltens in einem dreidimensionalen Modell

Durch Kombination der Ausprägungen auf diesen drei Dimensionen ergibt sich dann der jeweils von Person zu Person und von Situation zu Situation unterschiedliche Führungsstil (v. Rosenstiel, 1992). Das sei – bei besonderer Berücksichtigung der Partizipation – am Beispiel gezeigt. Ein Vorgesetzter mit hoher Aufgaben- und hoher Mitarbeiterorientierung, aber geringer Partizipationsorientierung, ist ein typischer „Patriarch". Er kümmert sich mit voller menschlicher Zuwendung um seine Mitarbeiter, er ist auch um das Erreichen der Sachziele bemüht, gibt aber seinen Mitarbeitern keine Chance, z.B. an wesentlichen Entscheidungen mitzuwirken. Er behandelt sie zwar wohlwollend, aber als unselbständige Personen, als Kinder; er führt patriarchalisch. Das sähe anders aus, wenn er auch Mitwirkung fordern und fördern würde, er würde dadurch Selbständigkeit einerseits voraussetzen und andererseits entwickeln.

5. Was bewirkt welches Führungsverhalten?

Führungsverhalten ist nicht Selbstzweck, sondern Mittel zum Zweck, es soll zum Führungserfolg beitragen. Daher ist es eine wissenschaftlich interessante Fragestellung zu untersuchen, welche Verhaltensweisen welche qualitativen Aspekte des Erfolgs besonders begünstigen. Abbildung 4 symbolisiert die Fragestellung.

Abbildung 4
Führungsverhalten

Die Ergebnisse sind nicht ganz eindeutig, da ja vielfältige Wechselwirkungen zwischen den verschiedenen Führungsdimensionen denkbar sind und zudem von Situation zu Situation unterschiedliche Effekte als wahrscheinlich gelten dürfen (Baumgarten, 1977). Dennoch kann im Mittel ein Trend angenommen werden, wie ihn Abbildung 5 zeigt.

Abbildung 5
Drei Dimensionen des Führungsverhaltens und ihre Wirkung

Die *Mitarbeiterorientierung* des Vorgesetzten steigert – und hier sind die Ergebnisse relativ eindeutig – die Arbeitszufriedenheit der Geführten, was wiederum Fehlzeiten und Fluktuation weniger wahrscheinlich macht. Die *Aufgabenorientierung* des Vorgesetzten begünstigt in der Tendenz die Leistung der geführten Gruppe; hier allerdings sind die empirischen Befunde weniger klar. Die *Partizipationsorientierung* des Vorgesetzten steigert die Motivation der Geführten, erhöht deren Identifikation mit der Aufgabe, macht damit verstärkten Einsatz auch bei Widerstand wahrscheinlich und erhöht – langfristig gesehen – die Qualifikation der Geführten. Damit sind indirekt auch positive Effekte auf die Arbeitszufriedenheit und die Leistungsbereitschaft zu erwarten.

Als Rezeptbuch freilich dürfen diese Befunde nicht verstanden werden. Sie weisen auf Tendenzen hin. Von Situation zu Situation kann es zu unterschiedlichen Zusammenhängen kommen. Damit setzen sich die sogenannten *Situationstheorien der Führung* auseinander (Fiedler, 1967; Hersey & Blanchard, 1977; Reddin, 1981; Vroom & Yetton, 1973). Deren Logik zeigt Abbildung 6.

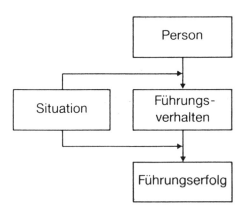

Abbildung 6
Führungspersönlichkeit, -verhalten, -situation, -erfolg

Eine gleiche Person zeigt je nach Situation ein anderes Führungsverhalten, etwa bei der Führung einer kleinen Projektgruppe mit hochqualifizierten Mitarbeitern ein anderes als Werksleiter in einem Produktionsbereich mit angelernten Arbeitskräften. Ein gleiches Führungsverhalten kann in der einen Situation – etwa bei der Führung eines Forschungsteams in Mitteleuropa zum Erfolg, in einer anderen Situation – etwa in einem Montagebetrieb in Zentralafrika – zum Mißerfolg führen. Die Situation ist dabei weit zu verstehen; sie umgreift die Kultur des Landes und des Unternehmens, die Branche, die Art der Aufgaben, die Größe der Arbeitsgruppe, die Qualifikation und Eigenart der Mitarbeiter etc.

Bezogen auf die soeben von uns skizzierten Dimensionen des Führungsverhaltens läßt sich im exemplarischen Sinne sagen:

Führungsverhalten: Feststellung – Wirkung – Veränderung   45

– Die Mitarbeiterorientierung des Vorgesetztenverhaltens ist für die Arbeitszufriedenheit dort besonders wichtig, wo Motivation und Befriedigung nicht aus dem Arbeitsinhalt stammen bzw. bei monotonen Tätigkeiten, wo es wenig Lern- und Entwicklungsperspektiven für die Mitarbeiter gibt und wo starker Streß der unterschiedlichsten Art – sei es durch die Arbeitsumgebung, sei es durch Arbeitsplatzunsicherheit – wirkt.

– Aufgabenorientiertes Führungsverhalten des Vorgesetzten kommt der Leistung der geführten Gruppe vor allem dort zu gute, wo gering oder mittelhoch qualifizierte Mitarbeiter klar strukturierte, wenig innovative Aufgaben bewältigen. Aufgabenorientierung des Vorgesetzten bei hochqualifizierten Mitarbeitern, die auf dem Feld ihrer komplexen und innovativen Tätigkeiten mehr als der Vorgesetzte wissen, hat häufig ungünstige Auswirkungen. Möglicherweise liegt das daran, daß die Geführten das Verhalten des Vorgesetzten als Einmischung des fachlich weniger Kompetenten in ihre Angelegenheiten (miß-)verstehen.

– Partizipationsorientierung des Vorgesetzten zeigt die positiven Auswirkungen vor allem in kleinen Arbeitsteams bei fachlich gut qualifizierten Mitarbeitern, wenn diese ein ausgeprägtes Bedürfnis nach Selbständigkeit haben und Tätigkeiten nachgehen, innerhalb derer es Entscheidungspotentiale gibt.

Aus dem Gesagten läßt sich ableiten, daß *ein Vorgesetzter fähig zu mitarbeiterorientiertem, aufgabenorientiertem und partizipationsorientiertem Führungsverhalten sein sollte.* Daraus darf man nicht ableiten, daß er in jeder Situation diese Verhaltensweisen in Höchstausprägung zeigen sollte. Er muß sensibel die *Anforderungen der Situation* erkennen und sich in seinem Verhalten flexibel darauf einstellen.

6. Läßt sich Führungsverhalten entwickeln?

Seminare und Trainings zur Verbesserung des Führungsverhaltens gibt es heute in nahezu jeder größeren Organisation in den westlichen Industriestaaten. Ob derartige Veranstaltungen zum Erfolg, d.h. zur Verhaltensmodifikation führen, wird vielfach bezweifelt (Fisch & Fiala, 1984; Neuberger, 1991). Auch viele Praktiker sehen darin bestenfalls eine marginale Maßnahme. Verbesserung des Führungsverhaltens erhoffen sie sich eher vom Konzept der Auswahl, d.h. sie tauschen in der Krise Führungspersonen aus. Implizit steht hinter solchem Verhalten die Annahme, daß man zum erfolgreichen Vorgesetzten „geboren sein muß", zumindest aber, daß es ökonomischer erscheint, eine Verbesserung des Führungsverhaltens durch Personalauswahl als durch Personalentwicklung zu erzielen.

Diese Sichtweise erscheint zu pessimistisch. *Ein richtig konzipiertes Führungsverhaltenstraining kann Führungsverhalten ändern.* Als Beispiel dafür sei auf eine Untersuchung von Berthold, Gebert, Rehmann & v. Rosenstiel (1980) hingewiesen. Die Autoren untersuchten die Wirkung des Trainings bei unteren und mittleren Führungskräften innerhalb eines Versuchs-Kontrollgruppen-Designs. Die zu Trainierenden trafen sich mehrfach für einen halben Tag, wobei jeweils Praxisphasen normaler betrieblicher Alltagsarbeit zwischen den Trainingsintervallen lagen.

Das Führungsverhaltenstraining war wie folgt aufgebaut:

- Subjektive Bedarfsanalyse bei den zu Trainierenden und gemeinsame Zielbestimmung des Trainings innerhalb der Gruppe der zu Trainierenden (Die zu Trainierenden dort abholen, wo sie stehen; Sicherung der Akzeptanz des Trainings.);
- Bearbeitung des ersten Lernziels;
- Anwendung des Gelernten in der Praxis (Transfersicherung);
- Erfahrungsaustausch über die Anwendung in der Praxis (Zusatzlerngewinn durch Praxiserfahrungen der Kollegen; Verpflichtung, Selbsterfahrungen zu sammeln, um im Kollegenkreis nicht mit „leeren Händen" dazustehen);
- Bearbeitung von Lernziel 2;
- Anwendung des Gelernten in der Praxis etc. etc.

Mit Zustimmung der trainierten Führungskräfte und ihrer Kollegen aus der Kontrollgruppe befragten wir 4 bzw. 8 Monate nach Abschluß des Trainings Kollegen und Unterstellte dieser Personen über das Führungsverhalten ihrer Vorgesetzten bzw. ihrer Kollegen. Wir gingen dabei von der Vermutung aus, daß – gemessen an den Trainingszielen – das Führungsverhalten der Trainierten besser sein müßte. Das war auch so, wie Abbildung 7 zeigt.

Verhaltensänderung	nach 4 Monaten	nach 8 Monaten
– sie unterbrechen weniger	–	–
– sie hören besser zu	+	–
– sie stellen mehr Rückfragen	+	+
– sie erfragen die Meinung anderer	+	+
– sie zeigen mehr Eigeninitiative in Konferenzen und Besprechungen	+	+
– sie sprechen häufiger Konflikte an	+	+
– sie äußern mehr Anerkennung	+	–
– sie äußern mehr Kritik	+	+
– sie vertragen mehr Kritik	+	+
– sie beziehen Mitarbeiter in ihre Entscheidungen mit ein	+	–
– sie suchen das Gespräch	–	–
– sie geben mehr Informationen weiter	+	–
– sie urteilen behutsamer	+	–
– sie zeigen mehr Ruhe und Gelassenheit	+	–

+ bedeutet signifikante Veränderung im Vergleich zur Kontrollgruppe
– bedeutet keine signifikante Veränderung im Vergleich zur Kontrollgruppe

Abbildung 7
Verhaltensänderung

Trotz dieses Erfolgs zeigt die Darstellung aber auch, daß die Lerneffekte im Laufe der Zeit wieder verblassen. *Einmaliges Training reicht offensichtlich nicht; die neu gelernten Verhaltensweisen müssen stabilisiert werden.* Dennoch: Führungstraining kann zum Erfolg führen, wenn es richtig konzipiert wurde. Was ist dabei zu beachten?

Führungsverhalten: Feststellung – Wirkung – Veränderung   47

6.1 Bestimmung der Anforderungen

Gelernt werden sollte das, was derzeit oder künftig in der Organisation benötigt wird. Daher ist es ratsam, durch geeignete Verfahren einer *subjektiven und objektiven Bedarfsanalyse* festzustellen, wo derzeit Defizite bestehen, bzw. auf welchen Feldern künftige zu erwarten sind. Dabei läßt sich ausgehen von

– der *Person*, d.h. dem potentiellen Trainingsteilnehmer (Welche Stärken und Schwächen hat er? Wo vermutet er selbst bei sich Defizite, wie sieht die Entwicklungsperspektive für ihn aus und was muß er lernen, um die Entwicklungsziele zu erreichen? etc.);

– der *zu bewältigenden Aufgabe* (Was sagen Aufgaben – bzw. Tätigkeitsanalysen über die Anforderungen der Arbeit? Was sagt der Vorgesetzte bzw. was sagen kundige Experten darüber, wie die Aufgabe eigentlich ausgeführt werden sollte? Wie wird sich die Aufgabe künftig entwickeln, z.B. in Abhängigkeit des schärferen Wettbewerbs, der fortschreitenden Technisierung etc.?);

– der *Organisation*, innerhalb derer die Person ihre Aufgabe zu bewältigen hat (Welcher Stil paßt zur Kultur und Tradition des Unternehmens? Soll künftig stärker auf Zentralisierung oder Dezentralisierung gesetzt werden? Will man ein nationales Unternehmen bleiben oder sollen vermehrt unternehmerische Aktivitäten im Ausland erfolgen? Werden vermehrt auch ausländische Kollegen und Mitarbeiter im Unternehmen tätig sein? Denkt man an Diversifikation, die Ausweitung des Geschäfts in andere Branchen? etc.).

6.2 Wie werden die Lernziele präzisiert?

Aus den Anforderungen sind Lernziele abzuleiten. Diese Ziele sollten

– *konkret* und *prägnant* formuliert werden, wobei

– die Formulierung so gewählt wird, daß eine *Kontrolle des Erfolgs* nach Ablauf der Trainingsmaßnahme möglich erscheint und

– diese *von Lehrenden und Lernenden in gleicher Weise verstanden* wird.

Geprüft werden sollte, ob die Lernziele *zu den impliziten oder expliziten Werten des Unternehmens passen*, d.h. ob Führungsnachwuchskräfte nach gleichen Kriterien ausgewählt und beurteilt werden, ob das Erreichen dieser Ziele auch langfristig der Förderung und damit der Karriere dient, ob die Vorgesetzten zumindest bemüht sind, im Sinne der Zielkriterien vorbildhaftes Verhalten zu zeigen.

Ein Führungstraining dürfte kaum langfristigen Erfolg haben, wenn z.B. im Training kooperatives Verhalten gelehrt wird, aber im Zuge des Assessment Centers fast ausschließlich dynamische Einzelkämpfer als Führungsnachwuchskräfte eingestellt werden, derartiges Einzelkämpfertum durch Aufstiegsentscheidungen belohnt wird, schließlich auch durch die Vorgesetzten modellhaft vorgelebt wird.

Klare Lernziele sind in mehrfacher Hinsicht hilfreich. Sie *bieten*
- *Orientierung:* Lehrende und Lernende wissen, worum es geht, was auf sie zukommt.
- *Motivation:* Wer ein klares Ziel vor Augen hat, ist motiviert es zu erreichen.
- *Erfolgserlebnisse:* Wer das Ziel kennt, kann dies erreichen und dann seinen Erfolg „feiern".

Wer das Ziel nicht kennt, weiß niemals, ob er angekommen ist.

6.3 Bestimmung der Erfolgskriterien

Obwohl die Investitionen der Unternehmen in die Verbesserung des Führungsverhaltens erheblich sind, wird selten systematisch überprüft, ob sich der Aufwand lohnt (Fisch & Fiala, 1984; Neudecker, 1986).

Voraussetzung für eine derartige Evaluation ist die Bestimmung klarer Ziele. Sind diese definiert, so gilt es in Anlehnung an Catalanello und Kirkpatrick (1968), die *Ebenen der Erfolgsmessung* zu bestimmen:
- *Subjektive* Reaktionen (z.B. Zufriedenheit mit dem Seminar, Angabe der Trainierten, ob sie glauben, mit dem Gelernten in der Praxis etwas anfangen zu können etc.);
- *Wissen* (z.B. Voraussetzungen kooperativen Führungsverhaltens kennen; gemessen etwa mit Hilfe eines Wissenstests);
- *Einstellung* (haben sich wertende Stellungnahmen zu bestimmten führungsrelevanten Tatbeständen verändert, z.B. zum Ziel der Personalentwicklung, der horizontalen Rotation von Führungsnachwuchskräften, zur Personalbeurteilung bzw. zum Mitarbeitergespräch, zur Delegation, zur Freistellung für Bildungsmaßnahmen etc.?);
- *Verhalten in der Trainingssituation* (z.B. Vergleich des Verhaltens während eines simulierten Kritikgesprächs zum Beginn und zum Ende eines mehrtägigen Seminars);
- *Verhalten am Arbeitsplatz* (z.B. Beschreibung und Beurteilung des Führungsverhaltens durch Vorgesetzte, Kollegen, Unterstellte, wobei ein adäquates Meßdesign – z.B. Kontrollgruppendesign – zu wählen ist);
- *Harte Daten* (Ist als Folge des Trainings der Umsatz gestiegen? Sind Fehlzeiten, Fluktuation, Arbeitsgerichtsverfahren zurückgegangen? Hat es mehr Verbesserungsvorschläge gegeben etc.? Auch hier ist ein adäquates Untersuchungsdesign zu wählen.).

Untersuchungen in der Praxis zeigen, daß hier Versäumnisse vorliegen (Neudecker, 1987). *Systematische Evaluation der Trainings findet selten statt* und wenn, dann fast ausschließlich auf der Ebene der subjektiven Reaktionen: Die Trainingsteilnehmer werden im Sinne einer Bilanzfrage oder differenziert nach Teilaspekten danach gefragt, ob sie mit dem Training zufrieden waren.

Führungsverhalten: Feststellung – Wirkung – Veränderung 49

6.4 Organisation der Umfeldbedingungen

Wer immer Fort- oder Weiterbildungsmaßnahmen für Führungskräfte organisiert oder innerhalb des Betriebes dafür verantwortlich ist, muß eine Vielzahl von Punkten bedenken, die zum Teil für die Akzeptanz der Trainingsmaßnahmen und für ihren längerfristigen Erfolg mitverantwortlich sein können. Es gibt darüber umfangreiche Literatur (Jeserich et al., 1981-1989). Hier soll darauf nicht detailliert eingegangen werden. Nur exemplarisch sei auf einige Fragen verwiesen, die es begründet vor der Durchführung der Bildungsmaßnahmen zu beantworten gilt. Als derartige Gründe sind u.a. zu bedenken: Akzeptanz bei den Teilnehmern und bei den Machtpromotoren im Unternehmen, Wahrscheinlichkeit des Lerntransfers, Einfluß auf das Arbeitsklima und den Zusammenhalt der Lerngruppe, Chancen des informellen Erfahrungsaustauschs am Rande des Seminars, Kosten der Maßnahme, Chancen für gezielte Nacharbeit, Wahrscheinlichkeit von Konflikten nach Abschluß des Seminars einschließlich negativer Sanktionierungen einzelner Seminarteilnehmer, Gestaltung des Images des Seminars, falls es mehrfach durchgeführt werden soll etc.

Welche Fragen erscheinen besonders wichtig?
- Wie lange soll das Training dauern?
- Soll bei einem mehrtägigen Training die Bildungsarbeit durchlaufen oder soll fraktioniert – mit Anwendungsphasen in der Praxis – gearbeitet werden?
- Soll bereits am Wochenende begonnen, bis ins Wochenende hinein gearbeitet bzw. bei einem mehrwöchentlichen Training mit Einschluß des Wochenendes gearbeitet werden?
- Soll es sich um eine offene Veranstaltung (mit Teilnehmern aus verschiedenen Unternehmen) oder eine geschlossene Veranstaltung (Teilnehmer nur aus einem Unternehmen) handeln?
- Soll bei einem offenen Seminar Branchen- oder gar Bereichs-Erfahrungsaustausch (Wirtschaft und öffentliche Verwaltung) gefördert werden?
- Soll bei einem offenen Seminar auf nationaler Ebene oder mit internationaler Beteiligung (Seminar in mehreren Sprachen) gearbeitet werden?
- Wieviele Teilnehmer sind vorgesehen?
- Soll das Seminar im Unternehmen, in der Nähe des Unternehmens, an einem entfernten Ort oder gar im Ausland stattfinden?
- Sollen Teilnehmer die Möglichkeit haben, abends nach Hause zu fahren?
- Sollen bei einem längeren Seminar die Partner bzw. Partnerin oder gar die Kinder der Teilnehmer eingeladen werden?
- Soll das Seminar von der Bildungsabteilung des eigenen Unternehmens oder von einem externen Veranstalter organisiert werden? Oder ist gemeinsame Organisation vorgesehen?
- Sollte ein bzw. sollten mehrere beständige Seminarbegleiter anwesend sein? Falls ja: interne oder externe? In der Rolle von Assistenten oder in der Rolle von „Machtpromotoren"?

- Sollten interne oder externe Trainer bzw. gemischte Trainerteams eingesetzt werden?
- Sollten die Teilnehmer nur eine hierarchische Ebene bzw. mehrere hierarchische Ebenen umfassen?
- Sollten die Teilnehmer aus verschiedenen Unternehmensbereichen oder aber aus einer Organisationsfamilie kommen?
- Sollten während des Seminars bzw. beim Abschluß Aktionspläne für die Umsetzung erarbeitet bzw. Verträge mit dem Ziel der Verhaltensänderung mit dem Trainer bzw. mit sich selbst abgeschlossen werden?
- Sollte Lehrmaterial zuvor an die Teilnehmer versandt werden? Sollte man es während der Veranstaltungen ausgeben, erst als Erinnerungsstütze zum Abschluß oder sollte man darauf ganz verzichten?
- Sollte die Trainingsveranstaltung auch dafür genutzt werden, die einzelnen Teilnehmer/innen im Sinne eines Assessment Centers umfassend zu beurteilen?
- Sollte die Veranstaltung ein Forum dafür sein, daß die einzelnen Teilnehmer durch die Trainer oder durch die anderen Teilnehmer Feed-back über ihr eigenes Verhalten bekommen?

Die Reihe der Fragen ließe sich fortsetzen bzw. differenzieren. Sie sollten – wie immer man sich auch entscheidet – zuvor bedacht und beantwortet werden, damit man nicht nachträglich vertanen Chancen nachtrauert. Und wenn dem so ist, sollte man für die nächste Runde lernen und die Erfahrung dokumentieren, damit nicht nur der einzelne, sondern die Organisation eine Lernchance erhält.

6.5 Welche Methoden sollten zum Einsatz kommen?

Es gibt eine Vielzahl von methodischen Möglichkeiten, mit deren Hilfe Führungsschulung erfolgen kann (Stocker-Kreichgauer, 1978; Fisch & Fiala, 1984; Neuberger, 1991; Holling & Liepmann, 1993). Es gibt hier eine derartige Fülle von Möglichkeiten, reichend vom Frontalunterricht über das Durcharbeiten eines Persönlichkeitstests, Video-Feed-back über eigenes Verhalten, Rollenspiel, Mutproben im Outdoor-Training, Durchspielen eigener Konfliktsituationen in selbst verfaßten Dramen, Darstellen eigener Lebensplanungen in Bildern oder Collagen etc., daß hier auf diese große Vielfalt nicht eingegangen werden kann. Ganz gleich ob inhalts- oder eher prozessorientierte Techniken (Stocker-Kreichgauer, 1978) – keine Vorgehensweise ist an und für sich vorzuziehen oder abzulehnen. *Es gilt jeweils zu prüfen, ob sie für das Erreichen des explizit gemachten Lernzieles nützlich ist oder nicht.* Daraus wird sich als Konsequenz in aller Regel ein *Methoden-Mix* ergeben (Fisch & Fiala, 1984), der dann insgesamt auch die größten Erfolgschancen hat. Gewarnt werden soll explizit vor der häufig zu beobachtenden Neigung (Neudecker, 1987), Methoden ausschließlich unter dem Aspekt einzusetzen, ob sie bei den Teilnehmern „ankommen" oder nicht.

7. Beispiel eines erfolgreichen Trainingskonzeptes

Menschen haben die größte Chance, ihr Verhalten zu modifizieren, wenn sie erfahren, wie dieses Verhalten auf die soziale Mitwelt wirkt. *Wir lernen im Spiegel der anderen.* Dieser Spiegel ist in um so stärkeren Maße verschleiert, je höher die erreichte Position ist. Dem Mächtigen gibt kaum jemand ungeschminkt Rückmeldung, da er fürchtet, daß ihm dies schaden könnte. Entsprechend müßte ein Vorstandsmitglied geradezu ein „Halbgott" sein, um sich nicht für einen Halbgott zu halten, wenn ihm nahezu die gesamte Menschheit in gebückter Haltung naht.

Entsprechend findet man bei Führungskräften besonders häufig einen *„blinden Fleck"*, wie ihn das sogenannte *Johari-Fenster* in Abbildung 8 verdeutlicht.

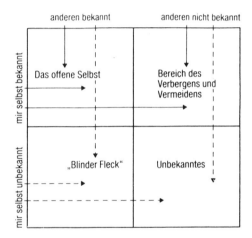

Abbildung 8
„Das Johari-Fenster"

Wie ist dieser blinde Fleck zu verstehen? Manch einer weiß über sich selbst Dinge nicht, die andere seit langem über ihn wissen, darüber aber nicht mit ihm sprechen oder zu sprechen wagen. Verhaltenskorrektur kann sich daher nicht einstellen.

Dafür ein Beispiel aus einem Unternehmen des Textileinzelhandels. Zur Struktur: Ein Vorstand – aus drei Herren bestehend – hatte unter sich zwanzig größere Textilkaufhäuser in verschiedenen deutschen Städten. Jedes dieser Häuser wurde von einem Geschäftsführer geleitet; die Geschäftsführer waren ausschließlich Männer. Den Geschäftsführern nachgeordnet waren die Abteilungsleiter, in diesem Falle fast ausschließlich Abteilungsleiterinnen, die mit denen ihnen nachgeordneten Verkäufern und Verkäuferinnen z.B. die Damenoberbekleidung oder Herrenstrickwaren verkauften.

Bei der Vorbereitung einer Mitarbeiterbefragung wurde mit Vorstandsmitgliedern, Geschäftsführern, Abteilungsleiterinnen, Verkäufern und Verkäuferinnen ausführlich gesprochen, um Problembereiche zu diagnostizieren. Dabei stieß man auch auf das Problematische des in den einzelnen Geschäftshäusern bestehenden Mann-Frau-Verhältnisses. Für die Befragung wurde eine einschlägige Frage konzipiert, die in einem Geschäftsführerseminar den Geschäftsführern in der Ich-Form neben einer Reihe von anderen Fragen vorgelegt und sodann anonym ausgewertet wurde:

– Ich bevorzuge junge und attraktive Mitarbeiterinnen
   o stets   o häufig   o hin und wieder   o selten   o nie

Die am häufigsten angekreuzte Antwort hieß „selten".

Sodann wurde innerhalb der anonymen Mitarbeiterbefragung die gleiche Frage in der „Er-Form" den Abteilungsleitern und Abteilungsleiterinnen vorgelegt. Hier lautete die häufigste Antwort „häufig". Erst die Demonstration dieser unterschiedlichen Sichtweisen machte den Geschäftsführern deutlich, daß hier offensichtlich ein ihnen bisher nicht bekanntes Problem bestanden hatte, ein blinder Fleck. Die konkrete Analyse des hier bestehenden Führungsproblems konnte auf diesem heiklen Feld das Führungsverhalten verbessern.

Das Beispiel zeigt, daß in der zuvor bereits angesprochenen *Aufwärtsbeurteilung* die *Chance nachhaltiger Modifikation des Führungsverhaltens* liegt, falls man dabei richtig vorgeht. An folgende Schritte kann gedacht werden (v. Rosenstiel 1991):

– Entwicklung eines Fragebogens auf der Basis qualitativer ausführlicher Gespräche mit Führenden und Geführten im Unternehmen.
– Einholen der Bereitschaft zur Teilnahme an der Aktion bei jedem einzelnen Vorgesetzten und bei den Geführten.
– Beschreibung des Verhaltens des Vorgesetzten mit Hilfe einer anonymen Befragung.
– Auswertung der Fragebögen auf der Ebene der Einzelfragen und der Skalen durch externe Experten.
– Visualisierung der Ergebnisse, z.B. mit Hilfe von Vergleichsdaten aus dem gleichen Unternehmen oder anderen Unternehmen.
– Sorgfältige und differenzierte Information des Vorgesetzten durch einen neutralen Experten unter vier Augen (an dieser Stelle möglicherweise Beendigung des Vorgehens).
– Falls der Vorgesetzte zustimmt: Workshop von Vorgesetzten und Mitarbeitern unter Leitung eines neutralen Moderators. Präsentation und Diskussion der Ergebnisse; Suche nach den Gründen negativer Werte im Verhalten des Vorgesetzten und im Verhalten der Geführten.
– Gemeinsame Erarbeitung eines Aktionsplanes, der konkret benennt, was sich im Verhalten des Vorgesetzten und was sich im Verhalten der Unterstellten verändern sollte.
– Wiederholung der Befragungsaktion circa ein Jahr später.
– Erneuter Workshop, bei dem – z.B. visualisiert über Folien – die alten und die neuen Befunde miteinander verglichen werden, um auf dieser Basis gegebenenfalls einen neuen Aktionsplan zu entwickeln etc.

Empirische Analysen zeigen, daß auf eine solche Weise Führungsverhalten intensiv und nachhaltig verändert werden kann. Allerdings handelt es sich um eine für den Vorgesetzten häufig harte Maßnahme. Sie setzt Reife beim Führenden und bei den Geführten voraus und kann entsprechend nicht in jeder Situation empfohlen werden. Auf jeden Fall ist Trainingsarbeit im Vorfeld erforderlich, innerhalb derer über Führung, über interpersonale Wahrnehmung, über Geben und Nehmen von Feed-back, über Kommunikation und Konflikt gearbeitet wird. In aller Regel sollte diese Arbeit durch einen neutralen Moderator begleitet werden, da der Vorgesetzte überfordert ist, wenn er zugleich neutraler Diskussionsleiter und Gegenstand der Diskussion sein soll. Das kann zwar gut gehen; falls es aber Probleme gibt, kann viel „Porzellan zerschlagen" werden, das im nachherein schwer zu kitten ist.

8. Sicherung des Transfers

Führungsverhaltenstraining leidet häufig daran, daß zwar die Lehrinhalte von den Teilnehmern mehrheitlich akzeptiert, dann aber in die Praxis ihres Alltags nicht umgesetzt werden. *Transfer findet nicht ausreichend statt.*

Ein wesentlicher Grund dafür liegt darin, daß die Trainingsmaßnahmen nur an der Person, dem Wollen und Können des Führenden ansetzen, aber die umgebende Situation, die das Führungsverhalten ebenfalls stark bestimmt, außer acht lassen. Führungsverhalten aber ist wie andere Verhaltensweisen auch mehrfach determiniert. Abbildung 9 verdeutlicht das.

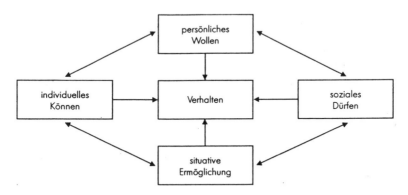

Abbildung 9
Bedingungen des Verhaltens

Überzeugungsarbeit im Seminar kann dazu führen, daß z.B. Vorgesetzte künftig mehr delegieren, Mitarbeiter stärker in die Entscheidung einbinden wollen. Rollenspiele und Fallanalysen können die Kompetenz verbessern, mit diesen Führungsinstrumenten künftig adäquat umzugehen. Wie aber steht es um das soziale Dürfen? Wird ein solches Verhalten vom eigenen Vorgesetzten, von den Kollegen akzeptiert?

Paßt es in die Kultur des Unternehmens? Wenn hier keine gleichsinnige Wandlung erfolgt, wird die Trainingsmaßnahme langfristig nicht umgesetzt werden.

Und wie sieht es mit der situativen Ermöglichung aus? Gibt es objektive Hindernisse der Umsetzung? Spricht Ressourcenknappheit oder Zeitknappheit dagegen? Gibt es übergeordnete Verantwortlichkeitsregelungen oder Rechtsvorschriften, die das verbieten?

Das Trainingsziel muß also in den sozialen und materialen Kontext passen, wenn es zu einem langfristig modifizierten Führungsverhalten kommen soll. Entsprechend sollte *Führungskräfteentwicklung in Organisationsentwicklung eingebettet* werden (v. Rosenstiel, Einsiedler, Streich & Rau, 1987).

Aber auch *auf personaler Ebene* sollten *Maßnahmen* bedacht werden, die den Transfer wahrscheinlich machen. Weinert (1987) nennt einige wichtige Punkte:
- Zwischen den Trainingsinhalten und den Motiven der Teilnehmer, die sie zur Mitarbeit bewegen, sollte eine sinnvolle Beziehung hergestellt werden.
- Die neu gelernten Verhaltensweisen sollten aktiv praktiziert werden.
- Über die Resultate der Trainingsübung sollte sofort Feed-back im Sinne der Information und der Verstärkung gegeben werden.
- Die Lerninhalte sollten über kürzere oder längere Zeitspannen als verteiltes oder konzentriertes Lernen geboten werden.
- Es sollten Gelegenheiten geschaffen werden, in denen Konflikte bearbeitet und beseitigt werden können, die sich aus dem Widerspruch zwischen neu erlernten Verhaltensweisen und bestehenden Einstellungen und Gewohnheiten ergeben.
- Individuelle Unterschiede zwischen den Trainingsteilnehmern sollten berücksichtigt werden – und zwar im Hinblick auf Trainingsinhalte und Trainingsmethodik.
- Übertragung des Gelernten auf die Arbeitssituation sollte gewährleistet sein und darüber nach einem kurzen Erfahrungszeitraum diskutiert werden.

Der Phantasie jener, die das Training zu verantworten haben, aber auch der Phantasie der Trainierten selbst sind kaum Grenzen gesetzt, wenn Maßnahmen erdacht werden sollen, die den Lerntransfer sichern können. Dafür aber muß das Problem zunächst einmal bewußt werden, was häufig nicht der Fall ist (Neudecker, 1987).

An was könnte beispielhaft gedacht werden, um den Transfer zu verbessern? Zur Anregung einige Hinweise:
- Die Trainingsinhalte werden in gemeinsamen Diskussionen während des Trainings auf Problemsituationen der Teilnehmer bezogen.
- Jeder Teilnehmer macht streng terminiert Verträge mit sich selbst oder mit dem Trainer, die Verhaltensänderungen beinhalten.
- Die trainierte Führungskraft spricht mit dem eigenen Vorgesetzten oder mit den eigenen Mitarbeitern, was sie sich vorgenommen hat, korrigiert diese Vornahmen

möglicherweise in der gemeinsamen Diskussion und ist somit mittelfristig durch das öffentliche Bekenntnis zur Umsetzung verpflichtet.

- Das Training wird fraktioniert durchgeführt, in den zwischen den Trainingsblök-ken liegenden Praxisphasen wird jeweils das Gelernte erprobt und in der nächsten Trainingsphase mit dem Trainer und anderen Teilnehmern diskutiert.

- Strukturale Maßnahmen werden im Arbeitsbereich des Trainierten so umgestaltet, daß sie das erwünschte Verhalten stabilisieren.

- Ein „Machtpromotor" des Unternehmens begleitet das Training und sorgt durch direkte Maßnahmen und durch Symbolische Führung für die Umsetzung.

- Ein follow-up Workshop zu einem späteren Zeitpunkt verpflichtet alle Teilnehmer das zu berichten, was sie zwischenzeitlich umgesetzt haben.

All dies sind Beispiele. Der Phantasie sind – wie gesagt – keine Grenzen gesetzt. Es lohnt sich, sie zu investieren, denn der Aufwand an Zeit, Energie und Geld für Füh-rungstraining wird letztlich dadurch gerechtfertigt, daß die Maßnahmen zum Erfolg beitragen. Und dieser Erfolg führt zu erhöhter Zufriedenheit bei jenen, die das Trai-ning gestalten, bei jenen, die trainiert werden und hoffentlich auch bei denen, die „Opfer" des modifizierten Führungsverhaltens ihrer Vorgesetzten werden.

Literatur

Antons, K. (1973). *Praxis der Gruppendynamik.* Göttingen: Hogrefe. – **Bales, R.F.** (1958). Task roles and social roles in problem solving. In E.E. Macoby, E.L. Hartley & T.M. Newcomb (Eds.), *Readings in social psychology* (S.437-477). New York: Holt, Rinehart & Winston. – **Baumgarten, R.** (1977). *Führungsstile und Führungstechniken.* Berlin: de Gruyter. – **Berthold, H.J., Gebert, D., Rehmann, B. & Rosenstiel, L. von** (1980). Schulung von Führungskräften – eine empirische Unter-suchung über Bedingungen und Effizienz. *Zeitschrift für Organisation, 49,* 221-229. – **Blake, R.R. & Mouton S.J.** (1964). *The managerial grid.* Houston: Gulf. – **Catalanello, R. & Kirkpatrick, D.L.** (1968). Evaluating training programs – the state of the art. *Training Development, 22,* 2-9. – **Dierkes, M., Rosenstiel, L. v, & Steger, U. (Hrsg,)** (1993). *Unternehmenskultur in Theorie und Praxis. Kon-zepte aus Ökonomie, Psychologie und Ethnologie.* Frankfurt: Campus. – **Fiedler, F.E.** (1967). *A theo-ry of leadership effectiveness.* New York: McGraw-Hill. – **Fisch, R. & Fiala, S.** (1984). Wie erfolg-reich ist Führungstraining? *Die Betriebswirtschaft, 44,* 193-203. – **Fittkau-Garthe, H.** (1970). *Dimensionen des Vorgesetztenverhaltens und ihre Bedeutung für die emotionalen Einstellungsreak-tionen der unterstellten Mitarbeiter* (Dissertation). Hamburg. – **Fleishman, E.** (1973). Twenty years of consideration and structure. In E.A. Fleishman & J.G. Hunt (Eds.), *Current developments in the study of leadership* (S.1-37). Carbondale: Southern Illinois University Press. – **Gebert, D.** (1978). Or-ganisationspsychologie – Einige einführende Überlegungen. In A. Mayer (Hrsg.), *Organisationspsy-chologie* (S.16-42). Stuttgart: Poeschel. – **Hersey, P. & Blanchard, K.H.** (1977) (deutsch 1979). *Ma-nagement of organizational behavior: utilizing human resources.* Englewood Cliffs, N.J.: Prentice-Hall. – **Holling, H. & Liepmann, D.** (1993). Personalentwicklung. In H. Schuler (Hrsg.), *Lehrbuch Organisationspsychologie* (S. 285-316). Bern: Huber. – **Jeserich et al. (Hrsg.)** (1981-1989). *Handbuch der Weiterbildung für die Praxis in Wirtschaft und Verwaltung* (8 Bände). Mün-chen: Hanser. – **Lattmann, C.** (1989). Das Assessment-Center-Verfahren der Eignungsbeurteilung. In M. Domsch, M. Hofmann & C. Lattmann (Hrsg.), *Management Forum.* Heidelberg: Physica. – **Lukasczyk, K.** (1960). Zur Theorie der Führer-Rolle. *Psychologische Rundschau, 11,* 179-188. – **Nachreiner, F.** (1978). *Die Messung des Führungsverhaltens.* Bern: Huber. – **Neuberger, O.** (1976).

Führungsverhalten und Führungserfolg. Berlin: Duncker & Humblot. – **Neuberger, O. (1990).** *Führen und geführt werden.* Stuttgart: Enke. – **Neuberger, O. (1991).** *Personalentwicklung.* Stuttgart: Enke. – **Neudecker, M. (1986).** *Die innerbetriebliche Führungskräfteschulung – eine explorative Studie ihrer Effizienz* (Dissertation). München. – **Neudecker, M. (1987).** *Die innerbetriebliche Führungskräfteschulung – eine explorative Studie ihrer Effizienz.* Berlin: Duncker & Humblot. – **Reddin, W.J. (1981).** *Das 3-D-Programm. Zur Leistungssteigerung des Managements.* Landsberg: Moderne Industrie. – **Rosenstiel, L. von (1992).** *Grundlagen der Organisationspsychologie: Basiswissen und Anwendungshinweise* (3. Aufl.). Stuttgart: Schäffer-Poeschel. – **Rosenstiel, L. von (1992).** *Mitarbeiterführung in Wirtschaft und Verwaltung.* München: Bayerisches Staatsministerium für Arbeit, Familie und Sozialordnung. – **Rosenstiel, L. von (1993).** Kommunikation und Führung in Arbeitsgruppen. In H. Schuler (Hrsg.), *Lehrbuch Organisationspsychologie* (S.321-351). Bern: Huber. – **Rosenstiel, L. von, Einsiedler, H.E., Streich, R. & Rau. S. (1987).** *Motivation durch Mitwirkung.* Stuttgart: Schäffer. – **Rosenstiel, L. von, Molt, W. & Rüttinger, B. (1988).** *Organisationspsychologie* (1. Auflage 1972) (7. Aufl.). Stuttgart: Kohlhammer. – **Schuler, H. & Funke, U. (1989).** Berufs-eignungsdiagnostik. In E. Roth (Hrsg.), *Organisationspsychologie* (Enzyklopädie der Psychologie; Bd. 3) (S.281-320). Göttingen: Hogrefe. – **Seidel, E., Jung, R. & Redel, W. (1988).** *Führungsstil und Führungsorganisation.* Darmstadt: Wissenschaftliche Buchgesellschaft. – **Staehle, W.H. (1973).** *Organisation und Führung soziotechnischer Systeme. Grundlagen einer Situationstheorie.* Stuttgart: Enke. – **Stocker-Kreichgauer, G. (1978).** Ausbildung und Training in der Unternehmung. In A. Mayer (Hrsg.), *Organisationspsychologie* (S.170-200). Stuttgart: Poeschel. – **Streich, R. (1985).** Führungskräfte im Spannungsfeld von Arbeit, Freizeit und Familie – Teil 2. In M. Domsch, M. Hofmann & C. Lattmann (Hrsg.), *Management Forum. Bd. 5* (S.277-294). Wien: Physica. – **Vroom, V.H. & Yetton, P. (1973).** *Leadership and decision-making.* Pittsburgh: University of Pittsburgh Press. – **Weber, M. (1921)** (2. Auflage 1924). *Wirtschaft und Gesellschaft. Grundriß der verstehenden Soziologie.* Köln: Kiepenheuer und Witsch. – **Weinert, A.B. (1987).** *Lehrbuch der Organisationspsychologie* (2. Aufl.). München: Psychologie Verlags Union. – **Weinert, A.B. (1989).** Führung und soziale Steuerung. In E. Roth (Hrsg.), *Organisationspsychologie* (Enzyklopädie der Psychologie; Bd. 3) (S.552-577). Göttingen: Hogrefe.

Gerd Landshut und Thomas Beyer

Die Fähigkeit zu führen –
vom Zufallsprodukt zur persönlichen
Entwicklungsaufgabe

Wind und Sonne machten Wette,
wer die meisten Kräfte hätte,
einen armen Wandersmann
seiner Kleider zu berauben.
Wind begann – jedoch sein Schnauben
half ihm nichts,
denn der Wandersmann
zog den Mantel dichter an.
Wind verzweifelt nun und ruht,
und ein sanfter Sonnenstrahl
füllt mit warmer, holder Glut
Wanderers Gebein.
Hüllt er sich nun tiefer ein?
Nein!
Ab wirft er nun sein Gewand,
und die Sonne überwand.

Die Bedeutung von Führungsqualifikation in der modernen Unternehmenskultur

Mary P. Follet (Staehle, 1991) bemerkte 1925, daß Management eine technische (technical side) und eine persönliche Komponente (personal side) habe. Die technische Komponente hielt sie für lehr- und lernbar, die persönliche sei angeboren. Gehen wir davon aus, daß Frau Follet nicht nur ihre eigene Meinung sagte, sondern ausdrückte, was allgemein für wahr gehalten wurde: Was hat sich in den seither vergangenen Jahrzehnten verändert?

Ein riesiger Berg Fachliteratur zu den Themen Management und Führung belegt, welche außerordentliche Bedeutung ihnen inzwischen beigemessen wird. Hinter hochklingenden Vokabeln wie Management- und Führungstheorien, -modellen und -konzepten hat sich vieles angesammelt, das manchmal nicht viel mehr war als eine Modeerscheinung mit geringer Lebensdauer. Aber auch aufwendige Gedankengebäude finden sich darunter, die schon eher die Bezeichnung Theorienbildung verdient haben in ihrem Bemühen, die wesentlichen Faktoren hoher Management- und Führungsqualifikation zu isolieren und zu beschreiben. Empirische Untersuchungen waren die Grundlage solcher Gedankengebäude oder/und sollten ihnen den erwünschten Schuß Wissenschaftlichkeit verleihen. Allzu oft mußten sich diese Untersuchungen Kritik gefallen lassen, bestimmte Variablen in der Datenerfassung nicht berücksichtigt und darum nur eingeschränkte Gültigkeit zu haben. Der Eindruck entsteht, man hätte sich mit wachem Menschenverstand und gründlicher Beobachtung selbst ausdenken können, was schließlich als gesicherte Erkenntnis empirischer Bemühungen übrigblieb.

Inzwischen haben sich die wissenschaftlichen Erkenntnismodelle verändert und sind der Komplexität von Unternehmenswirklichkeit ein gutes Stück nähergekommen. Fragt man sich jedoch, was die einzelne Führungskraft in einem gegenwärtigen Unternehmen davon hat, so zeichnet sich folgendes Bild ab: Je komplexer die Theorienbildung zu Management und Unternehmensführung als interdisziplinäres Geschehen zwischen den Sozial- und Wirtschaftswissenschaften aussieht, umso größer scheint die Entfernung zu der Führungskraft vor Ort. Sicher kann man von einer Führungskraft in einem gegenwärtigen Unternehmen nicht verlangen, daß sie neben der Erfüllung ihrer Alltagsaufgaben noch akademisches Wissenschaftsniveau zu den Themen Management und Unternehmensführung entfaltet. Dennoch und gerade deshalb bleibt die Frage bestehen: Wie kann sie von Management- und Führungstheorien profitieren, und welche Hilfe erhält sie bei der Lösung ihrer Alltagssorgen?

Die Antwort auf diese Frage ist in den letzten Jahren umso wichtiger geworden, wie die Bedeutung von Führungsqualifikation im mittleren und gehobenen Management gegenüber der fachlichen Qualifikation erheblich an Gewicht gewonnen hat. Und selbst in den unteren Führungspositionen, auf der Meister- und Gruppenleiterebene, wo fachliches Können immer noch eine große Rolle spielt, erfordern bestimmte Unternehmensprogramme wie Arbeitssicherheit, Qualitätssicherung und Verbesserung der Produktionsabläufe zunehmend Kommunikationsfähigkeit und soziale Kompetenz von den Führungskräften in einem Ausmaß, wie es bisher nicht der Fall war. Damit zeichnet sich eine Veränderung des Anforderungsprofils an Führungskräfte ab, die Folgen haben wird. In den meisten Unternehmen sind nämlich Führungspositionen immer noch wie naturgegeben mit denen besetzt, die fachlich als die Besten galten.

Spätestens seit Veröffentlichung der MIT-Studie „Die zweite Revolution in der Automobilindustrie" (Womack, Jones & Roos, 1991) haben die meisten Führungskräfte gelernt, „lean production" zu buchstabieren; Fortgeschrittenere haben auch schon „kai-zen" in ihren aktiven Wortschatz übernommen, und diejenigen, die ganz „in" sind, legen diesen Begriff gerade wieder ab wie eine Mode, die uninteressant wird, wenn jeder sie trägt. **Die Auseinandersetzung mit Unternehmenskonzepten aus Japan stellt aber weniger eine Mode dar als eine Herausforderung, der sich westliche Unternehmen der betriebswirtschaftlichen Daten wegen stellen müssen.** Dabei steht der Veränderungskultur großer japanischer Unternehmen eine hiesige Mentalität gegenüber, derzufolge das einen hohen Wert darstellt, was seit 30 Jahren nicht verändert worden ist. „Warum soll das plötzlich schlecht sein, was wir seit

Die Fähigkeit zu führen – Vom Zufallsprodukt zur persönlichen Entwicklungsaufgabe   59

25 Jahren machen?" ist eine Frage, die selbst von Führungskräften immer wieder zu hören ist. Und dort, wo diese Frage nicht laut gestellt wird, entspringt dies häufig weniger einer Überzeugung als dem Gespür, mit einer solchen Äußerung nicht im Trend zu liegen.

Wie auch immer: Der Vormarsch japanischer Industrie und die Verbreitung ihrer Unternehmensphilosophie haben dazu beigetragen, daß sich mehr und mehr westliche Unternehmen fragen, wie sie die eigene Veränderung bewerkstelligen können. „Organisationsentwicklung" ist das Schlagwort. Es werden Teams und Projekte gebildet, die als unternehmensinterne Institutionen mit und ohne externe Hilfe die Veränderung des Unternehmens zur Aufgabe haben. Sofern hierbei nicht neuer Wein in alte Schläuche gegossen werden soll, spielt die Führungskultur eines Unternehmens, das sich verändern will, also seine Führungskräfte, eine kardinale Rolle. **Jede Veränderung eines Unternehmens,** die in die Richtung japanischer Unternehmensphilosophie geht, **erfordert zuerst einmal Führungskräfte, die bereit und in der Lage sind, über sich selbst und die Art und Weise, wie sie ihre Führungsaufgabe wahrnehmen, nachzudenken.** Darin liegt die Grundlage zur eigenen, persönlichen Veränderung. **Und nur so kann eine Führungsmannschaft entstehen, die die Veränderung eines Unternehmens begreift, vorantreibt und multiplikatorische Aufgaben erfüllt.**

Die so beschaffene Führungsqualifikation erfordert ein hohes Maß an sozialer Kompetenz und Kommunikationsfähigkeit. Die Veränderungen des Verständnisses von Autorität, die viele von uns seit dem Ende des zweiten Weltkrieges verfolgen konnten, belegen eine Entwicklung, die längst nicht abgeschlossen ist. Sicher ist jedoch, daß Autorität – und dadurch auch Führung – sich heute in ganz anderer Weise als Argument und Persönlichkeit erweisen muß, um akzeptiert zu werden, als dies noch vor 30 Jahren der Fall war. Die Führungskraft, die sich vorwiegend auf ihre Macht stützt, um als Autorität anerkannt zu werden, erzeugt Mitarbeiter, die sich der Macht beugen, aber keine Mitstreiter, die notwendige Unternehmensveränderungen mittragen.

Leitgedanken zur Entwicklung eines Seminars

Wir, die beiden Autoren dieses Artikels, lernten uns Ende 1990 kennen. Einer von uns – Thomas Beyer – war zu der Zeit tätig im Personalbereich eines Unternehmens der Eisen- und Stahlindustrie. Zu seinen Aufgaben zählte die Weiterqualifizierung der Führungskräfte des Unternehmens. Der andere – Gerd Landshut – befaßt sich als selbständiger Psychologe seit einigen Jahren mit Team- und Führungskräfteentwicklung. Gemeinsam stellten wir uns die Aufgabe, der Weiterqualifizierung der Führungskräfte in dem Eisen- und Stahlunternehmen eine neue Prägung zu verleihen. Erster Meilenstein hierbei sollte die Entwicklung eines Seminars für Führungskräfte sein, das sich deutlich von dem unterschied, was üblicherweise auf dem umfangreichen Markt der Management- und Führungsseminare angeboten wurde.

Unsere Unzufriedenheit mit dem bestehenden Seminarangebot richtete sich weniger gegen die Inhalte wie Führungstheorien oder -leitlinien, sondern gegen Ablauf und Gestaltung der Seminare. **Es reicht nicht aus, Führungskräften einen neuen Führungsstil zu verkünden, ihn unter den besonderen Bedingungen einer Seminarsituation ein wenig zu üben und die Führungskräfte – vielleicht begeistert aus dem Seminar heimgekehrt – der fast sicheren Enttäuschung des Alltags zu überlassen.** Seminare dieser Art nähren Illusionen darüber, wie leicht oder schnell Veränderungen im Führungsverhalten des Alltags zu erreichen sind. **Der wichtigste Fehler, der unserer Ansicht nach dabei gemacht wird, ist der, davon auszugehen, daß Führungskräfte sich in ihrem Alltagsverhalten kognitiv-rational steuern!** Das stimmt bis auf wenige Situationen, die als Ausnahme zu betrachten sind, nicht. **Die handlungsbestimmenden Determinanten im Alltag sind emotionaler Art, gehören den tieferen Schichten der Persönlichkeit an und sind oft nicht einfach zu erkennen oder sogar unbewußt.** Daher greifen Seminarkonzepte, die sich vorwiegend an die Verstandesebene ihrer Teilnehmer wenden und emotionale Bereiche nur am Rande streifen, zu kurz.

Seminare, die die Qualifizierung von Führungskräften beabsichtigen zur Verbesserung ihrer Kommunikationsfähigkeit und sozialen Kompetenz und sich dabei hauptsächlich an die Ratio ihrer Teilnehmer wenden, korrespondieren zu einem Selbstbild vieler Führungskräfte, die sich vorzugsweise als rational gesteuerte Wesen betrachten. Sie stehen darum der Enttäuschung darüber, daß „antrainierte" Verhaltensänderungen im Alltag nicht sehr überlebensfähig sind, meist hilflos gegenüber, ohne Möglichkeit zu erkennen, was gefehlt hat. Einzig bleibendes Resultat dieser Art Seminare ist eine Änderung im Sprachverhalten: **Immer mehr Führungskräfte können immer eloquenter darüber reden, wie Führung sein sollte. Die tägliche Praxis offenbart demgegenüber oft eine beträchtliche Kluft zwischen sprachlicher Selbstdarstellung und wirklich gelebtem Führungsverhalten.**

Folglich war unser erstes Anliegen an das künftige Seminar, neben der kognitiv-rationalen Erörterung des Themas „Führung", breiten Raum zu schaffen für die Betrachtung der emotionalen und persönlichen Komponenten dessen, was Führungskräfte im Alltag tun. Qualifizierung in diesem Sinne muß ganzheitlich sein, die ganze Persönlichkeit des Seminarteilnehmers einbeziehen. Damit war eine wesentliche Festlegung hinsichtlich der Didaktik des Seminars getroffen: **Verbesserung der Kommunikationsfähigkeit und Erweiterung sozialer Kompetenz sind vorrangig nicht erreichbar durch lehr- oder lernbare Schritte, sondern durch geeignete Impulse, die den Teilnehmern die Auseinandersetzung mit sich selbst und daran anknüpfend persönliche Entwicklung ermöglichen.** Ziel dieser Vorgehensweise ist, einen erlebnisbetonten Prozeß in Gang zu setzen (oder wiederzubeleben), der **berufsbezogene Selbsterfahrung** für die Teilnehmer beinhaltet. Die dabei entstehende Erlebnissubstanz ist die Grundlage der Reflexion, der Gegenüberstellung mit Führungskonzepten und des kognitiven Verstehens: So kann auch die Ratio ihren wichtigen Beitrag zur Vervollständigung eines ganzheitlichen Entwicklungsprozesses leisten.

Die Schrittfolge „thematisieren – agieren – erleben – innehalten – begreifen – reflektieren -Schlußfolgerungen ziehen" als tragendes Paradigma unseres Seminars stellt eine Variation des „tetradischen Modells" von H. Petzold (1978) dar, das am Fritz-Perls-lnstitut gelehrt wird. Sie bildet die Rhythmik unserer Vorstellung von Entwicklung. Qualifizierung oder Weiterqualifizierung heißt unter Anwendung dieses Entwicklungsverständnisses, Impulse oder katalysatorische Bedingungen zu schaffen für erlebnisdichte Erkenntnisprozesse, die Entwicklungsschritte einleiten. Insofern hat unser Seminar den Charakter eines Katalysators. Sein Wert erweist sich nicht in einem fixierbaren Ergebnis am Ende des Seminars, sondern in einer veränderten Sicht der Dinge und einer neugierigen Unruhe, dem Führungsalltag neue Seiten abzugewinnen.

Da jede Art der Pädagogik immer fortsetzt, nie voraussetzungslos völlig neu beginnt, schien uns wichtig, die zukünftigen Teilnehmer unseres Seminars „dort abzuholen, wo sie sind". Das erfordert die Beantwortung der Frage, woran wir anknüpfen wollen.

Die Mehrheit der heutigen Führungskräfte hat sich bei der Übernahme ihrer ersten Führungsposition und -aufgabe vielleicht gefragt, wie man „es denn richtig macht", seltener, was Führung als zwischenmenschliches Phänomen eigentlich ist. Dennoch haben sie geführt, mit Erfolg oder mit Problemen, in jedem Fall auf ihre ganz eigene, persönliche Weise. **Die Quellen dieses Stils persönlicher Prägung sind am besten beschreibbar als Bild, das Elemente der Zeitgeschichte, der gesellschaftlichen Situation, der Unternehmenskultur und -situation, der vermuteten und bekannten Erwartungen an eine bestimmte Position im Unternehmen und Resultate der eigenen Lebensgeschichte mit ihren Idealen und prägenden Erlebnissen enthält. Sie bilden ein synergetisches Produkt, das die Rolle der Führungskraft konstituiert.** Diese Rolle ist vor allen Dingen eine Vorstellung, ein soziopsychisches Konstrukt, das sich im Sinne des Interaktionismus von G. H. Mead (1973) folgendermaßen entwickelt: Jeder Mensch durchläuft in seinem Leben einen meist unsystematischen Lernprozeß (Sozialisation) mit einer Vielzahl von Erlebnissen und Erfahrungen von Führung und Autorität (durch Eltern, Lehrer, Gleichaltrige, Geistliche, Idole, Ausbilder, Professoren, Vorgesetzte bei der Bundeswehr, im Beruf etc.). **Im Laufe dieses Prozesses werden Vorstellungen von Führung gebildet, deren Hauptbausteine emotionale Komponenten sind.** Sie kommen als Handlungsmuster zum Einsatz. Man kann die Ergebnisse dieses Prozesses auch als **zufällig erworbene Führungsqualifikation** betrachten. Mary P. Follet kannte diesen Zusammenhang nicht oder unterschätzte seine Bedeutung, weshalb sie zu dem Schluß kam, die Befähigung zur persönlichen Komponente von Management sei angeboren. Auch den meisten Führungskräften ist dieser Zusammenhang nicht bekannt.

Mit unserem Seminar wollten wir den Teilnehmern die Möglichkeit bieten, diesen Zusammenhang zu sehen und zu begreifen. Es sollte erfahrbar werden, daß **der persönliche Führungsstil** mit beispielsweise der Neigung des einen zu partnerschaftlichem Umgang mit seinen Mitarbeitern und der Tendenz des anderen zu autoritären Formen der Führung nicht einfach ein quasi genetisch festgelegtes – und invariables! – Persönlichkeitsmerkmal ist, sondern **eine Folge der Verarbeitung individueller Lebensgeschichte**, die als emotional getönte Kulisse die Hermeneutik, die Sinnbildungsgrundlage gegenwärtigen Lebens- und Arbeitstheaters[1] abgibt.

Auf dieser Ebene ist der Stoff zu finden, aus dem Führungskräfte in der Regel ihr Verhalten im Alltag – meist unbewußt – steuern. Grundlage aller Weiterqualifizierung von Führungskräften muß unseres Erachtens die Klärung, das Bewußtwerden dieser Ebene sein, denn sie ist der Boden, auf dem Führungskonzepte, -modelle und Managementtools ihren Niederschlag finden und gedeihen sollen. Weiterqualifizierung ist dann die Fortsetzung dessen, was wir oben als zufällige Qualifizierung durch Sozialisation beschrieben haben, also das Anknüpfen an eine Entwicklung, die die Teilnehmer des Seminars haben zu dem werden lassen, was sie sind. Aus diesem Grund haben wir das Seminar „Führungsgrundlagen" genannt, denn **es geht um persönliche Grundlagenforschung, um individuelle Ressourcenklärung als Ausgangspunkt für weitere Entwicklungsschritte.**

Der Seminarablauf

Hauptanliegen des Seminars ist berufsbezogene Selbsterfahrung. Das inhaltliche Gerüst bilden drei Themen: **Führung**, **Motivation** und **Autorität**. Ihre Behandlung umfaßt sowohl eine inhaltliche Erörterung wie eine übungszentrierte Erarbeitung, die jedem Teilnehmer die Möglichkeit eröffnet, seinen persönlichen Bezug zu dem einzelnen Thema darzustellen und kennenzulernen. Verschiedene Arbeitsmethoden kommen zum Einsatz wie Plenumsdiskussionen, Kleingruppen- und Einzelarbeiten. Die Ergebnisse werden jeweils im Plenum vorgestellt, gemeinsam in Augenschein genommen und besprochen. Dadurch wird der Blick der Teilnehmer für das Eigene, das ihn von allen anderen unterscheidet, geschärft ebenso wie für das, was – exemplarisch auf die Seminargruppe bezogen – ihm mit anderen gemeinsam ist. Ziel ist, die Verschiedenheit von Menschen am Beispiel der Seminargruppe aus nächster Nähe zu erleben, um damit eine **differenzierte Kenntnis von sich selbst und anderen** zu erlangen. Das Motto ist, daß die Teilnehmer in diesem Seminar die Möglichkeit haben, sich Dinge offen zu zeigen und zu sagen, die ihre Mitarbeiter schon lange erkannt haben und denken, aber nie sagen würden.

Als Arbeitsmittel kommen inhaltlich-rationale Betrachtungen ebenso zum Zuge wie bildnerische Darstellungen mit kreativen Medien, die besonders geeignet sind, die persönlich-emotionale Bedeutung der Themen für die einzelnen Teilnehmer darzustellen. Für die meisten ist die Einbeziehung solcher Mittel im ersten Moment befremdlich, schließlich erweisen sie sich jedoch als ausgezeichnetes Medium zur Selbst- und Fremderforschung der tieferen Schichten der Persönlichkeit, der Bereiche nämlich, wo „das Feuer brennt".

Die Fähigkeit zu führen – Vom Zufallsprodukt zur persönlichen Entwicklungsaufgabe 63

Nun einige Bemerkungen zu den einzelnen Themen des Seminars:

Führung

Die inhaltliche Betrachtung von „Führung" beschränkt sich ganz auf ihre kommunikativen und sozialen Aspekte. Die Behandlung von Organisations- und Führungstheorien oder Managementkonzepten ist späteren, weiterführenden Veranstaltungen vorbehalten.

Im Rückgriff auf den Interaktionismus im Anschluß an G.H. Mead (1973) und den kommunikationstheoretischen Ansatz der Palo-Alto-Schule in der Darstellung von P. Watzlawick (1969) wird ein begriffliches Instrumentarium angeboten, das geeignet ist, die psychosozialen (nicht die strukturellen, organisationstheoretischen) Phänomene von „Führung" zu beschreiben. Die begrifflich-kognitive Behandlung des Themas „Führung" wird ergänzt und vertieft durch eine bildliche Darstellung dessen, was die Teilnehmer mit Führung aus dem Alltag verbinden.

Motivation

Die Behandlung des Themas „Motivation" ist deutlich weniger theorieorientiert, sondern beschäftigt sich mit dem – meist undurchdachten – Gebrauch dieses Begriffes im Alltag. Von Motivation wird in der Regel dann gesprochen, wenn es irgendwo hakt, nicht weitergeht. Dann kommt Motivation ins Spiel, wie eine Beschwörungsformel, mit der etwas leicht und attraktiv gemacht werden kann, wovon jeder weiß, daß es schwer ist und ungeliebt und diejenigen, die es tun sollen, voller Widerstände. „Motivieren Sie den mal!", heißt es dann, wo es besser wäre, aufrichtig zu gestehen, daß etwas getan werden muß, was unangenehm ist.

Nachdem irrige Vorstellungen darüber, was mit Motivation erreicht werden kann, beseitigt sind, kann wieder deutlicher ins Auge gefaßt werden, worauf Motivation sich eigentlich bezieht, nämlich darauf, was Menschen „hinter dem Ofen hervorlockt". In einer praktischen Übung wird erfahrbar und deutlich, daß Motivation der Oberbegriff ist für Begeisterung, Lust, Neugierde und Interesse. Und „was dem einen sin Uhlen ist, ist dem anderen sin Nachtigall"[2]; jeder muß auf ganz persönliche Art und Weise angesprochen werden, wenn die oben genannten Quellen der Motivation zum Engagement für eine Aufgabe werden sollen. Auch die Ergebnisse der Motivationsforschung, die Anerkennung oder Macht als allgemein motivierende Faktoren nennt, befreit die Führungskraft im Alltag nicht von der Aufgabe herauszufinden, welche Art der Anerkennung oder des Machtgefühls für seinen Mitarbeiter „motivierend" wirkt.

Autorität

Das Thema „Autorität" bildet das Herzstück des Seminars. Wie beim Thema „Führung" werden hier vorrangig die persönlichen, kommunikativen und sozialen Aspekte in den Mittelpunkt gestellt. Positionell-strukturelle Aspekte von Autorität und insbesondere die Behandlung von Macht, ohne die Autorität nicht denkbar ist, werden an den Rand gestellt und sind für andere Veranstaltungen reserviert. Stattdessen wird der Unterschied zwischen konzepthaften Vorstellungen zum Autoritätsbegriff, die auf der kognitiv-rationalen Ebene liegen, und einer „analogen" Begriffsbildung (Watzlawick, 1969), die biographischen Ursprungs ist, herausgearbeitet. **An die analoge Begriffsbildung sind starke, bildhafte Emotionen gebunden, die vorwiegend das Führungsverhalten im Alltag steuern, indem sie die Hermeneutik bestimmen, mit der die Führungskraft fortwährend das eigene Verhalten und das anderer deutet.** Dies ist die Brille, die persönliche Optik, durch die sie sich und andere sieht. Die analoge Begriffsbildung gehört einer anderen logischen Ebene an und folgt anderen Gesetzen als die kognitiv-rationalen Konzepte und die zu ihnen gehörende Logik. Versuche, Führungsverhalten ausschließlich über kognitiv-rationale Konzepte zu verändern, haben in der Regel den erbitterten Widerstand der analogen Ebene zur Folge und schließlich das fast sichere Scheitern. **Veränderung, die diesen Namen verdient, muß also – wie oben ausgeführt – an die analoge Ebene und ihre individuellen Inhalte anknüpfen.**

Zu diesem Zweck gestaltet jeder Teilnehmer nach einer sorgfältig angeleiteten Besinnung ein Panorama der für ihn bedeutsamen biographischen Erlebnisse mit Autorität. In der anschließenden gemeinsamen Betrachtung der einzelnen Darstellungen wird in einem Prozeß psychischer Relativierung verdeutlicht, daß jeder einzelne in seinem Führungsverhalten (natürlich auch in der Art, wie jeder auf Führung reagiert!) das sinnvolle Ergebnis einer Entwicklung ist, die verstanden werden will, bevor sie sich Änderungsbemühungen öffnet. Das, was bei diesem Prozeß sichtbar wird, überschreitet den Horizont dessen, was den Teilnehmern gewöhnlich zugänglich ist. **Damit sind die Probleme des Alltags noch nicht gelöst, aber die Teilnehmer lernen ein neues Instrumentarium kennen, neues Handwerkszeug, mit dem der Alltag in anderem Licht betrachtet wird.**

Veränderung muß zuerst und vor allem anderen in den Köpfen der Menschen stattfinden.

Den Abschluß des Seminars bilden die Resümees der Teilnehmer. Es werden hier absichtlich keine konkreten Pläne darüber ausgearbeitet, was der einzelne Teilnehmer nun anders machen will. Dieses Seminar hat „Führungsgrundlagen" zum Gegenstand und will Nachdenklichkeit und eine neue Sicht dessen, was Führung ist, eine neue Anthropologie, erzeugen.

Erfahrungen mit dem Seminar

Die im Seminarablauf verankerte konsequente Betonung berufsbezogener Selbsterfahrung war ein Wagnis. Wie würden „hartgesottene Techniker" und naturwissenschaftlich orientierte Teilnehmer darauf reagieren? Nachträglich besehen gab es weniger Probleme als erwartet. Regelmäßig entstand in den Seminargruppen eine gemeinschaftliche Forschermentalität, die eine gute Arbeitsgrundlage abgab und zu einem hohen Niveau gegenseitiger Offenheit in der persönlichen Auseinandersetzung führte. Bevor es dazu kam, mußten allerdings ebenso regelmäßig Argwohn und Befremden unterschiedlichen Ausmaßes in Kauf genommen werden. Sie äußerten sich in skeptischer Zurückhaltung bis hin zu Bemerkungen wie „alles Quatsch!" und bezogen sich insbesondere auf die Verwendung bildnerischer Arbeitsmittel. Meist gelang es jedoch, die spontan auftauchenden schlechten Erinnerungen an die ersten Versuche mit Buntstift und Malpapier aus frühester Schulzeit zu überwinden und die Teilnehmer dazu zu bewegen, etwas zu tun, was ihnen Unbehagen bereitete: bildliche Darstellungen anzufertigen zu Themen, die sowohl den Arbeitsalltag betrafen wie auch die persönlichkeitsbedingte Art und Weise, wie dieser Bereich des Alltags gesehen und gestaltet wurde. In der anschließenden gemeinsamen Besprechung der Bilder zeigte sich dann, daß gerade durch die Unkontrollierbarkeit des Mediums die Darstellungen die üblichen Gleise der Betrachtung verließen, die zwar Sicherheit bieten, aber nichts Neues eröffnen. **Die Bilder waren ein wenig entgleist und erlaubten dadurch den Blick auf mehr und etwas anderes als das, was die eingefahrenen Rillen der verbalen Selbstdarstellung hergaben.** Ein Teilnehmer resümierte zum Abschluß eines Seminars, er habe einen technischen Beruf gewählt, weil ihn technisch-naturwissenschaftliche Denkmodelle anziehen. Im Lichte dieser Modelle habe er bisher auch das Leben betrachtet. Nach aller Skepsis den Inhalten des Seminars gegenüber gehe er mit der Erkenntnis nach Hause, daß solche Modelle nicht ausreichen.

Die Bearbeitung des Bildmaterials erzeugte eine persönliche Dichte zwischen den Seminarteilnehmern, die es erlaubte, **Zusammenhänge zu erkennen zwischen biographisch prägenden Ereignissen und dem persönlich praktizierten Führungsstil.**

Ein Beispiel: Bei einem Teilnehmer war bei der Herausarbeitung seiner persönlichen Note im eigenen Führungsstil deutlich geworden, daß ihm Situationen, die den freundschaftlich-väterlichen Vorgesetzten erforderten, besonders lagen. In der integrierenden Kraft dieser Rolle lag seine Stärke. Probleme bereiteten ihm aber solche Situationen, die bei allem Respekt vor der Person des Mitarbeiters Härte und Klarheit vom Vorgesetzten verlangten.

Als die Teilnehmer später im Seminar an der Frage arbeiteten, welche Menschen sie in ihrem Leben als Autorität besonders beeindruckt und geprägt hatten, wurde für den Teilnehmer eine Zeit lebendig, die er schon vergessen zu haben glaubte: In einer bestimmten Phase seines Lebens hatte er seinen Vater, der im Krieg in Gefangenschaft geraten war, sehr vermißt. Der Schmerz über die Abwesenheit des Vaters hatte – verbunden mit früheren Erinnerungen an ihn – dazu geführt, daß er ihn als warmherzigen Menschen idealisierte. Diese Idealisierung hatte ihm auch geholfen, sich über den Verlust hinwegzutrösten. Später hatte er diese Zeit mit ihrem Schmerz, die nun wieder lebendig geworden war, verdrängt.

Bei der eingehenderen Betrachtung, welchen Einfluß die Abwesenheit des Vaters und die damit verbundenen Gefühle auf den Führungsstil des Teilnehmers ausgeübt hatten, wurde deutlich, daß die frühere Idealisierung des Vaters unbemerkt zur Grundlage des Führungsideals des Teilnehmers geworden war. Hier setzte sich nämlich die Einseitigkeit der früheren Idealisierung in der Bevorzugung der freundschaftlich-väterlichen Vorgesetztenaufgaben fort. Anders ausgedrückt: Der andere Vater, mit dem auch mal hart gefochten und Klartext geredet werden kann, hatte dem Teilnehmer gefehlt. Dieser Mangel hatte sich unbemerkt als Einseitigkeit in den Führungsstil des Teilnehmers geschlichen.

Das für diesen Teilnehmer entstandene Erlebnis des Zusammenhangs zwischen Biographie und Führungsstil – der vorher nicht bewußt war – bedeutete einen Erkenntnisschritt, der ihm die emotionale Entkoppelung der Vergangenheit von der Gegenwart ermöglichte. Durch die wieder lebendig gewordene Trauer – die Psychologen nennen das zurecht Trauer**arbeit** – über die Abwesenheit des Vaters löste sich die gefühlsmäßige Bindung des Teilnehmers an seine Vergangenheit. Er erkannte die Einseitigkeit seines Führungsstils nicht nur im konstatierenden Sinne, sondern er begriff auch, wie es dazu gekommen war. Dadurch verlor die unbewußte Steuerung seines Führungsverhaltens ihre zwingende Kraft, eine Kraft, die ihrer psychischen, unbewußten Natur wegen jede oberflächliche Verhaltensmodifikation zunichte gemacht hätte.

Welches ist der Nutzen solcher Erkenntnis? **Das Bewußtwerden und Verstehen der Gründe von Handlungsmustern, der in ihnen wirkenden emotionalen Kräfte, erschließt Veränderungsmöglichkeiten.** In dem beschriebenen Beispiel wurde aus dem Teilnehmer, der von einem eigenen Handlungsmuster gesteuert wurde, das er vielleicht gerade noch wahrgenommen, sicher aber nicht verstanden hatte, jemand, der sich in den eigenen Sinnzusammenhängen begriff. **Dies bedeutet einen Wechsel von einer passiven zu einer aktiven Position sich selbst gegenüber. Und genau dieser Wechsel ist Handlungs- und Gestaltungsgrundlage, Voraussetzung für jede Art persönlich vollzogener Veränderung.**

Die am Beispiel erläuterte Vorgehensweise zeigt unverkennbar die Züge (gestalt-) psychotherapeutischer Fundierung mit ihren Konzepten ganzheitlicher Persönlichkeitsentwicklung und Agogik. Bei zunehmender Aufklärung darüber, daß psychotherapeutische Arbeitsweisen nicht nur geeignet sind, neurotische Krankheiten zu behandeln, sondern mit gewisser Modifikation weit darüber hinaus gehende Anwendungsmöglichkeiten eröffnen, gibt es mit dem Etikett „Psychotherapie" immer

Die Fähigkeit zu führen – Vom Zufallsprodukt zur persönlichen Entwicklungsaufgabe   67

weniger Probleme. Für die Teilnehmer der bisher durchgeführten sieben Seminare spielte diese Frage keine erkennbare Rolle; sie urteilten nach dem Inhalt und dem persönlichen Gewinn.

Mit drei der bisherigen Seminargruppen fand jeweils mehrere Monate nach dem Seminar ein Treffen statt, von denen eines von den Teilnehmern selbst initiiert worden war. Außerdem hat es verschiedene Gespräche gegeben mit einzelnen Seminarteilnehmern, die zufällig zustande kamen.

Fast einhellig wurde uns von den Teilnehmern rückgemeldet, daß sie sich nachträglich betrachtet (trotz eines Einladungsschreibens, in dem auf eine neuartige Seminarform hingewiesen wurde) völlig unvorbereitet fühlten für das, was sie schließlich während des Seminars erlebt hatten. Dem Seminar wurde eine Depotwirkung zugeschrieben derart, daß trotz der geringen Zeit, die der Alltag Führungskräften läßt, grundsätzliche Überlegungen zum Führungsverhalten anzustellen, Erlebnisse aus dem Seminar periodisch auftauchten und zu erweiterter Betrachtung anregten. Darüber freuten wir uns. Gemeinsam wurde überlegt, welche Möglichkeiten in Frage kommen, den im Seminar begonnenen Arbeitsstil enger mit Situationen aus dem Alltag zu verknüpfen, um dort zu Lösungen zu kommen.

Die Bedeutung berufsbezogener Persönlichkeitsentwicklung für die Entwicklung eines Unternehmens

Jedes Unternehmen hat seine eigene Atmosphäre und Führungskultur. Und **jedes Unternehmen hat seine eigene, von einer Vielzahl von Kräften beeinflußte Entwicklung.** Ähnlich wie in der Psychotherapie gibt es Phasenmodelle für Unternehmen, die kategoriale Beschreibungen von unternehmenstypischen Veränderungen anbieten (Pümpin & Prange, 1991). Der Oberbegriff für Phänomene dieser Art ist **Organisationsentwicklung.** Er wird fälschlicherweise benutzt zur Kennzeichnung der Tätigkeit von Beratern oder unternehmensinternen Stellen, die die Veränderung einer Organisation zum Ziel hat. **Organisationsentwicklung ist jedoch nicht etwas, was irgend jemand macht.** Der Begriff „Organisationsentwicklung" stellt vor allen Dingen die Aufgabe, zu verstehen und die dafür geeigneten Instrumente zu schaffen. Dies können kognitive Schemata, Modelle oder Theorien sein, die ihren Erklärungswert darin erweisen, daß sie an eine Organisation oder ein Unternehmen gebundene Phänomene in einen sinnvollen Zusammenhang stellen. Alle Schemata oder Modelle dieser Art sind allerdings dadurch gekennzeichnet, daß sie „Komplexität reduzieren" (Luhmann, 1973), d.h.bestimmte Ausschnitte auswählen und andere außer acht lassen. Die Entwicklung eines Unternehmens ist so vielschichtig und -gestaltig, daß sie nicht als Ganzes erfaßt werden kann. Also kann eine Organisation genau genommen nicht entwickelt werden, sie entwickelt sich im Sinne der Synergie aller in ihr und auf sie wirkenden Kräfte. **Jedes Vorhaben der Veränderung einer Organisation muß sich in die Schar von Kräften einordnen, die ihre Dynamik ausmachen.**

Von vornherein sollte Klarheit darüber bestehen, daß es diese Kräfte umgestalten wird und seinerseits durch diese Kräfte verändert werden wird, wobei neben den geplanten Wirkungen auch immer unplanmäßige auftauchen. Das Vorhaben erhält dadurch die Bedeutung einer **Intervention.** Veränderungen werden nicht gemacht, sie werden angestoßen. Diese Sicht der Dinge legt Bescheidenheit nahe. Sie eröffnet aber auch die Möglichkeit, Veränderungen als Prozesse zu begreifen und realistischer einzuschätzen, insbesondere im Hinblick auf die Zeit, die sie erfordern.

„Intervention" ist genau der Stellenwert, den wir dem oben beschriebenen Seminar beimessen: eine Intervention zur Veränderung/Entwicklung der Führungskultur eines Unternehmens. Die Führungskräfte haben dabei die außerordentlich wichtige Aufgabe der Trägerschaft und Multiplikation solcher Veränderung. Der Bedeutung dieser Aufgabe entsprechend dürfen sie nicht wie Automaten behandelt werden, die man an einer Stelle mit einem neuen Führungskonzept füttert, damit an der anderen Seite ein verändertes Führungsverhalten herauskommt. **Eine Veränderung der Führungskultur erfordert das prinzipielle Einverständnis der beteiligten Führungsmannschaft, ihre Potentiale zur Entwicklung – der eigenen, persönlichen und der des Unternehmens – zu aktivieren und einzusetzen.**

Erster Schritt in diese Richtung ist, daß die Führungskräfte ihre eigene Entwicklungsgrundlage erforschen und kennenlernen. Sie bildet die **janusköpfige Schnittstelle, von der aus Entwicklung sich gleichzeitig als persönliche Aufgabe stellt und Beitrag ist zur Veränderung der Führungskultur des Unternehmens,** dem die Führungskräfte angehören. **Gelingt das eine, so steigt die Erfolgsaussicht auch für das andere.** Außerdem birgt diese Schnittstelle die Möglichkeit, sich persönlich dem Unternehmen, seinen Eigenarten und Zielen, gegenüberzustellen, sich selbst als Teil des Unternehmens zu reflektieren. Damit wird die Dimension des Sinnes berührt. Das Erlebnis, sinn-voll zu sein, entsteht, wenn sich Position und Aufgabe mit den Gefühlen des Einverständnisses und Erfülltseins verbinden. Nur am Rande sei auf die enorme Bedeutung dieser Dimension für die Frage der Motivation hingewiesen.

Ist dieser Schritt gelungen, so ist eine ausgezeichnete Grundlage geschaffen für weitere Aufgaben. Hier haben Führungskonzepte und theoretische Überlegungen ihren Platz oder unternehmensspezifische Ziele, die von den Führungskräften verwirklicht werden sollen. Bei letzterem stehen dann Alltagsprobleme und ihre Lösung im Vordergrund. Die Seminare prägen hierfür einen bestimmten Arbeitsstil, der sich auszeichnet durch Respekt vor den verschiedenen Sichtweisen und Beiträgen anderer, aber auch durch genaues Zuhören, das produktiv-kritische Fragen zu den zugrunde liegenden Beweggründen der Beiträge erlaubt. Diese Vorgehensweise ist in dem Unternehmen, in dem auch die Seminare durchgeführt wurden, bei der Betreuung einer Projektgruppe zur Lösung aktueller Alltagsprobleme eingesetzt worden. Dabei konnte das Niveau der Konfliktbehandlung erheblich verbessert werden mit spürbar positiver Wirkung auf Kommunikation, Zusammenarbeit und Atmosphäre im Projektteam.

Die für die Förderung und Weiterqualifizierung von Führungskräften erforderliche persönliche Entwicklung benötigt – soll sie nicht dem Zufall überlassen bleiben – ein geeignetes Forum. Mit unserem Seminar haben wir ein Beispiel eines solchen Forums skiziert und auch erläutert, an welche Bedingungen persönliche Entwicklung geknüpft ist. **Beide, sowohl Seminar als auch dieser Artikel, sind ein Plädoyer dafür, dem Nachdenken, Verstehen und Begreifen mehr Beachtung zu schenken.** In vielen Gesprächen mit Führungskräften verschiedener Unternehmen ist uns deutlich geworden, daß häufig in Sitzungen aller Art zuviel geredet wird, ohne daß zuvor zugehört und verstanden wurde. Zwangsläufig wird dann auch zu oft gehandelt, bevor richtig begriffen wurde.

Anmerkungen

[1] Der Begriff „Theater" ist hier nicht salopp oder abfällig gemeint, sondern in bezug auf das Verständnis von Theater und Szene bei J. L. Moreno und H. Petzold (Petzold, 1984).

[2] Norddeutsches Sprichwort: Was dem einen wie eine Eule vorkommt, erlebt der andere als Nachtigall.

Literatur

Luhmann, N. (1973). *Zweckbegriff und Systemrationalität.* Frankfurt/M: Suhrkamp. – **Mead, G.H. (1973).** *Geist, Identität und Gesellschaft.* Frankfurt/M.: Suhrkamp. – **Petzold, H. (1978).** Das Korrespondenzmodell in der Integrativen Agogik. *Integrative Therapie, 1,* 21-58. – **Petzold, H. (1984).** Psychodrama. Die ganze Welt ist eine Bühne. In H. Petzold (Hrsg.), *Wege zum Menschen, Methoden und Persönlichkeiten moderner Psychotherapie* (Bd. 1). Paderborn: Junfermann. – **Pümpin, C. & Prange, J. (1991).** *Management der Unternehmensentwicklung.* Frankfurt/M.: Campus. – **Staehle, W.H. (1991).** *Management* (6. Aufl.). München: Vahlen. – **Watzlawick, P., Beavin, J.H. & Jackson, D.D. (1969).** *Menschliche Kommunikation.* Bern: Huber. – **Womack, J.P., Jones, D.T. & Roos, D. (1991).** *Die zweite Revolution in der Automobilindustrie.* Frankfurt/M.: Campus.

Ulrich Schwalb und Christo Quiske

Die neue Führungsherausforderung –
Bewußtseins- und Persönlichkeitsentwicklung

„Wir sind", so erfuhren die Mitarbeiter eines mittelständischen Zulieferbetriebes der Automobilindustrie aus ihrer Werkszeitschrift, „Belastungen ausgesetzt, die eine **existenzgefährdende Zerreißprobe für das Unternehmen** darstellen". Nach Gründen brauchte man nicht lange zu fragen, die waren offensichtlich.

Patente liefen aus, Produkte mußten neu konzipiert, Prognosen angesichts der flauen Absatzlage korrigiert, Investitionspläne endlich verabschiedet werden. Doch nichts ging mehr. Allzulange hatte die Führungsriege Zeit und Energie darauf verwendet, die veränderten Marktbedingungen zu verdrängen, zu beschönigen, denn man hatte doch all die Jahre vorher mit den etablierten Produkten und Konzepten schwarze Zahlen geschrieben. Über diese Krise würde man auch schon hinweg kommen. Jetzt jedoch machte sich Zukunftsangst und tiefe Resignation breit. Es entwickelte sich immer deutlicher ein **Klima von Rechtfertigung, Schuldzuweisungen**, die Suche nach dem oder den Schuldigen. Die Entwicklungsabteilung stand unter besonderem Druck. Von ihr erwartete man mehr oder weniger offen den „Durchbruch" bei der Bewältigung dieser Krise.

Wichtige Mitarbeiter hatten das Unternehmen schon verlassen, und obwohl schon zahlreiche Neukonstruktionen erdacht worden waren, fehlte immer noch die zündende Idee, die revolutionierende, umfassende und zugleich kostengünstige Problemlösung. Man stand mit dem Kopf vor der Wand.

Eine Situation, die ein **neues Führungsverhalten** erfordert und deren unterschiedliche Ausprägungen die Arbeit in unserer Beratungs- und Seminarpraxis deutlich bestimmt.

Was ist hier passiert?

Schlägt man Broschüren auf, die Firmen zum Anlaß ihrer Jubiläen herausgeben, trifft man immer auf ein Stück Geschichte. Aus ihr lernt man, worauf eine erfolgreiche Unternehmensleitung stets achten mußte, damit sie überleben konnte: Auf den Wandel der Zeit, der Umstände, der Gegebenheiten. Verschlief jemand das „Zeichen der Zeit", das diesen Wandel ankündigte, verschloß er sich dem „Wandel der Auffassung", mißachtete er das „Gebot der Stunde" – so war die Folge immer der Mißerfolg oder Untergang.

Jeder weiß aus Sinnspruch-Wahrheiten, daß nichts beständiger ist als der Wandel, und die großartigen Firmengründer aus der Kinderzeit europäischer Industrialisie-

Die neue Führungsherausforderung – Bewußtseins- und Persönlichkeitsentwicklung 71

rung wußten das genau so gut wie die heutigen: **Wandel ist Naturgesetz.** Nur: Der Unterschied zum heutigen Datum besteht in der unvorstellbaren Akzeleration der Ereignisse. Der Wandel wird nicht mehr als Funktion, darstellbar in einer Kurve, empfunden, sondern als Kurvenschar, als ein Wirbel von Veränderungen. Betroffen davon sind alle Führungskräfte, weil ihre Reaktionen, Einschätzungen und Entscheidungen für das Überleben ihrer Unternehmen von Bedeutung sind. Sie sind Strategen und Architekten, Diagnostiker und Therapeuten zugleich. Sie sind privilegiert.

Privilegien bringen Pflichten, die mit dem Mitmenschen, dem Mitarbeiter zu tun haben. Die Führungskräfte sind aufgefordert, Zeitenwandel zu erkennen und Erkenntnisse auf ihre personelle Umgebung zu übertragen: Normen, Wertvorstellungen und Zielsetzungen sind nicht unumstößlich, sondern stets wandelbar. Das gilt für das Individuum wie für die Gesellschaft. Für alle Bereiche, die der Mensch berührt, so auch für seine Unternehmen, gilt das evolutionäre Gesetz:

Was noch vor kurzem Geltung hatte, kann morgen nachgerade falsch sein!

Dies einzusehen, Wandlungsprozesse zu erkennen, auf sie zu reagieren, sie sogar selbst einzuleiten, ist Aufgabe der Führungskräfte, wenn sie der Sackgasse aus dem Wege gehen wollen. Aber nicht wenige Unternehmen kranken und fürchten, den Herausforderungen schon in der nächsten Zukunft nicht mehr gewachsen zu sein.

Sinkende Leistungsbereitschaft, steigendes Anspruchsniveau, beamtenhaftes Sicherheitsdenken, mangelnde Bereitschaft, Verantwortung und Risiko zu übernehmen, abnehmende Toleranz und Zukunftsangst sind nur einige Punkte aus dem Katalog des Fehlverhaltens, dem moderne Führung begegnen muß! Aber wie?

Eine Inflation neuer Organisations- und Trainingskonzepte ist da. Eine Flut von Ratschlägen und Therapieanweisungen. Laufend werden Marktforschungsmethoden, neue Beurteilungs-, Bewertungs-, Beförderungs- / Belohnungsraster empfohlen, neue Techniken und Verhaltensrezepte konzipiert und ausprobiert.

Die Anstrengungen sind gewaltig, teuer ... und leider häufig nutzlos!

Die Erfahrung unserer Beratungs- und Seminararbeit ist, daß Instrumente und Techniken nur in dem Maße taugen, in dem der einzelne bereit ist, sie engagiert und mit Energie einzusetzen. **Entscheidend für gutes Managen sind** – wie z.B. beim Tennisspiel – **nicht die Techniken, sondern die Einstellung zum „Spiel".** Solange jemand entweder ein reduziertes Selbstwertgefühl („Ich werde das nicht schaffen, ich scheitere ja doch") oder eine zwanghaft neurotische Vorstellung („Ich muß das schaffen") hat, nutzen ihm die besten Techniken nichts. In dem Augenblick, wo einer von der „Spieleinstellung" her ein Erfolgsbewußtsein hat, vermittelt er das automatisch auch seinen Mitarbeitern. Wenn Manager unkreativ erscheinen, verkrampft arbeiten, ewig gestreßt sind, angsterfüllt auf Probleme starren und eine mißgelaunte

Atmosphäre verbreiten, so ist das nach unserer Erkenntnis ein sicheres Anzeichen dafür, daß sie einer problematischen Arbeitsphilosophie anhängen.

Da die Unternehmen von Unternehmenden, also Menschen, leben und durch sie funktionieren und wirtschaften, ist es zweckmäßig, den Einstellungs- und Bewußtseinsstand dieser Menschen stärker als bisher zu berücksichtigen. Die Herausforderung liegt also immer weniger im technisch-ökonomisch- organisatorischen Bereich, auf den traditionell mit Techniken und Verhaltenstrainings reagiert wird. Unsere **Herausforderungen sind zunehmend geistiger, kultureller, kommunikativ-sozialer Natur.** Dort müssen Antworten gesucht und gefunden werden, die für eine zukunftsorientierte Führung von Mitarbeitern relevant sind.

Führung, und damit auch Qualifikation von Mitarbeitern, wird nur dann Erfolgschancen haben, wenn sie in einer werte-orientierten Philosophie wurzelt und Sinnorientierung bietet für das Denken, Fühlen und Handeln der Menschen. Denn Krisen, wo immer sie auftreten, sind allemal auch Sinn- und Orientierungskrisen. Die Führungskräfte, die Strategen und Architekten der Unternehmen, sind aufgerufen, ihren Führungsstil nicht nur an pragmatischen, sondern an ethischen Maßstäben überprüfend zu messen, wenn sie in der Kunst der Menschenführung erfolgreich bleiben wollen.

Techniken alleine sind für die „Katz" und nutzen nichts! Ziele verändern sich ständig, Techniken veraltern, egal welches Gebiet man anschaut. Krise und Wandel sind der Normalzustand. Nur der Mensch bleibt.

Radikales Umdenken ist notwendig!

Wie wird heute Führung verstanden?

Vergegenwärtigen wir uns dazu die Zusammenhänge an folgendem Führungsmodell (Abb.1 nächste Seite):

Zur Erreichung der angestrebten qualitativen und quantitativen Zielvorstellungen bedient man sich bestimmter Instrumente, Techniken, Konzepte. Trotz intensiver Bemühungen, mit gut ausgebildeten Managern den betrieblichen Herausforderungen zu begegnen, wird manche Ziellinie wie beschrieben dennoch nicht überquert. Um herauszufinden, woran das liegt, beschäftigen wir uns einen Moment mit den **klassischen Ansatzpunkten.**

a) Arbeiten auf der Ebene von Visionen und Zielen

Zielorientiert planen und handeln heißt bis heute das rationale Prinzip, das die Kaufleute einst vom preußischen Militärstrategen Clausewitz übernommen haben, der un-

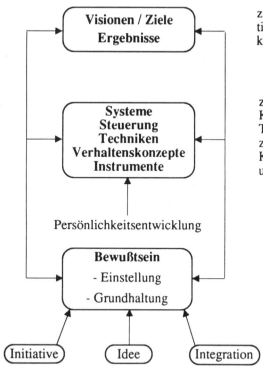

Abbildung 1
Führungsmodell

ter Strategie den „Einsatz der Gefechte für die Zwecke des Krieges" verstand. Doch was fürs Militär richtig sein mag, ist nach unserer Überzeugung im täglichen Konkurrenzkampf eher problematisch. Denn wer verbissen Umsatz-, Gewinn- oder Marktanteilszielen nachjagt, zieht damit wichtige Energien von der Arbeit ab und verkrampft sich in einer Weise, daß er seine Ziele nur mit unnötig hohem Aufwand erreicht oder, eher noch, scheitert. **Wenn jemand nur arbeitet, um ein bestimmtes Ergebnis zu erzielen, dann diskriminiert er damit sein jetziges Tun.** Er betrachtet es als Opfer für künftiges „Glück". Freudlose Opfermentalität paart sich mit Frustration, wenn die Ziele nicht erreicht werden. Dann muß die „aufgeopferte Mühe" als vertan angesehen werden; genauso wie dem ehrgeizigen Tennisspieler die schönsten Spielzüge nichts bringen, wenn er das Match verliert.

Selbst erreichte Ziele aber schützen nicht vor Enttäuschung, soweit die Arbeit dafür als Investition angesehen wird: So viel kann kein Ziel – ob Karriere, ob Geld – wert sein, daß jahrelange „Plackerei" sich dafür lohnt.

Tatsächlich wirkt die Enttäuschung über das erreichte Ziel – Resultat des Mißverhältnisses aus kurzfristiger Befriedigung und zeitlich gestreckter Aufopferung – jedesmal wieder als Auslöser für das Abstecken neuer Ziele. Damit entsteht ein Teufelskreis, der nach unserer Beobachtung häufig zur Flucht in psychosomatische Krankheiten führt oder die Menschen gänzlich unfähig macht, sich an irgendetwas noch zu erfreuen. Besser dran sind da wohl die religiös Gefestigten, die den Himmel ohnehin nicht auf Erden, sondern im Jenseits erwarten ...

Managen wird heute schon als fortschrittlich erlebt, wenn die betrieblichen Ziele vereinbart statt lediglich verkündet werden. Dies allein löst allerdings nicht das Problem.

Schwierigkeiten bereitet der beschriebene konstante Wandel. Zunehmend unsicheren Märkten, höherem Wandlungstempo, größerer Komplexität im Umfeld des Unternehmens werden die meist eng gefaßten Unternehmensziele immer weniger gerecht.

Unsere Erfahrung zeigt, daß sich gekonnt formulierte Unternehmensziele oft genug als leere Worthülsen erweisen, denn das Tagesgeschäft, die Sachzwänge, das Verfolgen der individuellen „Ziele im Unternehmen" stehen im Vordergrund. **Übergreifende Visionen (Context),** die alle Mitarbeiter im Herzen vereinigen könnten, **fehlen zumeist.** Das entsprechende „Wir-Gefühl" auch. Jeder ist letztendlich auf sein eigenes Ziel konzentriert. Wenn es das Ziel ist, daß sich Mitarbeiter mit der Aufgabe identifizieren sollen, stellen Ziele in Form von beispielsweise Marktanteilen oder Umsatzgrößen wenig Faszinierendes oder Erstrebenswertes dar.

Zum anderen braucht es wirkliche Persönlichkeiten, damit gemeinsam getragene Ziele auch tatsächlich realisiert werden. Wie man solche Persönlichkeiten entwickeln kann, darüber wird später noch zu sprechen sein.

b) Arbeiten auf der Ebene von Instrumenten, Werkzeugen, Verhaltenstechniken ...

Hier geht es um die Hilfsmittel zur Zielerreichung. Etwas haben wir uns ja schon kritisch mit dem Glauben an Techniken/Verhaltenskonzepte auseinandergesetzt. Es bleibt festzuhalten, daß **das weitere Auffüllen des reichbestückten Werkzeugkastens** unserer Manager mit zusätzlichen Techniken **allein unsere Probleme nicht lösen wird.** Vielmehr ist es unsere Einstellung zu den Dingen, die unsere Energie bzw. unser Engagement definiert, welches mittelbar über das Verhalten erst bestimmt, zu welchem tatsächlichen Ergebnis es kommt.

Nehmen Sie das Beispiel der Innovation. Die Schwierigkeiten von Managern, wirklich kreativ zu sein, ist ja nicht, daß sie keine neuen Ideen haben; sie können neue Ideen häufig nicht kommunizieren. **Neue Ideen sind immer angstbesetzt.** Manager haben, wie andere Leute auch, ein starkes Bedürfnis nach Sicherheit; sie haben – vom Häuserkauf über Lebensversicherungen bis zu Eheverträgen – ein durchgehendes Programm, sich gegen Risiken abzusichern. Wenn einer nun einigermaßen sicher

Die neue Führungsherausforderung – Bewußtseins- und Persönlichkeitsentwicklung   75

in einer Organisation eingebettet, vielleicht sogar noch im Middle-Management angesiedelt ist, dann gäbe er durch das Vertreten einer neuen Idee so viel an mühsam erworbenen Sicherheitsregionen auf, daß er keinerlei Motivation hat, die neue Idee mit seiner Person zu verbinden. Da helfen auch keine ausgefeilten Kreativitäts- oder Projektmanagementtechniken. Angstmotiviertes Denken, Fühlen und Handeln verhindert häufig, durch „Flops" an interessanten Lernerfahrungen teilzunehmen bzw. im Erfolgsfall die Bestätigung des eigenen Handelns zu erleben. Wenn man im nachhinein problematische Projekte revuepassieren läßt, stellt man oft genug fest, daß die **Ursache für den Mißerfolg in den Menschen liegt, weniger in den Prozessen oder Methoden.** Gute Ideen wurden im Team kritisiert und dann zurückgezogen. Blockierungen bei der Implementation von Konzepten entstehen durch Absicherung und Schuldzuweisungen usw. ...

Die Ansatzpunkte für erfolgreiches Training liegen also tiefer.

Die Einstellung, das Bewußtsein aller in einem Unternehmen arbeitenden Menschen bestimmen ihre Leistungsbereitschaft und Leistungsfähigkeit und damit ihr Handeln. Ihre Handlungen führen über bestimmte Prozesse zu Ergebnissen. Einstellung und Bewußtsein (potentielle Energie) setzen über Handlung zweckmäßige Prozesse in Gang (kinetische Energie), die zu Ergebnissen führen (geleistete Arbeit). **Die Qualität des Bewußtseins, mit dem die Menschen zu ihren Unternehmungen und zu ihrem Unternehmen stehen, entscheidet über Erfolg und Mißerfolg.** Eine negative Einstellung des einzelnen Menschen zu sich und zu anderen, zu seiner Arbeit und zu seinem Unternehmen führt zu negativen Verhaltensweisen, Handlungen und Prozessen. Daraus resultieren negative Ergebnisse.

Jede Strategie, die auf die Verbesserung der Überlebensfähigkeit von Unternehmen zielt, muß auf einer Einstellungs- und Bewußtseins-Entwicklung aller Führungskräfte und Mitarbeiter basieren. Hier liegt der Ansatzpunkt zu jedem quantitativen und qualitativen Wachstum (vgl. Abb. 2). Wenn sich Einstellung und Bewußtsein des einzelnen Menschen in einem Unternehmen positiv entwickeln, dann gewinnt jeder einzelne, und es gewinnt das Unternehmen. Die Entwicklung von Werten bei Mitarbeitern, wie **Selbstverantwortlichkeit, Risikobereitschaft, Identifikation mit der Aufgabe, die Fähigkeit, Konflikte positiv zu nutzen,** gewinnen in unserer Projektarbeit immer größere Bedeutung. Kein Wunder, **wie anders könnten Lean-Konzepte oder die Arbeit in den propagierten flacheren Hierarchien überhaupt funktionieren?**

Wer lernt, sich nicht nur an Tagesergebnissen zu orientieren und erkennt, daß sie aus dem menschlichen Bewußtsein resultieren und ihre Wurzeln tief darin versenkt haben, weiß auch, wo er zu suchen hat: beim Menschen. Allein er bringt Ideen und Visionen hervor, die er planend umsetzt in Ergebnisse/Produkte für den Menschen.

Nicht er muß dem Unternehmen zuliebe eingespannt und kontrolliert werden – vielmehr muß das Unternehmen dafür sorgen, daß ihm ein angemessener Raum für Produktivität bleibt. Wer dieses Potential nutzen will, soll sich fragen, ob sein Verhalten zum Mitarbeiter, seine Einstellung zum Mitmenschen einen Wandel nicht zwingend vorschreiben.

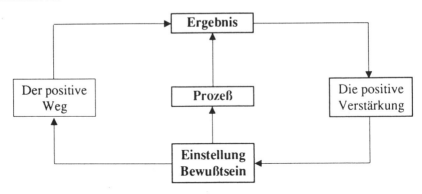

Abbildung 2
Führungsmodell

Ansatzpunkte für das Umdenken in einer Zeit der permanenten Herausforderung:

a. Von der Idee ...

Das Problemscenario:

Das hat gerade noch gefehlt...
Da steckt nun mal der Wurm drin....
Das geht von Haus aus schief......

In vielen Unternehmen werden auftauchende Veränderungen, die unerwartete Probleme und Schwierigkeiten mitbringen, als Krise empfunden. Plötzlich läßt sich keiner der alten „perfekten" Lösungswege beschreiben, und da Perfektionismus als Erfolgsgarant mißverstanden wird, wird das Problem gemieden, verdrängt, verharmlost, beschönigt. Nichts davon trägt zur Lösung bei. Es entsteht ein Klima uneingestandener Panik. **Die Angst vor der Niederlage erzeugt Anspannung, die die Niederlage sozusagen vorprogrammiert**, sie zumindest wahrscheinlicher werden läßt – daraus entsteht wieder Angst usf.: ein circulus vitiosus.

Negative Folgen:

Die Arbeit bleibt liegen, Rat- und Planlosigkeit kosten Zeit, Rechtfertigungs- und Schuldzuweisungsverhalten (ein beliebtes Instrument) ebenso. Die Betriebs- und Organisationsstrukturen seien systembedingt, heißt es, und werden nicht mehr in Frage gestellt.

Zaghaftigkeit oder planlose Hektik sind Reaktionen, keine Aktionen, die zur Problemlösung führen. Die Konzentrationsfähigkeit wird herabgesetzt, weil die nicht angepackte Arbeit als mahnende Qual empfunden wird, die Gedanken absorbiert. Aus Hilflosigkeit und endlicher Resignation entsteht jene Unzufriedenheit, die als versteckte Aggression gegen die eigene Person zu Depression führt. Die stoppt alles.

Der so Reagierende wird zum teuren, weil vermindert effektiven Mitarbeiter. Als Führungskraft setzt er Teile der Organisation außer Betrieb – die Wirtschaftlichkeit sinkt. Bei der Abschätzung eines Risikos wird mit dem Ziel einer einfachen Antwort stets nur das bewährte Instrumentarium der Analyse eingesetzt. Es gelten nur bestehende, eingefahrene Marketing-Praktiken (Schulen). Die Folge: Ähnliche Produkte werden ähnlich vermarktet – **man handelt sich Uniformität, Austauschbarkeit, Profilverlust ein.**

Der notwendige Einstellungswandel

Es muß eine **Umwandlung negativer Einstellungen (Ärger, Wut, Haß) in positive Energie**, d. h. in kreative Aktion zur Problemlösung erreicht werden. Eine Befreiung von Angst, Anspannung, Krampf. Dankbarkeit für die gebotene Übungs- und Bewährungsgelegenheit, Dankbarkeit für einen neuen Innovations-Start. Dies ist intelligente Einstellungsänderung.

Das positiv „angenommene" Problem erzeugt Beglückung direkt aus der Chance des Kräftemessens, aus dem Spaß an der Herausforderung. Die Angst, Fehler zu machen, wird umgemünzt in das Bewußtsein, Fehler als Erfahrung im Haben buchen zu können und sie nicht als Bedrohung zu empfinden.

Das Durchbrechen des Regelkreises: Angst —> Anspannung —> Niederlage —> Angst —> Anspannung usw. führt zur gezielt einsetzbaren Kreativität, zur echten Problemlösung. Wer Vertrauen in sein eigenes Ideen-Potential hat, hat Mut, Initiative, Ausdauer.

Die Tugend der Führungskraft besteht gerade darin, die Probleme aufzudecken, wenn nicht zu schaffen. Sie ist Problemgenerator, die bei den Mitarbeitern wiederum Identifikation und den Willen zur Problemlösung induziert. Es entsteht eine Atmosphäre des Fairplay, wenn auch Mitarbeiter keine Angst vor Fehlern zu haben brauchen, sie also um so eher zugeben, entdecken, zu den Akten legen, statt sie mitzuschleppen. Sie werden ermutigt, haben Vertrauen, sind loyal. Die aus dieser Einstellung resultierenden Handlungsergebnisse sind systematisch, pragmatisch einsetzbar, verwertbar. Die Führungskraft muß Raum schaffen für gelegentliche Fehler und muß imstande sein, Fehlentwicklungen und richtige Wege in angemessener Balance zu halten, als Berater/ Seelsorger zu fungieren. Da Fehler die Quelle der Erfahrung sind, ist der Erfolg programmiert.

Die Ansatzpunkte für Veränderung liegen auf der Ebene von Einstellung und Bewußtsein. Deshalb ist schon seit geraumer Zeit das Ziel unserer Seminar- und Projektarbeit, ein Klima in den Unternehmen zu schaffen, das offen ist für neue Chancen und geprägt ist von der Bereitschaft zu lernen. Es muß klar werden, daß Probleme nicht Hindernisse sind, sondern „Zündfunken", die Energien freisetzen. Schwachpunkte werden somit zur Anregung, den Arbeits- und Herstellungsrahmen in jedem Bereich zu verbessern. Ideen werden zum gemeinsamen Werkzeug, mit dem den sich ständig verändernden Bedingungen innerhalb und außerhalb des Betriebes begegnet werden kann.

Dieses Klima ist nicht über die klassischen, verhaltensorientierten Ansätze zu generieren, sondern bedarf häufig eines extern geförderten Einstellungswandels.

b. Von der persönlichen Initiative ...

Die Idee ist die eine Sache. Sie zu vermitteln, vorzutragen und umzusetzen eine andere. Um einer Idee Gestalt und Richtung zu geben, braucht es Initiative. Die Idee ist zunächst nur die schlummernde Möglichkeit der Veränderung. Initiative ist der Aufbruch. Der erste Schritt auf einer Reise. Die notwendige Veränderung braucht die Idee und die Initiative. Die Idee als Vorstellungskraft und die Initiative als Entschlußkraft, um einen Prozeß in Gang zu setzen.

Wie oft aber kommt es vor, daß Menschen zwar Ideen haben, daraus jedoch keine Initiative entwickeln können? Wir erleben es nur allzu häufig, daß neue Ideen auf eine Wand von Mißtrauen und Ablehnung treffen. Es liegt in der Natur des Menschen, am Alten und scheinbar Bewährten festzuhalten. Gewohntes und Gewohnheiten gibt man nicht so leicht auf. So sind wir wahrscheinlich schon alle einmal auf Ablehnung gestoßen, vielleicht sogar verlacht worden, wenn wir mit einer neuen Idee gekommen sind. „Das geht doch nie! Wie wollen Sie das beweisen? Das bringt doch nichts!" Dies sind typische Sprüche, wie man sie wohl häufig hören kann. Wie aber gehen wir mit Zweifel und Kritik, mit Unoffenheit und Ablehnung um? Geben wir auf und ziehen wir uns zurück, oder haben wir genügend Schwung, Initiative und Durchsetzungsvermögen, die Idee nicht aufzugeben, sondern sie so klar und deutlich zu formulieren und vorzutragen, daß sie Gehör findet und in die Tat umgesetzt werden kann?

Wenn wir zulassen, daß unsere Ideen abgeblockt werden, ohne selbst einzusehen, daß die Idee nicht brauchbar ist, hat das meist unheilvolle Konsequenzen. Für denjenigen, der die Idee hat, wie auch für das ganze Unternehmen. Wir sind enttäuscht, fühlen uns nicht verstanden. Und folgende Grundhaltung schleicht sich ein: „Wenn ihr sowieso alles besser wißt, könnt ihr eure Sachen auch alleine machen!" „Gut,

Die neue Führungsherausforderung – Bewußtseins- und Persönlichkeitsentwicklung 79

dann mach ich eben nur noch meine Arbeit". Wer so reagiert, verliert seine kreative Energie und seine Lust an der täglichen Arbeit. Er macht seinen Dienst nach Vorschrift, entwickelt keine Motivation, fühlt sich fremdbestimmt und ist innerlich unzufrieden. Die Energie, die in die Idee geflossen ist, kehrt sich nun gegen die, die sie abgelehnt haben. Kehrt sich schließlich gegen den verhinderten Ideenproduzenten selbst, indem sich bei ihm Antriebs- und Aussichtslosigkeit einschleichen. Das Team, in dem er arbeitet und damit das Unternehmen, verliert einen wertvollen Mitarbeiter. Schlimmer noch: Er kann zum Störfaktor im Team werden.

Der notwendige Einstellungswandel

In der tatsächlichen Aktion drückt sich Initiative aus. Die eindrucksvollen Gestalten in der Geschichte, die etwas bewegt haben, die großen Entdecker, Erfinder, Unternehmensgründer haben sich dadurch ausgezeichnet, daß sie mit Initiative und Beharrlichkeit gegen alle Widerstände ihre Ideen verfolgt haben. Sie waren in der Lage, andere mit einzubeziehen, sie zu überzeugen und zu motivieren. Ohne Initiative (= Entschlußkraft), Überzeugungskraft und Ausdauer bleibt die beste Idee eben nur eine Idee.

Es muß Mut und Begeisterung entwickelt werden, etwas ändern zu wollen. Nur dann empfinden wir uns nicht als abhängig, manipuliert und dirigiert. Nur dann wird die Arbeitszeit nicht zur Unfreizeit, wird aus Arbeit Mitarbeit.

Andere können uns nur entmutigen, wenn wir es zulassen. Wenn wir selber die Verantwortung für unsere Zufriedenheit, für unseren Erfolg und unsere Erfüllung übernehmen, dann befreien wir uns aus der Fremdbestimmung. Erst die Initiative verwandelt die Idee zur Aktion.

Routine ist ein gefährlicher Ersatz für Einsatz, Begeisterung und Identifikation, da sie Stagnation bedeutet. Der Mitarbeiter muß aus der Distanz der Entfremdung herausgelockt werden. Bei wiederhergestellter Identifikation werden Probleme und Schwierigkeiten nicht als lästige Störung empfunden, sondern als begrüßenswerte Herausforderung und Anreiz, das System aus freien Stücken zu verändern, zu verbessern. Der Streß der Bedrohung fällt weg, Incentives sind nicht mehr wesentlich, sondern angenehmes Nebenprodukt, Problemverschleierungen überflüssig. Das Unternehmen wird wieder zum befriedigenden Lebensraum, das Berufsleben wird dem Privatleben wieder qualitätsadäquat. Die fortdauernde tägliche Spaltung in ein lust- und ein unlustbetontes Dasein wird beseitigt.

Die Identifikation mit der Tätigkeit ist eine Schlüsselfunktion. Es muß eine Rückbesinnung auf die ursprünglich freie Wahl der Tätigkeit, auf die ursprüngliche Einstellung erfolgen. Die Fragestellung nach den Gründen der Unlust: Habe ich mich verändert, haben sich die Aufgaben verändert? Will ich wieder das schöne Gefühl des Enthusiasmus empfinden, und was kann ich tun, um es zu erreichen? Erkenntnis: Der alten Tätigkeit können neue Aspekte abgewonnen werden durch Änderung der eigenen Perspektive (Wiederbelebung), oder die alte Aufgabe muß durch eine neue ersetzt werden (Scheidung). Die wichtigste Erkenntnis ist, daß es nicht so weitergeht, daß die „Unerträglichkeit" sich auch in die vermeintlich gesicherten privaten Bereiche hineinfrißt, also auch diese Positionen einmal verlorengehen.

Identifikation ist die Wurzel der Begeisterung. Beide erzeugen auf direktem Weg Beglückung durch das Erlebnis der Selbstverwirklichung. Aus der Hingabe an die Sache entsteht auch Team-Geist mit den positiv empfundenen Aspekten der gegenseitigen Unterstützung, Offenheit, der gemeinsamen Kreativität ... Gedanken werden zusammen-gedacht (Ideen-Durchlässigkeit). Die Aufgabe der Führungskraft ist es, möglichst durch Vorbild die verschütteten Wege zur Identifikation auch bei den Mitarbeitern wieder freizulegen. Sie muß versuchen, das Bewußtsein zu re-orientieren.

Arbeitsplatz- oder Tätigkeitsänderung, ergonomische oder organisatorische Änderungen führen gezielt aus der Entfremdung heraus, geben neue dauerhafte Impulse. Damit sind sie in jedem Fall wirtschaftlich effektiver als alles Zuckerbrot. Wird der Mitarbeiter am Prozeß der Änderung beteiligt (Bewußtsein der Wahlfreiheit und Selbstverantwortlichkeit), wird der Erfolg nachhaltig sein. Planungs- und Kontrollsystem werden zukünftig nicht als autoritäre Überwachung, sondern als gute Hilfsmittel positiv angenommen, alle Führung als notwendige Koordination eingestuft. Das Arbeitsergebnis (Produkt) selbst gewinnt an Qualität und Marktchance, weil es nicht länger nur ein „Erzeugnis" ist, sondern eine lebendige Ware, an der fortwährend mit Hingabe gearbeitet wird.

c. Von der Integration der Idee in die Organisation ...

In der Integration erfüllt sich die Idee. Integration macht die Idee erst zur Tatsache. **Integration ist die Bereitschaft aller, Veränderungen zuzulassen und tatkräftig zu unterstützen. Integration ist die Offenheit aller für einen ständigen Dialog.** Im Dialog versichern wir uns der Unterstützung aller Beteiligten, wenn es um Entscheidungen geht, die unsere gemeinsame Wirklichkeit betreffen. Das partnerschaftliche Gespräch, das Gefühl des „Wir" und des „Gemeinsamen Gewinnens", der Dialog ist die einzig denkbare Möglichkeit, neue Konzepte, Ideen, Verfahren, Produkte erfolgreich zu entwickeln und zu realisieren. Dialog heißt auch nachzugeben und einmal getroffene Entscheidungen loyal mitzutragen. Dialog kann nicht befohlen oder erzwungen werden. Er steht und fällt mit dem guten Willen eines jeden Beteiligten. Dialog erfordert Offenheit, Gesprächsbereitschaft und Lernfähigkeit. Dialog bedeutet auch, die Schwächen des anderen in dem Maße zu akzeptieren, wie wir selber auch in unseren Schwächen akzeptiert werden wollen. Denn jeder hat seine Stärken und Schwächen, Tugenden und schlechte Gewohnheiten, Talente und unterschiedliche Temperamente.

In der Theorie weiß dies jeder. In der Praxis es aber zu leben, ist eine tägliche Herausforderung.

Problemscenario –

oder wie finde ich von der Egozentrik zur Integration/Kooperation

Am Ende überlebt der mit Ellbogen ...
Trauen Sie niemand ...
Wenn wir nicht, dann die anderen ...

Daß „am Ende" nur der Egoist überlebensfähig sei, ist einer der Sprüche, die in vielen Pausengesprächen im Schwange sind und nicht wenige verweisen seufzend auf das traumatische (Schein-)Beispiel Japan. Der Ausdruck „am Ende" entlarvt Irrtum und Widerspruch. Von welchem Ende ist denn die Rede, wo doch alle wollen, daß es gut weitergeht, daß man es gar „überlebt"?

Viele glauben, daß es um so besser um ein Unternehmen bestellt sei, je mehr Egozentriker zur Besatzung zählen. Leute, die sich um andere kümmern, werden mitunter als schwach, anlehnungsbedürftig, weich diffamiert, als ob das etwas Unanständiges sei. Daß man „damit leben" müsse, ist die verächtliche Umschreibung des Egozentrikers für das Urteil über Mitmenschen, gefällt aus seiner „die Welt ist ein Jammertal"-Perspektive.

Egozentrik führt geradlinig zu antikommunikativem Verhalten. Es entsteht Undurchlässigkeit: Konflikte werden nicht mehr aufgedeckt, analysiert und gelöst, sondern gehören zum Besitzstand, der im Tresor steckt. Dort aber werden sie nie gelöst. Der Egozentriker schafft sich in kurzer Zeit eine Welt von dauerhaften Gegnern. Sie werden ihn treu begleiten. Das genügt vollauf für die Energiebindung in endlos-freudlosen Krampf- und Kampftagen, die unter Anklagen, Rechtfertigungen, Schuldzuweisungen und Selbstmitleid hingebracht werden. Mitarbeiter, die sich unverstanden fühlen, wenden sich ab, die soziale Vereinsamung ist da. Aus Schmollen wird endlich Resignation – aus dem scheinbar Unanfechtbaren wird der under-dog.

Die Talente des Egozentrikers werden niemals ausreichen, um das Defizit für das Unternehmen auszugleichen, das aus dem Verlust an kooperativer Kreativität erwächst. Selbst das Genie kann die Energie nicht regenerieren, die es für die Organisation seiner Flucht vor den Mitmenschen braucht. Die Folge: verminderte Effizienz und Wirtschaftlichkeit. Denn: Auch Personalkämpfe kosten bares Geld.

Der notwendige Einstellungswandel

Ziel muß die klare Erkenntnis sein: **Kooperation allein führt zu befriedigendem Arbeitsklima, schafft die bestmöglichen Arbeitsvoraussetzungen.** An die Stelle der „einsamen Entscheidung" muß das „Hinhören" treten, die stete Bereitschaft, auch Argumente zu erwägen, die einem völlig fremd sind (Energienutzung). Klare Erkenntnis: Ich bin weder allein auf der Welt noch bin ich Pächter aller Weisheit. Es ist wichtig, in Kategorien des Teamgeistes, des Fairplay nach innen (Unternehmen) und außen (Kunden) zu denken.

Es gilt, sich klarzumachen, daß auch die geringste, versteckteste, eben noch wahrnehmbare Neigung zur Menschenverachtung aufgegeben werden muß. Nicht der Egozentrismus sichert uns ab, sondern die Kooperation. Kooperation und der Dialog mit dem Mitmenschen setzt auch den guten Umgang mit sich selbst voraus. Man muß nicht nur die anderen akzeptieren, sondern auch sich selber – mit allen angeborenen Stärken und Schwächen. Achtung vor Person und Würde, das Einhalten von respektvoller Distanz, das Akzeptieren der ambivalenten Natur des Mitmenschen, die positive Anerkennung seiner Schattenseiten und der Tatsache, daß er nur anders ist, beschreiben liebevolles Verhalten. Dies allein ermöglicht Kooperation, die nicht ein Merkmal der Schwäche, sondern Ausdruck höchster Intelligenz ist.

Es ist unmöglich, im Umgang mit Menschen erfolgreich zu sein, wenn man ihr Sosein nicht akzeptiert, nicht die Tatsache hinnimmt, daß sie keine vollkommenen Wesen sind, sondern mit Stärken und Schwächen, Tugenden und Lastern, guten und schlechten Gewohnheiten, Talenten, Temperamenten und Unfähigkeiten ausgestattet sind. Theoretisch wird das bejaht – jeder hat davon gehört. In der Praxis erweist sich aber, daß wir geneigt sind, auf eine „Berechenbarkeit" des Mitmenschen zu hoffen – ganz einfach deshalb, weil wir es dann leichter haben. Die Bequemlichkeit ist es, die uns diejenigen vorziehen läßt, die „kalkulierbar" zu sein scheinen. Andere gelten als „schwierig", „kompliziert" oder „unmöglich". Ein guter Pragmatiker blickt weiter und wird immer flexibel bleiben, aufmerksam sein, „alles für möglich halten". Er wird den Mitarbeiter nicht bloß als „Experten in Sachen X" betrachten, sondern als den „ganzen Menschen" mit unverwechselbaren, exklusiven Eigenschaften. Nur dann kann ihm die exzellente Führungskraft praktisch-methodisch richtige, d.h. ihm gemäße, Aufgaben zuteilen. Und etwa mit Ergebnissen rechnen, die sie sich vorgestellt, prognostiziert hat. Sie darf mit weniger Enttäuschung rechnen und wird feststellen, daß ethisch richtiges Verhalten gleichbedeutend mit Effizienz ist. Übrigens auch mit Freude.

Die Qualität von Einstellungen und Bewußtsein, mit denen Menschen zu ihrem Unternehmen stehen, entscheidet immer mehr über Erfolg und Mißerfolg. Führungskräfte sind mit neuen Herausforderungen konfrontiert, die im kommunikativ-sozialen Bereich liegen. In unserer Seminar- und Projektarbeit zeigt sich immer deutlicher, daß die von uns hier gelegten Schwerpunkte die Basis für alle Aktivitäten auf der Verhaltensebene darstellen.

Wir versuchen, dem einzelnen und dem Team Antworten auf Fragen erfahrbar zu machen, die etwa lauten könnten:

- Wie entstehen meine Probleme tatsächlich? Warum funktionieren meine Strategien nicht, um sie zu lösen?
- Warum schiebe ich unerledigte Handlungen, dringende Gespräche immer wieder auf? Wie kann ich mich von solchen Blockaden oder Barrieren freimachen?

Die neue Führungsherausforderung – Bewußtseins- und Persönlichkeitsentwicklung   83

- Welche Wege muß ich einschlagen, um mein eigenes bzw. das Potential anderer voll zur Entfaltung zu bringen?
- Wie führe ich sogenannte Durchschnittsarbeiter auf den Weg exzellenter beruflicher Entwicklung?

Über die Erarbeitung von Regeln und Prinzipien erfolgreichen Handelns u.a. auf der Basis von Selbstverantwortlichkeit, Wahlfreiheit, Risikobereitschaft, Energie und dem Bewußtsein der eigenen Schöpferkraft erreichen wir, daß

- wieder Freude und Begeisterung in der Arbeit entstehen und dadurch Leistung und Arbeitsqualität ansteigen;
- ein Klima von Offenheit, Vertrauen und Ehrlichkeit herrscht, die Mitarbeiter wieder Selbstbestätigung in der Berufsarbeit finden;
- endlose Rechtfertigungen, Schuldzuweisungen bei Problemen und Konflikten sowie der damit verbundene Zeit- und Geldverlust entfallen;
- sich bei den Mitarbeitern wieder das Gefühl einstellt, stolz auf ihre Leistung, ihre Produkte und ihr Unternehmen zu sein;
- über materielle Anreizsysteme hinaus Wege zu mehr Selbstmotivation, Selbstorganisation und Selbstkontrolle gefunden werden. Es soll Begeisterung für die Arbeit an sich wieder gefunden werden;
- Interessen des Unternehmens nicht mehr als Konflikt mit persönlichen Bedürfnissen und Werten erlebt werden;
- Innovation und kreatives Problemlösen ein selbstverständlicher Bestandteil der Arbeit werden, wodurch die Aktivität und Schlagkraft des Unternehmens gesteigert werden.

Unternehmensleitung bedeutet aus unserer Sicht immer mehr, entsprechende Herausforderungen als Führungsaufgabe zu verstehen. Ideen, Initiative und die Fähigkeit zur Integration zu fördern und zu fordern.

Literatur

Adriani, B., Cornelius, R. & Wetz, R. (1989). *Hurra, ein Problem! – Kreative Lösungen im Team.* Wiesbaden: Gabler. – **Berth, R.** (1990). *Visionäres Management.* Düsseldorf: Econ. – **Birkenbihl, V.** (1991). *Kommunikation für Könner schnell trainiert.* München: mvg. – **Brommer, U.** (1990). *Innovation und Kreativität im Unternehmen – Erfolg durch neues Denken.* Stuttgart: Deutscher Sparkassenverlag. – **Kabat-Zinn, J.** (1990). *Full catastrophe living.* Bern: Scherz. – **Quiske, C., Skirl, S. & Spiess, G.** (1982). *Arbeit im Team – Kreative Lösungen durch humane Arbeitsformen.* Reinbek: Rowohlt. – **Smothermon, R.** (1986). *Winning through enlightment.* Bielefeld: Context. – **Willis, H. & Rheingold, H.** (1989). *Die Kunst kreativ zu sein.* Bern: Scherz.

Thomas Steinert

Wachstumsorientiert Führen

1. Einführung

Nehmen Sie sich vor dem Lesen bitte eine Minute Zeit zur eigenen Standortbestimmung, und beantworten Sie sich dabei eine der folgenden Fragen:

- Wie, über welche Stufen haben Sie sich als Führungskraft entwickelt, und was haben Führungstrainings dazu beigetragen?
- Was hören Sie von Teilnehmern, die aus Führungstrainings kommen?
- Wenn Sie selbst ein Führungstraining in Auftrag geben oder eigene Mitarbeiter dorthin einladen, was wollen Sie bei den Teilnehmern damit erreichen?

Führungstrainings sollen einen Beitrag zur Unternehmensentwicklung leisten, d.h. daß sie die Menschen auf aktuelle und langfristig notwendige Veränderungen vorbereiten. Die Ausgangslage für viele Entscheidungen hat sich verändert. Für viele Unternehmen stellt sich die Aufgabe, mit Preisverfall und drastischen Marktveränderungen umzugehen. Der daraus resultierende Kostendruck ist enorm. Gleichzeitig ist ein flexibleres Handeln am Markt gefordert, und die Führungskräfte sollen in dezentralen Organisationseinheiten effektiver und kundennäher operieren und kooperieren.

Manche Führungskräfte nehmen dies als Herausforderung an, andere erleben sich eher als Betroffene, die „besser könnten, wenn es anders wäre". Dieser Text soll dazu beitragen, daß notwendige Veränderungen in Unternehmen weniger drückend erlebt bzw. im besseren Fall, „halt abgearbeitet" werden. Basis dafür ist ein erlebbarer (psychologischer) Vertrag, der zur Neuentscheidung von Führungskräften führt (Kottwitz, 1980). Ich werde beschreiben, wie ein Klima des Wachstums durch verzahnte Förderkonzeptionen für Menschen, Teams und die Organisation als Ganzes entsteht. Die Arbeitszeitinvestition in die kluge Verzahnung und in das Lebendighalten ist die ergebnissicherste Top-Führungsaufgabe. **Der gemeinsame Nenner dieser Verzahnungen ist Wachstum**, und es ist **Veränderungsmanagement**.

Wachstum ist attraktiv, wenn es dem einzelnen aktivierende Orientierung und Richtungweisung gibt. Denn diese Orientierung gewinnen Mitarbeiter und Führungskräfte heute immer weniger aus der Kontinuität ihres Handelns. Sie selbst müssen, vom unteren Management angefangen bis zur Spitze, interne Veränderungen managen. Die Qualität der Richtungweisung aus dem leitenden Management wird im Unternehmen daran gemessen, welchen Beitrag diese dazu leistet, das Management der externen Veränderungen zu verbessern. Die zentrale Herausforderung, die für Ihr Unternehmen daraus erwächst, ist eine **neue Qualität im Veränderungsmanagement**.

Über Visionen und Szenarien haben Unternehmen die Qualität ihres Problembewußtseins gesteigert und davon z.B. neue Marktstrategien und den Einsatz von Schrittmachertechnologien abgeleitet. Über klug gewählte Ansatzpunkte wurden Entwicklungsprozesse (oft unter dem Stichwort Organisationsentwicklung (OE)) durchgeführt, die die Menschen auf zukünftige Veränderungen vorbereiten, indem diese in Entscheidungsprozesse einbezogen wurden. Beide Ansätze bleiben wichtig. Dieses Spezialistenwissen über die Weiterentwicklung der Führung und der Zusammenarbeit sollte in Unternehmen so weit verbreitet sein, daß auf dieses Know-How ebenso sicher als interne Ressource zurückgegriffen werden kann, wie auf das Fachwissen ihrer Mitarbeiter.

Hier beginnt für Ihr Unternehmen die neue Herausforderung, einen **kontinuierlichen Verbesserungsprozeß** einzuleiten. Ich möchte notwendige Inhalte dieser Gestaltungsaufgabe beschreiben und Ihnen dazu Antworten auf zwei Fragen geben:

- Wie können Sie Ihre qualifizierten Mitarbeiter durch spezielle Inhalte von Führungstrainings so fördern, daß diese als Führungskräfte mehrheitlich eine Ausstrahlungskraft entwickeln, die andere vorwärts zieht, Orientierung und Richtungweisung gibt?
- Wie können Sie Ihr Unternehmen durch spezielle Entwicklungsprozesse kontinuierlich bewegen und dadurch Entwicklung attraktiv machen (statt Veränderungen erträglich zu machen)?

Der „rote Faden" dieses Beitrags ist der Entwicklungsweg, den eine Führungskraft als Person und Manager durchlebt, und sind einige Antworten auf die Frage, wie Führungstrainings das Wachstum durch **Lernen an der Herausforderung** fördern können. Ein weiterer Akzent wird die Einbettung von Trainings in Entwicklungsprozesse des Unternehmens sein.

2. Das Führungstraining muß zum aktuellen Entwicklungsbedarf des Mitarbeiters passen

Führungskräfte wollen fachliches und persönliches Wachstum verbinden. Dazu brauchen sie eine klare verständliche Vision des Miteinanders (Wohin, Wozu?), die für sie persönlich attraktiv ist, und sie brauchen konkretes und praktisches Handwerkszeug für ihr Tun (Wie, Was?). Dieser Entwicklungsprozeß hat dann einen integrativen und förderlichen Charakter, wenn die Führungskräfte ihren persönlichen Entwicklungsprozeß im Zusammenhang mit dem Veränderungs- und Wachstumsprozeß des Unternehmens erleben und verstehen können. Folgende **Schlüsselkompetenzen** werden dabei auf den verschiedenen Ebenen in unterschiedlichem Maße notwendig (siehe Abb. 1):

Den ersten wichtigen Karriereschritt macht der Mitarbeiter, wenn er in eine Gruppenleitungs- oder Meisteraufgabe hineinwächst. Er ist der **„Beste in der Sache"**, und mit diesem Karriereschritt wird er dafür belohnt. Seine wichtigste Frage ist zur Zeit: **„Was ist zu tun?"**, und daran orientiert sich sein **Qualifikationsprofil**:

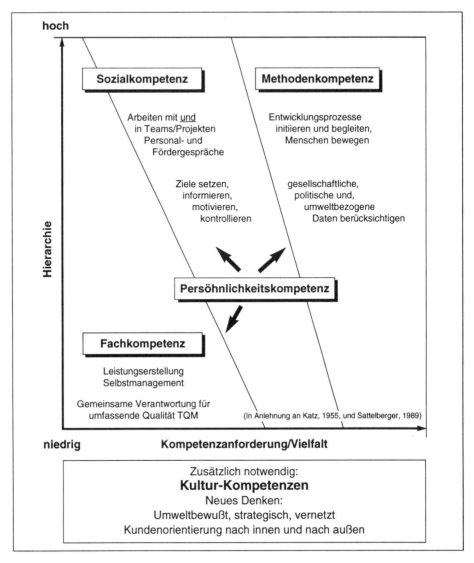

Abbildung 1
Schlüsselqualifikation vorrangig fördern
(In Anlehnung an Katz, 1955, und Sattelberger, 1989)

Der Beste in der Sache:	Fachkompetenz	60%
	Sozialkompetenz	25%
	Methodenkompetenz	15% [1]

Erfüllt eine Führungskraft diese Aufgaben langfristig integrativ und produktiv, dann ist sie diejenige, die für den nächsten wichtigen Karriereschritt in Frage kommt. Sie wird Abteilungsleiter.[2] Dies bedeutet einen großen inneren Umschwung (Identifikationswechsel). Konnte sie sich bisher darauf stützen, mit viel Fachautorität die Dinge „im Griff zu haben", so kommt sie jetzt grundsätzlich in eine ganz andere Aufgabenrolle. Sie ist jetzt „**Gärtner ihres Teams**" und „**Team-Chef**", und ihre wichtige Frage lautet jetzt „**Wie führe ich (meine Fachkönner zusammen)?**" Das gezeigte und genutzte Qualifikationsprofil sieht hier bereits deutlich anders aus:

Gärtner des eigenen Teams:	Fachkompetenz	30%
	Sozialkompetenz	50%
	Methodenkompetenz	20% [1]

Die Abbildung 2 soll den persönlich-organisatorischen Wachstumsprozeß verdeutlichen:

Bewähren sich Führungskräfte in dieser Rolle des Verbindens von Aktivitäten, des Integrierens von unterschiedlichen Interessen und des Aushandelns von Lösungen, kommen sie möglicherweise für den nächsten großen Karriereschritt in Frage (dazwischen liegen natürlich jeweils Jahre). Auf der Ebene der Hauptabteilung, der Bereichsleitung und des Vorstandes werden sie gebraucht als **Neulandbejaher, Feuerwache, aber auch als Begrenzer und Radar.** Ihre wichtigen Fragen lauten:

*   „**Wohin (entwickeln wir das Unternehmen?)**" bzw.
*   „**Wozu? Welcher Sinn (unternehmerisch und zunehmend mehr im Sinn von gesellschaftlicher Verantwortung) liegt in diesem Tun?**"

Diese Personen werden von den Mitarbeitern immer weniger persönlich erlebt. Sie sind öffentliche Personen, und ihr Qualifikationsprofil fordert sehr Spezifisches von ihnen:

Neulandbejaher,	Fachkompetenz	max. 5%
Feuerwache, Radar,	Sozialkompetenz	40%, und sie benötigen um so mehr
Begrenzer:	Methodenkompetenz	55% [1]

Ich möchte die bewußt plakativ gewählten Begriffe durch Fragen charakterisieren, um ihren symbolischen Bedeutungsgehalt [3] herauszuarbeiten:

Radar:	• Welche zukünftigen Entwicklungen werden an uns neue Herausforderungen stellen?
Neulandbejaher:	• Mit welchen zukünftigen Geschäftsaktivitäten werden wir erfolgreich sein?
	• Welche neuen Technologien/Organisationsformen führen uns vor an?
Feuerwache:	• Welche Probleme werden wesentliche Erfolgsfundamente gefährden?
	• Wie können wir einzelne kritische Situationen in den Griff kriegen?

Begrenzer: • Welches Team im Unternehmen sollten wir aufgeben, so nicht fortführen?

Verzahnung der Personalentwicklung im Unternehmen

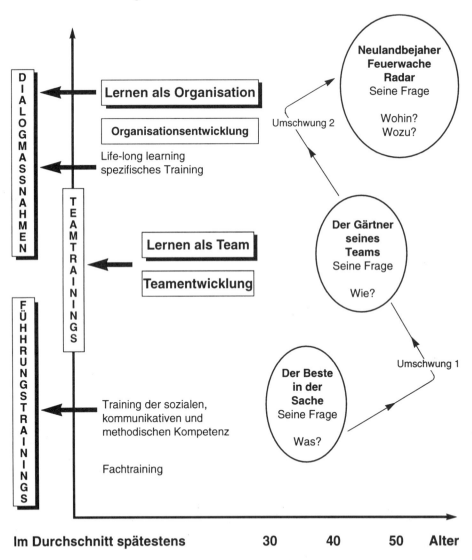

Abbildung 2
Persönliches Wachstum als Führungskraft und Aufgaben der Personalentwicklung
(In Anlehnung an V. Lenhardt, persönliche Mitteilung)

Wachstumsorientiert Führen

Tabelle 1
Themenschwerpunkte in Führungstrainings

Entwicklungsphase		
Schwerpunkt	1. Identifikations-Wechsel z.B.	2. Identifikations-Wechsel z.B.
Förderung der Führungspersönlichkeit (Persönlichkeitskompetenz)	– Kommunikation – effektive Führungsrollen – Authentizität – Lebensposition	– Weiterentwicklung der persönlichen Stärken – Arbeit am eigenen „Schatten"
Sozial-und Methodenkompetenz	– Integration von neuen Anforderungen in das Team – Konfliktlösungen – Lernen im Team	– das große A-B-C – Teamentwicklung – Prozeßgestaltungswissen

Auf dem Weg zu dieser leitenden Führungsaufgabe müssen die Führungskräfte einen zweiten inneren Umschwung bewältigen. Bisher war es ihre Aufgabe, ihr Team zu führen und zu stützen und diesem Team ein erlebbarer Förderer zu sein. Jetzt können sie ihre Richtungs- und Führungsentscheidungen nur noch zum Teil aus dem konkreten Tun nach innen ableiten. Ihre Aufgabe ist jetzt, durch ihr Führungshandeln beim Problemlösen zwischen inneren, unternehmensinternen Anforderungen und Möglichkeiten einerseits und dem Umfeld (Markt/Technologie) andererseits erfolgreich zu sein.

Aus dieser zuvor beschriebenen (notwendigen) Entwicklungslinie einer Führungskraft (Was? —> Wie? —> Wohin?) leiten wir in unserem Beratungsinstitut unterschiedliche Varianten für Führungstrainings ab.

3. Themenschwerpunkte in Führungstrainings

Ein übergreifendes Ziel von Führungstrainings ist es, den Teilnehmern die Gelegenheit zu geben, sich mit ihrer Rolle, ihrer Persönlichkeit und den damit verbundenen Grundhaltungen zu sich und zu anderen auseinanderzusetzen. Sie sollen ausloten können, welche Konsequenzen dies für ihren Führungsalltag und die Problemlösungsqualität hat. Wie ausgeprägt dieser Trainingsinhalt sein soll, ist eine wichtige Richtungsentscheidung, die die Personalverantwortlichen und Entscheider über Führungstrainings treffen müssen.

Trainingsschwerpunkte

Schwerpunkt 1: Führungstrainings zur Stärkung der Führungspersönlichkeit
Mit diesem Trainingsschwerpunkt geht es darum, den Führungskräften die Gelegenheit zu geben, sich selbst ganz in den Mittelpunkt zu stellen und zu erkennen, welche eigenen Werte und Grundhaltungen sie in die Situation einbringen und dort zu befriedigen versuchen. Folgende Fragen stehen dann im Mittelpunkt:
• Mit welchen Werten führe ich?
• Welche Anerkennung gebe ich mir und anderen?
• Welche produktiven und unproduktiven Führungsrollen nehme ich ein?
• Welche Auswirkungen hat dies auf die Gruppe, die ich leite?
• Welches konkrete Tun folgt für mich daraus?

Schwerpunkt 2: Förderung der Sozial- und der Methodenkompetenz
In dieser Trainingsform geht es zentral darum, die Führungskräfte mit den neuen Anforderungen der Unternehmenssituation an ihr Führungshandeln intensiv in Kontakt zu bringen. Sie erhalten die Gelegenheit, sich auf neue Schlüsselqualifikationen hin auszurichten, um neue Aufgaben effektiver anzugehen:
• Problemlösung in Teams [4)]
• Problemlösung zwischen Teams
• Gelungene Projektarbeit [5)]
• Führen von Mitarbeiter- und speziell Fördergesprächen
• Verbesserte Potentialerkennung

Der zweite Identifikationswechsel (vom „Gärtner" zum Unternehmensführer) sollte unseres Erachtens eindeutig mehr durch Lernkonzepte begleitet werden, die den Titel **„learning on the job – learning by doing"** wirklich verdienen. Bei diesen Lernformen steht jetzt nicht mehr nur das Lernen im Team im Vordergrund (Fatzer, 1990), sondern das gemeinsame Erfassen, welche Veränderungen zwischen den Organisationseinheiten vor sich gehen und beabsichtigt sind. Diese Auseinandersetzung mit dem bewußten und gewollten Wandel in den institutionellen Beziehungen bezeichnen wir als **Lernen der Organisation**. Als Lernrahmen bieten sich hier verschiedene **Dialogmaßnahmen** (Sattelberger, 1989) an, in denen Antworten auf die wichtigen Fragen „Wohin" und „Wozu" (als strategische Visionen) vorgestellt und diskutiert werden können (Einbindung der Führungskräfte in den Entwicklungsprozeß). Die Teamchefs setzen sich im Dialog mit ihren Unternehmensführern damit auseinander, welche Folgerungen sich für das **„Wie"** (Was) daraus ableiten lassen.

Aus der Verzahnung von Trainings- und Dialogmaßnahmen erwächst dann die gewollte Verbindung zwischen individuellem Wachstum sowie Lernen und dem unternehmerischen, ergebnisorientierten Entwicklungsprozeß. Die Einbeziehung möglichst vieler in einen Prozeß des (Mit-) Erlebens und Verstehens führt zu einer hohen integrativen Kraft des Wollens und Tuns. Dies ist gelungenes Veränderungsmanagement.

In dieser gelungenen Verzahnung liegt die große neue Herausforderung an alle Fachleute der Personalarbeit, der Personalentwicklung und der Organisationsentwicklung, die hier einen ganz wesentlichen Beitrag zur **Unternehmensentwicklung** leisten können.

Die Aufgabe einer **situationsgerechten Förderkonzeption** besteht darin, aus den persönlichen und situativen Vorgaben den richtigen Angebotsmix abzuleiten. Insbesondere ist Wert darauf zu legen, daß sich jeder Teilnehmer auch persönlich **in seiner Situation** angesprochen fühlt. **Es kommt darauf an, die Teilnehmer in diesem Entwicklungsprozeß dort abzuholen, wo diese stehen.**

So gelingt es, einen Lernprozeß zu initiieren, der die ganze Person anspricht:

KOPF: Das Training muß das Denken des Mitarbeiters stimulieren und Führungswissen (bezogen auf die jeweilige Führungssituation Was-Wie-Wohin) vermitteln.

HERZ: Das Training muß die Einstellungen des Teilnehmers sich selbst gegenüber und zu den Mitarbeitern und seiner Aufgabe berühren, seine Gefühle ansprechen und diese weiterentwickeln und auch seine Werthaltungen mit einbeziehen.

HAND: Das Training muß die realen Umsetzungsbedingungen des Gelernten berücksichtigen. In einem klassischen Training sind es Fallbeispiele und Rollenspiele, die die Teilnehmer auf den Übersetzungsprozeß (Transfer) der neu erworbenen Fertigkeiten in die Praxis vorbereiten. Mit ausgewählten Planspielen und 2-Stufen-Rollenspielen werden auch die verschiedenen sozialen Nebenfolgen von Entscheidungen (z.B. neue, direkt zuarbeitende Kollegen) im Training bewußt gemacht.

4. Das Handwerkszeug muß integrative Kräfte beim Führen freisetzen (ausgewählte Inhalte von Führungstrainings)

4.1 Management by Objectives (MbO)

Als ganzheitlicher Prozeß gehört MbO heute zum fast selbstverständlichen Know-How jeder Führungsarbeit. Entsprechend der Verbreitung ist MbO in den letzten Jahren perfektioniert worden. Die Zielsetzungstechnik befindet sich auf einem hohen Entwicklungsstandard. Das Zielsetzungsverhalten, d.h. die emotional-kulturelle Seite der Zielsetzung ist jedoch noch nicht in gleichem Maße entwickelt.

Defizite beobachten wir im Umgang mit drei Aspekten des Prozesses der Zielvereinbarung:
– Koordination der Ziele,
– Identifikation mit dem Ziel,
– Konflikte aus sich widersprechenden Zielvorgaben.

Diese Defizite ergeben sich aus zu gradlinigen Zielvereinbarungen, die zuviel mit dem Kopf (Wenn der Plan gedacht ist, ist dieser schon umgesetzt: „Warum dauert das denn so lange?") und zu wenig mit dem Herzen geschrieben werden, wenn sie errungen wurden. Ziele können mit dem Herzblut der Menschen (Führungskräfte und Mitarbeiter) durch einen intensiven Dialog errungen werden. Dann stehen sie nicht auf dem Papier allein. Sie sind emotional positiv besetzt. Erst jetzt wirken sie als Motoren! Häufig werden Ziele jedoch als Druckmittel, oft abgeleitet aus einem Sachzwang, eingesetzt. Sie werden so als scheinbar sachneutrales Dogma diktiert, wobei sich die Führungskraft hinter der Sache verstecken kann.

Zur Teamchefaufgabe gehört es, das Ziel nicht einfach mit Kommentar zu überreichen, sondern in das innere Weltbild des Mitarbeiters einzupflanzen (siehe dazu auch Müri, 1990; Francis & Young, 1989). Ein Führungstraining, das diesen oben beschriebenen Vereinbarungsprozeß beinhaltet, bietet dem Teilnehmer durch Lernen an den mitgebrachten Praxisfällen vielfältige Angebote, die Welt des Gesprächspartners quasi durch seine Augen und Ohren zu erfahren. So entsteht eine spezielle Form der Sozialkompetenz, die integrative Lösungen u.a. aus den Werten, den Gedankenmodellen, den Gefühlen und dem Nachdenken des Gesprächspartners schöpft. Es kann z.B. sehr gut trainiert werden, die richtigen Fragen zu stellen = **Fragetechnik**, intensiv zuzuhören und zu verstehen = **Aktives Zuhören**, dem Gesprächspartner die persönlichen Motive mitzuteilen = **Transparentmachen**. Dies ist der individuelle Aspekt des **Veränderungsmanagements**. Den unternehmensweiten Aspekt des Veränderungsmanagements charakterisiert die Frage: Wie können sich ganze Geschäftsbereiche mit einer hohen emotionalen Qualität auf neue Ziele ausrichten?

4.2 Das große A-B-C als Unternehmensführer symbolisch kommunizieren

Dies erfordert zuallererst die Bereitschaft der leitenden Führungskräfte in der Unternehmensspitze zum intensiven Dialog über die Unternehmensziele und der Beantwortung der Fragen Wohin? und Wozu? (siehe Abb. 1). Damit dies für möglichst viele konkret erfahrbar ist, braucht es eine Folge von Veranstaltungen, in denen Raum ist für Auseinandersetzung (Steuerkreise, Skip-Level-Meetings, spezielle Workshops, Projektteamtreffen usw.). Diese Auswahl zu treffen und eine passende Dramaturgie dafür zu entwickeln ist gelebte Methodenkompetenz (Abb.2). Die Unternehmen brauchen zunehmend mehr Vorstände und Bereichsleitungen, die sich zu diesen sinngebenden Dialogzielen bekennen. Unsere Erfahrung ist, daß Führungskräfte nicht motiviert zu werden brauchen, sondern daß es darauf ankommt, Bedingungen herzustellen, in denen sich Führungskräfte und Mitarbeiter entscheiden, eine Aufgabe innerlich anzunehmen (Lumma, 1982). Unternehmensführer schaffen dafür die emotionalen Voraussetzungen mit dem großen **A-B-C**:

• **Akzeptanz**   • **Berührung**   • **Commitment**

Wachstumsorientiert Führen 93

Jeder dieser Begriffe ist für uns kein eindimensionales Wort, sondern schließt die Integration aller Dimensionen der Unternehmenssituation (Aufgabe, Menschen, Prozeß) mit ein:

Akzeptanz: Was ist die Wahrheit unserer (Unternehmens-)Situation? Akzeptieren wir gemeinsam die Plazierung unseres Unternehmens im Umfeld? Sprechen wir im Klartext darüber? Akzeptiere ich das, was ich getan habe und in Zukunft beabsichtige zu tun? Akzeptiere ich das von meinen Mitarbeitern und akzeptieren sie es von mir?

Berührung: Nehmen wir Kontakt auf mit unseren Partnern im Umfeld (Kundenorientierung)? Welche Stärken-Schwächen-Balancen existieren? Welche Gefühle lösen sie im Kontakt mit uns aus? Lasse ich mich auf eine Phase der Unsicherheit und des gemeinsamen Wachsens ein?

Commitment: Verschreibt sich das Unternehmen insgesamt mit seinen Zielen und seinen Visionen einer Öffnung in die Zukunft, oder gilt dies nur für Unternehmensteile? Woran werde ich bei den Entscheidungen anderer Unternehmensbereiche, deren Ergebnissen, neuen Technologien und Verfahren merken, daß diese Ausdruck des Commitments der anderen sind, mit der sie realisieren, was wir gemeinsam vereinbart haben? Mit welcher Qualität habe ich innerlich **Ja gesagt**?

Die wichtigen Wandlungen und Veränderungen in einem Unternehmen werden mit Herzblut geschrieben, und es ist bewegend, dabei zu sein und dies mitzuerleben.

Das **Sachmanagement** in Verbindung mit dem **Veränderungsmanagement** ergibt eine neue emotionale Qualität der Zielvereinbarung.

4.3   Prozeß der mehrdimensionalen Zielvereinbarungen

Zielhintergründe aufzudecken und verständlich zu machen, **sind das A und O der mehrdimensionalen Zielvereinbarung.** Sie transparent zu machen, bedeutet, Motivationen aufzudecken, Zusammenhänge aufzuzeigen, Herkunft der Zielvorstellungen zu belegen, Einbettung in Fernziele und Strategie sichtbar zu machen (in Anlehnung an Müri, 1990).[6]

Im Training werden beispielhaft aktuelle und unternehmensspezifische Problemsituationen aus dem Führungsalltag zum Anlaß genommen, damit die Teilnehmer ihr Handeln reflektieren und Rückmeldung vom Trainer und den Teilnehmern erhalten. Der Lehrstoff wird mit diesen Beispielen verbunden werden (flexibler Lernzielaufbau). Das heißt für das Training, daß das Ausmaß an gelebter Selbstverantwortung jedes einzelnen Trainingsteilnehmers größtmöglich ist; d.h., er hat die Verantwortung

Tabelle 2
Prozess der effektiven Zielvereinbarungen

Sach- management	+ Prozeß management	= emotionale Zielvereinbarung
Ergebnisorientiertes Führungshandeln z.B. Zieldefinition (als Unternehmensführer)	Soziale Qualität der Zielvereinbarung (Wertediskussionen)	Entstehen einer gemeinsamen Werteorientierung für die neue Qualität der Zielvereinbarung
Weiterleitung der Ziele an untergeordnete Organisationsebenen (als „Gärtner" und Team-Chef)	Aufdecken und Lösen von Widersprüchen bei der Zielabstimmung	Durch Vermeiden von z.B. stiller Verweigerung und „zwangsläufigem" Scheitern bei der Umsetzung „Wir"-Gefühl und Team-Geist
Umsetzung der Ziele durch Maßnahmen bündel (als Bester in der Sache)	Identifikation mit den Zielen durch eigene Ausgestaltung	Umsetzen und Vorleben der Zielvereinbarung als *eigener* Beitrag zum Unternehmenserfolg

für seinen eigenen Lernprozeß. Dies beeinflußt in oft unterschätzter Weise den Aufbau einer neuen Führungskultur im Unternehmen positiv. In gleichem Maße wird es den Führungskräften in den dezentralen Unternehmensbereichen möglich sein, Selbstorganisation zu praktizieren und als ein erstrebenswertes Ziel vorzuleben, und es wird dadurch mehr möglich sein, gemeinsame Verantwortung auch bereichsübergreifend zu tragen (Transfer). Im folgenden möchte ich einige ausgewählte Inhalte aus Führungstrainings skizzieren.

Das **Modell des Situativen Führens** ist ein wichtiger Arbeitsinhalt im Training. Den Identifikationswechsel 1 einzuleiten, heißt u.a. die Führungskräfte z.B. beim Abschied von der Rollenauffassung zu begleiten, die eigene Autorität allein im Managen der Sache (Bester in der Sache sein: Aufgabenstil, Macher) zu suchen. Dazu gehört, daß die Führungskräfte selbst erproben und erfahren, welchen der verschiedenen Führungsstile sie als ihren „Heimspielplatz" gewählt haben und welche Verhaltensweisen dazu in welchen Situationen passend sind (siehe Abb.3).

Angehende Unternehmensführer integrieren bei Identifikationswechsel 2 ihre erweiterte Zielsetzungsaufgabe in einen intensiven Teambezug (Integrationsstil), indem sie Festigkeit bei Vorgaben mit Gestaltungsspielräumen bei der Umsetzung (Methodenkompetenz) verbinden und dadurch uneffektive Kontrollrituale aus Mißtrauen (Verfahrensstil, Kneifer) vermeiden. Dazu gehört als Grundlage ein situationsbezogenes, problemlösendes Verhalten, das das mehrdimensionale Ziel (Sache und Prozeß) erreichbar macht. Trainierbar wird dies durch das Verstehen von effektiven Führungsstilen.

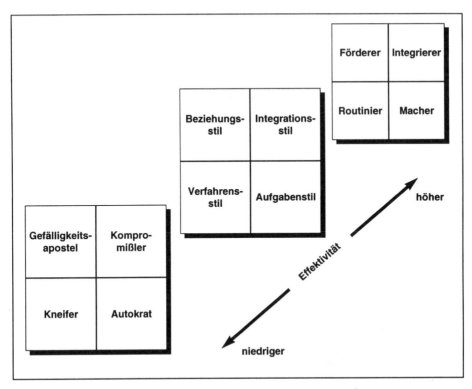

Abbildung 3
Situatives Führungsverhalten (nach Reddin 1977)

4.4 Situatives Führungsverhalten [7]

Im **Aufgabenorientierten Führungsstil** heißt das, **Macher (+)** oder **Autokrat (-)** zu sein, im **Mitarbeiterorientierten Führungsstil** heißt das, **Förderer (+)** oder **Gefälligkeitsapostel (-)** zu sein, im **Teamorientierten Führungsstil** heißt das, **Integrierer (+)** (d.h.: Zielkonfliktlöser) sein zu können oder als **Kompromißler (-)** klar ausgehandelte Lösungen zu vermeiden. Im **Verfahrensorientierten Führungsstil** heißt das, administrative Prozesse als **Routinier (+)** zu steuern oder als **Kneifer (-)** die Verantwortung für getroffene Entscheidungen abzulehnen. Mit diesen Rollen sind viele nicht ausgesprochene Botschaften verbunden, die Mitarbeiter empfangen und hören, ohne daß sie je so ausgesprochen worden sind. Wir halten es für elementar, daß Führungskräfte erkennen, wo sie stehen: **Heimspielplatz**.

Die soziale Kompetenz kann als Handwerkszeug und Führungstechnik trainiert werden. Die gewünschte Anziehungskraft und Ausstrahlung wird eine Führungskraft entfalten, wenn sie als Mensch authentisch ist und lebendig handelt (Goulding, 1989). Was trainieren wir als eine solche **Persönlichkeitskompetenz** (siehe auch Abb.2)?

Nähe

Lassen sich Führungskräfte in einen gemeinsamen Entwicklungsprozeß ein oder vermitteln sie die Botschaft: „Ich kann's alleine, ohne Euch." Wie belohnen und bestärken sie?

Mut zum eigenen Weg

Geben Führungskräfte ihren Mitarbeitern und sich selbst die Erlaubnis, den eigenen Weg zu gehen, neue Herausforderungen anzunehmen und sich darin zu erproben, oder vermitteln sie eher die Botschaft: „Mach's wie ich, dann gefällst Du mir."

Liebevolle Konfrontation

Wie reagieren Führungskräfte darauf, wenn andere die einmal getroffenen Vereinbarungen nicht oder nur zum Teil einhalten? Übergehen sie dies, dann werten sie ab, daß *gerade in diesem Moment* die notwendige Verbindlichkeit erheblich beschädigt wird. Schaffen sie ein Klima, aus Fehlern zu lernen?

Rolle der Gefühle

Dürfen Gefühle der Trauer und der Freude, aber auch der Wut und der Angst ausgedrückt werden und als Bestandteil des Arbeitslebens gelebt werden oder reagieren Führungskräfte darauf mit Hilflosigkeit und Abwehr, statt sie als Anknüpfungspunkt für Kontakte aufzugreifen? „Wir wollen hier doch nicht etwa weinen" (Mitarbeiterin an einer Maschine), oder „Das gehört doch jetzt nicht hierher."

Den Wert jeder Person schätzen

Wie gelingt es Führungskräften, den Wert jedes einzelnen, den Beitrag jedes einzelnen zum Ganzen zu vermitteln? Wieviel oder wie oft werden Lösungsvorschläge abgewertet durch („Das kennen wir schon")? Wo gibt es „vergessene Leute"? Wie nehmen die Führungskräfte das Bedürfnis nach Erfolg von Mitarbeitern an?

Balance zwischen dem Wunsch nach Autonomie und dem Wunsch nach Abhängigkeit herstellen

Fördern die Führungskräfte die Orientierung der Mitarbeiter am Maßstab der Pflichterfüllung und „zeigen, wo es langgeht", und fördern sie es, wenn sich Mitarbeiter angemessene Hilfe holen (holen sie sich diese selbst?), und wie stark fördern sie die Abhängigkeit von Mitarbeitern durch Über- und Unterversorgung (z.B. mit Informationen)?

Mitarbeiter bemerken, wie ihr Chef diese zuvor genannten Grundfragen lebt und schließen daraus auf die Grundhaltung und das Selbstverständnis von Führungskräften.

4.5 Lebenspositionen

Sie bei sich und anderen zu bemerken und darauf das eigene Handeln abzustimmen, ist trainierbar. Die folgende Abbildung 4 gibt einen ersten Überblick.

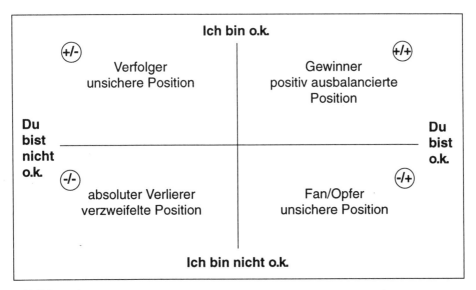

Abbildung 4
Lebenspositionen (nach Schlegel, 1984)

Zusammengefaßt entstehen aus der Kombination der Grundhaltungen die Grundthemen einer Führungskraft-Mitarbeiter-Beziehung: Partnerschaft, aber auch z.B. Unterlegenheit. Ein aus unserer Sicht wichtiges Trainingsziel ist, daß Führungskräfte in schwierigen Situationen die Haltung „Ich bin o.k. – Du bist o.k." *realistisch* leben können, d.h. die Fähigkeit erwerben zu unterscheiden zwischen

– Person und Situation,
– Verhalten in einer bestimmten Situation und Einschätzung der Gesamtpersönlichkeit des anderen,
– eigener Erwartung bzw. Erfahrung und tatsächlichem Verhalten des anderen (Wagner, 1987).

Die Auseinandersetzung mit diesen persönlichen Haltungen zu sich selbst und zu anderen macht sehr deutlich, wo Führungskräfte Überlegenheit leben oder Unterlegenheit hervorrufen oder selbst leben, wo sie selbst mit anderen eine resignative Symbiose (Schlegel, 1984) eingehen („Da kann man doch nichts in diesem Laden machen") oder wo sie aufbrechen zu echter Partnerschaft und dabei immer den Schritt in die Unsicherheit und in das noch nicht von anderen gutgefundene Neue wagen (James, 1990).

5. Erfahrungen

Statt eigener Worte möchten wir die Führungskräfte und Mitarbeiter selbst sprechen lassen. Wir ordnen dabei die Kommentare unserer Partner aus den Unternehmen den drei wesentlichen Phasen eines Veränderungsprozesses zu und veröffentlichen Originalzitate.

Einstiegsphase /Aufbruch
Der Vorsatz, der Plan ist gut, aber ...
- ... in der Praxis ?!
- ... die Mitarbeiter sind zum Teil nicht ansprechbar.
- ... ihr habt schon viele Pläne gehabt!
- ... wann soll ich das machen?

Veränderungsphase
- ... Konkretisierung der Aufgaben der Abteilungsleiter ist notwendig.
- ... Erfahrungsaustausch muß intensiviert werden.
- ... Ich will ein gemeinsames Verständnis über die Aufgabe „Führen"!

Stabilisierungsphase
- ..., daß wir die Wichtigkeit unseres gemeinsamen Handelns erkannt haben.
- ..., daß wir Führungsmethoden/Konfliktlösungen offen besprochen und erprobt haben.
- ... Ich konnte bessere Teambesprechungen leiten.
- ... Wir müssen weiter daran arbeiten, Desinteresse umzukehren.

6. Zukünftige Aufgabenschwerpunkte der Personalarbeit

Die Personalarbeit wird in Unternehmen aller Größenklassen zur kontinuierlichen Entwicklungsarbeit. Gerade kleine und mittelgroße Unternehmen haben hier meines Erachtens ein großes, zusätzlich nutzbares Aufbaufeld. Die folgenden Ansätze können sehr gut in ein existierendes Personalentwicklungsprogramm eingebaut werden und sollten folgende Bereiche abdecken:
- ... Belohnende Verfahren der Potentialförderung
- ... Förder- und Beurteilungsgespräche
- ... Frühwarn-System in Zusammenarbeit mit leitenden Führungskräften für:
  – innere Kündigung, Kündigungen
  – ansteigende Fehlzeiten
  – steigende Qualitätsmängel und Unfallzahlen

Daraus ergeben sich Maßnahmenbündel, die mit den unternehmerischen Zielen in Entwicklungsprozessen verbunden werden können:

- Kapazitätsplanung der Schlüsselqualifikationen
- Einstellungsstrategien
- Schlüsselprogramme für Spitzennachwuchs
- Nachwuchsentwicklungsprogramme
- spezielles Projektlernen

Durch die weiter steigende Notwendigkeit, mehr kooperations- und lernbereite Mitarbeiter gerade langfristig zu fördern und initiativ zu halten, sind die Chancen für eine unternehmensmitgestaltende Personalarbeit besser und notwendiger denn je geworden. D.h., wir bestärken Unternehmen, einen *Steuerkreis Personalentwicklung* mit leitenden Führungskräften einzurichten, der den Entwicklungsprozeß initiiert, steuert, die Führungskräfte und die Trainings begleitet. Die im folgenden kurz skizzierten weiteren Lernformen nehmen dabei an Bedeutung zu. (Es gibt darüber hinaus noch viele andere zusätzliche Lernformen 'on the job', die zur Zeit noch zu wenig genutzt werden.)

Learning by Doing im Team: Team-**Training** und Team-**Entwicklung**
Mit diesem Schwerpunkt entschließt sich ein komplettes Team zum gemeinsamen Wachstum in einem Spezialtraining. Ausgangspunkt ist dann der konkrete Problemlösungsbedarf:

- Mehr Kundenorientierung nach innen und außen
- Weniger Arbeitsunfälle
- Erhöhte Qualität und Termintreue
- Indirekt erreichbar: weniger Fehlzeiten

Eine besonders effektive Form dieser Trainingsarbeit ist es, zwei Teams bzw. mehrere Teams zur gemeinsamen Standortbestimmung und Lösungsfindung zusammenzubringen. Das ist zielorientiertes Arbeiten, und es ist ein Treffen zum gemeinsamen Wachsen und zum Weiterlernen an der Situation. Durch sensible Teamförderung kann hier für die Menschen im Unternehmen mehr getan werden als eine reine Moderation des Probleme-Lösens.

Führungstrainings am Arbeitsplatz / Coaching
Im Anschluß an das Training kann eine Führungskraft zum Weiterlernen eine Begleitung 'on the job' erhalten. Er erhält nach gemeinsamer Vorabsprache ein Feedback zu seinem Problemlöseverhalten und zur Qualität seiner Führungsinterventionen.

Lernen in Projekten
Durch Einsatz in Projekten können Führungskräfte ihre Erfahrungsbasis erweitern. Die Spezialisten für Personalentwicklung können durch gesteuerten Einsatz von Förderkandidaten die Lernangebote eines Projektes personenspezifisch nutzen.

Damit dieser für die deutsche Industrie überlebenswichtige Trend anhält, ist es die gemeinsame Aufgabe von internen Kräften und externer Beratung, die Führungskräfte durch sichtbare Erfolge vom Nutzen der **Investition Personal** zu überzeugen.

Anmerkungen

[1] Mit den %-Sätzen meine ich nicht die tatsächlichen Qualifikationen/Potentiale dieser Personen. Es sind die Anteile gemeint, die sie nutzen bzw. im Durchschnitt zeigen müssen, um erfolgreich zu sein.

[2] Mit den folgenden Hierarchiebezeichnungen bleibe ich mehr „traditionell". Bei flachen Organisationen werden Sozial- und Methodenkompetenz früher wichtig.

[3] Ein leitendes Führungsteam kann mit diesen Rollen kommunikativ „arbeiten" und so wirkungsvolle Führungsbotschaften „senden".

[4] Siehe dazu auch Heintel und Krainz, 1990; Imai, 1992

[5] Ebenda

[6] Die Pfeile in der Grafik bedeuten: Durch das Angebot zum Wertedialog laden Unternehmensführer ihre Teamchefs ein, z.B. Zielwidersprüche aufzudecken und Lösungen dafür zu finden. Durch die Identifikation mit den eigenen Lösungen erfolgt eine engagierte Ausgestaltung, und dies transportiert die soziale Qualität des Zielfindungsprozesses bis auf die Arbeitsebene.

[7] Unter situativem Führungsverhalten verstehen wir die Fähigkeit einer Führungskraft, aus den Anforderungen der Situation abzuleiten, welches Handeln optimal Sachziele und die Wünsche der Menschen zusammenbringt.

Literatur

Fatzer, G. & Eck, C.D. (Hrsg.). (1990). *Supervision und Beratung.* Köln: Edition Humanistische Psychologie. – **Francis, D. & Young, D. (1989).** *Mehr Erfolg im Team* (3. Aufl.). Hamburg: Windmühle. – **Goulding, M. (1989).** *„Kopfbewohner" oder: Wer bestimmt dein Denken?* (2. Aufl.). Paderborn: Junfermann. – **Heintel, P. & Krainz, E. (1990).** *Projektmanagement. Eine Antwort auf die Hierarchiekrise?* (2. Aufl.). Wiesbaden: Gabler. – **Imai, M. (1992).** *Kaizen* (3. u. 4. durchgesehene Aufl.). München: Langen Müller/Herbig. – **James, M. (1990).** *Der Ok-Boss.* München: Moderne Verlagsgesellschaft. – **Katz, R.L. (1955).** Skills of an effective administrator. *Harvard Business Review (Jan. /Febr.),* 34 ff. – **Kottwitz, G. (1980).** *Wege zur Neuentscheidung.* Berlin: Institut für Kommunikationstherapie. – **Lumma, K. (1982).** *Strategien der Konfliktlösung.* Eschweiler: Lumma & Kern. – **Müri, P. (1990).** *Dreidimensional führen mit Verstand, Gefühl und Intuition* (Handbuch des modernen Managements. Band 2: Anwendung). Thun: Ott. – **Reddin, W. J. (1977).** *Das 3-D- Programm zur Leistungssteigerung des Managements.* München: Moderne Industrie. – **Sattelberger, T. (1989).** Personalentwicklung als strategischer Erfolgsfaktor. In: T. Sattelberger (Hrsg.), *Innovative Personalentwicklung* (S.15-37). Wiesbaden: Gabler. – **Schlegel, L. (1984).** *Die Transaktionale Analyse* (3., völlig neu überarb. u. erw. Aufl.). Tübingen: Francke. – **Wagner, A. (1987).** *Besser führen mit Transaktionsanalyse.* Wiesbaden: Gabler. – **Wirth, H. (1992).** Ansatzpunkte zur Optimierung der Personalentwicklung. In J. Kienbaum (Hrsg.), *Visionäres Personalmanagement* (S.45-70). Stuttgart: Metzler - Poeschel.

Christian Bürmann und Claus Hackethal

Weiterentwicklung der Personalführungsarbeit in neuen Arbeitsorganisationsformen

1. Grundlagen für die Weiterentwicklung der Personalführungsarbeit

Neue Formen der Arbeitsorganisation (Team-/Gruppenorganisation) gewinnen im Zusammenhang mit der Anwendung der „Lean Production"-Philosophie und -Strategie zunehmend an Bedeutung für die Wettbewerbsfähigkeit bundesdeutscher Industriestandorte. Ein wesentliches Element für den Erfolg neuer Formen der Arbeitsorganisation ist ihr konsequenter Einbezug in die Praxis der betrieblichen Personalführungsarbeit.

Für Meister und Vorgesetzte im Betrieb (wie auch in jeder anderen Funktion im Unternehmen) muß der **Mensch (Mitarbeiter)** stärker als in der Vergangenheit **im Mittelpunkt der Führungsaktivitäten** stehen. Zeitgemäße und moderne Umgangsformen zwischen Mitarbeitern und Führungskräften stehen dabei nicht im Widerspruch zu der notwendigen Erwartung an höhere Produktivität und Qualität der menschlichen Arbeitskraft. Die Grundelemente einer zeitgemäßen Zusammenarbeit dürfen deshalb nicht in theoretischen Betrachtungen zur „psychologischen Mitarbeiterführung" oder auch in „Jammerzirkeln" steckenbleiben, sondern müssen unter Berücksichtigung folgender Schlagworte fortentwickelt werden:

* **Fordern statt Anordnen !**
* **Lassen statt Selbermachen !**
* **Quellen der Demotivation beseitigen !**
* **Rahmenbedingungen für individuellen Spielraum schaffen !**
* **Klare Vereinbarungen und Commitments treffen (Verpflichtung) !**

Darüber hinaus muß **zielorientiertes Managen** und Handeln zum zentralen Bestandteil der betrieblichen Führungsarbeit werden.

Mitarbeitern muß deutlich gemacht werden, wofür eine Leistung erbracht wird und welche Ziele das Team und seine Führungskräfte zur

* Produktivität
* Qualität *und*
* Kapitalbindung

haben.

Klare Ziele und die neuen Arbeitsorganisationsformen ermöglichen den betrieblichen Führungskräften eine stärkere Delegation von Verantwortung an ihre Mitarbeiter mit dem Ziel höherer Qualität und Leistungsbereitschaft sowie Motivierung und Zufriedenheit.

Andererseits wird aber auch deutlich, daß sich die Rolle und das Verhalten der Meister im Sinne der o.g. "Schlagworte" weiterentwickeln müssen.

Die Personal- und Bildungsarbeit muß diesen Entwicklungsprozeß aktiv und bedarfsorientiert unterstützen und dabei die eigenen Methoden zur „Auswahl von neuen Führungskräften" sowie der „seminarorientierten Bildungsarbeit" überprüfen.

2. Personalentwicklungsaktivitäten und Auswahl von betrieblichen Vorgesetzten

In der Vergangenheit arbeiteten betriebliche Vorgesetzte vielfach mit folgenden Führungsinstrumenten:
* Strikte Anweisungen und Anordnungen erteilen,
* Mitarbeiter unter „Druck" setzen,
* Befehle geben,
* Autorität hervorkehren.

In der neuen Rolle als Vorgesetzter in der modernen Fabrik müssen sich die **Führungskräfte** zunehmend **als Partner und Dienstleister ihrer Mitarbeiter** verstehen. Die Schwerpunkte ihrer Personalführungsarbeit werden sich von daher zwangsläufig auf

* **überfachliches Anleiten und Betreuen**

konzentrieren.

Natürlich werden Führungskräfte weiter mit Fachaufgaben betraut sein, aber auch hier erfolgt eine deutliche Verlagerung von der reinen Maschinentechnik zur Planungstechnik.

Demzufolge kann das Anforderungsprofil für betriebliche Vorgesetzte in der neuen Arbeitsorganisationsform (und hier konzentrieren wir uns auf das Beispiel „Neuer Meister") nur lauten:

Meister – Vorbild und Partner.

Nach wie vor hat auch der „Neue Meister" Personalführungs-, Fach- und Verwaltungsaufgaben täglich abzuleisten. Aber seine neue Rolle sieht vor, daß er dies im zeitgemäßen Führungsstil absolviert, nämlich:
* **Moderation statt Anweisung,**
* **Motivation statt Zwang,**
* **Kompetenz statt autoritäres Verhalten,**
* **Delegation statt Anordnung.**

Weiterentwicklung der Personalführungsarbeit in neuen Arbeitsorganisationen 103

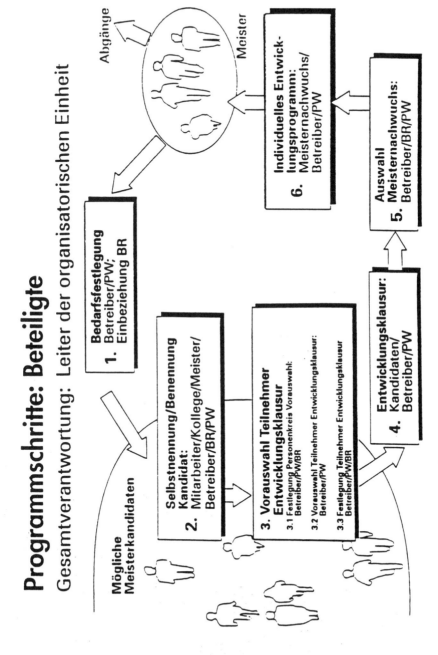

Abbildung 1
Auswahl von „Meisteranwärtern" bei VW (Assessment)

An den „Neuen Meister" bei Volkswagen werden darüber hinaus noch weitere Anforderungen gestellt. Er muß die Meisterqualifikation der Handelskammer oder IHK oder ähnliche weitergehende Qualifikationen besitzen.

„Meisteranwärter" werden bei VW durch ein **Assessment** ausgewählt (Abbildung 1). Dort kommen ihre überfachlichen Fähigkeiten (z.B. Moderation, Gruppendynamik, Kommunikation, Konfliktfähigkeit u.a.) auf den Prüfstand, und es wird entschieden, wer bei VW die Aufgabe des Meisters übernehmen kann.

Weitere Qualifizierungsmaßnahmen für die zukünftigen „Neuen Meister" und auch für die eingesetzten Meister sind in einem **praxisgerechten Meisterqualifizierungsprogramm** festgeschrieben. Der Schwerpunkt dieses Qualifizierungsprogramms liegt im überfachlichen Bereich.

Eine Herausforderung an die zur Zeit eingesetzten Meister ist die „stufenweise Hinführung der Fabrik" an die neuen Arbeitsorganisationsformen. Nach einer Pilotphase wurde ein gesamtes Cost-Center in die neuen Arbeitsorganisationsformen überführt. Momentan werden die neuen Arbeitsorganisationsformen flächendeckend im gesamten Werk Salzgitter installiert. Dieser Prozeß wird nach ca. 3 Jahren Dauer Ende 1994 abgeschlossen sein (Abbildung 2).

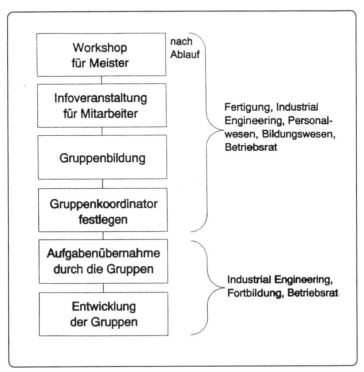

Abbildung 2
Verfahren zur Einführung der Gruppenorganisation

Die Meister, aber auch alle anderen betrieblichen Vorgesetzten, waren in diesem **Entwicklungsprozeß** über INFO-Märkte, Wochenendveranstaltungen, Seminare und Workshops stets eingebunden und entwickelten sich hierüber **zum „Teamleader"**.

Die **fachliche** und **überfachliche Qualifizierung** und **Betreuung** für den Meister und seine Mitarbeiter waren und sind in diesem Entwicklungsprozeß von Anfang an **bedarfsorientiert** ausgerichtet und konzentrieren sich auf die wichtigen Führungsbausteine und -werkzeuge der neuen Arbeitsorganisationsformen (Abbildung 3).

Abbildung 3
Prozeßbegleitung zur Entwicklung sozialer Kompetenz

3. Übertragung der Personalentwicklungsaktivitäten vom Meister auf seine Mitarbeiter

Bisher war die große Zahl der Mitarbeiter direkt und ausschließlich am Produkt beschäftigt. Um das Produkt wertschöpfend zu verändern, stand ihnen die Technik zur Verfügung. Viele indirekt tätige Mitarbeiter sorgten dafür, daß Teile vorhanden waren und die Technik funktionierte, also gewartet und instandgehalten wurde.

In der modernen Fabrik mit Gruppen-Organisation erweitern sich die Arbeitsinhalte der bisher direkt tätigen Mitarbeiter auch auf die indirekten Tätigkeiten. Übertragen heißt das: **Der Mitarbeiter in der Gruppe übernimmt ganzheitliche Aufgaben.** Er muß fertigen und darüber hinaus prüfen, instandhalten, disponieren und Material und Betriebsmittel bereitstellen. Darüber hinaus muß er die Arbeitsabläufe und seinen Arbeitsplatz kontinuierlich optimieren und verbessern.

Der „Neue Meister" betreut demnach mehrere Gruppen und übernimmt dabei die Rolle eines „Teamchefs". Der Teamchef und seine Gruppe organisieren sich nach den Prinzipien des zielorientierten Managens und wenden diese konsequent an. Gemeinsam definieren sie ihre Wettbewerbsziele, visualisieren die Ziele und die Abarbeitungsstände und kontrollieren die Ergebnisse im Sinne eines Regelkreisprozesses.

Das erfordert das **Übertragen von Aufgaben und Kompetenzen des Meisters auf seine Mitarbeiter/Gruppen** und die **konsequente Anwendung des „KVP"** (Kontinuierlicher Verbesserungsprozeß) als Werkzeug und Methode zur Zielerreichung.

Ähnlich wie für den neuen Meister, ist auch für den Mitarbeiter eine bedarfsgerechte Qualifizierung erforderlich. Der Meister erhebt mit seinen Mitarbeitern über eine SOLL-/IST-Analyse den Qualifizierungsbedarf und arbeitet die Qualifizierung nach einem Prioritätenplan ab.

Qualifizierungsmaßnahmen nach dem Gießkannenprinzip oder ausschließlich in Seminarform sind hierbei nicht mehr vorrangig die richtige Antwort.
Vielmehr gilt **„Lernen und Erfahrungen machen"**
- **am eigenen Arbeitsplatz, im Arbeitsprozeß,**
- **durch gemeinsames Lösen von Problemen,**
- **im Austausch mit Kollegen und Fachleuten,**
- **im gemeinsamen Gruppenentwicklungsprozeß.**

4. Konsequenzen für künftige Bildungsarbeit

Aus den vorgenannten Punkten wird erkennbar, daß **sich der künftige Schwerpunkt betrieblicher Bildungsarbeit zu den Elementen der überfachlichen Qualifizierung verschiebt.**

Dabei wird die „klassische fachliche" Bildungsarbeit nicht vergessen. Aber vorhandene Qualifikationen der Mitarbeiter werden zunächst in vollem Umfang abgefordert. In Verbindung mit einem qualifikationsgerechten Einsatz (der richtige Mitarbeiter am richtigen Platz) und der konsequenten Nutzung des Facharbeiterpotentials gibt es hier noch einen erheblichen Nachholbedarf. Darüber hinaus müssen fachliche Lücken mehr und mehr gezielt durch Zusammenwirken von Mitarbeiter und entsprechender Fachkraft direkt am Arbeitsplatz und im Aufgabengebiet und weniger durch „teure" Grundlagenseminare abgebaut werden.

Für die Weiterentwicklung überfachlicher Qualifikationen ist neben der **Vermittlung der notwendigen Moderations- und Führungstechniken** die **Einbeziehung der Meister in Workshops** zur Optimierung der Fertigung mit dem Ziel einer schlanken Motorenproduktion notwendig. An diesen Workshops sind neben den betrieblichen Vorgesetzten Mitarbeiter der Kostenstellen, der Planung, der Instandhaltung, der Logistik und möglichst auch Mitarbeiter der Forschung und Entwicklung beteiligt (Abbildung 4). In vier bis fünf Tagen wird auf Basis einer IST-Analyse eine Unterscheidung der Arbeitsinhalte in wertschöpfende und nicht wertschöpfende Tätigkeiten vorgenommen. Ziel ist, erkannte Schwachstellen oder Verschwendung direkt zu ändern. Umfänge, die sich nicht sofort verbessern lassen, werden terminlich festgehalten und von einem Teammitglied persönlich weiterverfolgt. Die Ergebnisse sind bemerkenswert. Die Dokumentation der Ergebnisse erfolgt anhand von fünf Kriterien:
- Verbesserung der Produktivität,
- Reduzierung des Umlaufbestandes,
- Reduzierung der Durchlaufzeit,
- Erhöhung der Qualität,
- Reduzierung des Flächenbedarfs.

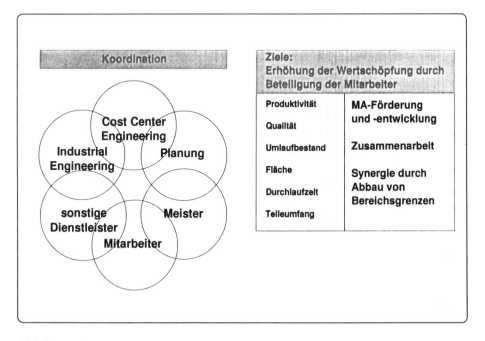

Abbildung 4
KVP² - Teams
– eine weitere Form des durchgängigen Teamgedankens

Das Lernen an positiven und erfolgreichen Beispielen und die Möglichkeit, selbst solche Ergebnisse zu erreichen und zu präsentieren, stärkt Selbstvertrauen, Zuversicht, Konflikt- und Kooperationsfähigkeiten.

Gleichzeitig wird dabei **am direkten betrieblichen Problem gearbeitet** und die Diskussion über sogenannte „Fallbeispiele" oder das Simulieren von betrieblichen Situationen in Seminaren vermieden.

Diese neuen Formen der Zusammenarbeit gewährleisten nicht nur Ergebnisse für einen rationelleren Fertigungsablauf, sondern sind darüber hinaus ein wichtiger Personalentwicklungsbaustein für betriebliche Führungskräfte und beteiligte Mitarbeiter. Auch hier wird deutlich, daß sich künftig die Bildungsarbeit/Personalentwicklung in ihren Methoden stärker an Projekten/Workshops und damit an den Problemen des Betriebes orientieren und verankern muß.

Elisabeth Ardelt und Christa Berger

Frauen in Führungspositionen –
Analyse und Konsequenzen neuer gesellschaftlicher Anforderungen

1. Ökonomische, soziologische und politische Faktoren

These I:
Chancengleichheit statt spezifischer, ausgrenzender und demütigender Frauenförderung (vgl. u.a. Hefftner, 1990).

Überlegungen zur Frage, welchen Anforderungen sich Frauen in Führungspositionen gegenübersehen, finden auf einer sich ständig ändernden Basis statt. Die Angabe von Zahlen (bis zum Jahr 2000 fehlen allein im Gebiet der ehemaligen BRD der deutschen Wirtschaft etwa eine halbe Million Führungskräfte; Henes-Karnahl, 1989) kann hier nur einen groben Überblick ermöglichen. Es ist nicht nur von Bedeutung, *wieviele Frauen* in Führungspositionen sind, sondern auch *unter welchen Bedingungen* Frauen in Führungspositionen arbeiten können und müssen, welche Unternehmenskultur sie beispielsweise vorfinden oder wie die äußeren Bedingungen (Arbeitszeit, Kinderbetreuungsangebote, Mithilfe der Männer im Haushalt etc.) sind.

Relativ einheitlich geht die Entwicklung der letzten Jahre in Richtung Sensibilisierung für die Doppelbelastung Beruf/Kinder und Haushalt. Obwohl zunehmend erkannt wird, daß es vom persönlichen/psychologischen wie volkswirtschaftlichen Standpunkt her problematisch ist, wenn sich immer mehr Menschen grundsätzlich gegen Kinder entscheiden, hat sich an der tatsächlichen Unterstützung der Hausfrauen im privaten Bereich noch nichts Wesentliches geändert (vgl. Brandstätter, 1989). Drei von vier Arbeitnehmerinnen mit Kindern sind durchschnittlich 17 Stunden am Tag beschäftigt, 92% der Männer fühlen sich „durch Hausarbeit kaum belastet" (Klingma, 1986).

Änderungen sind auch deshalb schwierig, weil hinter den genannten Problemen eine alte historische Dualität („Männerwelt Beruf" = Geist, „Frauenwelt Familie" = Körper) steht und weil die den Bereichen Reproduktion und Produktion zugehörigen Werte und Handlungsweisen oft sehr widersprüchlich waren und immer noch sind.

In der Literatur wird bisweilen euphorisch von einem Wertewandel berichtet, der das klassische, am Mann orientierte Bild der Führungskraft in Frage stellt. Die Führungsstilforschung spricht sogar von einem Paradigmenwechsel von männlichen zu weiblichen Zugangsweisen. Tatsächlich geht dieser Prozeß wohl langsamer vonstatten.

Einen leichten Wandel der klassischen Stereotypen im deutschsprachigen Raum von 1974 bis heute konnte Kirchler anhand der Analyse von Sterbeanzeigen aufweisen.

Die Polarisierung von „anbetungswürdige Chefin" und „intelligentem, erfahrenem Chef" entwickelte sich zu „tapfer kämpfenden, hoch engagierten" Managerinnen in den späten 80er Jahren. Immer aber noch wird „Wissen und Erfahrung" eher den Männern zugeschrieben (Kirchler, 1992). Das deckt sich mit einer neueren Untersuchung von Rustemeyer und Thrien (1992) an zukünftigen Führungskräften (weiblich und männlich) und Managern, die durchweg noch maskulinitätsorientierte Berufsstereotypen angaben.

Positiv schlägt hier zu Buche, daß sich Einstellungen in Bereichen ändern, in denen bisher Worte wie Management oder Führung negativ besetzt waren, und zwar im Sozial- und Nonprofitbereich (vgl. Gattinger, 1990). Man erkennt zunehmend, daß es auch hier um die Wahrnehmung von Management- und Führungsaufgaben geht. Hier arbeiten aber wesentlich mehr Frauen, und hier herrscht zumeist ein Klima, das durch mehr Akzeptanz von Emotionalität etc. gekennzeichnet ist.

Andere sukzessive Änderungen schildert Neubauer sehr konkret an Beispielen: Klarheit um jeden Preis im Sinne „brachialer Klarheitsschaffung" wird aufgegeben zugunsten der Erkenntnis, daß Komplexität der meisten Situationen als gegeben hinzunehmen und Ambiguitätstoleranz als neuer Wert zu akzeptieren ist. Auch der Wandel von vereinfachtem zu vernetztem Denken ist hier zu erwähnen. Belastbarkeit, als „schlichte Abwesenheit sichtbar werdender Emotionen", die sich im „mahlenden Kiefer" oder „aschfahlen bis dunkelroten Gesichtern"ausdrückt, wird umgewertet. Belastbarkeit bedeutet zusehends Verbalisierung von Emotionen wird nicht mehr a priori gleichgesetzt mit „weiblicher Unsachlichkeit" (Neubauer, 1990, S.31).

Über Führungsleitlinien oder Anforderungsprofile liegen keine Überblicksdaten vor, Unternehmen, Interessenverbände und Institutionen der Erwachsenenbildung sollten es sich aber zur Aufgabe machen, Inhaltsanalysen durchzuführen sowie Änderungen anzuregen und zu forcieren.

2. Trainingsmodelle

These II:
Weder ein Methoden- noch ein Paradigmenmonismus ist angebracht, sinnvolle Kombinationen sind:
– Wissensvermittlung, die an Alltagstheorien anknüpft,
– an der Lerntheorie orientierte sog. 'kognitive' Verfahren mit übenden Anteilen (Rollenspiel und Simulation),
– gruppendynamische Trainings auf kybernetischer Grundlage (wichtigster Bestandteil ist das Feedback), die sozialen Gegebenheiten miteinbeziehen, die außerhalb der Gruppe einschränkende Bedingungen setzen,
– Entspannungstechniken.

Nur-Frauengruppen sind sinnvoll vor allem als Einstieg und Begleitung, wobei sich

Gesprächskreise ohne und mit professioneller Begleitung als wirksam erwiesen haben. Gemischte Gruppen sind aber für die Transferleistung unverzichtbar.

Neuere Untersuchungen, die auf umfangreichen Metaanalysen (Nachuntersuchungen bzw. Zusammenfassungen vorhandener Studien) beruhen, weisen darauf hin, daß *spezifische* Bildungsmaßnahmen, die an den Möglichkeiten und Gegebenheiten der Teilnehmer orientiert sind, erfolgreicher sind als allgemeine (vgl. u.a. Fisch & Fiala, 1984; Brandstätter, 1989). Die höchste Wirksamkeit der zahlreichen Methoden der Erwachsenenbildung (vgl. hierzu u.a. Sarges & Fricke, 1986) ergab sich bei zeitlich verteilten lerntheoretisch orientierten Verfahren, die ergänzt werden durch dazwischenliegende Praxisphasen oder durch Verhaltenstrainings (Funke, 1989; Burke & Day, 1986; vgl. auch Tannenbaum & Yukl, 1992). Praxistransfer, das heißt tatsächliche Einstellungs- *und* Verhaltensänderungen sowie Stabilisierung des Gelernten, die sog. „relapse prevention" (vgl. Marx, 1982), ist am ehesten zu erreichen, wenn die „alltäglichen Erfahrungen unterstützend" sind (Schuler, 1989, S.7). Die Kombination verschiedener Lehrmethoden ist üblich, wegen der anregenden Abwechslung sinnvoll und effizienter als die Anwendung ausschließlich einer Methode (gleich welcher) (zus.fassend Holling & Liepmann, 1993).

Diese allgemeinen Aussagen haben sich auch bei der Evaluation von Frauentrainings bestätigt (Diehl-Becker, 1991). Ein spezielles Paradigma für Frauen ist nicht bekannt.

Wer mit gemischten Gruppen gearbeitet hat, kann die Erfahrung bestätigen, daß der sogenannte 'Widerstand' gegen ein erfahrungsbezogenes Lernen, gegen emotionale Aufarbeitung von Informationen oder gegen Versuch- und Irrtum Lernen bei Frauen wesentlich geringer ist und sie die genannten Gruppen oft 'mitreißen'.

Hierin liegen aber gewisse Gefahren für Frauen: Wie Erfahrungsberichte aus Frauentrainings zeigen, werden in den selbsterfahrungsorientierten Vorgangsweisen in der Nähe der „traditionellen Erlebnispädagogik" **vorhandene Kompetenzen von Frauen perfektioniert und die Auseinandersetzung mit kognitiven Strukturen vernachlässigt** (Schiersmann, 1985).

3. Das Potential der Frauen

Einleitend muß gesagt werden: Es existieren sehr viele Studien, nicht allzuviele genügen den Minimalkriterien der Wissenschaftlichkeit, die Mehrzahl stammt aus den USA, was gewisse Probleme bei der Generalisierung aufwirft. Die populäre Literatur zum Thema Frauen im Management geht eher großzügig mit den genannten Kriterien um. Da wir uns im folgenden nur auf wissenschaftlich abgesicherte Arbeiten stützen, kommt es bisweilen zu Widersprüchen, insbesondere mit der sog. Ratgeberliteratur.

3.1 Die 'berühmten' Gehirnhälften

These III a:
Weder die 'biologische' Defizit- noch die Überlegenheitshypothese sind für den Bereich der Führung sinnvoll aufrechtzuerhalten.

Es bestehen aber teilweise **massive Vorurteile** und **fixe Rollenzuschreibungen** bezüglich männlicher und weiblicher Fähigkeiten/Mängel auch in der Literatur.

Gleichheit oder Ungleichheit des Gehirns ist ein seit einiger Zeit heftig diskutiertes Thema. Unzulässige Generalisierungen, die Frauen einen Bedarf suggerieren und zur Grundlage von Trainings gemacht werden, verlangen, daß man hier in aller Kürze darauf eingeht.

Das wichtigste und inzwischen unbestrittene Ergebnis ist wohl, daß sich Frauen und Männer in spezifischen kognitiven Fähigkeiten unterscheiden, nicht aber in der Gesamtintelligenz. Alle Aussagen gelten für den *Durchschnitt* – und das scheint uns sehr wichtig zu betonen, da viele Publikationen den Eindruck erwecken, als gäbe es so etwas wie eine *Streuung* nicht.

Betrachtet man nun die Abweichungen im Detail, so bleibt wenig oder nichts an relevanten Aussagen für die Frage „sind Männer/Frauen als ManagerInnen von 'Natur her' geeignet" bzw. „brauchen sie kompensatorische Trainings".

Die Gehirnentwicklung wird sehr früh von den Sexualhormonen beeinflußt, die Sozialisation tut ein übriges. **Förderung müßte daher in einer Zeit erfolgen, in der sicherlich kein Managementtraining stattfindet, vom ersten Lebensjahr an, vor allem während der Kindergarten- und Schulzeit.**

Die Schwankungsbreiten sind aber sehr hoch, manche neuen Ergebnisse überraschend, so etwa die Tatsache, daß Frauen mit einem höheren Anteil an männlichen Hormonen (Testosteron) besser sind in den oft genannten 'männlichen' Fähigkeiten (Vorstellungsvermögen etc.), während Männer mit *wenig* Testosteron in den genannten Begabungen ihren 'allzu männlichen' Geschlechtsgenossen *überlegen* sind. Es gibt also offenbar einen optimalen Androgenspiegel (vgl. ausführlich Kimura, 1992).

Sind diese Ergebnisse zwar hübsche Argumente gegen die Machos, so muß man zusammenfassend sagen, daß die Psychologie derzeit weniger relevante Aussagen für die Praxis vorgibt als man nach spektakulären Artikeln und Büchern denken würde. Man weiß viel über Unterschiede in bzw. zwischen den Gehirnregionen, die Interpretationen sind aber aufgrund des derzeitigen theoretischen Wissens noch mit sehr viel Vorsicht vorzunehmen. Manches – wie Stärken/Schwächen in Teilleistungen (z.B. Werfen und Fangen von Gegenständen) oder beispielsweise geschlechtsspezifisch unterschiedliche Beeinträchtigungen nach Verletzungen, Schlaganfällen etc. – ist für den beruflichen Alltag und damit für unseren Artikel irrelevant. Zu bedenken ist auch stets, daß genetische Unterschiede noch wenig über die Wahrscheinlichkeit von Veränderungen aussagen (vgl. u.a. Brandstätter, 1989).

Relativ unbestritten ist von biologischer Seite die oft zitierte – und zumeist noch durch die Sozialisation geförderte – bessere verbale Ausdrucksfähigkeit und eine höhere Wahrnehmungsgeschwindigkeit, die zu der bei Frauen öfters zu findenden höheren Flexibilität beiträgt.

3.2 Fähigkeiten und Fertigkeiten

These III b:
Was bis heute oft übersehen wurde, ist die Tatsache, daß die eher Frauen zugeschriebenen Fähigkeiten sowohl für Einzelunternehmen wie für die gesamte Gesellschaft zur Überlebensnotwendigkeit werden.

Statt die Unmenge vorhandener Publikationen zu referieren, können wir uns hier grossenteils auf die Metaanalysen mehrerer hundert Untersuchungen durch Friedel-Howe (1990) und Eagly (1991) beziehen. Sie führten eine Prüfung von Untersuchungen über geschlechtvergleichende Führungsforschung durch, wobei Friedel-Howe nur „Feldstudien" berücksichtigte, also die sog. Studentenforschung, die die Ergebnisse immer wieder verzerren, ausschloß. Ergänzend wollen wir Diem-Wille (1989) heranziehen, die mit völlig anderen Methoden, nämlich psychoanalytisch-biographischen, die gleiche Fragestellung verfolgte.

Kurz gesagt: Weibliche Manager unterscheiden sich in bezug auf *Personvariable* kaum von männlichen. Nur wenige Befunde zeigen eine Kongruenz mit den Erwartungen und Normen unserer Gesellschaft. Managerinnen zeigen eher eine Normumkehr, verkörpern anscheinend eine „frauenuntypische" Auswahl. Sie zeigen beispielsweise ein „gesünderes Selbstbild" (Friedel-Howe, 1990, S.6), „gute Selbstpräsentation" und konnten sich schon sehr früh gegen Normen durchsetzen (Diem-Wille, 1989, S.384), haben höhere Werte im logischen Denken, in emotionaler Widerstandsfähigkeit und Belastbarkeit. Es kommt vor, daß sie, verglichen mit Männern, eine geringere Sensibilität und Erfahrungsoffenheit aufweisen (Friedel-Howe, 1990). Auch das Vorurteil der „Angst vor dem Erfolg" und der „mangelnden Risikobereitschaft" konnte in Feldstudien widerlegt werden (Morrison & Glinow, 1990). Diems Untersuchungen zeigen, daß Unterschiede zwischen Berufsgruppen (WirtschaftsmanagerInnen und WissenschaftlerInnen) größer sein können als zwischen den Geschlechtern (Diem-Wille, 1989, 387).

Die wenigen Daten und die nicht-systematisierten Erfahrungen über *Situationsvariable* deuten darauf hin, daß weibliche Manager ihren Beruf unter schwierigeren Bedingungen (Vorurteile, Abgrenzung, Ablehnung) ausführen müssen. Sie erklären die „männlichen" Tendenzen, unter denen der Aufstieg leichter gelingt, teilweise.

Im *tatsächlichen Führungsverhalten* unterscheiden sich Frauen ebenfalls nach den vorliegenden Untersuchungen genausowenig von Männern (Friedel-Howe, 1990) wie in persönlichen Werten und der „Führungsphilosophie". Dies bestätigt auch Buber mit geringen Einschränkungen (Buber, 1991, S.101). Eagly (1991) stellte im US-Raum einen Trend zu demokratischerem Verhalten bei Frauen fest.

Die *Arbeitsmotivation* war, entgegen manchem Vorurteil, bei Frauen höher (Donnell & Hall, 1980).

Wenn man sieht, wie gerade Mütter die Zeugnisnoten und das Wohlverhalten ihrer Kinder als *ihr* Arbeitszeugnis betrachten („wir haben gelernt", „wir sind durchgefallen" etc.) und durch die ihnen zugewiesenen Rollen auch betrachten müssen, erkennt man das Potential der Frauen auf diesem Gebiet. Hinzu kommen neuere Untersuchungen über Leistungssozialisation in der Vater/Tochter-Beziehung. Vereinfachende psychoanalytische Theorien (Ödipuskomplex gelte ganz einfach 'seitenverkehrt' auch für Mädchen) konnten relativiert werden (vgl. u.a. Oliver, 1989): Gerade Mädchen müssen sich häufig die Zuneigung und Beachtung des Vaters über die Leistungsschiene erkaufen (Lackner, 1988).

Das Gleiche wie für den Leistungswillen gilt für die *Führungseffizienz* (gemessen nach Leistung und der Zufriedenheit der Mitarbeiter). Um so mehr schlagen die *Einkommensunterschiede massiv zuungunsten* der Managerinnen zu Buche (Friedel-Howe, 1990).

Auch auf die Gefahr hin, so zu wirken, als verfehlten wir das Thema, muß man doch die Frage aufwerfen, wer überhaupt informiert und trainiert werden soll? Ist es nicht das beste Training *für* Frauen, die Gehälter anzugleichen und die Vorurteile, Ängste, Zweifel etc. der Umwelt positiv zu beeinflussen? Auf die hohe Bedeutung solcher langfristiger Maßnahmen weist auch die Tatsache hin, daß männliche Angehörige von Minoritäten (Menschen mit schwarzer Hautfarbe, Asiaten etc.) noch stärker benachteiligt werden als weiße Frauen (Morrison & Glinow, 1990). Entscheidende, wenn nicht *die* entscheidenden Faktoren sind also ideologisch-politische.

Neubauer (1990) weist zu Recht darauf hin, daß Frauen aufgrund „männlicher Theorien, die Herrschaft über die Kriteriumswelt der Führung haben" ausgewählt werden. Er fährt fort, daß man stärker als bisher diese „subjektiven Sichtweisen", „die impliziten Eignungstheorien", die Tatsache, daß „Manns Bild der Frau eine Mischung aus männlicher Führung und männlicher Kenntnis von Frauen aus anderen Feldern" ist, untersuchen sollte (Neubauer, 1990, S.30).

Das bedeutet Trainings für Personalentscheider und andere Vorgesetzte zur Sichtbarmachung jener subjektiven Theorien, Schulungen gegen Vorurteile, aber auch Trainings, in denen die Ängste der Männer vor Frauen, die durch die männliche Sozialisation verständlich sind, bearbeitet werden. Hinzu kommen Umstellungen im Bereich der Personalauswahl. Neubauer kann in seiner Untersu-

Frauen in Führungspositionen – Analyse und Konsequenzen gesellschaftlicher Anforderungen 115

chung zeigen, daß im Vergleich mit einem nur männlich besetzten Gremium zwar nicht mehr oder weniger Frauen in Führungspositionen gelangen, wenn die BewerberInnen von einer Gruppe (im Assessment Center) ausgewählt werden, das Frauen und Männer enthält, daß aber weibliche Führungsqualitäten dabei mehr zur Geltung kommen. Dies geschieht vor allem dadurch, daß die Kriterien dann nicht nur aus 'männlichen' Alltagstheorien stammen, wie etwa jener eingangs erwähnten, daß Gefühl und Sachlichkeit unvereinbare Gegensätze seien (Neubauer, 1990, S.33).

Dies sind Maßnahmen, denen man in Forschung und Praxis mehr Bedeutung beimessen sollte als bisher. Man sollte in Unternehmen wissenschaftlich untersuchen, ob sich so, ohne weitere Begleitschulungen für Frauen, die Situation grundlegend verändert. Es wäre eine Herausforderung, den Artikel an dieser Stelle zu beenden.

Dennoch muß man sich zum gegenwärtigen Zeitpunkt auch die Frage stellen, was begleitend individuell zu tun ist, um schnell mehr (von der Wirtschaft dringend benötigte) Frauen für Führungspositionen zu ermutigen. Dazu gehört, ihnen ihre Ressourcen bewußt zu machen und zu überlegen, wie Mängel auszugleichen sind.

4. Trainingsziele und Modelle

These IV:
Wichtigster Aspekt von Trainings ist, Menschen dazu zu befähigen, in spezifischen Situationen diesen Situationen und ihnen selbst kongruentes Denken, Fühlen und Verhalten zu haben bzw. zu zeigen.

Für Frauen wichtige Inhalte sind: Stützung der häufig vorhandenen emotionalen Kompetenz, Verbesserung der Solidarität, Konfliktfähigkeit, Entscheidungsfähigkeit, Durchsetzungsvermögen sowie Lebens-/Karriereplanung, Umgang mit der Dualität Produktion/Reproduktion und mit Streß.

Wie wird mit diesen, bisweilen als Eigenschaften, bisweilen als Persönlichkeitsmerkmale, aber selten als erlernbare Fähigkeiten und Fertigkeiten unter „weiblich" und „männlich" eingeordneten Begriffen in der Theorie und Praxis umgegangen?

4.1 Die Ratgeberliteratur

Was in der populären Ratgeberliteratur bis hin zu Buchpublikationen in an sich ernst zu nehmenden Verlagen erscheint, ist oft beleidigend, dümmlich und verstärkt genau die Vorurteile, denen sich Frauen gegenübersehen (vgl. u.a. Markel, 1987; auf weitere Zitate wird wegen der geringen Qualität der Bücher verzichtet).

Eine Analyse dieser Literatur ist derzeit in Arbeit (Lerchner, 1992). Soviel steht aber schon fest: **Ein Umdenken und Neustrukturieren dieser Gattung von Unterlagen**

ist dringend nötig. Schriftliche Informationsübermittlung ist eine Möglichkeit, um Einstellung und Verhalten zu ändern, Trainer bzw. Trainingsfirmen sollten diesen Bereich nicht nur geschäftstüchtigen AutorInnen oder Laien in Interessenverbänden überlassen.

4.2 Vorgefertigte Trainings für Frauen

Ähnliches gilt aber auch für Trainingsanleitungen, wo viel verkauft wird, das nicht den wirklichen Erfordernissen oder nicht dem oben skizzierten Stand des Wissens über Wirksamkeit von Trainings entspricht, nicht evaluierbar ist oder wo alter Wein im neuen Schlauch des 'Trainings für Frauen' auftaucht. Als wieder nur ein Beispiel von vielen sei das sog. „Selbstbehauptungstraining für Frauen" von Wolfe (1980) erwähnt. Die Technik ist erprobt, ihre Wirkungen bekannt. Hier wird eine allgemein anerkannte und für Männer wie Frauen gleichermaßen brauchbare Technik der klinischen Psychologie ohne weitere Differenzierungen verkauft. Der einzige Unterschied: Die Rollenspielpartner sind Frauen!

Bei der Arbeit ist aber stets darauf zu achten, ob es sich um ein individuelles Problem handelt (es gibt Männer wie Frauen mit Durchsetzungsschwierigkeiten) oder ob dieses gesellschaftlich überlagert ist. Frauen müssen im gegebenen Beispiel nicht nur ein bestimmtes Verhalten erlernen, sondern ein bestimmtes bei Frauen häufig diskriminiertes, rollentypisches Verhalten einüben. Dies bedeutet quasi eine Arbeit in Stufen, wie sie etwa von Wagner (1992) durchgeführt und dokumentiert oder von Berger und Schwarz-Keller (1990) geleistet und im folgenden an einem Beispiel erläutert wird.

Beispiel 1:

Frauen im Management – Seminar

DAUER:	3 1/2 Tage
LERNZIELE:	Berufliche/private Interessen erkennen,
	Karriere- und Lebensplan erstellen,
	Durchsetzungs- und Umsetzungsstrategien entwickeln.
INHALTE:	Erwartungen, die Frauen an Unternehmen stellen: formulie ren, vertreten, durchhalten lernen,
	Erwartungen, die Unternehmen an Frauen stellen: kennenlernen, verstehen, adaptieren,
	Änderungen für das Privatleben planen und umsetzen,
	Erkennen, was Frauen von Männern bzw. Männer von Frauen lernen können,
	Spannungsfeld Beruf/Partnerschaft/Familie erkennen und produktiv gestalten, verändern, weiterentwickeln,

Frauen in Führungspositionen – Analyse und Konsequenzen gesellschaftlicher Anforderungen 117

	Systemzusammenhänge erkennen (vgl. Berger & Schwarz-Keller, 1990).
METHODEN:	Erfahrungs- und handlungsorientiertes Lernen, Rollenspiele mit und ohne visuellem Feedback, Theorieinputs.
EVALUATION:	Teilnehmerfeedback und eventuell wissenschaftliche Begleitung.

4.3 Wichtige Trainingsinhalte

Wir werden auch im folgenden wenig fertige Trainings oder Trainingskochbücher empfehlen. Unser Zugang ist der, daß wir davon ausgehen, daß es nicht simplifizierend die weiblichen Eigenschaften, die Selbstsicherheit, die Konfliktfähigkeit oder die männliche Dominanz gibt etc., sondern stets nur selbstsicheres, konfliktfähiges, dominantes Denken, Fühlen, Handeln in bestimmten Situationen, unter bestimmten Bedingungen. Es ist ein großer Unterschied, ob man Selbstsicherheit im Umgang mit Kunden oder gegenüber Vorgesetzten besitzt, Selbständigkeit in der Kindererziehung oder im Planen eines Auftrages. Wenige Menschen sind z.B. durchgehend selbstunsicher etc.; sie schätzen sich höchstens durchgehend selbstunsicher ein. Genaue Gespräche, Interviews oder Verhaltensanalysen zeigen aber dann sehr viele Gebiete auf, in denen selbstsicher bzw. selbstunsicher agiert wird.

Zieht man das oben Gesagte heran, daß Frauen entsprechend der weit verbreiteten Vorurteile mehr Durchsetzungsvermögen und Selbstsicherheit als Männer benötigen und bei der in unserer Kultur üblichen Sozialisation oft weniger davon besitzen, und betrachtet gleichzeitig auch die 'positiven weiblichen' Fähigkeiten und Fertigkeiten differenziert und kritisch, so ergibt sich in etwa folgender Lernzielkatalog für die eigentlichen Führungstätigkeiten.

4.3.1 Emotionale und soziale Kompetenz

Wählen wir in Übereinstimmung mit dem Großteil der ernstzunehmenden Literatur für jene 'weiblichen Werte' als Arbeitsdefinition 'emotionale und soziale Kompetenz', dann wird dies häufig verstanden als (verglichen mit Männern: größere) Bereitschaft zur Beziehungsarbeit. Gekoppelt mit der oben genannten Fähigkeit des Verbalisierens kann man davon ausgehen, daß diese bei vielen Frauen hoch ist. Beziehungsarbeit ist ein wesentlicher Teil, der in Partnerschaften ebenso wie in Unternehmen nach Aussage beider Geschlechter vorrangig von Frauen geleistet wird (vgl. u.a. Eagly, 1991). **Hier sollten Trainings vorhandenes Potential bestärken. Ein gutes handlungstheoretisch orientiertes Training liegt von Semmer und Pfafflin (1979) vor.**

Schwieriger wird die Frage nach anderen Dimensionen dieses Bereiches.

4.3.2 Solidarität

Untersuchungen haben gezeigt, daß Frauen – ebenso wie Männer – wenig Solidarität in Wettbewerbssituationen zeigen (vgl. zus.fassend Krameyer, 1976) und ebensowenig fähig zur Verbalisierung von Konflikten sind. In solchen Konfliktsituationen, in denen ein Ausweichen nicht möglich ist, geht auch sehr leicht die ebenfalls sog. 'weibliche' Dimension der Wertschätzung und Sensibilität für andere verloren, Aggressionen werden massiv nonverbal oder verbal indirekt ausgetragen (vgl. Ardelt & Schlögl, 1991).

Ein wissenschaftlich begleitetes Trainingsverfahren, das am Modellernen nach Bandura orientiert ist, zeigte keine Effekte (Krameyer, 1976). Als Gründe für das Scheitern werden Stichprobeneffekte angegeben, aber auch die Notwendigkeit betont, solche Trainings für mehr Frauen aus ein und demselben Unternehmen durchzuführen.

Es wird in der Wissenschaft üblicherweise nicht erforscht, ob Trainings auch Schaden anrichten können, weshalb auch hier keine Daten vorliegen. Gerade in diesem Problemgebiet muß man sich aber über zweierlei klar sein:

Einmal darüber, daß individuelle Maßnahmen oft nicht ausreichen, vielmehr die 'Trainierten' noch zusätzlich belasten können: Sie wissen, wie sie sich eigentlich verhalten sollten, die Situationsfaktoren sind aber stärker, das Scheitern programmiert. Das heißt, Trainings in diesem Bereich bedürfen **zweitens profunder Kenntnisse über Einstellungs- und Verhaltensänderungstheorien** als Sonderform über Theorien zur Innovation bzw. über die Bedeutung von Konformität und Gruppendruck, wie es etwa in den neueren Untersuchungen unter dem Oberbegriff „Sozialer Wandel durch Minoritäten" behandelt wird (vgl. u.a. Moscovici, 1979). **Drittens sind die gegebenen Arbeitsbedingungen im Training mitzuberücksichtigen.**

Auf alle Fälle müßte die Erziehung zur Solidarität vermehrt in der Vorschul- und Schulpädagogik berücksichtigt werden.

Gruppendynamische Seminare bieten eine gute Möglichkeit, **solidarisches Verhalten zu erleben, zu reflektieren und zu erproben, dies sollte stärker als bisher berücksichtigt werden.** Auch gute Anleitungen zu Konflikt- und Kooperationsübungen, wie etwa jene von Vopel und Kirsten (1984), messen dem Lernziel Solidarität oft zu wenig Bedeutung bei.

4.3.3 Selbstsicherheit/Durchsetzungsfähigkeit

Wenn wir als weiteren Punkt 'Selbstsicherheit' anführen, so erscheint uns die Bemerkung wichtig, daß dies – entgegen gängigen Vorstellungen – etwas ist, das Männern und Frauen gleichermaßen häufig fehlt. Vielleicht sollte man Alfred Adlers Ausführungen über Ohnmacht bisweilen ebenso sorgfältig lesen wie Sigmund Freud. Manche aus der Geschichte bekannte Katastrophe ebenso wie Probleme im Unter-

Frauen in Führungspositionen – Analyse und Konsequenzen gesellschaftlicher Anforderungen   119

nehmen haben vermutlich mehr mit männlicher Selbstunsicherheit und daraus resultierendem Machtstreben als mit der von Freud in den Mittelpunkt gerückten verdrängten Sexualität zu tun.

Wir betrachten Selbstsicherheit nicht nur als lernbares Verhalten, sondern als etwas, das bei ManagerInnen mit dem unter 4.3.2 genannten psychologischen wie selbstverständlich dem entsprechenden Fachwissen variiert.

In Trainings ist also sowohl psychologisches Fachwissen zu vermitteln, wie auf der Verhaltensebene jenes Handeln, das situationsadäquat ist. Es ist abhängig vom Paradigma, ob man primär auf die 'innere' Selbstsicherheit hinarbeitet, alte Muster aufdeckt und bewußt macht, darauf vertrauend, daß sich damit der Selbstwert erhöht und das Handeln sich mit ändert oder sofort auf der Handlungsebene beginnt. Nach unserer Meinung ist dies keine Schulen-, sondern eine Indikationsfrage, was wiederum eine Diagnostik, wie sie in anderen Bereichen selbstverständlich ist, auch im Managementtrainingsbereich vorsieht. **Gute und hinreichend evaluierte Trainings liegen auf lerntheoretischer Grundlage vor** (vgl. u.a. Ullrich & Ullrich, 1976; Ullrich & Ullrich de Mynck, 1980; Wagner, 1992; Rotering-Steinberg, 1992; Krause & Roeder, 1992).

Dem eben behandelten Bereich kann man schließlich den **Umgang mit Autorität** zuordnen. Die Akzeptanz von Verantwortung, Macht und Kontrolle gehört nicht nur für Frauen zu den schwierigen Facetten der Führungstätigkeit. Gerade dadurch, daß in unserer Gesellschaft jede/r Autorität als Kind verknüpft mit (im ersten Lebensjahr sogar existentieller) Abhängigkeit und Hilflosigkeit erlebt hat, geschieht es so leicht, daß frau/man das richtige – auch ideologische – Maß so schwer findet. Es war ein schöner, aber trügerischer Traum der 70er Jahre, daß die genannten Begriffe im partizipativen Management nicht mehr nötig sind.

Was man in Trainings vermitteln muß, ist einmal **Information über die in der Sozialpsychologie bekannten Auswirkungen von Stilen der Lenkung/Führung und vielleicht noch mehr von Nicht-Lenkung**, wie sie seit Lewin erforscht werden. Zum anderen können hier **sämtliche Verfahren der Gruppendynamik** ihre Anwendung finden, wobei man dabei zur Stimulierung der Selbsterfahrung sicherlich auf gut erprobte Übungen der Erwachsenenbildungsliteratur (vgl. u.a. Comelli, 1985) zurückgreifen kann.

4.3.4 Konfliktfähigkeit

Aufbauend auf selbstsicherem Verhalten ist ein Konflikttraining angeraten. Konflikt darf freilich nicht im klassischen Sinne einer vorwiegend männlichen Arbeitswelt verstanden werden als Kampf, „erfolgreiches Verhalten in Konfliktsituationen" oder als „Diskussionen um 'richtige' oder 'falsche' Sichtweisen" (Neubauer, 1990, S.30). Klare und ausgewogene Konfliktlösungen setzen voraus, daß die gesamte Umwelt

(Betrieb, Abteilung etc.) keine negativen Konsequenzen für das Aushandeln von Konflikten setzt, Konflikt als etwas erkennt, was dem menschlichen Zusammenleben immanent ist, was primär Chance und sekundär (negative) Störung darstellt.

Abhängig von den individuellen Problemen beim Umgang mit Konflikten bieten sich die einschlägigen Übungen der Trainingspalette an (vgl. u.a. Antons, 1973; Comelli, 1985; Fittkau, Müller-Wolf & Schultz von Thun, 1987). Sie sollten freilich auf den neuesten Stand gebracht und für Frauen sinnvoll adaptiert werden. **Supervision oder Coaching** ist begleitend wie als Einzelverfahren günstig. In keinem Bereich erscheint aber das kybernetische Denken, der sog. **systemische Ansatz**, so angebracht wie hier (vgl. u.a. Reiter, Brunner & Reiter-Theil, 1988), da üblicherweise mehr Personen am Konflikt beteiligt sind bzw. vorhandene Systeme die Konfliktkultur stark beeinflussen. Daher ist auch eine entsprechende **Organisationsdiagnose und -entwicklung** von Bedeutung (vgl. u.a. Pesendorfer, 1992; Schwarz, 1990).

Beispiel 2:
Konflikt und Disflikt-Trainingsseminar

DAUER: 1/2 + 2 Tage + 5 x 1 Tag

LERNZIEL: Chancen von Konflikten und Gefahren von Disflikten erkennen und produktiv auf kognitiver, emotionaler, körperlicher und Verhaltens-Ebene umgehen lernen.

INHALTE: Wahrnehmen der eigenen Gefühle und Körperreaktionen, der eigenen und fremden Muster des Umgangs mit Kon-/Disflikten und ihrer Verschränkungen, Aufbau alternativer Denk- und Verhaltensmuster, Festigung derselben gegebenenfalls gegen Widerstände.

METHODEN: Gemeinsam mit den Teilnehmern Adaption (1/2 Tag) und Führen (10 Tage) eines Befindenstagebuches (vgl. u.a. Ardelt, 1990; Grob, Ardelt & Ratz, 1993),

                Gruppenintensivtraining (1 1/2 Tage) aufgrund der Sensibilisierung durch das BFT (Buchner & Ardelt, 1993),

                Infoblöcke zum Praxistransfer (1/2 Tag),

                Gruppendiskussion, Rollenspiele und Coaching zur Festigung (jeweils 1 Tag innerhalb von 4 Wochen für Kleingruppen) des Gelernten.

EVALUATION: Wissenschaftliche Begleitung.

4.3.5 Entscheidungs-/Problemlösefähigkeit

Die Palette der vorgefertigten Trainings ist groß (vgl. u.a. Nagel, 1986). Man kann sie grob in zwei Gruppen aufteilen. Einmal jene, die vorwiegend im kognitiven Bereich arbeiten. Für diese Gruppe sei nochmals darauf verwiesen, daß sich spezifisch für die Interessenten adaptierte Trainings als die wirksamsten erwiesen haben (vgl. 2.).

Frauen in Führungspositionen – Analyse und Konsequenzen gesellschaftlicher Anforderungen   121

In der zweiten Gruppe findet man im Rahmen der 'Esoterik-Welle' viele bisher nicht evaluierte Verfahren. Sie legen ihre Schwerpunkte auf Kreativität, das sog. 'intuitive' Denken etc. Kreativität ist nach zahlreichen Untersuchungen hoch mit vielen Variablen des Führungserfolgs korreliert. Frauen unterscheiden sich im Mittelwert der Kreativität nicht von Männern, sie ist bei Frauen aber eng mit dem Wunsch nach Anerkennung bzw. der Beziehungsebene, bei Männern mit Leistungsmotivation bzw. der Sachebene verknüpft (Chusmir & Koberg, 1986). **In Schulungen ist also darauf zu achten, daß Frauen ihre vorhandene Kreativität noch stärker als bisher im Bereich des Wettbewerbs und der Sach-Problemlösung einsetzen.**

Bezüglich der sog. Intuition gehen wir davon aus, daß sie sehr klar definiert werden kann und häufig nichts anderes ist als das Handeln aufgrund von – sehr rationalen – Alltagstheorien. Die sog. 'weibliche' Intuition beruht großenteils auf der von Kimura biologisch nachgewiesenen – zumeist – höheren Wahrnehmungsgeschwindigkeit bei Frauen, die Zusammenhänge schneller erkennen und durch die höhere verbale Gewandtheit treffender formulieren läßt (Kimura, 1992). **Liegen diese 'weiblichen' Fähigkeiten vor, dann ist es sicherlich günstig, sie im Sinne des 'wage es' zu verstärken.**

Außer den für Führungsaufgaben eben behandelten Punkten, wird in der Literatur immer wieder auf einen weiteren für Frauen wichtigen Faktor hingewiesen und zwar die Karriereplanung.

4.3.6 Karriereplanung

Ergebnisse aus Fallstudien zeigen, daß es für Frauenkarrieren günstig und notwendig ist, eine klare Berufsplanung ebenso wie ein klares Konzept für das eigene Privatleben zu haben. Können Männer, deren Frauen für Haushalt und Kinder zuständig sind, Unwägbarkeiten im privaten Bereich durch die Ehefrauen quasi abfangen lassen, ist dies für Frauen zumeist nicht möglich. Diese Notwendigkeiten müßten sehr frühzeitig **in Schulen, bei der Berufsberatung** etc. vermittelt werden. Später können sie dann in Form von **Coaching-Gesprächen** abgehandelt und durch **Trainings sowie Frauengesprächsgruppen mit und ohne professionelle Leitung** gestützt werden (vgl. hierzu auch Wagner, 1992).

Frauen müssen aber dahingehend arbeiten, Schwangerschaften und Versorgung der Kinder mit Hilfe einer exakten Lebenslauf(vor)planung, die wirklich so gut 'stimmen' muß, daß sie ihrem Beruf nachgehen können, in den Griff zu bekommen.

Bezüglich der beiden genannten Punkte sind sowohl Trainings für Frauen notwendig, die ihnen helfen, das schlechte Gewissen: „eine gute Mutter ist (nur) bei den Kindern", zu überwinden als auch Öffentlichkeitsarbeit zu leisten, die dieses *gängige* Vorurteil bekämpft. Eine zufriedene Mutter ist eine 'gute Mutter', darin sind sich alle neueren Untersuchungen einig, und nicht die Quantität der Betreuung entscheidet, sondern die Qualität.

Je nach Bedarfslage, die vor allem durch die persönliche Lerngeschichte bestimmt ist, wird man hier verschiedene Trainings anbieten müssen. Die einen müssen sehr umfassend an den genannten 'alten' Mustern ansetzen, sie zu Bewußtsein bringen und bei einer Umstrukturierung und vor allem einer Erprobung in der Praxis begleiten (vgl. u.a. Lenke & Volhard, 1977). Die anderen werden schwerpunktmäßig mehr informierenden und stützenden Charakter haben. Es bieten sich also sowohl Verfahren an, die sich an Familientherapie (z.B. Familienrekonstruktion) anlehnen, wie jene aus der Verhaltenstherapie (Kognitive Umstrukturierung) oder Psychoanalyse. Auch die Bedeutung von Selbsthilfegruppen, etwa in Form von Gesprächskreisen, soll nicht unterschätzt werden (vgl. u.a. Wagner, 1979).

4.3.7 Umgang mit Streßfaktoren

Unterscheiden sich weibliche und männliche Arbeitnehmer aller Berufe prinzipiell dadurch, daß Männer schwerere Krankheiten haben, so sehen sich Managerinnen vielfältigerem und stärkeren Streß gegenüber als Manager, was zu den entsprechenden psychosomatischen Auswirkungen führt (Marticchio & O'Leary, 1989). Wesentliche Streßfaktoren bei Frauen waren in einer Untersuchung von McDonald und Korabik (1991): Vorurteile, Diskriminierung und das Problem Familie/Beruf. In den Bewältigungsstrategien wählten Frauen das Gespräch mit anderen, während Männer mehr ablenkenden Tätigkeiten (z.B. sportlichen Aktivitäten) nachgingen. Man könnte bösartig hinzufügen, daß Frauen das nicht tun können, weil sie zumeist zumindest mit dem Haushalt (bzw. oft auch mit Kindern) doppelt belastet sind.

Es würde eine Wiederholung darstellen, darauf zu verweisen, daß gegen die genannten Streßfaktoren **Trainings an und für Frauen bestenfalls Symptomtherapie wären und eigentlich nicht angebracht sind. Kompensatorische Angebote**, wenn man sie für jene akzeptiert, die hier und jetzt bereits betroffen sind, wären **Verbesserung der Selbstwahrnehmung für Überbelastung und Entspannungstechniken. Fundierte, auf der Lerntheorie basierende Trainings, sind gegen psychosomatische Störungen von Franke (1984) bzw. gegen Streß von Schelp et al. (1990) entwickelt worden.** Beide sind nicht geschlechtsspezifisch, aber problemlos zu adaptieren.

Es mag die/den LeserIn frustrieren, die/der sich in diesem Beitrag allzu Geschlechtsspezifisches erwartet hat. Deshalb zum Schluß eine Aussage, die sich auf die exakte Evaluation eines frauenspezifischen Trainings stützt: „Weibliches Potential (gemeint ist persönliche Effizienz, Anm. d. Autorinnen) ist in erstaunlich kurzer Zeit entwickelbar" (Diehl-Becker, 1991).

Literatur

Antons, K. (1973). *Praxis der Gruppendynamik.* Göttingen: Hogrefe. – **Ardelt, E. (1989).** *Das Befindenstagebuch als Diagnoseinstrument in Gruppen.* Unveröff. Ms., Psychologisches Institut der Uni-

Frauen in Führungspositionen – Analyse und Konsequenzen gesellschaftlicher Anforderungen   123

versität Salzburg. – **Ardelt, E.** (**1991**). *Struktur und Prozeß koagierender Frauenarbeitsgruppen.* Unveröff. Habilitationsschrift, Psychologisches Institut der Universität Salzburg. – **Ardelt, E. & Schlögl W.** (**1991**). *Konform und solidarisch? Normentwicklung in Arbeitsgruppen.* Salzburg: Otto Müller. – **Berger, Ch. & Schwarz-Keller, U.** (**1990**). *Die Frau im Management.* Unveröff. Ms., Institut für Angewandte Philosophie St. Gallen. – **Bergold, J. & Flick, U.** (**Hrsg.**) (**1987**). *Ein-Sichten. Zugänge zur Sicht des Subjekts mittels qualitativer Forschung.* Tübingen: DGVT Verlag. – **Brandstätter, H.** (**1989**). Stabilität und Veränderbarkeit von Persönlichkeitsmerkmalen. *Zeitschrift für Arbeits- und Organisationspsychologie 33,* 12-22. – **Brandstätter, H. & Wagner, W.** (**1989**). *Alltagserfahrungen berufstätiger Ehepaare.* Unveröff. Forschungsbericht, Psychologisches Institut der Universität Linz. – **Buber, R.** (**1991**). Unterschiede im Führungsverhalten von Frauen und Männern. In R. Bendl et al. (Hrsg.), *Wenn zwei das Gleiche tun, ist das noch lange nicht dasselbe* (S.79-102). Wien: Service Fachverlag. – **Buchner, R. & Ardelt, E.** (**1993**). *Das Befindenstagebuch als Interventionsinstrument. Ein neues Modell für Organisationsentwicklung und Training.* Unveröff. Ms, Psychologisches Institut der Universität Salzburg. – **Burke, M. & Day, R.** (**1986**). A cumulative study of the effectiveness of managerial trainings. *Journal of Applied Psychology, 71,* 232-245. – **Comelli, G.** (**1985**). *Trainings als Beitrag zur Organisationsentwicklung.* München: Hanser. – **Chusmir, L. & Koberg, C.** (**1986**). Creativity differences among managers. *Journal of Vocational Behavior 29,* 240-253. – **Diehl-Becker, A.** (**1991**). *Personal-Effectiveness-Trainings für Frauen.* Göttingen: Hogrefe. – **Diem-Wille, G.** (**1989**). *Karrierefrauen und Karrieremänner. Eine psychoanalytische Untersuchung ihrer Lebensgeschichte und Familiendynamik.* Unveröff. Habilitationsschrift, Universität für Bildungswissenschaften Klagenfurt. – **Donell, S. & Hall, J.** (**1980**). Men and women as managers: A significant case of no significant difference. *Organizational Dynamics, Spring,* 60-77. – **Eagly, N.** (**1991**). *Sex differences in social behavior.* Hillsdale: Erlbaum. – **Fisch, R. & Fiala, S.** (**1984**). Wie erfolgreich ist Führungstraining? Eine Bilanz neuester Literatur. *Die Betriebswirtschaft, 44,* 193-203. – **Fittkau, B., Müller-Wolf, H. & Schulz von Thin, F.** (**Hrsg.**) (**1987**). *Kommunizieren lernen (und umlernen).* Aachen: Westermann. – **Franke, A.** (**1984**). *Gruppentraining gegen psychosomatische Störungen.* München: Pfeiffer. – **Friedel-Howe, H.** (**1990**). Ergebnisse und offene Fragen der geschlechtsvergleichenden Führungsstilforschung. *Zeitschrift für Arbeits- und Organisationspsychologie, 34,* 4-16. – **Funke, U.** (**1989**). Die Wirksamkeit von Führungstrainings. Eine Bestandsaufnahme in zwei Übersichtsstudien. *Zeitschrift für Arbeits- und Organisationspsychologie 33,* 51-52. – **Galam, S. & Moscovici, S.** (**1991**). Towards a theory of collective phenomena: Consensus and attitude changes in groups. *European Journal of Social Psychology, 21,* 49-74. – **Gattinger, E.** (**1990**). Gedanken zu Leistungs- und Führungsfragen in sozialen Organisationen. In A. Aichinger & E. Gattinger (Hrsg.), *Arbeit im Abseits?* (S.48-55). Wien: Verein für Bewährungshilfe. – **Grob, M., Ardelt, E. & Ratz, G.** (**1993**). *Das Befindenstagebuch als Diagnoseinstrument bei Managementtrainings.* Unveröff. Ms., Psychologisches Institut der Universität Salzburg. – **Hefftner, S.** (**1990**). Chancengleichheit statt spezifischer Frauenförderung. *Zeitschrift für Arbeits- und Organisationspsychologie, 34,* 46-50. – **Henes-Karnahl B.** (**1989**). *Kurs auf Erfolg. Karrierestrategien für die Frau im Beruf.* München: Piper. – **Hirsch, N. & Pfingsten, B.** (**1983**). *Gruppentraining sozialer Kompetenzen.* München: U & S. – **Holling, H. & Liepmann, D.** (**1993**). Personalentwicklung. In H. Schuler (Hrsg.), *Lehrbuch Organisationspsychologie* (S.285-316). Bern: Huber. – **Kimura, D.** (**1992**). Weibliches und männliches Gehirn. *Spektrum der Wissenschaften, 11,* 104-113. – **Klingma, R.** (**1986**). Berufsfrauen-Hausfrauen: Wie gesund sind sie wirklich? *Pro Familia Magazin, 14 (6),* 8-9. – **Kirchler, E.** (**1992**). Adorable women, expert man: Changing gender images of women and men in management. *European Journal of Psychology, 22,* 363-373. – **Krameyer, A.** (**1976**). *Soziales Lernen durch Imitation in der gewerkschaftlichen Frauenbildungsarbeit.* Münster: Eigenverlag. – **Krause, C. & Röder, U.** (**1992**). Reden mit Gelassenheit. *Gruppendynamik, 23,* 29-42. – **Lackner, K.** (**1988**). *Töchter. Der lebenslange Abschied von den Vätern.* Genf: Ariston. – **Lerchner, S.** (**1992**). *Analyse der Frauenratgeberliteratur.* Unveröff. Ms., Psychologisches Institut der Universität Salzburg. – **Lenke, I. & Volh ard, B.** (**1977**). Selbsterfahrungsgruppen von Frauen als Beginn emanzipatorischer Veränderungen. In K. Bergmann & G. Frank (Hrsg.), *Bildungsarbeit mit Erwachsenen* (S.267-282). Hamburg: Reinbek. – **Lewis, Ch. & O'Brien, M.** (**Eds.**) (**1987**). *Reassessing fatherhood.* London: Sage. – **McDonald, L. & Korabik, K.** (**1991**).

Sources of stress and ways of coping among male and female managers. *Journal of Social Behavior and Personality, 6,* 195-198. – **Markel, R. (1989).** *Karriere ist weiblich. Wegweiser für Frauen in ein erfolgreiches Berufsleben.* Hamburg: Rowohlt. – **Marticchio, J. & O'Leary, A. (1989).** Sex differences in occupational stress: A metaanylytic review. *Journal of Applied Psychology, 74,* 495-501. – **Marx, R. (1982).** Relapse prevention for managerial training: A model of behavior change. *Academic Managerial Review 7,* 433-441. – **Morrison, A. & Glinow, M. (1990).** Women and minorities in management. *American Psychologist, 45,* 200-208. – **Moscovici, S. (1979).** *Sozialer Wandel durch Minoritäten.* München: U & S. – **Nagel, K. (1986).** *Erfolg durch effizientes Arbeiten, Entscheiden, Vermitteln und Lernen.* München: Oldenbourg. – **Neubauer, R. (1990).** Frauen im Assessment Center – Ein Gewinn? *Zeitschrift für Arbeits- und Organisationspsychologie 34,* 29-36. – **Oliver, C. (1989).** *Jokastes Kinder. Die Psyche der Frau im Schatten der Mutter.* München: dtv. – **Pesendorfer, B. (1992).** *Konfliktmanagement.* Unveröff. Ms., Institut für Angewandte Philosophie St. Gallen. – **Reiter, L., Brunner, E. & Reiter-Theil, S. (1988).** *Von der Familientherapie zur systemischen Perspektive.* Berlin: Springer. – **Retering-Steinberg, S. (1992).** Selbstsicherheit – ein lebenslanges Lernprojekt. *Gruppendynamik, 23,* 43-57. – **Rustemeyer, R. & Thrien, S. (1989).** Die Managerin – der Manager. Wie weiblich dürfen sie sein, wie männlich müssen sie sein? *Zeitschrift für Arbeits- und Organisationspsychologie 30,* 108-116. – **Sarges, W. & Fricke, R. (1986).** *Psychologie für die Erwachsenenbildung.* Göttingen: Hogrefe. – **Schelp, T. et al. (1990).** *Rational-Emotive Therapie als Gruppentraining gegen Streß.* Bern: Huber. – **Schiersmann, Ch. (1985).** Der Erfahrungsbegriff in Konzepten der Frauenbildung. *Frauenforschung, 3,* 102-120. – **Schuler, H. (1989).** Fragmente psychologischer Forschung zur Personalentwicklung. *Zeitschrift für Arbeits- und Organisationspsychologie, 33,* 3-11. – **Schwarz, G. (1990).** *Konfliktmanagement.* Wiesbaden: Gabler. – **Semmer, N. & Pfäfflin, M. (1979).** *Interaktionstraining. Ein handlungstheoretischer Ansatz zum Training sozialer Fertigkeiten.* Weinheim: Beltz. – **Stroebe, W. et al. (1992).** *Sozialpsychologie.* Berlin: Springer. – **Tannenbaum, S. & Yukl, G. (1992).** Training and development in work organizations. *Annual Review of Psychology, 43,* 399-441. – **Ullrich, R. & Ullrich, R. (1976).** *Einübung in Selbstvertrauen und soziale Kompetenz.* München: Pfeiffer. – **Ullrich, R. & Ullrich deMynck, R. (1980).** *Das Assertive Training Programm.* München: Pfeiffer. – **Vopel, K. & Kirsten, R. (1984).** *Kommunikation und Kooperation. Ein gruppendynamisches Trainingsprogramm.* München: Pfeiffer. – **Wagner, A. (1979).** Erfahrungen mit Frauengesprächsgruppen. In L. Doormann (Hrsg.), *Keiner schiebt uns weg* (S.301-308). Weinheim: Beltz. – **Wagner, A. (1992).** Wirkungsgeschichte und Dokumentation eines Selbstbehauptungstrainings für Frauen. *Gruppendynamik, 23,* 7-28. – **Wolfe, J. (1980).** *Selbstsicherheitstraining für Frauen.* München Pfeiffer.

Horst Krähe und Klaus Koeppe

Kommunikationstraining und Persönlichkeitsentwicklung

Wenn ein Unternehmen sich dafür entscheidet, ein Kommunikationstraining durchzuführen, so will es in der Regel damit bestimmte Probleme lösen. Kommunikationstrainings sind für Unternehmen Mittel, um Unternehmensziele zu erreichen.

Zur Steigerung von Umsatz und Gewinn ist ein reibungsloser Informationsfluß notwendig. Kommunikationsblockaden zwischen einzelnen Mitarbeitern, schwerwiegender aber noch zwischen Abteilungen, erschweren, ja sabotieren oft den Erfolg eines Unternehmens.

Kernpunkt des langfristigen Erfolgs eines Unternehmens ist die Art und Qualität der Kommunikation (vgl. z.B. MIT Studie; Peters & Waterman):
- zwischen Führung und Mitarbeitern
- der Mitarbeiter untereinander
- zwischen den einzelnen Organisationseinheiten
- zwischen Unternehmen und Kunden (Markt)
- zwischen Unternehmen und Zulieferern

Auf diese Weise gehen Kommunikationsblockaden direkt in die Verlust- und Gewinnrechnung jedes Unternehmens ein.

Ein pragmatisches Ziel jedes Unternehmens ist demnach, die Kommunikationsfähigkeit der Mitarbeiter zu erhöhen, um dadurch den wirtschaftlichen Erfolg zu sichern.

Nicht die Technik, der Mensch begrenzt:
So sind die meisten Qualitätsprobleme z.B. nicht technischer, sondern kommunikativer Natur. Wissen, Kreativität, Ahnungen, Gefühle werden nicht rechtzeitig oder nicht vollständig ausgetauscht: aus Angst, Gewohnheit, Machtstreben und schlichter Schlamperei.

Dies kostet gleichermaßen enorme Summen wie überhöhte Krankheitsquoten, die ebenfalls unbestritten Folge mangelhafter Kommunikation sind, wenn man davon ausgeht, daß einige der häufigsten Ursachen für motivationsbedingte Fehlzeiten in dem Verhältnis zwischen Vorgesetzten und Mitarbeitern zu finden sind.

1. Was ist dies nun genau, diese Kommunikation, über die Unternehmen sehr viel gewinnen und sehr viel verlieren können?

◆ **Kommunikation ist mehr als Information**

Trotz der ausgezeichneten Informationstechnik über Telefon, Telefax, vernetzte Datenbanken, Electronic Mail etc. sind viele Menschen heute einsamer und innerlich isolierter denn je und verarmen in ihrer kreativen Arbeitsfähigkeit, dies zum Nachteil ihrer selbst wie auch des Unternehmens.

So kursiert z.B in einem Automobil-Unternehmen der Witz, daß in 1.000 Jahren Archäologen das Firmengelände aufgraben und zu der Schlußfolgerung kommen, dies sei eine Papierfabrik gewesen mit einem ziemlich großen Fuhrpark ...

Auf die Situation in Unternehmen bezogen heißt das: **Ausgezeichnete Informationstechnik, ja selbst eine Vielzahl von faktischen Informationen, fördern dennoch Ferne und menschliche Isolation.**

So kommt es, daß heute viele Chefs lieber mit ihrem Computer oder ihrem Datenmaterial kommunizieren als mit ihren Mitarbeitern. Und wenn sie mit ihren Mitarbeitern reden, so geschieht dies allzuoft aus einer formalisierten, abgestrippten Berufsrolle heraus.

◆ **Kommunikation heißt in Beziehung sein**

Im Rückgang auf die Grundbedeutung des Wortes Kommunikation (vom lateinischen communicatio) sehen wir den Grundvollzug darin, *in einer Beziehung zu sein*.

Kommunikation bedeutet nicht nur, Informationen verschlüsselt zu senden und empfangene Informationen zu entschlüsseln, sondern Kommunikation bedeutet: Sein-in-Beziehung-zu ...

Solange Kommunikation auf den Bereich der Information oder den Bereich des Gehirns als Ort der Informationsverarbeitung eingeschränkt bleibt, ist die Verflechtung mit der Gesamtpersönlichkeit nicht zwingend.

Wird Kommunikation aber als Sein-in-Beziehung-zu ... verstanden, so umfaßt sie das ganze Sein, die ganze Person, und ihre Unverzichtbarkeit bei der Entwicklung der Persönlichkeit wird damit deutlich. Die Grundbedeutung des Wortes Kommunikation ist von diesem Sinn getragen: communicatio meint ursprünglich nicht nur die Mit-Teilung, sondern das Gemeinschaftlichmachen des Mitgeteilten:

Kommunikation setzt die Fähigkeit des Teilens
als Bedingung des Mit-Teilens voraus.

◆ Kommunikation ist das Gemeinsam-sein und Gemeinsam-haben mit einem anderen

Das Grundwort communio bedeutet: Gemeinschaft. Kommunikation zielt auf die Gemeinsamkeit des Mitgeteilten. In diesem Sinne bedeutet Kommunikation: Sein-in-Beziehung-zu ...

Ebenso wie es unmöglich ist, nicht zu kommunizieren, ist es unmöglich, das eigene Sein aus der Beziehung, aus der Kommunikation herauszunehmen. In beiden Fällen handelt es sich nur um Unterschiede der Wahrnahme-Intensität. Ich kann mich so wahrnehmen, als würde ich nicht kommunizieren, aber faktisch kommuniziere ich immer. Ich kann mich so wahrnehmen, als wäre ich nicht in-Beziehung-zu ..., faktisch bin ich aber immer in-einer-Beziehung-zu ...

Diese Rückbindung der Kommunikation an das Sein der Person hat weitreichende Konsequenzen für die Arbeit im Training und letztlich im Unternehmen. Denn es ist nicht nur die Rückbindung an die Persönlichkeit, sondern darüber hinaus die Ermöglichung des Gemeinsamen, was für jedes Unternehmen von höchster Wichtigkeit ist.

Es wird kommuniziert, es wird sich bezogen aufeinander, nur in einer Form, in der zu oft nicht das Gemeinsam-sein, sondern das Isoliert-sein voneinander im Vordergrund steht. „Wir sitzen alle in einem Boot, jeder rudert in eine andere Richtung."

Dieses Gemeinsame – mag es nun das Produkt oder die Übereinstimmung
in einer Entscheidung oder was auch immer sein –
**entsteht nur dadurch, daß Menschen sich öffnen und etwas von sich selbst,
von ihrem Sein, von ihrer Persönlichkeit hineingeben, mit-teilen,
etwas von sich selbst zum Gemeinschaftlichen machen.**

Dieser Grundvollzug von Kommunikation bedeutet, daß der einzelne sich in eine positive Beziehung einläßt, sein Sein investiert und es der gegenwärtigen Situation zur Verfügung stellt. In jeder vollständigen Kommunikationssituation gibt der einzelne ein Stück seiner Persönlichkeit in das Gemeinschaftliche und Gemeinsame.

Das Gegebene ist nicht mehr zurückzuholen, es geht in die Situation ein. Damit verändert sich der einzelne, denn was er aus dem Gemeinsamen zurückempfängt, ist etwas anderes als das, was er hineingegeben hat.

**Wer bewußt kommuniziert, riskiert,
etwas von sich selbst wirklich zu geben und etwas anderes,
das er noch nicht war, zu bekommen.
Auf diese Weise entwickelt und verändert sich die Persönlichkeit.**

Kommunikation als Sein-in-Beziehung-zu ... bedeutet, immer und überall, wo wir kommunizieren (und wir kommunizieren immer und überall) mit unserem Sein in die Beziehung einzugehen, gleichsam unwillkürlich, ohne unsere bewußte Steuerung. Was wir steuern, ist unsere Wahrnahme und unsere innere Bereitschaft zur Kommunikation. Und ebenso wie Menschen, die nicht kommunizieren wollen, dennoch kommunizieren, gehen sie mit ihrem Sein in die Beziehungen ein, die sie nicht wollen, die sie ablehnen und verdrängen.

**Kommunikationsblockaden wurzeln demnach vor allem
in einem Wahrnahme-Defizit, d.h. auch in einem Bewußtseins-Defizit
über die wirkliche Dimension von Kommunikation
als Sein-in-Beziehung-zu ...**

◆ **Kommunikationstraining ist im engeren Sinne – Beziehungs-Training!**

Darin liegt die eigentliche Herausforderung für den Trainer und die Teilnehmer. Darin liegt vor allem auch der Zusammenhang von Kommunikationstraining und Persönlichkeitsentwicklung begründet. *Denn: Die Persönlichkeit entwickelt sich in und durch Beziehungen.* Oder, wie es der Philosoph Martin Buber ausdrückt: „Der Mensch wird am Du zum Ich".

Das Herausgehen aus Beziehungen, die Verdünnung, Distanzierung oder Isolierung von Beziehungen führt auch zur Stagnation der Persönlichkeitsentwicklung, ja manchmal sogar zur Regression.

Die bewußte Wahrnahme und Steuerung dessen, was immer schon geschieht, das Sein-in-Beziehung-zu ..., ist das Ziel des Kommunikationstrainings und zugleich die wesensmäßige Unterstützung bei der Entwicklung der Persönlichkeit.

2. Kommunikation und Persönlichkeit

Der Mensch wird nicht mit einer Persönlichkeit geboren, die Persönlichkeit ist eine Gestalt *zwischenmenschlicher Kommunikation,* sie entwickelt sich.

Andere Menschen sprechen uns die Persönlichkeit zu, nicht wir uns selbst (auch wenn wir uns so fühlen mögen: authentisch, wesentlich ...). Im sozialen Umgang miteinander vergeben wir das Urteil „Persönlichkeit" an andere, wenn wir den Eindruck haben, daß diese Menschen sich im Leben irgendwie bewährt haben, daß sie authentisch sind, ihre Werte überzeugend leben und selbst an sie glauben.

**Die Kongruenz zwischen dem,
was einer öffentlich darstellt,**

**selbst darstellen möchte
und existentiell ist –
das wird als Persönlichkeit erlebt.**

Die Persönlichkeit ist kein Ideal, sondern Menschen, denen wir eine Persönlichkeit zusprechen, haben in der Regel bestimmte gemeinsame Merkmale:

1. **Ein Mensch mit Persönlichkeit hat etwas Verläßliches, Vertrauenswürdiges an sich, weil er sich bemüht, seinen Worten Taten folgen zu lassen.**
   Diese Kongruenz von Denken und Handeln zeigt sich vor allem in dem deutlichen Bemühen, die eingegangenen Vereinbarungen zu halten und einzulösen.

2. **Wesentlich für die Persönlichkeit ist auch das Bemühen, immer weiter als Mensch zu wachsen und zu reifen.**
   Das hat nichts mit Perfektionismus zu tun, denn der Perfektionist schaltet Wachstum und Reife aus. Nur wer unterwegs, unabgeschlossen und offen ist, wird darum ringen, sich ständig durch Wissen, Erfahrung und Begegnung zu bereichern.

3. **Menschen, die wir als Persönlichkeit empfinden, sind sich ihrer Verantwortung bewußt.**
   Verantwortung ist dabei nicht die Schuldigkeit an dieser und jener Situation, sondern sie wissen um den Antwort-Charakter ihres ganzen Lebens. Ihr Leben ist permanente Zwiesprache: mit den Menschen, die ihnen begegnen, aber auch mit den Ereignissen, die ihnen geschehen, sowie mit ihrem Körper, ihrer Seele und ihrem Geist.

**Das kommunikative Spezifikum der Persönlichkeit
liegt in der Fähigkeit zur
zwischenmenschlichen Begegnung.**

Kommunikationstraining muß also, sofern es auf Persönlichkeit zielt, konkreter verstanden werden als Beziehungs-Training. Worin liegt nun aber der qualitative Unterschied zwischen Kommunikation und Beziehung?

**Jeder Mensch kommuniziert,
aber nur die Persönlichkeit bezieht sich bewußt
in ihrer Kommunikation auf den anderen.
Ergebnis dieses Sich-Beziehens ist die Begegnung.**

Begegnung als die wirkliche Wahrnahme eines anderen Menschen, das Interesse an seiner Fremdheit, das Aushalten seines Andersseins, – das bestimmt den qualitativen Unterschied der Persönlichkeit vom Normalmenschen.

Letzterer kommuniziert, ohne zu begegnen. Es ist der Verkäufer, der den Kunden zwar anlächelt, aber nur das Produkt meint; der Vorgesetzte, der scheinbar zuhört, in Wahrheit mit seinen Gedanken ganz woanders ist; der Projektmitarbeiter, der ja sagt und nein meint.

Immer mehr Menschen kommunizieren miteinander, tauschen Worte, Informationen, ohne sich dabei aufeinander zu beziehen und zu begegnen.

**Wir können zwar heute dank modernster Technik
unvorstellbare Räume und Distanzen
kommunikativ überbrücken,
aber es wird immer schwieriger,
dem Menschen neben mir,
ja oft mir selbst, wirklich zu begegnen.**

Ein Kommunikationstraining, das auf die Unterstützung und Bildung der Persönlichkeit zielt, geht von der Überzeugung aus, daß die Persönlichkeit selbst etwas Prozeßhaftes ist, eine personale Qualität, die im Ereignis des gegenseitigen Ansprechens und Antwortens erst Gestalt gewinnt.

Persönlichkeit ist demnach nicht die Voraussetzung des Kommunikations- bzw. Beziehungstrainings, sondern:

**Das Eintreten in den lebendigen Dialog
zwischen zwei Menschen
stiftet erst die an dem Gespräch
beteiligten Persönlichkeiten.**

Niemand ist für sich selbst allein, gleichsam vor-kommunikativ eine Persönlichkeit.

Sondern:

Damit es Persönlichkeit gibt und Persönlichkeit wird, bedarf es der realen Zweiheit, des Gegenübers, der Begegnung. *Begegnung aber als das aktuelle Ereignis von zwischenmenschlicher Beziehung bedeutet:*

**Eines Menschens innezuwerden:
Der andere ist mir nicht länger Objekt.**

„Eines Menschen innewerden heißt also im besonderen seine Ganzheit als vom Geist bestimmte Personen wahrnehmen, die dynamische Mitte wahrnehmen, die all seiner Äußerung, Handlung und Haltung das erfaßbare Zeichen der Einzigkeit aufprägt." (Martin Buber, 1984, S. 284)

Es ist ein Faktum, dem wir uns zu stellen haben, daß niemals zuvor soviel über Kommunikation geredet, geschrieben und trainiert wurde und zugleich die Beziehungen der Menschen untereinander so schlecht, brüchig, unverbindlich und wenig tragend waren wie heute.

Kommunikations-Techniken allein können diese Situation nicht verändern, und es ist ein Symptom der gegenwärtigen Problemlage, daß man dies erwartet hat und oft noch erwartet.

Heute ist deutlich:

**Die Einstellung der Menschen,
ihre Haltung zum Mitmenschen und zu dem,
was zwischen uns geschieht, muß sich verändern,
damit unsere Kommunikation
wesentlicher wird und besser gelingt.**

Der Zusammenhang zwischen Kommunikationstraining und Persönlichkeit besteht deshalb für uns in der Unterstützung und Verbesserung der Beziehungsfähigkeit der TeilnehmerInnen.

3. Kommunikationstraining und die Interessen der Teilnehmer

In den meisten Unternehmen werden die Mitarbeiter mehr oder weniger in ein Seminar geschickt.

Für die einen ist die Aufforderung, ein Seminar zu besuchen, eine Kritik an ihrem bisherigen Verhalten und mit der Auflage verbunden, sich zu bessern. Für andere ist es vielleicht ein Akt der Protektion, ein Wink zur Vorbereitung auf den nächsten Karriereschritt. Und wieder andere ergreifen dankbar die Chancen zu ihrer Entwicklung, die ihnen ein Unternehmen bietet.

Gemeinsam ist diesen Gruppen, daß sie möglichst schnell das Training hinter sich bringen wollen. Die meisten der Teilnehmer würden aus eigenem Antrieb vermutlich nicht auf die Idee kommen, ein Kommunikations- oder gar Persönlichkeitsseminar zu besuchen.

Im Vordergrund steht das Bedürfnis, bestimmte „Techniken" der Kommunikation zu erlernen, ohne dabei in die Arbeit an der eigenen Persönlichkeit hineingezogen zu werden. *Die Angst vor der Wahrnahme der eigenen Probleme hat dann zumeist einen Opfer-Mechanismus hervorgebracht, der alle anderen für die vorhandenen Probleme verantwortlich macht.* „Mein Chef hat mich ja hierher geschickt" heißt dann soviel wie: Er möchte, daß ich hier etwas lerne, aber ich nicht. Oder: Unsere Vorgesetzten sollten in diesem Seminar sein.

**Hinter dem Wunsch, Kommunikation
wie die Bedienung eines Computers zu erlernen,
steht die Angst, sich selbst**

**und auch den anderen Menschen im Seminar
wirklich zu begegnen.**

Sobald die Teilnehmer spüren, daß im Training auch Aspekte ihrer Persönlichkeit thematisiert werden, beginnt das angstbesetzte „Mauern". Jeder versucht, sich zu sichern, d.h. wenig von sich zu offenbaren und dabei möglichst immer sein Gesicht zu wahren.

Unterstützt werden diese Mechanismen durch die Gleichsetzung von Fehler und Schuld in vielen Unternehmen:
Das Zulassen und Zugeben von Problemen ist oft mit starker Angst besetzt, weil es im betrieblichen Alltag mit Abwertung verbunden ist. Fehler zu machen heißt allzuoft, schuldig zu sein. Probleme zu haben heißt dann, ein schlechter, weil problematischer Mitarbeiter zu sein.

Das Kommunikationstraining versetzt die Teilnehmer in eine gespaltene und merkwürdige Lage, weil es den Bereich der beruflichen Rollen mit dem der nicht-beruflichen Rollen vermischt und vereint. Das ist in der Tat eine außergewöhnliche Situation.

Im Kommunikationstraining geraten die Teilnehmer in die Situation, mitten im beruflichen Leben ihr Privates, ihre Persönlichkeit zu thematisieren. Wenn die meisten Teilnehmer zudem noch das Gefühl haben, sich nicht frei für dieses Training entschieden zu haben, sondern geschickt worden zu sein, so kommt es zum Konflikt zwischen den Bedürfnissen der Teilnehmer und den Erfordernissen und Inhalten des Trainings.

**Die Teilnehmer möchten einen schnellen Lernerfolg
mit abrechenbaren und praktikablen Ergebnissen,
ohne persönliche Verunsicherungen,
also auch ohne Thematisierung der wirklichen Probleme,
die immer persönlichkeitsbezogen sind.**

Die Angst vor dem gefürchteten „Seelen-Striptease" wird oft unterstützt durch die ohnehin schon vorhandene Angst, die eigene Position im Unternehmen durch Preisgabe persönlicher Probleme zu gefährden.

Ein häufig von Teilnehmern vorgetragenes Argument bei der Abwehr der Persönlichkeitsarbeit lautet: Was hier „drinnen" im Seminar geschieht, hat nichts mit der praktischen Wirklichkeit „draußen" zu tun.

Aufgabe eines guten Trainers ist es deshalb, den Teilnehmern die Identität der Kommunikationserfahrung auch im veränderten Kontext deutlich verstehbar zu machen:

Kommunikationstraining und Persönlichkeitstraining 133

- Das Wiedererkennen von alltäglichen Kommunikationsmustern und -blockaden im Trainingsgeschehen ist für die Teilnehmer die Voraussetzung, um im Seminar erfolgreich über sich selbst zu lernen.
- Wichtig ist auch die Vermittlung der Einsicht, daß die Verbesserung der eigenen Kommunikation nur durch die Beteiligung der Persönlichkeit erreicht wird.

**Für die meisten Menschen,
denen wir in Kommunikationstrainings begegnen,
ist es eine neuartige und oft auch unlogisch empfundene Erfahrung,
daß sie gerade durch das Öffnen ihrer „Tabu-Zonen"
ihre Kommunikation verbessern können.**

Das Verstecken der eigenen Ängste und Gefühle hinter Masken, Rollen, Ideologien, Anweisungen und Sachzwängen ist für viele Teilnehmer zu einem ernsten Hindernis geworden, um ihre Persönlichkeit zu entfalten und zu entwickeln (vgl. Assagioli, 1988).

Ein Kommunikationstraining hat in dieser Hinsicht eine befreiende Funktion: Es trägt dazu bei, den Teilnehmern mehr Klarheit über ihre eigenen Blockaden zu verschaffen und Wege und Möglichkeiten der Überwindung aufzuzeigen.

Das setzt eine erfahrene, gut ausgebildete und integere Trainer-Persönlichkeit voraus. Denn es geht nicht nur um die Erfahrung, die eigenen Blockaden und Ängste ehrlich wahrzunehmen – das ist nur ein Schritt im Seminarprozeß.

**Entscheidend ist die Erfahrung der Freude,
Erleichterung und der Freiheitsgewinn,
wenn Teile der eigenen Person
nicht mehr verheimlicht werden müssen,
sondern gelebt werden können.**

Dazu muß der Trainer den Menschen auch Mut machen und ihnen Freude an der Kommunikation und der Arbeit an sich selbst vermitteln. Im wesentlichen geschieht dies durch ein Angebot an Übungen, in denen „neues" Verhalten geübt wird und in denen Teilnehmer positive Kommunikationserfahrungen machen.

Die Techniken, die im Training vermittelt werden, sind Übergangskrücken, bis das, was in der Kommunikation auf positive Weise wirkt, nicht mehr die Technik, sondern die Persönlichkeit ist.

**Nicht die Techniken,
sondern die Kraft der Persönlichkeit
ist der eigentliche Erfolgsfaktor
zwischenmenschlicher Kommunikation.**

Die Techniken sind das Werkzeug, mit dem die Teilnehmer ihre Ängste und Unsicherheiten bearbeiten und den Einsatz ihrer Persönlichkeiten verbessern können.

Eine selbstsichere, offene und ehrliche Kommunikation sollte das Ziel jedes Trainings sein. Der Wunsch und die Anwendung von Manipulation werden in dem Maße abnehmen, wie jeder einzelne dieses Ziel für sich akzeptiert und realisiert.

4. Folgerungen für Personalmanager

1. Mitarbeiter können nicht nur beruflich qualifiziert werden, sondern müssen als Basis aller Personalentwicklungsmaßnahmen in ihrer gesamten Persönlichkeit entwickelt werden.
2. Wegen des bewußten und unbewußten Vorbildlernens müssen nicht nur mittlere und untere Führungskräfte und Mitarbeiter, sondern auch die oberen Führungskräfte in Trainingsmaßnahmen einbezogen werden (top – down).
3. Entwicklungs- und Trainingsmaßnahmen müssen eingebunden sein in
   • die gesamte Unternehmensstrategie
   • eine Personalentwicklungsstrategie des Unternehmens
4. Qualifizierungsmaßnahmen in den Bereichen Persönlichkeit/Kommunikation müssen langfristig, d.h. als Gesamtkonzepte eingeführt werden.

Auf der Ebene der konkreten Trainingsmaßnahmen ist darauf zu achten, daß:
1. neben der analytischen, verstandesmäßigen Arbeit im Seminar ausreichend mit Gefühlen und Empfindungen gearbeitet wird;
2. neue Erfahrungen möglich gemacht werden;
3. berufliche und private Alt-Erfahrungen mit anderen Augen und Sinnen wahrgenommen werden können;
4. mit freundlichen Überraschungseffekten gearbeitet wird, auf die nicht mit Routinen geantwortet werden kann;
5. mit klaren Herausforderungen in Form von Übungen und Aufgaben gearbeitet wird;
6. dies alles eingebettet ist in einer Seminar-Atmosphäre, in der Fragen, Zweifel, Skepsis, Begeisterung und Freude sich zusammenfügen und deutliche Erfolgs- und Aha-Erlebnisse gefördert werden.

Warum der ganze Aufwand?

Hervorragende, wettbewerbsstarke Leistungen kommen von Menschen, nicht aus der Technik.

**Jedes Unternehmen ist so gut,
wie die Menschen es sind,
die in ihm arbeiten.**

Literatur

Assagioli, R. (1988). *Psychosynthesis.* Adliswil/Zürich: Verlag Astrologisch-Psychologisches Institut. – **Buber, M.(1984).** *Das dialogische Prinzip.* Heidelberg: Lambert Schneider. – **Höper, C.-J. et al. (1990).** *Die spielende Gruppe. 115 Vorschläge für soziales Lernen in Gruppen.* München: Pfeiffer. – **Ornstein, R. E. (1973).** *The nature of human consciousness.* San Francisco: Freeman. – **Peters, Th.J. & Waterman, R. H. (1984).** *Auf der Suche nach Spitzenleistungen.* Landsberg am Lech: verlag moderne industrie. – **Theunissen, M. (1977).** *Der Andere. Studien zur Sozialontologie der Gegenwart.* New York: de Gruyter. – **Womack, J.P., Jones, D.T. & Ross, D. (1991).** *Die zweite Revolution in der Autoindustrie.* Frankfurt/M.: Campus.

Werner Sarges

Bewerber-Interviews und Mitarbeiter-Gespräche: Engpaß Exploration

Nicht nur aus humanistischer Perspektive, sondern auch aus Effizienzgründen (Abflachung der Hierarchien, Wertewandel etc.) müssen heutzutage die Überlegungen, Ansichten, Gefühle, Bewertungen und Motive der Mitarbeiter sehr viel ernster genommen werden als früher (Sarges, 1994). In diesem Zusammenhang spielen Bewerber-Interviews und Mitarbeiter-Gespräche eine prominente Rolle. Sie dienen

- der Einschätzung und Beurteilung von Verhalten, Fertigkeiten / Fähigkeiten, Interessen, Motiven, Bestrebungen, Eigenschaften sowie
- der Beeinflussung von Verhalten durch die dahinterliegenden Könnens- und Wollensfaktoren (skills and wills).

Um die *relevanten* Informationen zu erhalten, muß der Beurteilungs- oder Beeinflussungsraum (= Problemraum) zutreffend, und d.h. umfassend genug, abgebildet werden, damit das richtige Problem wenigstens ungefähr gelöst werden kann. Dazu ist in der Regel eine ausgedehntere Exploration in der ersten Phase des Gesprächs und oft auch später zwischendurch erforderlich. Wird dies versäumt, läuft man Gefahr, daß die Problemrepräsentation zu eng gerät und der sog. „Fehler 3. Art" begangen wird, d.h. daß das falsche Problem präzise gelöst wird.

Was macht die Exploration so schwer?

In allen Gesprächen sind die folgenden Fähigkeitsbereiche von zentraler Bedeutung (Dutfield & Eling, 1993):
- Informationen in Erfahrung bringen,
- mit emotionalen Aspekten umgehen,
- Informationen weitergeben.

Jedes Gespräch erfordert seine eigene Mischung aus diesen Fähigkeiten. In Bewerber-Interviews und Mitarbeiter-Gesprächen, die vor allem bzw. auch Informationsgespräche darstellen, dürfte in etwa die folgende Mischung (s. Abb. 1) notwendig sein.

In der Praxis jedoch sind diese Gespräche allzu häufig zwar vordergründig sach- und faktenorientiert, aber zu wenig explorativ (Informationen in Erfahrung bringen) und emotional/motivational orientiert. Führungskräfte reden meist zu viel. Offenbar unterschätzen sie den Nutzen des Hörens für das Sprechen. Indes: nach den richtigen Fragen *zuhören* können, also reden *lassen*, ist hier wichtiger als selbst reden. Das wußte schon Sokrates. Und manche Unternehmensleiter unserer Tage (z.B. Iacocca) sind der Meinung, daß die Fähigkeit zum Zuhören bei den Führungskräften den Un-

Abbildung 1
Verteilung der Fähigkeiten in einem Informationsgespräch
(aus Dutfield & Eling, 1993)

terschied zwischen einem mittelmäßig und einem gut geführten Unternehmen ausmacht.

In der Tat ist ungenügende Exploration und damit sachlich / fachlich verengte Kommunikation – wegen der Wahrscheinlichkeit des o.g. Fehlers 3. Art – einer der größten Effizienz-Blockierer. Sie kommt zustande durch (1) falsche Ansichten über Kommunikation und (2) zu geringe oder nicht vorhandene kommunikative Fertigkeiten.

Ad (1), zu den blockierenden Ansichten: Ein weit verbreitetes, dennoch falsches Verständnis menschlicher Kommunikation besteht – wie Rogers und Roethlisberger (1992) schon in den 50er Jahren herausgearbeitet haben – in den Annahmen,

(a) Kommunikation unterliege logischen Gesetzen und nicht emotionaler Steuerung,

(b) Wörter hätten objektive Bedeutungen, unabhängig von der Person, die sie benutzt,

(c) man wisse meist ohnehin schon ziemlich genau, was der andere denkt und fühlt,

(c) der Sinn eines Gesprächs bestehe immer darin, den anderen von den eigenen Ansichten zu überzeugen.

Ad (2), zu den mangelnden kommunikativen Fertigkeiten: Auch wenn heute schon viele Führungskräfte diese Annahmen nicht mehr teilen, fällt es ihnen doch eher schwer, ihr Verhalten zu ändern. Die Gründe dafür dürften sein (Gabarro, 1992),

(a) daß das objektive Machtgefälle von Führungskräften zu (potentiellen) Mitarbeitern eine Vertrauensbildung erschwert,

(b) daß geduldiges Kommunizieren wegen des Zielkonfliktes mit dem allgegenwärtigen Engpaß 'Zeit' oft unterlassen wird,

(c) daß Führungskräfte in anderen Situationen sehr oft schnelle Entscheidungen treffen müssen und sie deshalb wohl auch in Bewerber-Interviews und Mitarbeiter-Gesprächen sofort werten / beurteilen / etikettieren, was der andere äußert, dies daher leicht mißverstehen oder es überhaupt nicht erst zur Kenntnis nehmen und

(d) daß im schnellen Wechsel der Trainings-Moden einfache, aber richtige Lehren leicht vergessen werden.

Die Kunst der Kommunikation: Prozeßgestaltung der Gespräche

Die Kunst der Kommunikation gründet sich auf zwei wichtige Fertigkeiten:

(1) auf die richtige *Einschätzung* des anderen Menschen (Diagnostik) und

(2) auf die zielgerechte *Behandlung* des anderen Menschen (beiderseitige – wenn auch oftmals asymmetrische – Beeinflussung).

Ad (1): Um einen anderen Menschen in seiner Besonderheit kennenzulernen, braucht man ein zweckmäßiges Bezugsmodell. Die acht *Kommunikationsstile* (bedürftig-abhängiger Stil, sich distanzierender Stil, helfender Stil, selbst-loser Stil, aggressiv-entwertender Stil, sich beweisender Stil, bestimmend-kontrollierender Stil, mitteilungsfreudig-dramatisierender Stil) nach Schulz von Thun (1989) sind ein ergiebiges Raster zur besseren Interpretation der Antworten verschiedenster Menschen und zur angemesseneren Behandlung dieser Menschen.

Ad (2): Die nötigen Kompetenzen für den erfolgreichen Umgang mit anderen Menschen fallen – nach dem Sender-Empfänger-Modell der Kommunikation und dem 4-Ebenen-Modell einer Nachricht (Schulz von Thun, 1981) – in die *Sachebene,* die so wichtige, aber oft vernachlässigte *Beziehungsebene* und insbesondere in die für die Exploration so entscheidende *Selbstoffenbarungsebene* – von der *Appellebene* wollen wir hier im Rahmen unseres engeren Themas „Exploration" einmal absehen.

Die Sachebene ist i.d.R. nicht der Engpaß. Eher schon ist die Beziehungsebene problematisch. Hier geht es um die beiden sozialen Hauptanliegen des Menschen: „Macht" (z.B. Dominanz, Überlegenheit, höherer sozialer Status, kämpferisches Verhalten) und „Liebe" (z.B. Akzeptanz, Wertschätzung, positive emotionale Zuwendung, Nähe, Vertrauen). Die Kunst des menschlichen Umgangs liegt zunächst darin, dem anderen Menschen ein Beziehungsangebot zu machen, d.h. „Macht"-Signale zurückzunehmen und „Liebes"-Signale zu geben, so daß möglichst wenig Abwehr und Auskunfts-Widerstände hervorgerufen werden (Fittkau, 1990). Die folgenden beiden Graphiken sollen die Zurücknahme der „Macht"-Signale (s. Abb. 2) sowie den empfehlenswerten Verlauf der „Liebes"-Signale über das Gespräch hinweg (s. Abb. 3) illustrieren.

Zur Zurücknahme der „Macht"-Signale: Wichtig hierzu ist das vom Neuro-Linguistischen Programmieren (NLP) entdeckte übergeordnete *„Prinzip des Folgens und Führens"* („pacing and leading"). Zu Beginn sollte man sich deutlich auf den anderen Menschen einstellen (Folgen = „pacing", was soviel heißt wie „nebeneinander hergehen"), sowohl im Sprachstil als auch in körpersprachlichen Äußerungen. Dadurch läßt sich i.d.R. ein guter Kontakt (Rapport) herstellen, und zwar intellektuell wie emotional. Wenn der gute Kontakt gegeben ist, kann man durch Führen („leading") den Gesprächsverlauf (mit)steuern, indem man jetzt nicht mehr *neben* dem anderen geht, sondern eine neue Richtung einschlägt, also dem anderen quasi immer einen Schritt *voraus* ist. Auf diese Weise nimmt man den anderen *mit*, d.h.: im optimalen Falle ist dieses Führen ein echtes Miteinander, kein selbstsüchtiges, manipulatives „Führen" im negativen Sinne (Birkenbihl, Blickhan & Ulsamer, 1991).

Abbildung 2
Richtiges „Folgen und Führen" gegenüber falschem „Führen"
(nach Blickhan & Ulsamer, 1985)

Zum Verlauf der „Liebes"-Signale: Zumindest zu Beginn sollte man für eine Atmosphäre starker Akzeptanz (= A) zum Aufwärmen und Vertrauenschaffen sorgen, danach empfiehlt sich ein Wechsel von Akzeptanz und (sachlicher) Konfrontation (= K): A – K – A – K – ... –K – A. Konfrontationen auf dem Humus von Akzeptanz veranlassen den Befragten zu weiteren Selbstreflektionen. Es ist eine alte Therapeutenweisheit, daß erst aus diesem Wechselspiel von A und K, dem „liebenden

Kampf", die Ergiebigkeit bzw. der Erfolg (= E) eines Gesprächs erwächst (Schulz von Thun, 1989): **A + K = E.**

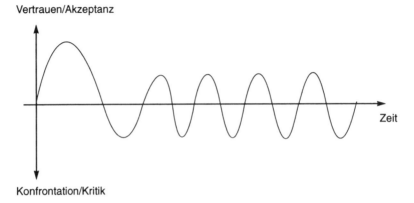

Abbildung 3
Wechsel von Akzeptanz (Vertrauen, Verständnis, Harmonie, Geltenlassen, Höflichkeit, Friedlichkeit) *und Konfrontation* (Kritik, Abgrenzung, Gegenhalten, Bestehen auf ..., Provokation, Konflikt)

Grundsätzlich sind („Macht"-reduzierendes) *Folgen* (incl. als angenehm empfundenes Führen) und („Liebe"-signalisierende) *Akzeptanz* (incl. als fair wahrgenommene Konfrontation) die Voraussetzung für Angstfreiheit und angemessene Selbstoffenbarung des Befragten.

Bevor man nämlich daran gehen kann, einen anderen zu beeinflussen, ihn für etwas zu gewinnen oder von etwas zu überzeugen, muß man herausfinden, welche Vorstellungen der Gesprächspartner hat (s. hierzu auch Weisbach, 1992).

Diese Vorstellungen können vom Frager aber nur wahrgenommen werden, wenn er sein „Selbstoffenbarungsohr" geschult hat, d.h. heraushören kann, was das Gesagte über den Befragten „offenbart". Dazu muß der Frager von der Fixierung auf das Ich zur Orientierung am Du wechseln. Er muß die richtigen Fragen stellen und gut zuhören können – beides zusammen ist „explorieren". Nur so kann er die nötigen Fakten, die wichtigsten Ansichten, Wünsche und Bedürfnisse des Du kennenlernen.

Explorative Fertigkeiten

Die 'dumme Frage'
ist gewöhnlich das erste Zeichen
einer völlig neuen Entwicklung.
(A.N. Whitehead)

Bewerber-Interviews und Mitarbeiter-Gespräche: Engpaß Exploration 141

Von wem kann man explorative Fertigkeiten lernen? Von Journalisten nur selten, am ehesten von pädagogischen Beratern, von psychologischen Therapeuten (denn hier ist das Gespräch das eigentliche Instrument zur vorgängig zu jeder Intervention notwendigen Verhaltens- und Erlebensanalyse) und von professionellen Kommunikationstrainern.

Im Grunde ist es gar nicht so schwer, ein plastisches Bild davon zu bekommen, was der Befragte alles über sein Verhalten und Erleben weiß und reflektieren kann. Dazu müssen die Fragen nach Möglichkeit *offen* sein und *unkompliziert,* weiterhin muß man besser und genauer *zuhören* und daraufhin die richtigen *Nachfragen* stellen.

Offene Fragen stellen

Offene Fragen zu stellen fällt vielen Führungskräften unüberhörbar schwer. Sicher kann man nicht nur offene Fragen stellen, aber man sollte sehr viel häufiger als üblich offen fragen, denn Antworten auf offene Fragen repräsentieren unkonditioniertes Verhalten und sind von daher viel informativer als solche auf geschlossene Fragen. Offene Fragen reduzieren eine Lenkung der Antwort in Richtung des Fragers, ermöglichen vom Frager nicht antizipierte Antworten sowie „Erzählströme" (die weitere wichtige Zusatzinformationen liefern können) und lassen uns die Priorisierung der Inhalte beim Befragten erfahren (was erwähnt er in welcher Reihenfolge und was kommt gar nicht vor).

Den *einen* Typus geschlossener Fragen erkennt man daran, daß sie sich mit „ja" oder „nein" (bzw. „weiß ich nicht" oder „kommt darauf an") beantworten lassen. Solche geschlossenen Fragen sollte man umwandeln in offene, denn offene Fragen regen den Befragten dazu an, ausführlicher über einen bestimmten Inhalt zu sprechen. Eine offene Frage fängt in der Regel mit einem „W-Frage-Wort" an (Wie, Wer, Was, Welcher, Warum, Weshalb, Wohin, Woher, Wozu, Wodurch, Wann etc.). Also:

Statt (geschlossen): Können wir dies als Zwischenergebnis festhalten?
Besser (offen): Welches Zwischenergebnis können wir festhalten?
Kommentar: Vielleicht mißt der Frager hier *seinem* Punkt die größte Bedeutung zu, der Befragte jedoch einem ganz anderen.

Statt (geschlossen): Waren Sie mit den Arbeitsbedingungen zufrieden?
Besser (offen): Mit welchen Arbeitsbedingungen waren Sie zufrieden, mit welchen nicht? Oder: Inwieweit waren Sie ... zufrieden? (Graduierungsvariante)
Kommentar: Bei dieser geschlossenen Frage erfährt man nur, ob ja oder nein. Sie ermuntert nicht zur differenzierenden Analyse. Bei der offenen Frage dagegen erfährt man auch (positive und negative) *Inhalte.* Um den Inventarisierungsprozeß bei derartigen Fragen (z.B. auch bei der Frage nach persönlichen Stärken und Schwächen oder nach Höhen und Tiefen, z.B. im Studium, im letzten Projekt) nicht zu stören, ist es zweckmäßig, zuerst alle Aspekte auflisten zu lassen, und danach erst eventuell notwendige Klärungen vorzunehmen – wie z.B. „Was verstehen Sie unter 'Mein Vorge-

setzter war zu restriktiv'?" oder „Was meinen Sie mit 'Ich bin ein harter Arbeiter'?" (s.u. bei „Nachfragen").

Statt (geschlossen): Und, reagierte Ihr Kollege erfreut darauf?
Besser (offen): Und wie reagierte Ihr Kollege darauf?

Kommentar: Diese geschlossene Frage reduziert den inneren Suchvorgang auf eine einzige – nämlich des Fragers – Begriffskategorie, die nur von „erfreut" bis „verärgert" reicht. Ein Suchprozeß nach anderen denkbaren Reaktionen des Kollegen, wie z.B. Rückzug, Ablehnung, verstärktes Zugehen auf andere, Betroffenheit, Trauer etc. wird durch die Vorgabe von „erfreut" von vornherein blockiert. Erst die *offene* Frage ermöglicht dem Befragten ein weitgehend unbeeinflußtes und damit unverfälschtes Erinnern an die Reaktion des Kollegen.

Der *andere* Typus geschlossener Fragen zeigt – oft nach einem Beginn mit einer offenen Frage – zwei (oder mehr) Antwort*alternativen* auf, aus denen sich der Befragte eine auswählen kann. Auch solche geschlossenen Fragen sollten zweckmäßigerweise in offene umgewandelt werden, also:

Statt (geschlossen): Waren Sie ein guter Schüler oder ein schlechter?
Besser (offen): Wie war (bzw. wie beurteilen Sie) Ihr Leistungsniveau in der Schule?

Kommentar: Bei dieser geschlossenen Frage wird der Befragte lediglich aufgefordert, sich zu entscheiden, nicht aber, weiter zu differenzieren und zu begründen.

Statt (im 2. Teil der Frage geschlossen): Was haben Sie studiert, Naturwissenschaften oder Wirtschaftswissenschaften?
Besser (offen): Wie kam es zur Wahl Ihres Studienfachs?

Kommentar: Die Frage nach Fakten, auch wenn sie offen und ohne nachfolgende Alternativenvorgabe gestellt wird, bringt oft weniger Informationen als eine Frage nach dem Zustandekommen dieser Fakten.

Statt (im 2. Teil der Frage geschlossen): Welches Hauptproblem besteht: Personalknappheit oder Rationalisierungsmängel?
Besser (offen): Was erscheint Ihnen dabei als das Hauptproblem?

Kommentar: Vielleicht sieht der Befragte eine ganz andere Alternative. Außerdem äußert er i.d.R. danach auch noch etwas zur Begründung seiner Sicht.

Das Vorgeben von Alternativen – als geschlossene Frage von der Struktur „War (bzw. ist) das *so oder so*?", „Haben Sie *das oder das* getan (bzw. empfunden?)" o.ä.- ist eine sehr verbreitete Frageform, die offenbar Ausdruck der Antizipation seitens des Fragers ist. Aber gerade dadurch begibt sich der Frager der Möglichkeit, mehr, Entscheidenderes oder Tiefergehendes zu erfahren als er selbst denkt.

Es dürfte unmittelbar einsichtig sein, daß ein introvertiert-wortkarger Befragter auf geschlossene Fragen leicht mit „Ja" oder „Nein" (beim ersten Typus geschlossener Fragen) bzw. mit „Das erstere" bzw. „Das letztere" (beim zweiten Typus) antwortet, wohingegen er auf eine entsprechende *offene* Frage zwangsläufig zumindest einen, in

Bewerber-Interviews und Mitarbeiter-Gespräche: Engpaß Exploration 143

aller Regel sogar mehrere Sätze als Antwort gibt, die Aufschluß geben können über seine Priorisierung, Bewertung, bisher nicht angesprochene Fakten/Umstände etc.

Offene Fragen können mehr direkt (eng) oder indirekt (weit) sein. Indirekte Fragen empfehlen sich bei Sachverhalten, über die der Befragte nicht ohne weiteres Auskunft geben möchte oder gar könnte, über die Informationen zu erhalten für den Frager aber wichtig ist (Anger, 1969). Bei vermuteten Auskunftswiderständen, z.B. zum Anforderungsbereich „Extraversion", speziell zum Indikator „Größe des Freundes- und Bekanntenkreises", ist statt der direkten / engen Frage „Wieviele Freunde haben Sie?" zweckmäßigerweise die mehr indirekte / weite Frage „Wie verbringen Sie Ihre Freizeit?" zu stellen; durch entsprechende Nachfragen (s.u.) läßt sich der intendierte Inhaltsbereich dann eingrenzend explorieren.

Selbstverständlich kann man auch, statt eine (offene) W-Frage zu stellen, den Befragten auffordern, über einen bestimmten Inhalt zu reden (z.B. „Sagen Sie mir doch bitte etwas über ...).

Gelegentliche non-verbale (Augenkontakt, Kopfnicken) und verbale Ermunterungen (wie „Hm", „Aha", „Ach ja", „Das ist interessant" etc.) führen zu weiteren Erzählströmen, weil jeder von uns einem Menschen, bei dem er auf Resonanz stößt, der sich für ihn interessiert, gerne mehr erzählt. Schließlich bleibt noch zu empfehlen, daß man in aller Regel den anderen ausreden lassen, also nicht unterbrechen und auch Pausen resp. Schweigen ertragen sollte – der Befragte braucht eben manchmal etwas Zeit zum Nachdenken; erst wenn längeres Schweigen offensichtlich Ausdruck einer Blockade, Verweigerung oder Peinlichkeit ist, sollte man mit einer anderen Frage weitergehen.

Dennoch können auch geschlossene Fragen sinnvoll sein: bei nachfragenden Klärungen etwa (s.u.), aber auch bei Vielrednern, um ihren Redeschwall einzudämmen.

Unkomplizierte Fragen stellen

Unkomplizierte Fragen sind *kurze* und *einfache* Fragen, also:
Statt: Sie sagten vorhin, daß Sie Naturwissenschaften wählten. Was sagte denn Ihr Vater dazu. Er war doch ursprünglich der Meinung, ... etc.
Besser: Was meinte denn Ihr Vater zu Naturwissenschaften?

Zu viel reden bei Fragen – Einleitung, Begründung, Rechtfertigung der Frage, Rekapitulation der Antworten ohne die Intention der rückbezüglichen Frage (= „aktives Zuhören", s.u.) etc. – birgt die Gefahr, daß eigene Bewertungen offenbar werden und daß der Befragte Zeit zum Überlegen hat, was und wie er etwas sagt, um sich (nur) positiv darzustellen.

Weiterhin gilt: Nur *eine* Frage zur Zeit! Keine Doppel- oder Mehrfachfragen stellen, denn der Befragte antwortet in der Regel ohnehin nur auf die letzte Frage einer Fragenkaskade. Längere offene Fragen produzieren genauso wie geschlossene Fragen meist kurze Antworten, so daß das Fragen und Antworten leicht zu einem „Ping-Pong-Spiel" verkommt, bei dem der Fragende häufig unter Streß gerät („Was frage ich noch, was frage ich noch ... ?").

Kurze offene Fragen dagegen produzieren normalerweise längere, ergiebige Antworten, mit denen man so viele Stoffangebote von dem Befragten erhält, daß man für weitere Nachfragen leicht etwas Erfolgversprechendes auswählen kann. Dies setzt allerdings genaues Zuhören voraus.

Genaues Zuhören

Zuhören ist ein entscheidendes Bindeglied in der Kommunikation, offensichtlich aber auch das schwächste. Viele Führungskräfte vernachlässigen das Hören vor lauter Sprechen, weil es ihnen als der unattraktivere Teil in der Redesituation gilt – äußerlich wirkt Zuhören nämlich passiv. Andere verhalten sich nach außen zwar zuhörend, denken aber oft an „wichtigere" andere Dinge – objektiv ist die Zeit dazu ja vorhanden, denn die Redegeschwindigkeit ist viel geringer als die Denkgeschwindigkeit; und subjektiv neigen nicht wenige dem Denken an anderes zu, weil sie der Meinung sind, daß sie ohnehin schon ziemlich genau wüßten, was der Befragte denkt und fühlt. Eine dritte Gruppe von Führungskräften – zumindest in einschlägigen Trainings beobachtbar – konzentriert sich so gründlich auf das Fragenstellen, daß sie nicht wirklich den Antworten des Befragten zuhören; das kann soweit gehen, daß ein Frager eine vorgeplante Frage stellt, die der Befragte bereits vorher beantwortet hat.

Nur: Wer wirklich *verstehen* will, was in dem anderen vorgeht, der muß richtig zuhören können. Tatsächlich ist richtiges Zuhören ein innerlich aktiver Prozeß: Die Suche nach Bedeutungen hat viel mit Denken zu tun und erfordert Konzentration.

Es gibt einige generelle und spezielle Empfehlungen auf dem Wege zum besseren Zuhören (Nichols & Stevens, 1993). Die *generellen* Empfehlungen sind:

(1) *Heraushören und Begreifen der Gedanken, Vorstellungen und Bedeutungen,* die den gesprochenen Worten zugrundeliegen. Viele Führungskräfte scheinen gar nicht zu wissen, daß man eigentlich *daraufhin* zuhören sollte. Sie stürzen sich auf die Worte, weil sie meinen, es sei zentral, „to get the facts". Aber: wenn man nur auf Fakten fokusiert, *versteht* man nicht wirklich und verpaßt leicht das breitere Feld der Bedeutung des Gesagten.

(2) *Reduktion der emotionalen Filter:*
   • Halte Dich zurück mit der Beurteilung; erst wenn der Befragte nach einer Frage ausgeredet hat, rekapituliere seine wichtigsten Gedanken und bewerte sie.
   • Suche nicht nur nach Belegen, die Dein bisheriges (Vor-)Urteil bestätigen, son-

Bewerber-Interviews und Mitarbeiter-Gespräche: Engpaß Exploration   145

dern auch nach Elementen, die es widerlegen könnten. Dazu muß man eine wohlwollende Grundhaltung und eine breitere Perspektive einnehmen. Erst wenn man beides, die Suche nach Bestätigung und die nach Widerlegung verbindet, entgeht man der Gefahr, das zu überhören, was der andere wirklich denkt und fühlt.

Die *speziellen* Empfehlungen dienen noch konkreter dazu, die freie Denkzeit nicht anderen Gedanken zu widmen, die wegführen von denen des Sprechers, sondern hin zur empfangenen Botschaft:

(1) Versuche vorauszudenken, wohin die gedankliche Reise des Befragten geht und welche Schlüsse aus den Worten zu ziehen sind, die gerade gesprochen werden.

(2) Gewichte die Belege, von denen die einzelnen Punkte gestützt werden. Frage Dich immer, inwieweit sie gültig und vollständig sind.

(3) Lasse in regelmäßigen Abständen revuepassieren und fasse gedanklich zusammen, was bisher gesagt wurde.

(4) Höre während der ganzen Rede auch „zwischen den Zeilen", sei auf der Suche nach Bedeutungen, die nicht unbedingt in Worte gefaßt wurden. D.h. beachte auch die nonverbale Kommunikation (Gesichtsausdruck, Gestik, Tonfall) und prüfe, ob sie zusätzlich zu den gesprochenen Worten bedeutungshaltig ist. Manchmal nämlich liegt die eigentliche Aussage in Tonfall, Mimik und Gestik und nicht im sachlichen Inhalt (gemäß der Maxime „Der Körper lügt nicht!"; Reutler, 1988). Frage Dich auch: Umgeht der Befragte bestimmte Bereiche des Gesprächsgegenstandes und warum?

Die Aussagen eines Befragten auf eine Frage können nun nicht immer allein durch mitdenkendes Zuhören erfaßt werden, sondern müssen öfters noch weiter erkundet und hinterfragt werden.

Gezielte Nachfragen stellen

So wie der Frager einerseits das Gespräch strukturiert, so läßt er sich andererseits auch von dessen Fluß leiten, ohne auf eine Inventarisierung wichtiger Themenfelder zu verzichten. Durch „Suchscheinwerfer-Fragen" seines Leitfadens werden diese Felder abgetastet (Breitbandverfahren) und manche Spuren erst entdeckt, die dann individuumzentriert weiterverfolgt werden können – je nach diagnostischer Indikation durch eine narrative Interviewphase zu dem betreffenden Thema (angestoßen z.B. durch die Aussage „Sie sagten vorhin ... Das ist interessant, erzählen Sie mir doch noch mehr dazu"; = Nachfragen im weiteren Sinne) oder durch klärendes bzw. konkretisierendes Nachfragen (Nachfragen im engeren Sinne).

Beide Nachfragearten signalisieren dem Befragten, daß der Frager interessiert ist, gut zugehört und den Inhalt insoweit verstanden hat, er aber auch noch mehr erfahren und verstehen möchte. Wichtig dabei ist, daß der Frager durch seine Reaktionen auf die Antworten des Befragten lediglich zur gezielten Exploration stimuliert. Reagiert er merklich im Sinne seiner eigenen Bewertungskriterien (durch unüberseh-/-hörbares Gutheißen oder Mißbilligen, z.B. auch durch Suggestivfragen („Sind Sie nicht auch der Meinung ...")), besteht die Gefahr, daß er den Befragten auf diese konditioniert und daß dann dessen weitere Aussagen nur noch geringe diagnostische Valenz besitzen können. Ausnahme: In konfrontierend-provozierender Absicht kann man (fiktive oder authentische) Bewertungen kundtun.

Grundsätzlich gilt: Immer nachfragen, wenn die Chance besteht, weiteres Relevantes zu erfahren. Das erfordert natürlich ein ständiges zielbezogenes Abwägen darüber, was schon gut aufgeklärt ist und wo noch Explorationsbedarf besteht.

Beispiel für einen narrativen Anstoß (Nachfragen im weiteren Sinne):
B: Meine Eltern hatten ja einen Bauernhof. ... Unsere Großeltern wohnten auch mit dort, und sie hatten in vielen Dingen eigentlich das Sagen.
F: „... sie hatten in vielen Dingen das Sagen", können Sie mir mehr dazu erzählen?
B: Oh ja, das kann ich. Sie waren in Wirklichkeit die eigentlichen Hofmanager ... und was meine Erziehung z.B. betraf, hat meine Großmutter mir schon früh eingebleut „Du mußt immer Offizier sein im Leben!". Das hatte immerhin zur Folge, ... und mein Großvater ....

In bezug auf Nachfragen im engeren Sinne gibt es drei Aktionsfelder: (1) unvollständige Fakten per Nachfrage vervollständigen, (2) Dinge, die über verbale Hinweise „rausrutschen", zurückspiegeln (= „aktives Zuhören"), um sie genauer zu erkunden, und (3) Dinge, die durch verbale Einschränkungen verdeckt bleiben, hinterfragen.

Ad (1), unvollständige Fakten per Nachfrage vervollständigen:

Beispiel 1: Wenn jemand im Zusammenhang mit seinem Bericht über das Studium zwar die Abschlußnote nennt, nicht aber (auch ohne verschleiernde Absicht) die Studiendauer, so muß man diese erfragen, um eine bessere Beurteilung der Gesamtleistung zu ermöglichen – auch wenn es dann immer noch eine Frage des herangezogenen Wertmaßstabes ist, ob man eine 1,0 nach 14 Semestern höher bewertet als eine 3 nach 8 Semestern.

Beispiel 2: Viele Frager vergessen bei Ist-Wert-Angaben seitens des Befragten den zugehörigen (subjektiven) Soll-Wert (= Aspirationsniveau) abzufragen. Wenn jemand eine 4 im Jura-Examen hatte, kann er durchaus damit zufrieden sein, weil sein Soll-Wert das schlichte Bestehen war. Ein anderer kann bei einer 2 in Selbstzweifel geraten, weil er um jeden Preis eine 1 angestrebt hatte. Motivational bedeutsam jedenfalls ist die Differenz (das „Delta") zwischen Ist und Soll und nicht der Ist-Wert allein.

Ad (2), Gefühle oder Dinge, die über verbale Hinweise „rausrutschen", zurückspiegeln:

Beispiel 1:
B: Ich habe mich über die 1,4 im Abi riesig gefreut.
Statt: Das kann ich verstehen, ist ja auch eine tolle Sache ...

Besser (Aufgreifen des verbalen Hinweises): Weswegen riesig? (bzw. nur: Riesig?)
B's Antwort darauf könnte z.B. lauten: Ja, weil ich meiner vorherigen Englisch-Lehrerin damit beweisen konnte, wie sehr sie sich in mir getäuscht hatte, als sie meinte, ich würde das Abitur nie schaffen. Das hat mich richtig stolz gemacht – ach nein, eigentlich war es eine Mischung aus Rache und Stolz.

Beispiel 2:

F: Welche Ideen hatten Sie vor Abschluß des Examens darüber, wie es weitergehen sollte?

B: Oh, ich hatte hochfliegende Pläne!

Statt: Was waren das für Pläne?

Besser: Hochfliegend?

Ad (3), Dinge, die durch verbale Einschränkungen verdeckt bleiben, hinterfragen: Oft ist es so, daß allgemeine (Ober-)Begriffe oder nicht-konkretisierte Bilder / Modelle angeboten werden, oder auch semantisch unvollständige Sätze. Das hängt damit zusammen, daß sich die allgemeine Erfahrung des Menschen gedächtnismäßig in seiner „linguistischen Landkarte" repräsentiert. Natürlich: so wenig wie die Landkarte das Gelände ist oder das Wort die Sache, so wenig entsprechen diese Gedächtnisinhalte der totalen Realität: Wir alle müssen ständig reduzieren, um unser Gedächtnis vor einer Überschwemmung mit Trivial-Informationen zu schützen. Deshalb kommt es bei der Herstellung der linguistischen Karte zu *Verallgemeinerungen, Tilgungen* und *Verzerrungen.* Manche dieser Reduktionen sind zweckmäßig, andere nicht. Z.B.: Jeder von uns verallgemeinert von der Erfahrung mit *einem* Schaukelstuhl auf Schaukelstühle im allgemeinen, doch einige verallgemeinern zu stark, nämlich auf „alle Stühle". Ähnlich muß jeder von uns einige Dinge tilgen, doch werden bei diesem Prozeß manchmal die entscheidenden Möglichkeiten mitgeteilt. Und Verzerrungen unserer Wahrnehmung kommen zustande durch unsere Phantasie, Ideale und Sehnsüchte (Bandler & Grinder, 1986).

Deshalb ist es auch die Aufgabe des Fragers, die linguistischen Repräsentationen des Befragten auf unzweckmäßige, „falsche" Verallgemeinerungen, Tilgungen und Verzerrungen zu überprüfen und über einen dialogischen Ansatz klarzustellen. Denn der Informationsgehalt von Aussagen wie „Ich bin wütend" (Worauf?) oder „Keiner informiert mich!" (Wer vor allem nicht? bzw. In bezug worauf?) ist ohne weitere Informationen gering. Erst durch entsprechende Nachfragen (in Klammern) kann ein präziseres Bild davon entstehen, was und wie der Gesprächspartner denkt oder fühlt.

Um den Befragten in seinem Eintauchprozeß nicht zu stören, empfehlen sich zwei Verhaltensregeln (Roedel, 1990), von denen wir die erste bereits kennen:

(a) *Verwende Worte sparsam und wähle möglichst die kürzeste Frageform.* Z.B. wenn der Befragte in einem Mitarbeiter-Gespräch an einer wichtigen Stelle in ein Bild eintaucht und sagt „Ich trau' mich nicht", sollten wir ihn nicht durch eine vielleicht längere oder komplizierte Frage zwingen, diesen Eintauchprozeß zu unterbrechen. Deshalb ist z.B. die simple Frage „Warum nicht?" günstiger als etwa „Ja, Sie sprachen schon das letzte Mal davon. Haben Sie denn irgendeine

Idee, warum Sie sich nicht trauen könnten oder seit wann Sie diesen mangelnden Mut verspüren?".

(b) *Greife die Worte, Begriffe und Bilder des Befragten auf:* Es wäre auch störend für den Eintauchprozeß, nach der Äußerung des Befragten „Ich trau' mich nicht" z.B. zu fragen „Warum haben Sie Angst?". Dadurch wäre der Befragte gezwungen, aus seinem Bild oder Gefühl aufzutauchen, den Begriff „Angst haben" mit „nicht trauen" zu vergleichen, auf seine Paßgenauigkeit zu überprüfen, dann entweder zurückzuweisen oder bei dem neuen Begriff wieder einzutauchen. Deshalb ist es besser, den Eintauchprozeß des Befragten nur durch die Hinzufügung eines knappen Fragewortes weiter anzustoßen und zu fördern.

Beispiel:
B: Ich trau' mich nicht.
F: Warum nicht?
B: Weil ich bei Projekten immer scheitere.
F: Bei welchen Projekten genau?
B: Nicht wenn ich Teammitglied bin, nur wenn ich allein verantwortlich bin.
F: Wie oft waren Sie allein verantwortlich?
B: Einmal.
F: Und einmal ist immer?
B: Nein, das nicht, aber ...

(Vielleicht stoßen wir hier auf eine irrationale Katastrophenphantasie (Ellis, 1977) – „Einmal scheitern heißt immer scheitern, und das ist das Schlimmste" –, auf weitere und evtl. eigentliche Gründe etc.)

Nachfolgend seien die typischsten Fälle sprachlicher Einschränkungen durch Generalisierung, Tilgung oder Verzerrung, die eine Quelle von Mißverständissen sein können, kurz erläutert (sowie in Klammern die weiterführenden Fragen; vgl. auch Schuler, 1994):

*   Aussagen, die keine Ausnahmen zulassen durch Worte wie *alle, jeder, keiner, niemand, immer, nie,* sind meist unrealistisch, z.B.: „Keiner hört mir zu" (Wer besonders nicht? bzw. Wenn Sie was sagen?)
*   Aussagen, die mit unausgesprochenen Regeln Grenzen setzen durch Worte wie *muß, kann nicht, es ist notwendig, unabdingbar* etc. kann man nach den Folgen hinterfragen. Z.B.: „Ich konnte nicht anders, die Geschäftsleitung hat es so angeordnet" oder „Ich sollte lieber nicht aufmucken" (Was würde passieren, wenn ... ?).
*   Sehr häufig sind Aussagen mit unspezifischen Substantiven oder Verben, die weiterer Klärung bedürfen. Z.B.: „Die haben mich ignoriert" (Wer hat Sie ignoriert? bzw. Wie genau haben sie das gemacht?) oder „Was die einem alles zumuten" (Wer sind die? bzw. Was verstehen Sie unter zumuten? bzw. Alles?) oder „Weglaufen nützt nichts" (Daß wer wegläuft ?, Vor was wegläuft?) oder „Wenn ich ihn um etwas bitte, reagiert er ausgesprochen unverschämt" (Was genau tut er?) oder „Meine Mutter war für mich immer Vorbild" (Im Hinblick worauf?) oder „Ich möchte eine Tätigkeit, die mir Spaß macht" (Was genau macht Ihnen Spaß?) oder

„Ich wußte schon früh, was ich wollte" (Und was war das, was sie wollten?) oder „Ich wollte meine Phantasien und Träume beim Gitarrespielen verwirklichen" (Welche Phantasien und Träume hatten Sie?).

- Halbe Vergleiche geben nicht an, womit zu vergleichen ist; meist steckt dahinter eine unrealistische/idealisierte andere Hälfte. Z.B.: „Die Kollegen in Abteilung X haben es besser" (Besser in bezug worauf?).

- Aussagen, die aus einem dynamischen Vorgang einen statischen machen, indem Verben in Substantive verwandelt werden (Nominalisierung). Z.B.: „Ich bedauere meine Entscheidung" (Wer oder was hindert Sie, sich neu zu entscheiden?) oder „Dieses Meeting war eine Zumutung" (Wer mutete Ihnen da was zu?)

- Aussagen, bei denen der Sprecher zu wissen glaubt, was der andere denkt oder fühlt („Gedankenlesen"). Oft sind es nur seine Halluzinationen oder gar Projektionen der eigenen Gefühle und Gedanken auf andere. Z.B.: „Ich weiß, was das beste für ihn ist" (Woher wissen Sie das?).

- Aussagen, bei denen zwei Teile als gleichbedeutend unterstellt werden. Z.B.: „Sie loben mich nie, ich arbeite Ihnen wohl nicht gut genug" (Wieso bedeutet das eine gleichzeitig das andere?).

Die Antworten, die man auf derartige Nachfragen erhält, geben nicht nur dem Frager einen besseren Einblick in die Gedanken- und Gefühlswelt des Befragten, sondern auch diesem selbst. Aufgrund der durch treffende Nachfragen forcierten selbstreflektierenden Bemühungen des Befragten – im kooperativen Wechselspiel zwischen Frager und Befragtem also – stellen sich neue Erkenntnisse ein. Oft begreift der Befragte erst durch solche Nachfragen seine zugrundeliegenden Gefühle und Denkmuster und weicht nicht mehr so schnell auf Allgemeinplätze, stillschweigende Voraussetzungen etc. aus, denn er muß sich zwingen, die Kontextfaktoren der ursprünglichen Aussagen für beide Seiten zu präzisieren. Am Ende kann er sich dadurch auch unvoreingenommener mit seinem eigenen Verhalten und Erleben in der entsprechenden Situation auseinandersetzen.

Allerdings: wenn *eine* Nachfrage *nach der anderen* gestellt wird, wirkt das Ganze nicht mehr wie ein Dialog, sondern eher wie ein Verhör. Man muß also die Balance halten zwischen klärenden Nachfragen (=Sekundärfragen) und den ursprünglichen (Primär–)Fragen des Fragenkatalogs, die man im Bewerber-Interview oder im Mitarbeitergespräch abarbeiten möchte.

Bietet der Befragte ganze Problemkomplexe an, sind Fragen zur Entwirrung (z.B. „Sie nennen verschiedene Probleme, wie hängen sie zusammen?"), zum Aufbrechen einer Negativsicht (z.B. „Abgesehen von diesen Problemen, was läuft gut bei Ihnen?"), zum Erkunden der eigenen Verantwortlichkeit (z.B. „Was haben Sie bisher getan, um diese Probleme zu lösen?") hilfreich (Ludewig, 1992).

Weitere nützliche Konzepte zum Generieren ergiebiger Nachfragen

Verifizierung durch Beispiele

Nicht selten stellen Befragte Behauptungen über ihr Verhalten und Erleben auf, die recht allgemein gehalten sind. Solche Aussagen sollte sich der Frager durch Beispiele verifizieren lassen.

Beispiel 1:
B: Im Sport muß ich eigentlich immer der erste sein.
F: Können Sie mir dafür mal ein paar Beispiele nennen?

Beispiel 2:
B: Das war schon früher bei mir so. Wenn ich mit einem Vorgesetzten nicht klar kam, habe ich zurückgeschossen.
F: Können sie mir das mal an ein oder zwei Beispielen illustrieren?

Verhaltensdreiecke vervollständigen

Aber auch bei Verhaltensbeispielen bietet der Befragte nicht immer alle Informationen an, die zu einer validen Beurteilung des Sachverhaltes führen könnten. Grundsätzlich geht es hier um die Inventarisierung folgender drei Komponenten:
1. Es gibt eine Situation, eine Aufgabe oder Ausgangslage.
2. Diese erfordert ein Vorgehen, eine Maßnahme, eine Handlung (Unterlassung).
3. Damit wird eine Ergebnis, eine Auswirkung ein Effekt erreicht.
Als Gedächtnisstütze dazu kann man sich das – auf Ghiselli (1966) zurückgehende – „Verhaltensdreieck" merken (vgl. Abb. 4).

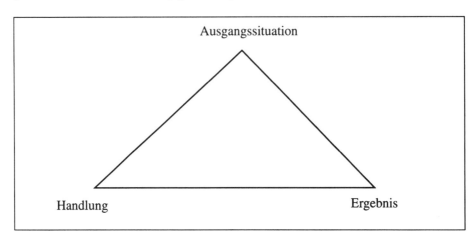

Abbildung 4
Verhaltensdreieck

Werden nicht alle drei Elemente hinreichend expliziert, muß der Frager sie durch gezielte Anschlußfragen ergänzen (= das Verhaltensdreieck vervollständigen, z.B. die Ausgangssituation und/oder die eigenen Handlungsanteile konkret nachfragen), denn wirklich beurteilbar wird ein Sachverhalt erst, wenn keines der drei Elemente fehlt.

Beispiel 1:
F: Wie waren Sie in der Berufsschule?
B: In Mathe war ich nicht gut; sonst ging es.
F: Und wie ging das mit Mathematik?
B: Ich habe gelernt, mein Vater hat mir jeden Sonntag Nachhilfe gegeben, und so habe ich im Abschlußzeugnis eine Vier bekommen können.
Der Befragte beschreibt die Situation, dann auf Nachfrage das Vorgehen und den Erfolg (der wahrscheinlich auch vom Vater abhängig war). Da alle drei Komponenten erfragt wurden, ist der Sachverhalt nun gut beurteilbar.

Beispiel 2:
F: Haben Sie in Ihrem Sportverein irgendeine Spezialaufgabe?
B: Ja, ich bin zum Kassenwart gewählt worden.
F: Und was machen Sie da?
B: Ich habe das Amt nach 4-6 Wochen wieder abgegeben, weil wir ein Baby bekamen.

Konkretisieren abstrakter Modelle

Nicht selten werden vom Befragten rein abstrakte Modelle angeboten, die für jeden Menschen in vergleichbarer Situation gelten, die aber nichts besonderes über *den Befragten* aussagen.

Beispiel 1:
F: Warum haben Sie bei Ihrem letzten Arbeitgeber gekündigt?
B: Ach wissen Sie, wie das so ist, es gibt natürlich wie überall Positives und Negatives, aber wenn das Negative überwiegt und das Faß langsam voll wird, dann braucht es am Ende nur noch einen letzten Tropfen. Und das war im letzten Sommer halt der Fall.

Auf eine solche Antwort muß F unbedingt konkretisierend nachfragen:
Was genau war denn für Sie positiv? ... Und was negativ? ... Und was schließlich war konkret der letzte Tropfen?

Beispiel 2:
F: Unter welchen Bedingungen würden Sie Ihr Bestes geben?
B: Wenn die Aufgaben interessant sind, mich fordern, ...
F: Wann sind Aufgaben für Sie interessant, wann fühlen Sie sich gefordert ...?

Kausalität – Finalität

Auch wenn der Frager "Erzählströme" vom Befragten erhalten möchte, so sollte er doch nicht allein Fakten, sondern auch Motive und andere Ursachen sowie Absichten und Ziele erfahren wollen, sollte mehr Erklärungen und Bestrebungen als pure Erzählungen anstreben, d.h. eine Reduktion des Episodischen zugunsten des Selbstreflektorischen.

Zu einer Handlung oder einem Ereignis gibt es – bezogen auf die Zeitachse – außer der "situativen" Fragemöglichkeit (z.B. "Wie haben Sie das empfunden?", "Was genau haben Sie getan?") zum einen die Fragemöglichkeit in Richtung vorgängiger Faktoren, Bedingungen ("kausal"), zum anderen in Richtung nachfolgender Ereignisse, Ergebnisse, Erfahrungen, Verhaltens- und Erlebensweisen, aber auch in Richtung Absichten, Ziele ("final") (vgl. Abb. 5). Der Mensch ist nämlich nicht nur ein (kausal aufgrund von Umständen und Motiven) *re*agierendes, sondern auch ein (final in Richtung auf Absichten, Bestrebungen und Ziele hin, also intentional) *agierendes* Wesen.

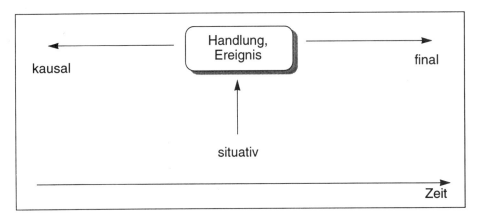

Abbildung 5
Kausalität – Finalität

"Kausale" Fragen sind z.B.: Wie erklären Sie sich ...? Worauf führen Sie zurück, daß ...? Was hat Sie gehindert, das zu tun (zu unterlassen)?

Beispiel:
B: Von der 11. bis zur 13. Klasse war ich Klassensprecher.
Statt: Wie sind Sie das geworden?
Besser: Was, glauben sie, hat Sie wählbar gemacht?
Kommentar: Auf die erste Frageformulierung würde wahrscheinlich nur die Episode des Wahlvorgangs berichtet werden, auf die zweite aber vom Befragten selbsttheoretisch vermutete Gründe, die vielleicht Bedeutsames über ihn selbst aussagen können (z.B.: "Das war meine Art: Ich war ziemlich

Bewerber-Interviews und Mitarbeiter-Gespräche: Engpaß Exploration 153

introvertiert, einer, der den Unterricht nicht störte, aber auch ein guter Schüler, dennoch kein Schleimer, so daß ich für die anderen Schüler unbedrohlich und für diese und die Lehrer vermittlungsfähig erschien").

„Finale" Fragen sind z.B.: Mit welchem Ziel / welcher Absicht haben Sie dies unternommen? Welche Folgen hatte das für Sie? Welche Schlüsse haben Sie daraus gezogen? Was haben Sie daraus gelernt?

Beispiel 1:

B: Ich wollte unbedingt neben diesem großen Projekt noch das andere kleinere parallel fahren.

Statt (nur): Und was ist daraus geworden?

Besser: Was war Ihre eigentliche Absicht dabei?

Beispiel 2:

Statt: Schildern Sie mir doch mal Ihre Aufgaben und Tätigkeiten bei dieser Jobrotation.

Besser: Was waren die wichtigsten Lernerfahrungen für Sie bei dieser Jobrotation?

Nun gibt es gelegentlich Handlungen oder Ereignisse, bei denen es sich lohnen kann, sogar situativ und (oder) kausal und (oder) final zu fragen, z.B.:

B: In der Abschlußprüfung bin ich durchgefallen.

F: Wie haben Sie das empfunden? (situativ)

   Worauf führen Sie das zurück? (kausal)

   Was haben Sie für die Zukunft daraus gelernt? (final)

„Schnittmengen" erfragen

Meist ist es diagnostisch aufschlußreicher zu erfahren, was *der Befragte* mit einer anderen Person gemeinsam hat, was *ihn* an einer anderen Person fasziniert hat. bzw. was *ihm* ein Ereignis bedeutet hat, statt nur etwas über die betreffende Person bzw. das Ereignis. Deshalb sollte man von vornherein die „Schnittmenge" ansprechen und nicht die andere Person bzw. das Ereignis allein (s. auch Abb. 6). Also:

Beispiel 1:

Statt: Was erinnern Sie noch aus Ihrer Kindheit?

Besser: Was erinnern Sie noch aus Ihrer Kindheit, das für Ihre persönliche Entwicklung bedeutsam war?

Kommentar: Auf die erste Frageformulierung würde der Befragte vielleicht – diagnostisch völlig belanglos – antworten: „Den kleinen roten Bus, der uns morgens vom Dorf in die Schule brachte". Kommt hinzu, daß der Befragte ohne die präzisierende Nebenbedingung der Schnittmenge auch nicht so recht weiß und deshalb darüber spekulieren muß, was dem Interviewer wohl wichtig ist, worauf er hinaus will. Bei der zweiten – präziseren – Formulierung weiß der Befragte genau, wonach er gedächtnismäßig suchen muß. Seine ergiebige Antwort darauf könnte z.B. lauten: „Das war der unerschütterliche Glaube meines Vaters daran, daß er mit seiner Geschäftsgründung Erfolg haben würde. Das hat mich doch sehr beeindruckt ..."

Beispiel 2:
Nachdem der Befragte geäußert hat, daß er viel mit seinem früheren Vorgesetzten gemeinsam habe:
Statt: Dann beschreiben Sie mir doch mal diesen Vorgesetzten.
Besser: Und was genau, glauben Sie, haben Sie mit diesem früheren Vorgesetzten gemeinsam?

Beispiel 3:
Nachdem der Befragte geäußert hat, daß ihn sein Mathematiklehrer fasziniert habe:
Statt: Können Sie mir denn mal Ihren Mathematiklehrer beschreiben?
Besser: Was genau an ihm hat Sie denn fasziniert?

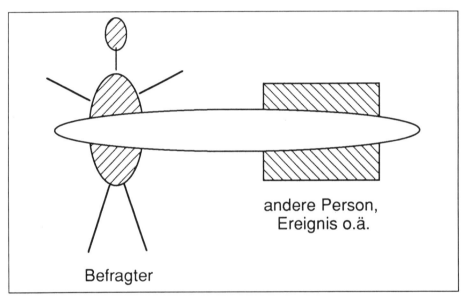

Abbildung 6
Schnittmenge

Der unverzichtbare Nutzen guter Exploration

Gerade Führungskräfte neigen in Gesprächen dazu, gleich zu bewerten, zu viel (von sich) zu reden, Ratschläge oder Lösungen anzubieten und zu überreden. Doch auch wenn ihre Ratschläge objektiv für den Gesprächspartner nützlich sein können, besteht doch die große Gefahr, daß der andere sich dagegen verschließt und das Problem der Beurteilung oder Beeinflussung des Gegenübers bestenfalls schlecht gelöst ist.

Diese verbreitete Orientierung der zwischenmenschlichen Kommunikation an technisch-rationalen Kriterien ist zu einseitig. Schon Alfred Adler hat erkannt, daß der größere Erfolg am Ende dadurch zu erzielen ist, daß man sich mehr mit den Interessen der anderen beschäftigt als mit den eigenen. In der Kommunikation müssen deshalb neben sachlich-rationalen Inhalten gleichermaßen bzw. sogar vorgeordnet soziale und emotionale Belange berücksichtigt werden. Dies gilt in besonderem Maße für Bewerber-Interviews und Mitarbeiter-Gespräche, die dazu dienen, die Fähigkeiten und Willigkeiten der Mitarbeiter besser zu erkennen, Arbeitsverhältnisse zu etablieren, zu stabilisieren und zu dynamisieren, Leistung und Innovation zu fördern und kreatives Potential freizusetzen.

Für diese Gespräche wenig nützlich sind Listen mit detaillierten Sachpunkten, die einfach abzuhaken sind. Geeigneter sind global-strategische Ablaufpläne, die genügend Raum für individuelle Betrachtungen lassen. Denn wenn wir Substantielles über die Handlungsbereitschaften einer Person erfahren wollen, müssen wir in ihre subjektive Welt Einblick nehmen und sehen, welche kognitiven Einordnungen und Beziehungsbildungen sie vornimmt, welche Bewertungen sie anstellt etc.

Das entscheidende Mittel dazu ist die Exploration, d.h. richtiges Fragen, sensibles Zuhören und gezieltes Nachfragen. Aber genau dies ist der größte Engpaß in derartigen Gesprächen. Und den gilt es aufzubrechen, weil erst eine valide Exploration die Chance eröffnet, zu neuen Einsichten zu kommen, gegenseitiges Verständnis zu erlangen und im permanenten Prozeß des Aushandelns zwischen Führungskräften und Mitarbeitern zu vernünftigen, effizient und gütlich erreichten Ergebnissen zu gelangen.

Für diese Prozesse problemlösenden Verhandelns ist das Erkennen der eigentlichen Interessen hinter den vorgebrachten, der Interessen hinter den Interessen sozusagen bzw. der Bedürfnisse hinter den Bedürfnissen, ein ganz neuralgischer Punkt dafür, Möglichkeiten *gegenseitigen* Nutzens zu finden (Fisher, Ury & Patton, 1993). Je besser dies gelingt, umso eher wird ein mächtiger Effizienz-Blockierer, der eingangs erwähnte Fehler 3. Art – nämlich das falsche Problem präzise zu lösen – vermieden.

Der Weg dorthin erfordert allerdings geduldiges Üben:

> Man muß viel gelernt haben
> um über das, was man nicht weiß,
> fragen zu können.
> (J.-J. Rousseau)

Literatur

Anger, H. (1969). Befragung und Erhebung. In C.F. Graumann (Hrsg.), *Sozialpsychologie* (1. Halbband; S.567-617). Göttingen: Hogrefe. – **Bandler, R. & Grinder, J. (1986).** *Reframing.* Paderborn: Junfermann. – **Birkenbihl, V.F., Blickhan, C. & Ulsamer, B. (1991).** *NLP – Einstieg in die Neuro-*

Linguistische Programmierung (4. Aufl.). Speyer: GABAL. – **Blickhan, C. & Ulsamer, B. (1985).** NLP im Management, Teil II – NLP: Methode für Manager, die sich fordern. *Congress & Seminar, Heft 11 + 12.* – **Crisand, E. & Pitzek, A. (1993).** *Das Sachgespräch als Führungsinstrument.* Heidelberg: Sauer. – **Dutfield, M. & Eling, C. (1993).** *Gesprächsführung für Manager – Mitarbeiter kompetent beraten und beurteilen.* Frankfurt/M.: Campus. – **Ellis, A. (1977).** *Die rational-emotive Therapie – Das innere Selbstgespräch bei seelischen Problemen und seine Veränderung.* München: Pfeiffer. – **Fisher, R., Ury, W. & Patton, B. (1993).** *Das Harvard-Konzept.* Frankfurt/M.: Campus. – **Fittkau, B. (1990).** Kommunikation. In W. Sarges (Hrsg.), *Management-Diagnostik* (S.298-306). Göttingen: Hogrefe. – **Gabarro, J.J. (1992).** Wie sich Kommunikationsbarrieren überwinden lassen. *HARVARDmanager (2),* 78-79. – **Ghiselli, E.E. (1966).** The validity of a personnel interview. *Personnel Psychology, 19,* 389-395. – **Kartmann, S.W. (1994).** *Wie wir fragen und zuhören ... könnten! Leitfaden für erfolgreiche Dialoge in Führung und Verkauf.* Würzburg: Schimmel. – **Ludewig, K. (1992).** *Systemische Therapie.* Stuttgart: Klett-Cotta. – **Murphy, K.J. (1987).** *Besser zuhören – mehr Erfolg. Das einfache und wirksame Führungskonzept.* Freiburg: Haufe. – **Neuberger, O. (1992).** *Miteinander arbeiten – miteinander reden! Vom Gespräch in unserer Arbeitswelt* (14. Aufl.). München: Bayerisches Staatsministerium für Arbeit, Familie und Sozialordnung. – **Nichols, R.G. & Stevens, L.A. (1993).** Listening to people. In *The articulate executive* (pp.45-60). Boston: Harvard Business Review Books. – **Reddy, M. (1987).** *The manager's guide to counselling at work.* Leicester & London: The British Psychological Society & Methuen. – **Reutler, B.H. (1988).** *Körpersprache verstehen.* München: Humboldt. – **Roedel, B. (1990).** *Praxis der Genogrammarbeit – Die Kunst des banalen Fragens.* Broadstairs (UK): Borgmann. – **Rogers, C.R. & Roethlisberger, F.J. (1992).** Kommunikation: Die hohe Kunst des Zuhörens. *HARVARDmanager (2),* 74-80. – **Sabel, H. (1993).** *Sprechen Sie mit Ihren Mitarbeitern! Die Kunst, Mitarbeitergespräche erfolgreich zu führen, Signale im Gespräch zu erkennen und mit Konfliktsituationen umzugehen.* Bamberg: Bayerische Verlagsanstalt. – **Sarges. W. (1990).** Interviews. In W. Sarges (Hrsg.), *Management-Diagnostik* (S.371-384). Göttingen: Hogrefe. – **Sarges, W. (1992).** Interview. In U. Tewes & K. Wildgrube (Hrsg.), *Psychologie-Lexikon* (S.167-170). München: Oldenbourg. – **Sarges, W. (1994).** Veränderungen von Organisationsstrukturen und ihr Einfluß auf das Personalmanagement. In J. Kienbaum (Hrsg.), *Visionäres Personalmanagement* (2., erw. Aufl.; S.371-399). Stuttgart: Poeschel. – **Schuler, M. (1994).** NLP – Neurolinguistisches Programmieren in der Management-Weiterbildung. In L.M Hofmann & E. Regnet (Hrsg.), *Innovative Weiterbildungskonzepte* (S.265-283). Göttingen: Verlag für Angewandte Psychologie. – **Schulz von Thun, F. (1981).** *Miteinander reden 1: Störungen und Klärungen – Allgemeine Psychologie der Kommunikation.* Reinbek: Rowohlt. – **Schulz von Thun, F. (1984).** Vom „Managertraining" zur humanistischen Begegnung zweier Wertewelten – Eine Quintessenz aus 15 Jahren Kommunikationstraining mit Führungskräften. *Gruppendynamik, 15,* 39-57. – **Schulz von Thun, F. (1989).** *Miteinander reden 2: Stile, Werte und Persönlichkeitsentwicklung – Differentielle Psychologie der Kommunikation.* Reinbek: Rowohlt. – **Thomann, C. & Schulz von Thun, F. (1988).** *Klärungshilfe – Handbuch für Therapeuten, Gesprächshelfer und Moderatoren in schwierigen Gesprächen.* Reinbek: Rowohlt. – **Weisbach, C.-R. (1992).** *Professionelle Gesprächsführung – Ein praxisnahes Lese- und Übungsbuch.* München: Beck.

Wolfgang Dressler und Bärbel Voß

Gesprächstraining zur Reduzierung motivationsbedingter Fehlzeiten

1. Fehlzeiten und ihre Ursachen

Ihrer Art nach lassen sich Fehlzeiten im Betrieb in geplante und ungeplante einteilen.
Die *geplanten Fehlzeiten*, wie z.B. Tarifurlaub, Sonderurlaub, Freischichtenregelungen wegen Arbeitszeitverkürzung usw., sind durch entsprechende Anspruchsgrundlagen aus Betriebsvereinbarungen und Tarifverträgen geregelt und damit nicht unmittelbar beeinflußbar.

Die *ungeplanten Fehlzeiten*, deren Schwerpunkt die krankheitsbedingten Fehlzeiten sind, lassen sich nach Krankheit aufgrund medizinischer Notwendigkeit und nach motivationsbedingtem Krankenstand unterscheiden.

Krankheit aufgrund medizinischer Notwendigkeit – Arbeitsunfähigkeit im eigentlichen Sinn – kann vom Arbeitsplatz, z.B. von physischen oder psychischen Arbeitsbedingungen oder den Folgen eines Arbeitsunfalles abhängig sein und ist für diesen Teil durch Veränderungen am Arbeitsplatz beeinflußbar. Vom Arbeitsplatz unabhängige Arbeitsunfähigkeit ist mit dem menschlichen Leben an sich verbunden. Gründe können z.B. die individuelle Konstitution oder Außeneinflüsse sein. Dieser Teil der medizinisch notwendigen Krankheit kann nur von dem betroffenen Individuum selbst, z.B. durch entsprechende Lebensweise, beeinflußt werden.

Der *motivationsbedingte Krankenstand* ist einerseits abhängig von der konkreten Arbeitssituation, z.B. den Arbeitsinhalten, dem Führungsverhalten, möglichen Konflikten, der Arbeitszufriedenheit usw. und andererseits abhängig von der Lebenssituation, wie den familiären Verhältnissen, dem gesellschaftlichen Umfeld. Diese „Flucht in die Krankheit" – ohne daß es dafür medizinische Gründe im eigentlichen Sinne gibt – verursacht in Großunternehmen vermeidbare Kosten in mehrstelliger Millionenhöhe pro Jahr, da entsprechendes Zusatzpersonal zum Ausgleich beschäftigt werden muß.

2. Konzept der mitarbeiterorientierten Kommunikation

Durch die *mitarbeiterorientierte Kommunikation* im Rahmen von Fehlzeitengesprächen wird der Sachzusammenhang zwischen den motivationsbedingten Befindlichkeitsstörungen und deren Auswirkungen im Betrieb verdeutlicht; Vorgesetzte machen ihren Mitarbeitern klar, daß die weit verbreitete subjektive Einschätzung „ob ich bei der Arbeit bin oder nicht, das ist egal" falsch ist.

Bei der Senkung des motivationsbedingten Krankenstandes haben die Vorgesetzten eine wesentliche Rolle, da ihr konkretes Führungsverhalten den maßgeblichen Einfluß auf die Absentismusrate im Betrieb hat. Wie Vorgesetzte mit ihren Mitarbeitern/innen umgehen, wie sie die Individualität des einzelnen respektieren und Partnerschaft praktizieren, dies bestimmt mittelbar die Bereitschaft der Mitarbeiter/innen für einen Arztbesuch zur Erlangung einer Arbeitsunfähigkeitsbescheinigung.

Ein betrieblich bewährter Ansatz zur Minimierung des motivationsbedingten Krankenstandes ist das Konzept „*Fehlzeitengespräche*".

Nach diesem Konzept führen Vorgesetzte mit ihren Mitarbeitern/innen nach jeder krankheitsbedingten Fehlzeit grundsätzlich ein *Rückkehrgespräch*, um zu verdeutlichen, wie wichtig der/die Mitarbeiter/in im betrieblichen Ablauf / am Arbeitsplatz ist.

Falls die krankheitsbedingten Fehlzeiten, bezogen auf ihr Ausmaß, die Anzahl und deren Lage (z.B. stets am Wochenanfang), sich häufen, ist ein „*betriebliches Fehlzeitengespräch*" mit fürsorglichem Charakter durch den Vorgesetzten zu führen. Ziel ist es dabei, mögliche betriebliche Ursachen der krankheitsbedingten Fehlzeiten zu klären und ggf. abzustellen. Darüber hinaus wird dem/der Mitarbeiter/in verdeutlicht, daß sein/ihr Fehlen nicht hingenommen wird. Dabei geht es nicht um Mitarbeiter/innen mit schweren Erkrankungen, sondern um diejenigen, bei denen aufgrund der Daten Absentismus vermutet werden kann.

Falls für diesen Personenkreis die krankheitsbedingten Fehlzeiten in einem definierten Beobachtungszeitraum nicht abnehmen, dann folgt ein „*disziplinarisches Fehlzeitengespräch*" durch das Personalwesen im Beisein des Vorgesetzten. Dabei werden die betrieblichen Möglichkeiten zur Reduzierung der krankheitsbedingten Fehlzeiten im Einzelfall (z.B. anderer Arbeitsplatz, Teilzeitarbeit) angeboten sowie die arbeitsrechtlichen Konsequenzen bis hin zur Auflösung des Arbeitsverhältnisses für den Fall weiterer erheblicher krankheitsbedingter Fehlzeiten erörtert.

Arbeitsrechtliche Maßnahmen erfolgen für die Fälle, bei denen trotz Ursachenklärung keine Änderung der als motivationsbedingt eingestuften Fehlzeiten eintritt.

Das *Training von Fehlzeitengesprächen* hat für jeden/jede Vorgesetzte/n eine zentrale Bedeutung, da zum einen Unsicherheiten abgebaut werden und zum anderen ihm/ihr verdeutlicht wird, daß er/sie mit dem Problem nicht allein gelassen ist, sondern durch das Personalwesen in Kooperation mit dem Bildungswesen unterstützt wird. Ein grundlegendes Ziel ist es dabei, den Vorgesetzten bewußt zu machen, daß die Reduzierung motivationsbedingter Fehlzeiten eine ihrer Führungsaufgaben ist.

Die Wettbewerbssituation von Unternehmen kann daher wesentlich durch die Senkung des motivationsbedingten Krankenstandes – unmittelbar durch Kostensenkungen, mittelbar durch die Erhöhung der Produktivität – verbessert werden.

3. Training von Fehlzeitengesprächen

Ein Angebot für das Training von Fehlzeitengesprächen geht von dem nachgewiesenen Zusammenhang aus, daß *eine der Ursachen für motivationsbedingte Fehlzeiten in dem Verhältnis zwischen Vorgesetztem und Mitarbeiter zu finden ist.* Eine wesentliche Variable, die diese Beziehung beeinflußt, ist das Führungsverhalten des betrieblichen Vorgesetzten. Empirische Ergebnisse belegen einen Trend dahingehend, daß ein mitarbeiterorientiertes Führungsverhalten die Arbeitszufriedenheit steigert und Fehlzeiten weniger wahrscheinlich macht. Da sich Führung als Kommunikation zwischen Vorgesetztem und Mitarbeiter manifestiert, ist es letztlich die Art der Kommunikation, die die wechselseitigen Beziehungen gestaltet.

Ein *Training für Fehlzeitengespräche* vermittelt nicht nur bestimmte Gesprächstechniken, sondern sollte auch der *Weiterentwicklung vorhandener Kommunikationsfähigkeit* dienen mit dem Ziel, eine partnerschaftliche und effektive Kommunikation zu fördern. Fehlzeitengespräche sind eine Art von Mitarbeitergesprächen, für die die Grundsätze der Kommunikationspsychologie ebenso Gültigkeit haben und, speziell bei diesen problembezogenen Gesprächen, Anwendung finden müssen.

Wichtige Inhalte von Fehlzeitengesprächstrainings sind neben dem konkreten Training – d.h. dem übenden Anwenden z.B. in Form von Rollenspielen – *Gesprächstechniken,* die ihrerseits mit *theoretischen Modellen der Kommunikationspsychologie* untermauert werden. Genügend Raum ist jedoch aus unserer Sicht auch dem Selbsterfahrungslernen bezüglich der eigenen Grundhaltungen beim Umgang mit anderen einzuräumen.

Denn: Geglückte Kommunikation ist nicht nur eine Frage effektiver Gesprächstechniken, sondern auch der eigenen Einstellung dem Gesprächspartner gegenüber.

**Kommunikation ist
die Übermittlung
von Nachrichten
und
die Art des Umgangs
miteinander**

Häufig läßt sich nach unseren Erfahrungen im Training beobachten, daß Teilnehmern die marginale Bedeutung von Kommunikation im Führungsalltag nicht ausreichend bewußt ist. Das Mittel schlechthin, mit dem Führungsaufgaben umgesetzt werden, ist das Gespräch oder allgemein: die Kommunikation zwischen betrieblichem Vorgesetzten und Mitarbeiter. Alle Führungstechniken müssen den „Flaschenhals der Kommunikation" und Information passieren (Stroebe, 1991).

Führungsaufgaben können nur dann erfolgreich durchgeführt werden, wenn ein Vorgesetzter sie im Gespräch mit seinen Mitarbeitern umzusetzen vermag.

Grundlage jedes Führungsverhaltens
ist die Kommunikation
mit dem/der Mitarbeiter/in

Vor diesem Hintergrund wird umso deutlicher, wie wichtig es ist, neben dem praktischen Gesprächstraining Teilnehmer für diese grundlegenden Erkenntnisse zu öffnen. Vor allem auch die *Bedeutung der eigenen Rolle in Mitarbeitergesprächen* bewußt zu machen: Letztlich hat es der Vorgesetzte in der Hand, wie erfolgreich und befriedigend diese Gespräche verlaufen.

Der Einfluß eines Vorgesetzten auf die Steuerung eines Gesprächs beginnt bereits in der Phase der Gesprächsvorbereitung. Mit welchen eigenen Interessen und Zielen geht er in das Gespräch? Welche eigenen Vorstellungen oder Vorurteile gegenüber dem/der Mitarbeiter/in leiten, wenn auch manchmal nur unbewußt, sein Gesprächsverhalten? Hat er genügend die Gesprächssituation bedacht: Ort, Zeit, Störungen weitgehend ausgeschaltet? Wie will er den Gesprächseinstieg wählen? Welche Fehlzeiten liegen bei dem/der Mitarbeiter/in vor? Weiß er schon etwas über mögliche Gründe?

Diese Art der Vorbereitung ist insbesondere bei problembezogenen Mitarbeitergesprächen, wie z. B. Fehlzeitengesprächen, unverzichtbar. Die Kunst der Gesprächsführung, wenn Fehlzeiten der Anlaß sind, liegt darin, eine Balance zwischen der Sach- und der Beziehungsebene zu halten, um somit die Ursachen von Störungen zu erfahren, Lösungen zu ermitteln und Maßnahmen zur Reduzierung motivationsbedingter Fehlzeiten umzusetzen.

Bereits ein schlecht gewählter Gesprächseinstieg kann auf der Beziehungsebene Schaden anrichten, so daß ein effektiver Austausch auf der Sachebene vereitelt wird.

Ein Kardinalfehler
in der Kommunikation ist:
Beziehungsprobleme
auf der Sachebene auszutragen

Um Kommunikationsstörungen und deren Ursachen zu erkennen, ist für Teilnehmer an (Fehlzeiten-)Gesprächstrainings die modellhafte Erläuterung von *Kommunikationsabläufen* notwendig. Für diesen Part in Trainings bieten sich unterschiedliche *psychologische Modelle* an. Ein Modell, zu dem nach unseren Erfahrungen Teilnehmer recht unmittelbar Zugang finden, ist das von Schulz von Thun (1981): „Die vier Seiten (Aspekte) einer Nachricht" (s. Abb.).

Dieses Modell bietet in der Trainingspraxis einen eher analytischen Zugang zum Thema „Kommunikation". Die Wahl eines geeigneten Modells ist, abgesehen von der Zielgruppe und den Trainingszielen, auch von der zeitlichen Dauer des Trainings abhängig. So z. B. sollte ein Einsatz der „Transaktionsanalyse" (Stewart & Joines, 1990; Wagner, 1987) mit selbsterfahrungsorientierten Übungen zur Vertiefung ver-

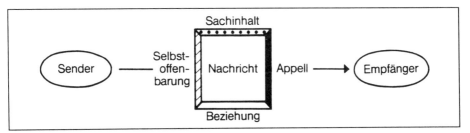

Abbildung 1
Kommunikationsmodell

knüpft sein, wenn man dieses psychologische Modell nicht nur oberflächlich vermitteln will. In unseren eineinhalbtägigen Fehlzeitengesprächstrainings hat das Modell „Die vier Seiten einer Nachricht" die Teilnehmer dabei unterstützt, Kommunikationsabläufe zu analysieren und Störungen bzw. deren Ursachen besser zu erkennen.

Eine für Teilnehmer in diesem Zusammenhang aufschlußreiche Erkenntnis ist, daß in einer Nachricht mehr enthalten ist als die reine (Sach-)Information. Ferner, daß ein „Sender" stets auf allen vier Seiten der Nachricht gleichzeitig kommuniziert. Mit anderen Worten hat es Watzlawick (1990) beschrieben:

**„Man kann nicht
nicht-kommunizieren."**

Dieses „Grundgesetz der Kommunikation" weist darauf hin, daß jedes Verhalten, nonverbal oder verbal, Mitteilungscharakter hat, der betriebliche Vorgesetzte in Fehlzeitengesprächen also auch dem nonverbalen Verhalten des/der Mitarbeiters/in Hinweise entnehmen kann. In diesem Sinne können wahrgenommene Widersprüche zwischen verbalem und nonverbalem Verhalten für den Vorgesetzten Anhaltspunkte dafür sein, an diesen Stellen noch einmal nachzuhaken, um somit die wirklichen Ursachen von Problemen zu erfahren.

Gesprächskompetenz beinhaltet auch die *Fähigkeit zur differenzierten Wahrnehmung*. Wer sitzt mir als Gesprächspartner gegenüber? Wie wird das, was ich sage, aufgenommen? Diese Fragen muß sich ein Vorgesetzter in (Fehlzeiten-)Gesprächen beantworten, wenn er den Gesprächsablauf kooperativ und effektiv steuern will.

Er muß sich über einen zentralen Grundsatz in der Kommunikationspsychologie bewußt sein: Das Empfangsprodukt ist ausschließlich das Werk des Empfängers.

**Wahr ist nicht, was ich sage. –
Wahr ist, was der andere hört!**

Ob jemand erfolgreich führt und kommuniziert, das hängt in besonderem Maße von der *Fähigkeit* ab, das eigene *Führungs-/Kommunikationsverhalten individuell auf den/die jeweilige/n Mitarbeiter/in abzustimmen.* Bedingt durch Erfahrungen im Verlauf der Sozialisation und Entwicklung können sich individuelle Kommunikationsstile zum einen und einseitige Hör-/ Empfangsgewohnheiten zum anderen herausbilden (Schulz von Thun, 1981, 1989). Ein Beispiel dafür ist, wenn mein Gesprächspartner die von mir auf der Sachebene gemeinten Botschaften stets mit dem „Beziehungs-Ohr" empfängt, d. h. neutrale Botschaften als Stellungnahme zu seiner Person (häufig als Kritik) aufnimmt.

In unseren Fehlzeitengesprächstrainings werden die Teilnehmer für diese Zusammenhänge dadurch sensibilisiert, daß Fehlzeitengespräche, die im eigenen Führungsalltag persönlich als schwierig erlebt wurden, im Rahmen von Rollenspielen aufgearbeitet werden. Schwerpunkte der Analyse sind dabei *individuelle Kommunikationsstile und Empfangsgewohnheiten,* die im Falle von Kommunikationsstörungen den Eindruck entstehen lassen, daß „aneinandervorbeigeredet" wird und sachgerechte Lösungen verhindert werden.

Die Kenntnis dieser *kommunikationspsychologischen Grundlagen,* die, wie bereits erwähnt, für Gespräche schlechthin gelten, ermöglicht es Trainingsteilnehmern, *Gesprächstechniken* in Fehlzeitengesprächen situationsadäquat anzuwenden. Als „Handwerkszeug" sind wesentliche Gesprächstechniken für Fehlzeitengespräche *Fragetechniken,* die es bewirken sollen, die eigentlichen Ursachen von persönlichen Problemen am Arbeitsplatz erfahrbar zu machen.

Darüber hinaus nimmt das sogenannte *Aktive Zuhören* (Gordon, 1989) einen breiten Raum im Training ein. Das Aktive Zuhören als Technik zu bezeichnen, dies würde Kommunikationsfähigkeit falsch einordnen; es folgt zwar grundlegenden Regeln, erfordert jedoch eine entsprechende Grundeinstellung, ohne die eine Anwendung nur mechanisch und damit unglaubwürdig wäre. Durch spezielle Übungen vertieft sich bei Teilnehmern im Training die Erkenntnis, daß es oftmals empfehlenswert ist, den eigenen Redeanteil zurückzunehmen und stattdessen besser zuzuhören. Dieses ist häufig der einzige Weg, die Probleme aus Sicht des anderen zu erfahren und auf dieser Grundlage wirklich effektive Problemlösungen herbeizuführen.

Neben einer Weiterentwicklung der eigenen Kommunikationsfähigkeit bei den in der Praxis nicht selten als schwierig erlebten Fehlzeitengesprächen ist es aus unserer Sicht erforderlich, den betrieblichen Vorgesetzten auch beim Umgang mit *arbeitsrechtlichen Fragestellungen* größere Verhaltenssicherheit zu geben. Insofern werden unsere Fehlzeitengesprächstrainings in Kooperation von Vertretern des Bildungswesens und Personalwesens durchgeführt.

Durch entsprechend kleine Gruppen, die ein intensives und persönliches Feedback gewährleisten, und ein durchgängiges Anknüpfen der ausgewählten Fallbeispiele an die Führungspraxis der Teilnehmer werden die Grundvoraussetzungen für einen gezielten *Transfer* geschaffen. Schwierigkeiten bei bisherigen Fehlzeitengesprächen, die nicht analysiert werden konnten, werden im Training erfahrbar und dadurch bewußt gemacht; individuell mögliche Abläufe von Fehlzeitengesprächen, die von Teilnehmern geplant bzw. beabsichtigt sind, werden situationsbezogen vorbereitet.

Unsere Fehlzeitengesprächstrainings sind ein Baustein im Rahmen der Meister-Weiterbildung; sie sind eingebettet in ein umfassendes *Meisterentwicklungs-Programm.* Grundlage hierfür ist ein „neues Bild des Meisters" mit veränderten Rollenanforderungen in Richtung vermehrter Sozial- und Methodenkompetenz (vgl. den Beitrag von Bürmann & Hackethal, in diesem Band). Bei der Reduzierung motivationsbedingter Fehlzeiten haben Meister als betriebliche Vorgesetzte eine wichtige Problemlösefunktion vor Ort.

Fehlzeiten werden als Indikator für die Arbeitszufriedenheit oder den „Gesundheitszustand einer Organisation" interpretiert. Betriebswirtschaftlich betrachtet sind Fehlzeiten mit hohen Kosten verbunden. Zunehmend mehr gelten Fehlzeiten als Kennziffer für die Produktivität eines Unternehmens. Fehlzeitengesprächstrainings, deren übergreifendes Ziel es auch ist, die Kommunikation zu verbessern, leisten hierzu einen wesentlichen Beitrag.

Literatur

Gordon, T. (1989). *Managerkonferenz. Effektives Führungstraining* (8. Aufl.). München: Heyne. – **Kälin, K. & Müri, P. (1988).** *Sich und andere führen. Psychologie für Führungskräfte und Mitarbeiter* (3. Aufl.). Thun: Ott. – **Nieder, P. (1984).** *Die „gesunde" Organisation. Ein Weg zu „mehr Gesundheit".* Stadtlauringen/Fuchsstadt: Wilfer. – **Rosenstiel, L. von (1993).** Kommunikation und Führung in Arbeitsgruppen. In H. Schuler (Hrsg.), *Lehrbuch Organisationspsychologie* (S. 321 – 351). Bern: Huber. – **Schulz von Thun, F. (1981).** *Miteinander reden: Störungen und Klärungen. Psychologie der zwischenmenschlichen Kommunikation.* Reinbek: Rowohlt. – **Schulz von Thun, F. (1989).** *Miteinander reden 2. Stile, Werte und Persönlichkeitsentwicklung. Differentielle Psychologie der Kommunikation.* Reinbek: Rowohlt. – **Stewart, I. & Joines, V. (1990).** *Die Transaktionsanalyse. Eine neue Einführung in die TA.* Freiburg: Herder. – **Stroebe, R. W. (1991).** *Kommunikation I. Grundlagen – Gerüchte – schriftliche Kommunikation* (Arbeitshefte zur Führungspsychologie, 5; 4. Aufl.). Heidelberg: Sauer-Verlag. – **Voß, B. (1987).** *Individualisierung des Lehrverhaltenstrainings unter Berücksichtigung differentieller Aspekte.* Frankfurt a. M.: Lang. – **Wagner, A. (1987).** *Besser Führen mit Transaktionsanalyse.* Wiesbaden: Gabler. – **Watzlawick, P. & Beaven, J. H. (1990).** *Menschliche Kommunikation* (8. Aufl.). Bern: Huber.

Bernhard Pesendorfer

Konflikt-Management als angewandte Dialektik

*Hüt dich vor Streit, doch muß es sein, so führ du
Ihn so, daß sich dein Gegner vor dir hütet.*
Shakespeare

1. Grundsätzliche Überlegungen[1]

Wir gehen davon aus, daß es sich bei Konflikt-Management um angewandte Dialektik handelt. Dialektik ist die „Methode, mit deren Hilfe wir über jedes vorgelegte Problem aus Wahrscheinlichem argumentieren können ..., ohne in Widersprüche zu geraten."[2] „Wahrscheinlich aber ist, was allen oder den meisten oder den Weisen wahr scheint, und auch von den Weisen wieder entweder allen oder den meisten oder den bekanntesten und angesehensten."[3]

Alltagssprachlich ließe sich das so ausdrücken: Wenn man in einer Streitfrage alles versucht hat, alle Annahmen geprüft, alle Denkfehler vermieden, an alles nur mögliche gedacht, dann auch noch die Leute gefragt hat, insbesondere die klügsten usf., wenn man also nach all dem immer noch in gutem Glauben, mit Fug und Recht unterschiedlicher Meinung sein kann, handelt es sich um eine *dialektische* Situation. Der Widerspruch, der dann bleibt, ist kein plumper oder fehlerhafter, sondern offenbar zunächst von der unvermeidlichen Art.[4]

1.1 Widerspruch

Es fällt uns nicht leicht, Widersprüche zu akzeptieren. Die ganze traditionelle Logik ist eine grandiose Veranstaltung, uns von all den Widersprüchen zu befreien, Unstimmigkeiten zu beseitigen. Und was sich im Theoretischen noch aushalten ließe, im Praktischen wird es völlig unerträglich. Widersprüche in unseren Wünschen, Strebungen, Zielen machen uns schier handlungsunfähig. Unsere Angst vor Widersprüchen geht so weit, daß wir sie überall entfernen wollen und behaupten, daß es nichts Widersprechendes gebe.[5]

Aus dieser Sicht lassen sich die vier Axiome der Logik als drastische Sicherungs- und Angstminderungs-Institutionen verstehen:[6]

1. Der *Satz der Identität*, A = A, behauptet, alles müsse sich selbst gleichbleiben, als gäbe es ein von Schicksal und Tod unberührtes Sein.

2. Der *Satz vom zu vermeidenden Widerspruch*, A ≠ non A, behauptet, daß nur das Sein ist und das Nicht-Sein nicht ist, ein Drittes gäbe es nicht. Aber was ist dann mit Geburt und Tod, mit Werden und Vergehen, was mit dem Schicksal des todverfallenen Menschen? Der Satz tut so, als gäbe es keine Beschränkungen für den

Konflikt-Management als angewandte Dialektik 165

Menschen, als unterläge er nicht dem Schicksals-Zyklus des Geborenwerdens, Zerrissen-, Zerstückelt-, Wiedergeboren-Werdens. So als wäre alles nur ein Spiel, und wir müßten unsere Höhle nicht wirklich verlassen, unserem Ur-sprung nicht wirklich entspringen. Obwohl also mächtige Widersprüche unseren Lebenszyklus beherrschen, soll der Widerspruch nicht sein. Nur eins von beiden soll richtig sein dürfen: nämlich das Widerspruchsfreie, Nicht-Ängstigende.

3. Der *Satz vom ausgeschlossenen Dritten* soll nur den Satz vom Widerspruch stärken (er hat es ja auch bitter nötig). Was ist denn das Dritte, das ausgeschlossen sein soll? Alles, wo sich Sein und Nicht-Sein mischen (Ich und der/die andere im Gespräch, Umgang, Begattung, Geburt und Tod, männlich und weiblich, hell und dunkel, die Mischung von Zeiten, Geschlechtern, Generationen, Traditionen, Riten, vermittelnde Konflikt-Lösungen usw.).

4. Der *Satz vom zureichenden Grunde* – ist auch eine außerlogische Konstruktion, die dem Legitimationsnotstand der drei ersten Axiome abhelfen soll. Er besagt nämlich – bei Tage besehen: Du tust schon recht daran, schicksalsgebeutelter Mensch, den Widerspruch nicht wahrzunehmen. Wenn du aber dennoch unter den nicht wegzuleugnenden Widersprüchen des Lebens leidest, unter Schmerz, Trennung, Anderssein und all den anderen Widersprüchen, die ausgeschlossen sein sollten, dann unterdrücke diesen Schmerz, sonst gehörst du zu den Doppelköpfen, dem blöden Volks-Vieh, das in Widersprüchen lebt und vom weiblichen Dämon beherrscht wird, der alles hintreibt zu grausiger Paarung und Geburt, wie Parmenides sich ausdrückt.[7]

Heißt das, daß wir dringend einer Logik bedürfen, die den Widerspruch *nicht* beiseite lassen muß? Sagen doch heute viele mit Recht, wir hätten ja nicht einmal eine gemeinsame Logik für Männer und Frauen, geschweige denn für verschiedene Völker, Staatsformen, Rassen, Religionen, Erdteile, Systeme ...

Analog dazu läßt sich die klassische Hierarchie als organisationsmäßige Entsprechung desselben Grundvorurteils beschreiben, es dürfe keine Widersprüche geben.[8] Und wie im Gespräch halten wir eine These, einen Gesprächspartner für erledigt, wenn sich in seinen Aussagen Widersprüche finden.

Dieses Bedürfnis nach Widerspruchsfreiheit wäre unverständlich, hätten wir nicht alle die Erfahrung von Widerspruch und Widersprechendem gemacht. Logisch gesprochen wäre es sinnlos, von Identität zu reden, wenn ihm nicht das Nichts, das andere gegenüberstünde. Gleiches gilt für den Begriff etwa des Lebens.[9] Diese Widersprüchlichkeit tritt aber nicht als äußere hinzu, denn dann wäre sie ja ebenso leicht korrigierbar oder eliminierbar. Sie tritt sozusagen nicht auf, weil man falsch gedacht hat, sondern umgekehrt genau deswegen, weil man konsequent und richtig gedacht hat. „Die Einwürfe, die zu fürchten sein möchten, liegen in uns selbst."[10]

Und je schärfer die Widersprüche hervortreten, desto klarer wird, worum es geht. Am *Gegenteil* zeigt sich's sozusagen, was das *Teil* soll. Wenn ich jemanden frage:

„Was ist Dir wirklich wichtig?" und er antwortet mir etwa: „zu lieben und geliebt zu werden", dann weiß ich oft nicht so recht, was er meint. Wenn ich ihn jedoch weiter bitte, mir das absolute Gegenteil davon zu nennen, bin ich meist viel weiter. Konkret bekam ich auf die zweite Bitte von verschiedenen Menschen sehr unterschiedliche Antworten: Der eine sagte, das Gegenteil von Liebe sei Haß, der andere Gleichgültigkeit, der dritte Impotenz, der vierte Macht ... Erst als ich das Gegenteil gehört hatte, konnte ich ahnen, um welche Achse sich sein Liebesbegriff ausmaß. Erst die Extreme und dann auch noch die ganz genau passenden Extreme geben den Vermessungsrahmen und damit den Mittelpunkt, den Kern preis, um den es geht. Das bedeutet Gegensatz.

„Die *denkende* Vernunft aber spitzt sozusagen den abgestumpften Unterschied des Verschiedenen, die bloße Mannigfaltigkeit der Vorstellung, zum wesentlichen Unterschiede, zum *Gegensatze* zu. Die Mannigfaltigen werden erst auf die Spitze des Widerspruchs getrieben regsam und lebendig gegeneinander und erhalten in ihm die Negativität, welche die inwohnende Pulsation der Selbstbewegung und der Lebendigkeit ist."[11]

Der Kampf (Widerspruch) gegen die Widersprüchlichkeit – also der gegen den Widerspruch gewendete Widerspruch kann zwei Ausgänge nehmen: einmal den Widerspruch zu vernichten – und das Leben, das Denken, die Freiheit gleich mit; oder aber wir müssen uns auf den Weg zu einer neuen Einheit machen, die durch den Prozeß der Widersprüchlichkeit hindurch und *nicht* an ihr vorbei geht. Anders gesagt: Wir kommen um die Akzeptanz 1. der Widersprüche und 2. des Widerspruchs gegen den Widerspruch nicht herum, wenn wir sie in das Ganze des Denkens und des Lebens einbinden wollen. Zumindest wird daran deutlich, wie sehr Teil und Gegenteil, Spruch und Widerspruch voneinander abhängig und aufeinander angewiesen sind.

Der Dialektiker zielt „mittelst des Wortes und der Gedanken auf das selbst, was jedes ist, und läßt nicht eher ab, bis er, was das Gute selbst ist, mit der Erkenntnis gefaßt hat."[12]

Ein langer Weg, ein mühsames Unterfangen. Denn zunächst heißt Widerspruch: Deine Meinung soll nicht sein. Ich habe erst recht, wenn Du unrecht hast. Beweis heißt die Waffe, und wenn sie greift, gibt es Deine Meinung nicht mehr. Ein *stechendes* Argument, ein *schlagender* Beweis, eine *vernichtende* Widerlegung, eine *bestechende* Begründung. Was ist da dran Bestechung? Der andere ritzt bloß meine Haut, bringt mich schon mit einer kleinen Verletzung zum Umschwenken, zur Vernunft, ehe er voll zustechen muß. Er bekommt recht, ich rette immerhin meine Haut. Eine *überzeugende* Darstellung. Ich kann besser zeugen, Zeugnis ablegen als er, meine Zeugen sind bessere Zeugen. Er hat Zeugen, ich Über-Zeugen. Es hat sich gelohnt, ihn vor Gericht und die Richter auf meine Seite zu *ziehen* (althochdeutsch *giziugon* = durch Zeugnis beweisen, *giziug* = das Vor-Gericht-Ziehen). Wenn Denken Probehandeln ist am Argument, dann ist Widerspruch Probe-Vernichtung am Widersprochenen. Nein gesagt statt Nein getan. Immerhin bleibt es bei den Worten.

Wir sprachen von Konflikt-Management als angewandter Dialektik. Mit gleichem Recht könnte man umgekehrt sagen: die Dialektik spiegele nur das Repertoire im Umgang mit Konflikten auf gedanklicher Ebene wider.

Man denke nur an den alten logischen Satz, daß von zwei einander widersprechenden Behauptungen mindestens eine falsch sei. Der mag ja in anderem Kontext (etwa vergangener Epochen) durchaus geheißen haben: Wenn zwei Menschen aneinander geraten, muß einer von beiden weg, fliehen oder sein Leben lassen etc. Anders gewendet: Wie unsicher muß einer seiner eigenen Identität sein, der sich erst dann o.k. fühlt, wenn er den anderen ins Nicht-O.K. manövriert hat. Und je weniger Variationen an Konfliktlösungen verfügbar sind, desto eher ist der Konflikt als Ausbruch tödlichen Streits zu fürchten. So wird das heftige Widerspruchsverbot, dem wir in der Logik begegnet sind, zum Indiz für die Konfliktangst angesichts brutaler Konfliktaustragungsformen.

Die Hierarchie konnte den real doch auftretenden Widersprüchen insofern erfolgreich begegnen, als jede Ebene die Konfliktlösungsautorität für die nächst niedrigere wahrzunehmen hatte (und zwar per definitionem als genus proximum).

Nun ist nicht jeder Widerspruch unbedingt ein Konflikt, wohl aber steckt in jedem Konflikt ein Widerspruch. Eine mögliche *Definition von Konflikt* wäre: **Von Konflikt kann man reden, wenn zwei oder mehrere entgegengesetzte oder widersprüchliche Interessen aufeinanderprallen und die Konfliktparteien – sei es aus freien Stücken, sei es aus äußerem Druck – unter Einigungszwang stehen.** Oft manifestieren sich die Interessengegensätze in unterschiedlichen Exponenten: Personen, Gruppen, Klassen etc; sie können aber auch *in* einer Person auftreten, die sich unter Entscheidungzwang sieht (innere Konflikte).[13] Eine bloße Meinungsverschiedenheit gibt noch keinen Konflikt, es muß ein Wille, ein Trieb, Interesse dahinter stehen. Interesse wäre dann die Tätigkeit, seinen Trieb in eine Sache zu legen.[14] Bloße Interessengegensätze allein machen aber auch noch keinen Konflikt. Erst wenn wir etwas Gemeinsames erreichen wollen oder müssen und diesbezüglich entgegengesetzte Interessen haben, setzt uns unsere wechselseitige Abhängigkeit unter Entscheidungs- und Einigungszwang. Denn wenn wir unsere Interessen ohne den anderen oder bequem an ihm vorbei realisieren könnten, warum sollten wir in einen Konflikt eintreten? Ganz schwierig wird es, wenn etwa der/die andere, gerade sofern er/sie anders ist (z.B. anderen Geschlechts, anderer Generation etc.) zum Gegenstand meines Interesses wird.

Für die fundamentalen Strukturen von Konflikten lassen sich weitere Beispiele anführen: 2. Tauschhandlung und 3. Gastrecht sowie 4. der gesellschaftliche Antagonismus (die „ungesellige Geselligkeit") sowie 5. der mühsame Kampf um die Anerkennung.[15]

1.2 Tausch

Geben und Nehmen gehören zu den heikelsten Transaktionen, die man sich zwischen Menschen vorstellen kann.[16] So liegen etwa beim Schenken Freude, Glücksgefühle, Liebes- und Achtungsbezeugungen ganz nahe an Scham, Beschämung, Kränkung, Rache und Zorn. Das erklärt sich daraus, daß beim Geben und Nehmen von Geschenken immer das Ganze einer Beziehung auf den Prüfstand kommt.

Wir leben heute sowohl beruflich als auch familiär und siedlungsmäßig so nahe beisammen, daß Berührungen, ja Überschneidungen der Interessenssphären immer heftiger werden (*soziale Dichteschäden*). Schon aus dem Tierreich haben wir die Hypothek übernommen, immer auch von anderem und anderen zu leben – nicht mehr im geradezu kannibalischen Sinn, wohl aber in ständigem Aus-Tausch und weitverzweigter Arbeitsteilung. Das führt zu gesellschaftlichem Reichtum, aber auch zu starken wechselseitigen Abhängigkeiten. Damit geht's so lange gut, wie die Kosten-Nutzen-Rechnung einigermaßen ausgeglichen ist.

Wie genau die „Konten" geführt werden, kann man schon im Kinderzimmer beobachten: Geschwister können schon beim kleinsten Vorwurf (oder gar Selbstverschulden) ein ellenlanges Register der geschwisterlichen Sünden herzählen – mit alttestamentarischer Unerbittlichkeit und Gedächtnistreue.

Deshalb gehört es zur Kultiviertheit, die Bandbreite abschätzen zu können, in der etwa der Wert wechselseitiger *Geschenke* liegen darf. Einseitige Überschreitungen sind für beide peinlich, eben Übergriffe. Es liegt auch keineswegs im Belieben, Geschenke zu nehmen oder zu geben, anzunehmen oder zu erwidern. Da daran gemessen wird, wie sehr man sich wechselseitig verpflichtet ist, ist höchste Präzision am Platz. Wer es daran fehlen läßt, beschwört schwierige Situationen des Ungleichgewichts herauf, kurz gesagt: Kriegsgefahr.

Im Tausche werden ja nicht nur Gegenstände getauscht, sondern primär die wechselseitige Verpflichtung, einander zu einem Minimum als gleichwertig anzuerkennen und nicht gleich totzuschlagen. Die Grundlage der Europäischen Gemeinschaft ist immer noch die Idee, daß wirtschaftlich so verflochtene Länder ihre Konflikte sicher nicht mehr mit Krieg werden lösen wollen. Aber natürlich steht jeder Tauschvertrag auf wackeligem Boden: ich biete etwas für mich durchaus Entbehrliches an, von dem ich mich ohne weiteres trennen kann, um etwas Wertvolleres zu gewinnen. Warum sollte ich sonst tauschen? Ohne *Übervorteilsvermutung* also kein Tausch (wohlverstanden für beide Seiten). Das ist auch die bevorzugte und höchst archaische Motivationslage beim Geschwisterneid. Das starke Gerechtigkeitsgefühl und die äußerst scharfe Konkurrenzbeobachtung erklärt sich eben aus ihrer Grundannahme, der andere habe sicher mehr bekommen. Wie wären sonst die endlosen und unappetitlichen Erbstreitigkeiten zu erklären, wo viele endlich die Gelegenheit gekommen sehen, die Rechnungsbücher über alle uralten Bevorzugungen und Kränkungen aufzutun und Genugtuung zu verlangen. Als Erbe mögen Häuser oder

Bücher oder sonst etwas da sein, aber verhandelt wird, wie es in Vergangenheit, Gegenwart und Zukunft mit der Gerechtigkeit stand, steht, stehen soll.

Die Sachen stehen also nicht so sehr im Zentrum des Tausches, wohl aber die Erkenntnis, irgendwie auf die Kooperation mit anderen angewiesen zu sein. „Tausch ist prinzipiell Konsumverzicht zum Zwecke von Sozialisation, die zunächst nur negativ definiert ist als *Vermeidung des Kampfes*."[17] Wer gut verkauft, stiftet nutzbringende Bündnisse, heißt es.[18] Die Tauschenden bzw. Käufer und Verkäufer kommen jeweils zusammen und müssen zumindest temporär eine Gruppe bilden. Eine gewisse Nähe ist unvermeidlich, eine Nähe, die in uns aber sofort tiefe feindliche Abwehrreaktionen auslöst, denn es handelt sich ja zunächst um Fremde. (Kaufleute, die im arabischen Raum zu tun haben, wissen daher sehr gut, wie lange es dauert, bis diese Feindseligkeit in Akzeptanz, zuletzt aber oft in ehrerbietige Freundschaft umschlägt – und das nicht nur im Orient.) Die beiden treffen sich nicht als Privatpersonen, sondern als Abgesandte sowohl von Unternehmungen, Auftraggebern, aber auch von fremden Kulturen, Sitten, Regionen, Ländern, Religionen, Weltsichten ... Sie wollen tauschen, d.h. Dinge, die dem jeweils anderen offenbar wichtig sind, dieser aber nicht hat, verkehren.

Im Tausch muß ich mich von meiner Gabe trennen, muß sie abstoßen, von mir vertreiben (die Organisationseinheit im Unternehmen, die das professionell macht, heißt auch Vertrieb ...), ihre Entbehrung wollen. Im Gegenzug hat es aber jede Gabe, die ich annehme, an sich, daß sie – mir fremd – etwas von mir verlangt, eine Forderung an mich stellt, sie anzueignen. (Man denke an die Weihnachtsgeschenke, die – wie alle Geschenke – mit Recht nach dem Gusto des Schenkenden ausgesucht sind, denn sie sollen ja den Geber in der Wohnung oder sonst beim Beschenkten symbolisieren und präsent halten – warum sollten Geschenke sonst auch Präsente heißen?) Denn jede Gabe, jedes Geschenk, jede Ware hat eine (arme) Seele, die die verschiedenen Trans-Aktionen mitmacht und erst bei Ausgewogenheit von Gabe und Gegengabe ihre Ruhe gibt ...

Damit aber ein Tausch zustande kommt, müssen die beiden Kontrahenten von der Gleichwertigkeit der Gaben oder Güter wenigstens einigermassen überzeugt sein. Wird diese Überzeugung aber (unredlich) erschlichen, gerät der Tausch zur Täuschung; Roßtäuscher hieß früher bloß Pferdehändler.

Hierin liegt die eigentliche Dialektik jedes Tausches und Kaufes, nämlich Ungleiches gleich zu machen über ein Drittes, Fremdes zu Eigenem und Eigenes zu Fremdem zu machen. Die Glaubwürdigkeit des Maßstabes oder des Dritten (tertium comparationis) ist die wahre Klippe: Sie kann weder bloß der Logik des einen Partners, noch bloß der des anderen folgen, sondern muß jeweils gemeinsam ausgehandelt werden. Gelingt dies, dann ist nutzbringendes Bündnis gestiftet, gelingt dies jedoch nicht, kann die ganze Gewalt zwischen Fremden und Feinden wieder voll ausbrechen: „Tauschhandlungen sind friedlich beigelegte Kriege, die Kriege sind das Ergebnis unglücklicher Transaktionen."[19]

Der Stamm der Tschuktschen kennt eine Legende von den „Unsichtbaren", wonach sich die auf geheimnisvolle Weise beförderten Güter von selbst austauschten. Wie es „real" zuging, zeigt jedoch die Beschreibung ihrer Märkte; man begab sich bewaffnet dorthin, und die Erzeugnisse wurden auf Speerspitzen angeboten. Bei der geringsten Provokation (siehe Übervorteilsvermutung) konnte sofort zugestoßen werden. In ihrer alten Sprache war auch prompt „Austauschen" und „Blutrache" das gleiche Wort, erst in neuerer Zeit heißt „Handel treiben" auch „Frieden schließen".[20] Deswegen bieten ja die Tschuktschen ihre Waren auf Speerspitzen an. Wenn ich mich schon so weit begeben habe, daß ich von einem anderen etwas will oder gar brauche, dann darf dieser das Gesetz der Gleichwertigkeit ja nicht verletzen, weil er mich dadurch gewaltig erniedrigen würde. Die diebische Freude, jemanden hineingelegt zu haben, hat in der blinden Wut des Betrogenen sein Pendant.

Konflikte haben also oft die Ursache, daß die wechselseitigen Konten (an Ansehen, Einfluß, Anerkennung, Geltung, aber auch Kränkungen und Beleidigungen usw.) allzu unausgeglichen sind. Wenn in einem Unternehmen der Erfolg des Verkaufs ständig zu Lasten der Produktion geht (z.B. wegen eines schlechten Provisionssystems), wird den Technikern hoffentlich einmal der Kragen platzen – und das ist auch bitter nötig. Sonst wäre das sehr zum Schaden des gesamten Unternehmens.

Aktives *Konflikt-Management* ist nun die Kunst, sich von dem immer wieder nötigen Ausgleich der Konten nicht überraschen zu lassen, sondern ihn planmäßig und aktiv herbeizuführen. Das bringt zwar die Unannehmlichkeit mit sich, daß man die unterschwelligen Konflikte an die Oberfläche bringt, eine im Moment ganz gute Stimmung möglicherweise verdirbt. Aber der Gewinn besteht ohne Zweifel darin, daß die Grundlage der Gemeinsamkeit zu einem Zeitpunkt auf Gefahrenherde hin untersucht wird, da noch etwas zu retten ist. Wenn hingegen der Kessel durch Überdruck zur Explosion gebracht ist, muß man dem mit Krisenmanagement erst einmal hinterherrennen. Krisenmanagement ist nicht mehr als die Kunst, so viel Zeit zu gewinnen, daß Konfliktmanagement möglich wird.

1.3 Gastrecht

Jeder kennt die Klippen des Gebens und Nehmens aus seiner unmittelbaren familiären oder beruflichen Umgebung. Hier die Balance der allgemeinen *Verträglichkeit* zu finden, ist eine bedeutsame Kunst. Um wieviel schwieriger gestaltet sich die Auseinandersetzung mit Andersartigen, Fremden. Das *Gastrecht* spiegelt das überaus Sensible solcher Fremd-Kontakte wider.

Versetzt man sich z.B. in die Homerische Welt, so scheint auch damals schon das Leben eines Fremden mehr als gefährdet, weil er ja auch seinerseits das „Freundschafts"-Gefüge der Gemeinschaft, zu der er stößt, zumindest gefährdet. Es hat, wie Lévi-Strauss das treffend nennt, massiven „Appellcharakter", wenn so ein Fremder

Konflikt-Management als angewandte Dialektik 171

daherkommt, entweder die Bedrohung zusammen mit ihm selbst zu beseitigen, oder aber sich auf ihn einzulassen, dem Neuen zu stellen oder gar anzufreunden.

Wenn der Kontakt zwischen verschiedenen Stämmen, Städten oder Völkern wichtig wird, entwickeln sich strenge Rituale zum Schutz aller Reisenden: der Abschiedskuß und -segen, der Schutz während der Reise durch Kultstätten und -steine, die feierliche Ankunft etc. etc. So berichtet Homer, daß der Fremde vorerst ins Haus gebeten, mit ihm ein gemeinsames Mahl verzehrt und ihm ein Nachtlager angeboten werden mußte. Und erst nach alledem durfte am nächsten Morgen der Hausherr nach dem Namen fragen. Denn ein Mensch, mit dem man gegessen, getrunken und geschlafen hatte, stand unter dem göttlichen Schutz und durfte in keinem Falle mehr getötet werden. Da aber der Gast auch einer feindlichen Familie hätte angehören können und daher sein Leben höchst gefährdet gewesen wäre, wenn er seinen Namen genannt hätte, mußte der Sitte gemäß zuerst gegessen, getrunken und geschlafen sein: die rituelle Aufnahme in die „Freundschaft" der Heimischen:

Tun wir doch alles zuliebe dem ehrfurchtgebietenden Gastfreund,
Geben Geleit und liebe Geschenke und schenken aus Liebe.
Gleich einem Bruder wird ja der Schützling, der Fremde gewertet.
Spiel nicht Verstecken bei all meinen Fragen und denke nicht grübelnd immer an
  Vorteil.
Schöner ist es, du redest. Und darum sag deinen Namen.
Nenne mir auch dein Land, dein Volk, deine Stadt.[21]

Jeder Gast ist ein Botschafter aus einer fremden Welt. Jeder Reisende bringt die fremde Welt ins Haus. Hermes ist deswegen der Gott der Reisenden, der Kaufleute, der Diebe, er ist das göttliche Ideal aller Herolde und Diener sowie der Erfinder des Opferfeuers, der Leier, der Syrinx, der Flöte, insbesondere aber der Sprache und der Schrift. Kurz, er stand für alles, was Händler und Reisende so vom Weltmarkt Neues bringen konnten (übrigens meist aus Ägypten).

Händler und Geschäftsleute sind also professionelle Reisende und somit jeweils ex officio Fremde, die Gastrecht brauchen und den Tausch zwischen verschiedenen Sippen, Städten, Völkern oder Ländern organisieren und so das gefährliche Niemandsland zwischen diesen mit ihren Waren überbrücken. Deshalb genossen auch Herolde und Kaufleute jeweils den besonderen Schutz – etwa des Kaisers – in Form eines besonderen Wappens, Stabes oder Schriftstückes. Damit wurde ihnen verbrieft und zugesichert, in fremdem Land als Fremde wenigstens vorübergehend heimisch sein zu dürfen. Nicht zufällig heißt im Lateinischen „hostis" bzw. „hospes" Fremdling/-Feind/Gast.

Wie aktuell die Frage ist, muß nicht betont werden. Offenbar können sich viele ihrer Identitätsängste nicht anders wehren, als alles Fremde abzuwehren, alle Fremden zu Außenseitern zu machen, letztlich sie aus der communio humanitatis auszuschließen. Und vielleicht mag der Teil ihrer Ängste berechtigt sein, der das Zerbrechen des mühselig erkämpften Friedens im „Inneren" durch Überlastung des Systems mit fremden Menschen und Sitten fürchtet. Aber diese Angst wäre unbegründet, läge nicht im „inneren" Frieden all das gewaltige Aggressionspotential, das uns jetzt seit Beginn unserer Reflexionen ständig begleitet.

Aber auch in jedem Unternehmen findet sich diese Grundstruktur. Das Gastrecht hat dort institutionelle Form angenommen, weil man sich nicht mehr ausschließlich auf die Geschäftsfreundschaft zwischen Individuen verlassen will. Gäste sind ja als Wanderer zwischen den Welten immer auch *Geiseln* – zu Hause für das Wohlverhalten der fremden Völker (z.B. die Güte ihrer Waren), in der Fremde für das Wohlverhalten der eigenen Leute (und die Güte ihrer Waren). Das Gleiche gilt mit umgekehrtem Vorzeichen für die Diplomaten: Jedes diplomatische Corps ist eine Ansammlung von Geiseln für das Wohlverhalten der fremden Staaten. Im Unterschied zum Tausch von Sachen sind es hier die Menschen, deren Austausch Frieden zwischen Clans, Völkern, Abteilungen sichern sollen. In früheren Zeiten war es die Exogamie, der Frauentausch, der den Frieden zwischen feindlich/befreundeten Nachbarstämmen garantieren sollte. **Menschentausch ist auch noch heute die Grundlage der friedenssichernden Leistung von Organisationen. Jeder Chef etwa ist die Geisel in der Hand der Organisation für das Wohlverhalten seiner Abteilung und handkehrum auch die Geisel in der Hand seiner Gruppe bzw. Abteilung für das Wohlverhalten der Organisation. Man könnte statt Geisel auch *Leihgabe* sagen. Desgleichen der Verkäufer zwischen Kunde und Unternehmen usf usf.**

1.4 Ungesellige Geselligkeit

Das fundamentale Konflikt-Muster, das sich bisher durch all die Beispiele durchzieht, ist das von bedrohter Identität – von der Person und ihren Gedanken bis hin zum Leben der Völker und Nationen. Und der Kriegsgrund liegt allein schon in der Existenz des anderen und des Andersseins. Und alle Kampfesformen, die auf die Beseitigung dieser Widersprüche hoffen, sind mehr oder weniger verdeckte Mordstrategien. In der **Dialektik der Anerkennung** wird es ja besonders klar, daß sich der andere in der genau gleichen Situation befindet; auch er sieht seine Identität bedroht und will sie verteidigen. Ist dieser Grundkonflikt auf irgendeine Weise vermeidbar oder gehört er zum Menschsein schlechthin dazu?

Kants berühmte These dazu lautet lapidar[22]: „Der Mensch will Eintracht, die Natur aber weiß es besser, was für seine Gattung gut ist: sie will Zwietracht," wobei dieser Antagonismus zuletzt doch Ursache einer gesetzmäßigen Ordnung der Gesellschaft sein soll. „Ich verstehe hier unter dem Antagonism die ungesellige Geselligkeit der Menschen, d.i. den Hang derselben in Gesellschaft zu treten, der doch mit einem durchgängigen Widerstande, welcher diese Gesellschaft beständig zu trennen droht, verbunden ist." Sich zu vergesellschaften und zusammen mit anderen überhaupt erst Mensch zu sein, widerstreitet dem anderen Bedürfnis, sich ungesellig zu vereinzeln und alles nach dem eigenen Kopf zu richten. Dieser Widerstreit oder *Antagonismus* und *die Unvertragsamkeit* stellen den Motor dar für den Ausgang des Menschen aus der Rohigkeit zur Kultur. Durch die damit verbundene Selbstzähmung (Kant nennt das *Aufklärung*) wandle sich die Widerwilligkeit, mit der sich der Mensch mit seinem Mitmenschen abfindet, in eine moralische *Zusammenstimmung zu einer Gesellschaft* ...

1.5 Der mühsame Prozeß der Anerkennung

Der Widerspruch im Kampf um die Anerkennung liegt in mir selbst.[23] Wenn jemand einen anderen in die Flucht schlägt oder vernichtet, so beseitigt er den Widerspruch dergestalt, daß er den anderen Menschen überhaupt nicht als Menschen anerkennt. Und dieser Widerspruch entsteht dadurch, daß jeder Mensch darauf angewiesen ist, nicht *allein* auf der Welt zu sein, sondern zu sich nur dadurch kommen zu können, daß er sich mit anderen Menschen auseinandersetzt. Er muß den Kampf um die Anerkennung aufnehmen, sie wird ihm nicht geschenkt. Der Kampf wird notwendig, weil niemand einen anderen als Menschen anerkennen, sondern im Grunde genommen (*ungesellig*) leben möchte, als wäre er der einzige Mensch, und die anderen Menschen wären eigentlich nur Gegenstände, die zufälligerweise auch mit mir reden können, was aber nicht wirklich zählt ...

Man kann's auch so umschreiben: Wenn Gott dem Menschen sagt, er solle sich die Erde untertan machen, dann Gnade Gott der Natur. Jahrmillionen lang hat sie ihn bedrängt, geplagt, hungern und frieren, an Krankheiten sterben lassen. Wann immer der Mensch also zu Macht gegen diese Natur kommt (mittels Werkzeugen, schlauen Erfindungen etc), wird er sie rücksichtslos unterwerfen, Rache nehmen für all die Grundfeindlichkeit.[24] ...dann aber auch Gnade Gott dem anderen Menschen, der noch dazu mit dem gleichen göttlichen Auftrag sich die Welt untertan, d.h. auch mich zum Opfer seiner Begierde machen will – wie ich ihn auch. Denn zu dieser Welt gehören nun einmal auch die anderen Menschen wie die Tiere, Pflanzen, Elemente, die durchaus für meine Lebenserhaltung zu gebrauchen sind. In dieser Hinsicht sind sie sich nichts schuldig, nicht einmal den Respekt ihres Lebens. Die Falle ist nur: Woher nehme ich meine Anerkennung als Mensch, wenn sich der andere wie ein Tier schlachten, quälen, unterwerfen läßt? Also nur wenn er sich mir und meinem Unterwerfungsansinnen widersetzt bis aufs Blut, ist er mir ebenbürtig, ist seine Anerkennung irgend von Wert. Deswegen der harte Satz Hegels (der mich immer erschreckt hat, denn ich hätte es immer lieber mit der Eintracht gehalten, von der Kant spricht): „Der Kampf des Anerkennens geht also auf Leben und Tod."[25] Und immer, wenn Staat und bürgerliche Gesellschaft zerbrechen, zerbricht auch die Selbstverständlichkeit, daß Menschen einander als Menschen anerkennen. Fassungslos sieht man die Kriegsberichterstattung mit all den Greueln, Morden, Vergewaltigungen. Sagen wir: *das sind Tiere*, sprechen wir ihnen jedes Menschsein ab und gehen dadurch unserer eigenen Humanität verlustig. Sagen wir: *es sind Menschen*, erschrecken wir, weil sie den bösen Teil in uns gnadenlos bloßlegen, den der ungehemmten Begierde.

Es bedarf schon eines langen mühsamen Weges bis zu dem Staate, in dem „der Mensch als vernünftiges Wesen, als frei, als Person anerkannt und behandelt [wird]; und der einzelne seinerseits macht sich dieser Anerkennung dadurch würdig, daß er, mit Überwindung der Natürlichkeit [= brutalen Unkultiviertheit] seines Selbstbewußtseins [= seiner eigensinnigen Individualität], einem Allgemeinen, dem an und für sich seienden Willen, dem Gesetze gehorcht, also gegen andere sich auf eine allgemeingültige Weise benimmt, sie als das anerkennt, wofür er selber gelten will, – als frei, als Person."[26] Dort erst wird dann die Tapferkeit vor dem Freund und der Verrat unwürdiger Geheimnisse und die Mißachtung jeglichen Befehls zur Tugend.[27]

Ich und Du sind durch die grundlegende Gemeinsamkeit der *Sprache* verbunden. Wir versuchen, ihr zu entgehen, wenn wir so tun, als wären wir jeder allein auf der Welt. Im Vollsinn der Sprache leben wir nur dann, wenn wir aus der Einsicht heraus handeln, daß es in uns selbst liegt und nicht nur ein vermeidbarer Unglücksfall ist, daß andere da sind, die uns behindern, und daß es mein eigenstes Innerstes ist, daß ich andere Menschen anerkenne und von anderen Menschen anerkannt werden muß, um überhaupt auch mich selbst als Mensch anerkennen zu können.

Für die Konfliktaustragungsformen wie Flucht, Vernichtung, etc., braucht man eigentlich keine Sprache. Natürlich kann man auch die Sprache als Kampfmittel einsetzen – bis zu Mord und Rufmord. Man denke auch an die vielfältigen Formen, sich wechselseitig *nicht* zuzuhören, Menschen und Meinungen totzuschweigen. Solche Kampfformen bedienen sich zwar der Sprache, ohne aber von den eigentlichen Möglichkeiten der Sprache Gebrauch zu machen. Denn die vollen Möglichkeiten der Sprache – wechselseitige Anerkennung – würden ja verlangen, daß nicht nur ich spreche, sondern auch höre, was mir der andere zu sagen hat, und daß sich daraus ein Gespräch entwickelt. Wenn ich so spreche, daß ich den anderen nicht zu Wort kommen lasse, so verwende ich zwar Sprache, aber sprachwidrig. Wenn man jemanden nicht anerkennt und tötet, so löst man den Widerspruch von Ich und Du nur vermeintlich. Wirklich widerspruchsfrei wäre die Welt für mich ja erst, wenn ich alle ausrottete, die mir widersprechen könnten, also potentiell alle, um völlig allein auf der Welt zu sein. Widersprüche lassen sich jedoch – insgesamt – nur überwinden durch *Aufhebung*. Hegel hat davon gesprochen, daß dort, wo wir nicht nur im dialektischen Widerspruch agieren, sondern wo wir ihn auch bewußt akzeptieren, Widersprüche „aufgehoben" werden können. Dieses Wort Aufhebung hat dreierlei Aspekte: 1. *aufheben* im Sinne von eliminieren (*negare*) (ein Beschluß wird aufgehoben); 2. *aufheben* im Sinne von „Auf-eine-höhere-Stufe-Heben" (*elevare*); 3. *aufheben* im Sinne von aufbewahren (*conservare*).

Und dieses Aufbewahren ist im Umgang mit dem Widerspruch vielleicht der wichtigste Aspekt, weil er eine Möglichkeit andeutet, daß ein Widerspruch so fundamental ist, daß er nicht verleugnet werden kann, sondern ein Umgang mit dem Widerspruch erworben wird, der den Widerspruch zugleich akzep-tiert. Gewissermaßen ist diese notwendige Widersprüchlichkeit der Grund und Boden, auf dem die Pflanze der partiellen Widerspruchsfreiheit überhaupt wächst. Man kann sozusagen stabil bauen, aber auf einem Grund, der dauernd Erdbeben hat. **Erst wenn man durch den Kampf um die Anerkennung durchgegangen ist und dann wirklich kein Kampf um Anerkennung mehr besteht, der den anderen vernichten will, sondern ihn zumindest einmal hinnimmt und wäre es bloß aus Resignation und Ermüdung, dann erst nähert sich der dialektische Prozeß einer Synthese. Der Kampf um Anerkennung in all seinen Formen – non-verbal/verbal – kann nicht geschenkt werden, aber er kann überwunden werden, soweit wechselseitige Anerkennung tatsächlich zustande kommt.**

Es zeugt immerhin schon von Realismus, wenn auch von resignativem, wenn einer sagt: Eigentlich will ich mich nach wie vor in allem allein durchsetzen, aber nun gibt es leider auch andere und ich muß mich danach richten. Die Überwindung dieser Einstellung setzt dann ein, wenn in einer konkreten Situation jemand den anderen als Notwendigkeit und – in seiner Widersprüchlichkeit – als unentbehrlich empfindet; **daß es nicht nur ein äußerliches Hindernis ist, daß es andere Menschen gibt, sondern daß die Notwendigkeit, sich mit anderen Menschen zu verständigen (Sprache), meine eigenste innere Notwendigkeit und damit meine Freiheit ist.** Daß ich nur dadurch Mensch sein kann, daß ich andere voll (nicht nur strategisch) als Menschen anerkenne und auch von ihnen wieder anerkannt werde.

1.6 Schlußfolgerungen fürs Konflikt-Management

Der Kampf um die Anerkennung endet bei Hegel ja nicht etwa schon im gerechten Staat, sondern zunächst einmal beim Verhältnis von Herrn und Knecht, bei abhängiger Arbeit unter Todesdrohung. Und aus dem Umfeld der abhängigen Arbeit kommt auch das Wort Management, ins Englische geraten von ital. *maneggiare*, vulgärlat. *manidiare*, lat. *mandare*, und das heißt so viel wie handhaben, verwalten, zureiten (für die Manege dressieren), meistern (erfinderisch schwierige Situationen bewältigen) etc. und weist mit allen Kennzeichnungen auf die Funktionen des Haushofmeisters, des Obersklaven hin, der Gesinde und Sklaven zur Arbeit anhält und biblisch geredet unter der Furcht des Herrn hält. Drum kamen einige Topmanager vor kurzem heftig ins Grübeln, als sie mit dem Satz konfrontiert wurden: **Wieviel muß ich mir gefallen lassen, um zu gefallen? Wem? Wodurch? Um welchen Preis?** Es ist dies vielleicht auch der Ort, auf die Herkunft des Worts *Organisation* hinzuweisen. Es kommt von griech. organon = Werzeug, ergomai = arbeiten (bei uns noch im Wort *wirken* wirksam) im dreifachen Wortsinn: 1. *Arbeiten* (den Acker bebauen, Sklavenarbeit), 2. *Kriegführen nach außen* (das Eingezäunte und Bebaute verteidigen, äußere Kriegsführung gegen Nomaden und andere Angreifer und Mitbewerber am Markt), 3. *Kriegführen nach innen, Verwalten* (innere Disziplinierung und Arbeitsorganisation). Wie weit sind diese drei Elemente bis heute und in dieser Verknüpfung in unseren Organisationen lebendig?

Für unsere Wortbildung *Konflikt-Management* paßt vermutlich am ehesten die Bedeutung von *Konflikt-Meisterung*. Und je mehr heute die klassische Hierarchie der schnellen Beweglichkeit von Kapital, Arbeit, Menschen, Macht und Ideen hinderlich ist, desto leichter holzt man ganze Hierarchiestufen aus. Da aber nach wie vor arbeitsteilig gearbeitet wird, verschiedene Tätigkeitsbereiche schon aus Motivationsgründen eine eigene Identität mit eigenen Interessen aufbauen und ständig erneuern, gibt es jede Menge von Interessenkonflikten. Wenn man nun die Hierarchie auf allen Linien schwächt, vernichtet man natürlich auch deren ursprünglichstes Feld: die Konfliktkanalisierung durch Über- und Unterordnung. Daher sind neue Konfliktaustragungsformen aller Orten gefragt, aber wenig geübt. Denn viele träumen noch dem althierarchischen Wunschideal der Widerspruchsfreiheit, Konfliktlosigkeit nach. Dann hieße Konflikt-Management: Wie vermeide ich nach Kräften alle Konflikte, denn Konflikte sind Führungsschwächen, Managementversäumnisse etc. ... Und tatsächlich: **überall dort, wo Widerspruchsfreiheit sinnvoll ist, gehören Widerspruchs-Pannen bereinigt und weg-entschieden.**

Wenn man aber – um zum Anfang zurückzukehren – in einer Streitfrage alles versucht hat, alle Annahmen geprüft, alle Denkfehler vermieden, an alles nur mögliche gedacht, dann auch noch die Leute gefragt hat, insbesondere die klügsten usf., wenn man also nach all dem immer noch in gutem Glauben, mit Fug und Recht unterschiedlicher Meinung sein kann, handelt es sich um eine *dialektische* Situation. Der Widerspruch, der dann bleibt, ist ziemlich sicher ein notwendiger, wo es sinnlos wäre, ihn wegzuoperieren. Es nützte ja auch nichts, weil er in anderer Gestalt sicher wieder an die Oberfläche drängte. **Bei notwendigen Konflikten bedeutet Konflikt-Management, das Spannungsfeld und den entsprechenden Konflikt zu pflegen, d.h. eine Konfliktkultur befördern, die die wechselseitige Akzeptanz der Konfliktparteien in ihrer Gegensätzlichkeit entstehen läßt und erhält.** Das ist deshalb eine sehr anspruchsvolle Aufgabe, weil diese Akzeptanz – wie mehrfach erwähnt – nicht von selbst entsteht oder einfach per Order installiert werden kann, sondern als Mitte und Angelpunkt, in der man sich treffen könnte, sich erst zeigt, wenn die Extreme wirklich durchlitten sind. Wer sich mit zu frühen Kompromissen oder voreiligen Harmonisierungen zufrieden gibt, verfehlt die Mitte und riskiert, daß das System sehr rasch wieder ins unwuchtige Trudeln kommt und so die Energie sowohl zur Erhaltung als auch zur Weiterentwicklung des Systems absorbiert. Aber leicht ist das nicht, denn wer riskiert schon leichtfertig einen Krieg, von dem man nicht weiß, wie er ausgeht? Frieden im einfachen Sinn gibt's wohl nicht, also wird er wohl darin bestehen, daß man die Austragung der unvermeidlichen Konflikte so gestaltet, daß man gut und in Würde mit den Gegensätzen leben kann.

Es ist zwar etwas aus der Mode, aber im folgenden finden Sie einige Maximen, die die theoretischen Überlegungen in praktischer Anweisung widerspiegeln.

2. Sieben Maximen für das Leben mit Konflikten

SIEBEN MAXIMEN FÜR DAS LEBEN MIT KONFLIKTEN

1. Suche Widersprüche zu meiden, wenn es geht. Wenn es aber guten Gewissens nicht geht, nimm den Widerspruch an und mach Dich mit Deinem Kontrahenten auf den Weg nach einer neuen gemeinsamen Wahrheit.

2. Wenn Du von jemandem etwas willst, frage ihn, was Du für ihn tun kannst. Wenn jemand etwas von Dir will, lass ihn etwas für Dich tun. Genauigkeit im Tausch stiftet brauchbare Bündnisse.

3. Sorge dafür, daß Du bei Dir zu Hause bist, so kannst Du drinnen Gastfreundschaft geben und draußen annehmen. Das macht Dir den Fremden, den Feind zum Freund, der bei den Seinen ein Wort für Dich einlegen kann wie Du bei den Deinen für ihn.

4. Verzichte auf die Sehnsucht nach einem paradiesischen Frieden. Es gibt ihn nicht. An Deinem Konflikt-Verhalten sieht man, ob Du einen Frieden willst, der Gegensätzen Raum gibt.

5. Wer erfahren hat, wie wir das Bißchen gegenseitiger Verträglichkeit ständig und mühsam erkämpfen müssen – gegen all die eigene und fremde Gewalt, der ist dankbar für jeden Tag, den er in Frieden und anerkannt als freie Person in einer Gemeinschaft lebt.

6. Wer weiß, was er an sich und den anderen hat, der wird in unvermeidlichen Konflikten niemandem unnötig Schmerz zufügen.

7. Stell Dich zur Verfügung, wenn andere unterstützende Beratung brauchen. Man wird Dir beratend beistehen, wenn Du Dich in Konflikte verstrickt hast und keinen Ausgang siehst.

Bernhard Pesendorfer, 1983

3. Zum Seminar-Design Konfliktmanagement

Für ein solches Thema stehen recht viele Design-Varianten zur Verfügung. Grundsätzlich unterscheiden sich *Standard-Seminare* für TeilnehmerInnen, die sich wenig oder gar nicht kennen, von *Konflikt-Interventionen* in Abteilungen, Bereichen usf., die völlig anderer Methoden bedürfen und für die jeweilige Situation maßzuschneidern sind. Ich spreche im folgenden nur von Standard-Seminaren.

1. Man kann die TeilnehmerInnen in Konflikt-Situationen verstricken, um ihre Reaktionen und unbewußten Strategien an den Tag zu bringen und das Repertoire ihrer Verhaltensmöglichkeiten zu erweitern.

2. Man kann vorgefertigte Standardsituationen bis zur Konfliktexposition vorgeben (z.B. per Video vorführen), wobei die Gruppen verschiedene „Ausgänge" oder Lösungsverläufe skizzieren, spielen und danach die Vor- und Nachteile abwägen. Die Instrumente sowohl der Diagnose wie der Lösung sind dabei zunächst von den TeilnehmerInnen selbst zu erfinden.

3. Man kann den Rahmen fest vorgeben, aber ausschließlich nur „Fallstudien" nehmen, die aus den aktuellen beruflichen und privaten Konflikten der TeilnehmerInnen genommen sind. Unter festem Rahmen verstehe ich, daß der Ablauf und die Instrumente vorgegeben sind, die Verantwortung für die Inhalte aber zur Gänze bei den TeilnehmerInnen liegt.

Für meine Standard-Seminare hat sich die dritte Variante als brauchbarste erwiesen. Dabei hat es sich bewährt, *vier Achsen* in Balance zu halten.

1. *Diagnose – Lösungen.* Es lohnt sich, etwa gleich viel Zeit auf die Diagnose von Konflikten zu verwenden wie auf Lösungen. Es ist verständlich, daß wir – als Flüchter – sofort bei Auftreten von Konflikten in befreiende Aktivitäten ausbrechen wollen. Solche Ad-hoc-Blitzlösungen sind meist die falschen und kosten übrigens deshalb so viel Geld und Energie, weil gar nicht sicher ist, ob man den *richtigen* Konflikt löst. Das Verweilen bei der Diagnose vertieft das Konflikt-Verständnis, meist aber auch den Leidensdruck. Manchmal läßt sich bei genauerem Hinsehen der eigene Konfliktanteil nicht länger verbergen.

2. *Systemvielfalt.* Konflikte in einem selbst oder zwischen Personen im Paar haben eine ganz andere Dynamik als etwa Dreieckskonflikte oder gar Gruppenkonflikte. Wiederum völlig anderer Art sind Organisations- und Institutionenkonflikte und nochmals gesellschaftliche und politische. Es ist verhängnisvoll, diese Unterschiede nicht in Rechnung zu stellen. So fruchtbar etwa die TAA (Transaktionsanalyse) für Paar-Gesprächssituationen ist, so unbrauchbar erweist sie sich etwa für Veränderungskonflikte in Organisationen, desgleichen etwa die familientherapeutischen Ansätze usf. Obwohl natürlich – und das ist zu bedenken – auch die großräumigsten Konflikte Gesprächsanteile aufweisen, die ... usf.

3. *Beruflich – Privat.* Es lohnt sich, Seminaranlässe dazu zu nützen, nicht nur berufliche, sondern auch private Konflikte zu besprechen, wenn und soweit die TeilnehmerInnen das wünschen. Man weiß, daß gerade die Nichtbesprechbarkeit von Spannungen einer der Hauptzündstoffe in Ehen und Familien ist. Im Laufe des Seminars entsteht meist erstaunlich schnell eine offene Vertrauenshaltung, wobei es genügt, Wohlwollen und wertschätzende Fragehaltung entgegenzubringen; Zuneigung wäre schon zu viel verlangt und ist auch für diesen Zweck nicht nötig.

4. *Beraten und Sich-beraten-Lassen.* Die Menschen sind insofern falsch gebaut, als sie in Konfliktsituationen, in die sie sehr involviert sind, nur sehr spärlich von ihren Denkfähigkeiten Gebrauch machen. Und das wird sich bis an den jüngsten Tag nicht

ändern. Was man aber machen kann: Man kann sich mit anderen besprechen, die einem wohlgesonnen sind, nicht so heftig drinstecken und daher mehr Übersicht haben. Nur muß man beizeiten dafür sorgen, daß es solche auch gibt. Am ehesten finden sich solche Berater, wenn man sich selbst diesen Menschen in vergleichbaren Situationen als unterstützender Berater zur Verfügung gestellt hat. Für uns ist dies daher das wichtigste Instrument jedes Konfliktmanagement, für sich und andere Beratungszellen aufzubauen, die in schwierigen Situationen alle eigenen und fremden Ressourcen für Diagnose und Lösung des Konflikts mobilisieren. Nicht zu Unrecht hat einer der vielen Aristoteles-Übersetzer die Kunst der Dialektik, die „techne dialektike" als Beratungskunst zu übersetzen versucht. Sie erlaubt uns auch, eine weitere zentrale Unterscheidung zu machen: zwischen Pannen und notwendigen Konflikten. Pannen vermeidet man besser, notwendige Konflikte muß man durchstehen und sogar pflegen.

Daraus läßt sich eine brauchbare Ablaufslogik herleiten:
Nach A) einer einleitenden Übung zur Konflikt-Definition, die auch dem Kennenlernen dient, folgen B) drei Hauptteile: I. Diagnose-Instrumente, II. Beratungs-Kunst, III. Konflikt-Lösungen, die dann C) in einer integrativen Anwendungsübung als Werkzeug dienen, konkrete Konfliktfälle der TeilnehmerInnen bis zu befriedigenden Lösungsvorschlägen durchzuarbeiten. Einige theoretische Modelle reichen wir am Ende sozusagen der getanen Arbeit nach.

Die Arbeitsgruppen, in denen dies geschieht, sind sehr klein (3-4 Personen), die Betreuung sehr intensiv. Die Moderatoren befleißigen sich bei der inhaltlichen Fallberatung großer Zurückhaltung – was schwerfällt, da die eingebrachten Situationen spannend sind wie das Leben selbst. Aber sie sollen die Arbeitsgruppen beim Beraten beraten, nicht bei der Problemlösung selbst. Wer in Konflikt-Situationen die beiden Künste beherrscht, a) zu beraten und b) sich beraten zu lassen, und nebst allem noch über brauchbare Diagnose- und Lösungs- Instrumente verfügt, der freut sich fast schon auf den nächsten Konflikt.

4. Beratung und Beobachtung

Wenn einer ein Problem hat, hat er nicht selten gleich ein zweites: Wie finde ich jemanden, mit dem ich offen darüber reden kann? Wie finde ich jemanden, zu dem ich Vertrauen fassen und mich beraten lassen kann? Die im Unternehmen dafür in Frage kämen, sind entweder Konkurrenten oder selbst mißtrauisch und parteiisch engagiert, haben ihre eigenen Interessen, so daß es gefährlich wäre, sich ihnen mit einem Problem zu offenbaren. Finde ich aber keinen, dem ich traue, wird mir auch keiner trauen, wenn er ein Problem hat, und so sitzen wir beide allein da. Umgekehrt gilt aber auch (etwas paradox formuliert): Traue ich einem, wird er sich auch finden.

Der Berater: muß Einfühlung zeigen und trotzdem Distanz halten. Im Reden (unbewußt) oder bewußt davor fragt sich der Berater: bin ich der richtige Partner? Kann ich z.B. als Beispiel dienen, kenne ich solche Problem-Situationen? Genügt es, wenn der Partner sich bei mir die Dinge von der Seele reden und nachher wieder viel rationaler vorgehen kann? Oder will er mir etwa das Problem anhängen? Wenn sich beide (bewußt oder unbewußt) einigen über Erwartung und Angebot, entsteht ein Kontrakt. Es ist jedoch sehr sinnvoll, einen solchen Kontrakt von Zeit zu Zeit zu überprüfen. Für den Problembringer ist die Frage: Wie kriege ich mein Problem gelöst? Nicht so für den Berater. Sein Problem ist: Wie meistere ich die Beratungssituation?

Der Beobachter: hat die Chance, sich nicht in den Prozeß hineinziehen zu lassen, nicht reden zu müssen. Er hat die Chance, die Art und Weise, in der das Problem abgehandelt wird, als zusätzliche Information über die emotionale Dimension des Problems zu nützen. Manchmal ist dies jedoch auch schwierig. Es gibt da einige Fallen:

1. Die Verführung mitzuagieren, das Zuhören nicht auszuhalten.
2. Die Verführung, sich mit dem Problem (und dem Problembringer) zu identifizieren, sich auf die sachliche Ebene einzulassen und dort zu verlieren.
3. Die Verführung, sich einseitig und parteilich mit einem der Problembeteiligten zu identifizieren nach dem Motto: Zu wem halte ich denn eigentlich?
4. Die Verführung, sich mit dem Berater zu identifizieren und – stumm aber doch – (bessere) Fragen und Lösungen auszudenken, der stumme Berater.

Macht der Beobachter hingegen das Beratungsgespräch zum Thema und teilt er seine Beobachtungen mit, wird er zum **Berater für Beratungssituationen.** Werden Problembringer und Berater separat beobachtet, dann geht es nicht so sehr darum, sich als zweiter Problembringer bzw. Berater zu fühlen, sondern als einer, der darauf achtet: Wie geht es dem Problembringer in der Beratungssituation, was macht er damit, wie nützt er sie, wie fühlt er sich etc ? Und analog: Wie gestaltet der Berater die Beratungssituation, wie geht er vor, was tut er, wie geht es ihm dabei?

Viele unserer **Besprechungen** drehen sich um Problemsituationen, die Elemente eines Beratungs-Gespräches enthalten könnten, aber nicht dazu genützt werden. So gibt es fast immer Beteiligte und weniger Beteiligte, warum nicht die ohnehin beobachtenden Leute gleich zu Beratern der Beratungs-Situation machen? Dann wäre jede Besprechung auch eine Gelegenheit, nicht nur die Qualität der Problemlösung, sondern auch der Problembehandlung zu verbessern.

Anmerkungen

[1] Da meine Konfliktmanagement-Seminare gut dokumentiert sind (Seminarunterlagen KONFLIKT-MANAGEMENT, 1992), will ich mich in diesem Beitrag eher grundsätzlichen Fragen zuwenden (1). Die Resultate der theoretischen Abschnitte habe ich in Maximen für das Leben mit Konflikten gegossen (2). Dann folgen kurze Hinweise auf mein Seminarkonzept (3). Den Schluß bilden einige Reflexionen über Beobachtung und Beratung (4).

Konflikt-Management als angewandte Dialektik   181

[2] Aristoteles, Topik, 100a 18-20

[3] Aristoteles, Topik, 100b 21-23

[4] Von Dialektik zu unterscheiden sind daher Eristik, Rabulistik u.ä. Eristik ist demagogische Streit-
kunst mit dem Zweck, den anderen in die Falle zu locken, in Widersprüche zu verwickeln, kurz: zu
gewinnen und recht zu behalten, egal ob man recht hat. Rabulistik ist wortverdrehende Rechthabe-
rei. Es zeigt den heruntergekommenen Stand der trivialen von den freien Künsten (trivium), wenn
Dialektik oder Rhetorik mit Eristik gleichgesetzt werden. Denn (je nach Einteilung) lehren Grammatik und Logik recte dicere, Dialektik lehrt vere dicere, Rhetorik bene dicere (d.i. den Öffentlichen Diskurs mit dem Resultat der politischen Übereinstimmung über das verbindliche Gute).

[5] Hegel, Logik. 6.75 (Werke, hg.v. Eva Moldenhauer u. Markus Michel, Frankfurt 1971-1979)

[6] zum folgenden vgl. Klaus Heinrich, tertium datur. Eine religionsphilosophische Einführung in die
Logik (1970).1981. Insbesondere die Kette Anaximander, Xenophanes, Parmenides. Dazu: Die Vorsokratiker, gr.u.dt., übers.u.hg.v.J.Mansfeld. 2 Bde.1983,1986.

[7] Die Vorsokratiker, l.c. I.310 ff. So wird diese Logik zum gewaltigen Kampfmittel gegen die Macht
der großen Mutter.

[8] vgl. Uwe Arnold u. Bernhard Pesendorfer, Logik und Praxis, in: Seminarunterlagen DIALEKTIK,
hg.v.B.Pesendorfer. 1990. Gerhard Schwarz, Die heilige Ordnung der Männer.1985. ders. Konflikt-
Management.1990.

[9] zur neueren Diskussion über die Selbstorganisation in der Biologie vgl. Jürgen Kriz, Chaos und
Struktur. Systemtheorie Bd.1.1992

[10] Kant, Kritik der reinen Vernunft. B 805

[11] Hegel, 6.78

[12] Platon, Staat, 532a

[13] Im Schweizerdeutschen gibt es den mir sonst nicht bekannten Wortgebrauch: ich bin im Konflikt,
ob ich dies oder jenes tun soll..., etwa gleichbedeutend mit Zweifel

[14] Hegel, Enzyklopädie § 475, 10.298

[15] Auch in diesen Punkten danke ich viel dem jahrelangen philosophischen Gespräch mit Uwe Arnold, Peter Heintel, Hans-Dieter Klein, Gerhard Schwarz. Vgl. insbesondere Arnolds Klagenfurter
Vorlesungen (Wirtschaftsphilosophie, Wintersemester 1988, Gesellschaft und Staat, Wintersemester 1990).

[16] Zum folgenden vgl. M.Mauss, Die Gabe. 1950. dt.19842. C. Lévi-Strauss, Die elementaren Strukturen der Verwandtschaft. 1947,19662. dt.1981. B.Pesendorfer, Geschäftsfreundschaft zwischen
Tausch und Täuschung, in: Seminarunterlagen INTERESSEN VERTRETEN, hg.v.B.Pesendorfer.
1990. U.Arnold l.c.

[17] Arnold l.c.

[18] Mauss l.c.

[19] Lévi-Strauss 127

[20] Lévi-Strauss 118

[21] Odyssee VIII. 544 ff

[22] Kant, Idee zu einer allgemeinen Geschichte in weltbürgerlicher Absicht. 1784. Akad.Ausg. VIII (1912/23). 20 f.

[23] Das folgende Kapitel lehnt sich eng an H.-D.Klein, B.Pesendorfer, Dialektik – eine Zusammenfassung, in: Seminarunterlagen DIALEKTIK, hg.v.B.Pesendorfer. 1990; und U.Arnold, Wirtschaftsphilosophie, l.c., an.

[24] Manche Theorien besagen, daß wir nicht ruhen werden, ehe die Wälder völlig vernichtet sind. Denn alles, was uns Bequemlichkeit gibt, das Haus, der Garten, der Acker, das Dorf, das Land, die Stadt, ist dem Walde abgetrotzt, dessen ängstigender Spuk seinem Ende entgegengeht ... R.P.Harrison, Wälder. 1992. dt.1992

[25] Hegel, Enzyklopädie § 432. 10.221

[26] ebenda 222. Wissen übrigens die, die da immer so vollmundig „Weniger Staat!" schreien, wem sie da das Wort reden? Dem Krieg, der den Konkurrenten treffen und ihn selbst – durch Staates Schutz – verschonen soll ...

[27] Ingeborg Bachmann, Alle Tage.

Literatur

Adler, A.(1966/1927). *Menschenkenntnis.* Frankfurt/Main: Fischer. – **Balint, M. (1972/1959).** *Angstlust und Regression.* Reinbek: Rowohlt. – **Bambeck, J. & Wolters, A. (1990).** *Jeder kann gewinnen. Kreatives Konflikt- und Problemmanagement.* München: Langen-Müller. – **Baur, G. u. a. (1977).** *Konflikt-Management.* Bern: Haupt. – **Beck, U. (1986).** *Risikogesellschaft. Auf dem Weg in eine andere Moderne.* Frankfurt/Main: Suhrkamp. – **Beck, U. (Hrsg.) (1991).** *Politik in der Risikogesellschaft.* Frankfurt/Main: Suhrkamp. – **Berlyne, D. E. (1974).** *Konflikt, Erregung, Neugier.* Stuttgart: Klett. – **Berne, E. (1970/1964).** *Spiele der Erwachsenen.* Reinbek: Rowohlt. – **Berne, E. (1970).** *Spielarten und Spielregeln der Liebe.* Reinbek: Rowohlt. (dt.1974) – **Berne, E. (1972).** *Was sagen Sie, nachdem Sie „Guten Tag" gesagt haben.* München: Kindler. (dt.1975) – **Bräutigam, W. (1978).** *Reaktionen-Neurosen-Abnorme Persönlichkeiten* (4. Aufl.). Stuttgart: Thieme. – **Brenner, Ch. (1955).** *Grundzüge der Psychoanalyse.* Frankfurt/Main: Fischer. (dt.1976) – **Buehl, W. L. (Hrsg.) (1973).** *Konflikt und Konfliktstrategie.* München. – **Claessens, D. (1980).** *Das Konkrete und das Abstrakte.* Frankfurt/Main: Suhrkamp. – **Claessens, D & Claessens, K. (1980).** *Kapitalismus als Kultur.* Frankfurt/Main: Suhrkamp. – **Coser, L. A. (1956).** *The functions of social conflict.* Glencoe (III). – **Deutsch, M. (1973).** *The resolution of conflict.* Yale. – **Eibl-Eibesfeldt, I. (1976).** *Liebe und Hass.* München. – **Eibl-Eibesfeldt, I. (1975).** *Krieg und Frieden – aus der Sicht der Verhaltensforschung.* München. – **Erikson, E. (1959).** *Identität und Lebenszyklus.* Frankfurt/Main: Suhrkamp. (dt.1977) – **Evers, A. & Nowotny, H. (1987).** *Über den Umgang mit Unsicherheit.* Frankfurt/Main: Suhrkamp. – **Feger, H. (o. J.).** *Konflikterleben und Konfliktverhalten.* Bern. – **Fisher, R. & Brown, S. (1989).** *Gute Beziehungen. Konfliktvermeidung, Konfliktlösung, Kooperation.* Frankfurt/Main: Campus. – **Fisher, R. & Ury, W. (1988).** *Das Harvard-Konzept. Sachgerecht verhandeln – erfolgreich verhandeln.* Frankfurt/Main: Campus. – **Freud, A. (1936).** *Das Ich und die Abwehrmechanismen.* München: Kindler. –

Freud, S. **(1969 ff)**. *Studienausgabe in 10 Bänden.* Frankfurt/Main: S. Fischer. – **Freud, S. (1950)**. Warum Krieg? *Gesammelte Werke 16*, 11-27 (1932). Frankfurt/Main: S. Fischer. – **Glasl, F. (1980)**. *Konfliktmanagement. Diagnose und Behandlung von Konflikten in Organisationen.* Bern: Haupt. – **Honneth, A. (1992)**. *Kampf um Anerkennung. Zur moralischen Grammatik sozialer Konflikte.* Frankfurt/Main: Suhrkamp. – **Klein, M. (1973/1932)**. *Die Psychoanalyse des Kindes.* München: Kindler. – **Klein, M. (1972/1930-1957)**. *Das Seelenleben des Kleinkindes.* Reinbek: Rowohlt. – **Klein, M. & Riviere, J. (1983/1937)**. *Seelische Urkonflikte: Liebe, Haß und Schuldgefühl.* Frankfurt/Main: Fischer. – **Laing, R. (1960)**. *Das geteilte Selbst.* Reinbek: Rowohlt. (dt.1976) – **Laing, R. (1970)**. *Knoten.* Reinbek: Rowohlt. (dt.1983) – **Lewin, K. (1968/1948)**. *Die Lösung sozialer Konflikte* (3. Aufl.). Bad Nauheim. – **Lidz, Th. (1963)**. *Familie und psychosoziale Beziehungen.* Frankfurt/Main: Fischer. (dt.1970) – **Lidz, Th. (1970)**. *Das menschliche Leben.* Reinbek: Rowohlt. (dt.1968) – **Lorenz, K. (1963)**. *Das sogenannte Böse.* Wien. (dt.1966) – **Mao Tse-Tung. (1966)**. *Theorie des Guerillakrieges.* Reinbek: Rowohlt. – **Mitscherlich, A. (1969)**. *Die Idee des Friedens und die menschliche Aggressivität.* München. – **Mitscherlich, M. (1972)**. *Müssen wir hassen?* München. – **Neuhauser, P. (1989)**. *Stammesfehden im Unternehmen. Wie sich Konflikte in der Praxis lösen lassen.* Freiburg Br.: Haufe. – **Pater, R. (1990)**. *Fernöstliche Kampftechniken im modernen Management.* München: Heyne. – **Pesendorfer, B. (1983)**. Organisationsdynamik. In *IBM-Symposium* (S.39-50). Wien. – **Piaget, J. (1954)**. *Das moralische Urteil beim Kinde.* Frankfurt/Main: Suhrkamp. (dt.1973) – **Piaget, J. (1974)**. *Der Aufbau der Wirklichkeit beim Kinde.* Frankfurt/Main: Suhrkamp. (dt.1973) – **Rapoport, A. (1960)**. *Fights, games and debates.* Ann Arbor. – **Rapoport, A. (1974)**. *Conflict in man-made environment.* Harmondsworth. – **Riemann, F. (1975)**. *Grundformen der Angst.* München: Reinhardt. – **Rother, W. (1976)**. *Die Kunst des Streitens.* München. – **Schlegel, L. (1979)**. *Grundriss der Tiefenpsychologie 5.* (zu: TAA). München: Francke. – **Schwarz, G. (1985)**. *Die Heilige Ordnung der Männer.* Opladen: Westdeutscher Verlag. – **Schwarz, G. (1990)**. *Konflikt-Management.* Wiesbaden: Gabler. – **Spitz, R. (1973/1954)**. *Die Entstehung der ersten Objektbeziehungen* (3. Aufl.). Stuttgart: Klett. – **Senger, H. v. (1988)**. *Strategeme. Lebens- und Überlebenslisten der Chinesen.* Bern: Scherz.

Gerhard Schwarz

Praxis der Konfliktintervention

Den Auftrag für meine erste Konfliktintervention bekam ich 1959 noch als Student. Ich entwickelte damals mit meinem Lehrer in Gruppendynamik, Traugott Lindner, ein für Europa brauchbares Modell der T-Gruppe. Als ich von diesen Arbeiten in Kollegenkreisen erzählte, hatte ich auch schon den Auftrag, mit dieser neuen Methode in einem Studentenheim Konflikte zu bearbeiten. Die Autorität des Heimleiters galt damals noch als unantastbar. Trotzdem gab es einige Kritik an ihm. Als ich ihn dazu brachte, vor den Studenten einige (harmlose und bei Heimleitern unvermeidbare) Fehler zuzugeben, löste sich die Autoritätskrise rasch in Wohlgefallen auf. Ich lernte, daß die Gruppendynamik dazu geeignet war, sonst tabuisierte Themen anzusprechen und zu bearbeiten. Ich hatte dabei das Glück, daß Studenten und Heimleiter rascher eine Lösung fanden als mir eine einfiel. Dadurch lernte ich, mich mit Lösungsvorschlägen zurückzuhalten, selbst wenn mir doch früher welche einfallen sollten als den Betroffenen.

Denn **brauchbare und wirklich haltbare Lösungen bei Konflikten sind meist die, die von den Konfliktparteien selber gefunden werden.** Alle Lösungen, die von Dritten gefunden werden, verlangen eine Unterordnung unter diese dritte Instanz (sei es Chef, Richter, Trainer) und funktionieren nur im Zusammenhang mit einem Abhängigkeitsverhältnis in einer Hierarchie.

In einer Hierarchie kann man Konflikte – vor allem im normalen Tagesablauf – nur schwer bearbeiten, weil man dazu aus dem normalen Ablauf heraustreten müßte. Dazu braucht man für den Anfang jedenfalls Hilfe – und später Übung.

Normalerweise hat jede Gruppe oder Konferenz, die in einer Organisation sich trifft, ein genau definiertes Ziel und eine Aufgabe, die sie innerhalb einer bestimmten Zeit lösen muß. Konflikte werden dabei meist nicht einkalkuliert, und daher bleibt auch keine Zeit, sie zu bearbeiten. Bevor man nicht weiß, worin sie bestehen, wer alles daran beteiligt ist, wie sie bisher bearbeitet oder verdrängt wurden usw., läßt sich ein Zeitrahmen auch gar nicht kalkulieren. Die Betroffenen können aber diese Fragen nicht beantworten, da jeder ja – und darin besteht doch der Konflikt – nur seine Sicht der Dinge für richtig hält.

Zuerst Analysephase

Im normalen Ablauf einer Arbeit gibt es aber selten eine neutrale Sicht eines Konfliktes in seiner Gesamtheit, keine Zeit und meist auch keine Übung für das Erreichen einer Metaebene, auf der der Konflikt bearbeitet werden könnte. **Daher hat sich für Konfliktbearbeitung die Laboratoriumssituation sehr bewährt.**

Seit einigen Jahren werden daher immer wieder sowohl betriebsintern, als auch extern Seminare angeboten, die das Verhalten in Gruppen und Organisationen bei Konflikten direkt zum Thema haben. Diese „Laboratorien", so werden sie nach einem Vorschlag der Amerikaner genannt („Labs"), geben sowohl Gruppen wie auch einzelnen die Möglichkeit, ohne Störung des normalen Arbeitsablaufes zu lernen. Gerade bei Konflikten ist es möglich oder sogar wahrscheinlich, daß sich die Atmosphäre durch das Ansprechen des Problems kurzfristig, jedenfalls offiziell verschlechtert, was unter Umständen zu einer Störung eines Arbeitsablaufes führen könnte. Sehr oft allerdings ist der normale Kommunikationsablauf durch einen Konflikt ohnehin stark gestört (z.B. man verkehrt nur mehr schriftlich miteinander).

Meistens ist das Heraustreten aus dem Alltag für etwa 2-3 Tage günstig, um den oder die Konflikte zu bearbeiten.

Am Anfang meiner Tätigkeit als Konfliktmanager in den 60er Jahren führte ich Wochenend-Workshops mit Gruppen durch, um in Form eines Kurz-Labs die Probleme zu bearbeiten. Meist teilte ich die gesamte Gruppe in Untergruppen zu je 5 Personen auf und bat sie, eine Problemliste zu erstellen. Die (unterschiedlichen) Listen wurden im Plenum präsentiert und es wurde eine Reihung nach Wichtigkeit vorgenommen. In dieser gemeinsam festgelegten Reihenfolge wurden die Themen – von den Gruppen vorbereitet – dann im Plenum bearbeitet. Meist war dieses System erfolgreich, es hatte aber auch einige Nachteile.

Hauptproblem war dabei, daß öfters **wichtige Konflikte von den Gruppen nicht genannt** wurden. Außerdem fühlten sich viele von der Problemstellung des Workshops sozusagen „überfallen" und konnten sich nicht oder nur schwer auf die Methode einstellen. Für dieses letztere Problem erwies es sich als hilfreich, wenn einige – im Idealfall alle – an einem solchen Workshop Beteiligten schon früher ein externes Gruppendynamik- oder Konfliktmanagement-Seminar besucht hatten. Man merkt deutlich den Unterschied zu denen, die so etwas noch nie erlebten. (Wenn die Seminar-Erlebnisse allerdings negativ waren, dann kann dies gelegentlich auch dazu führen, daß der Teilnehmer an einen solchen Workshop mit größerem Mißtrauen herangeht.)

Interviews mit den Beteiligten

Das Problem der nicht genannten Konflikte und das der fehlenden Vorbereitung löste ich durch Vorschalten einer Interviewphase. Es sollte jeder Teilnehmer einzeln oder in Gruppen vorher von einem Staff-Mitglied interviewt werden. Ich mache solche Konfliktinterventionen heute meistens nicht mehr allein. Im Unterschied zu den 60er Jahren gibt es heute viele gut ausgebildete TrainerInnen, die Gruppenprozesse ausgezeichnet steuern können. **Sehr bewährt hat sich das Zusammenarbeiten von Frauen und Männern im Staff.** Ich vermute, daß sich die Teilnehmer an solchen Workshops sicherer fühlen, wenn der Staff auch von der Zusammensetzung quasi

Elternform hat, d.h. wenn väterliche (leistungsorientierte) und mütterliche (bedürf-nisorientierte) Funktionen auch durch verschiedene Geschlechter repräsentiert und wahrgenommen werden. Der Idealfall ist überhaupt ein 3er-Staff, da dann auch die Funktionen individuelle Hilfestellung, Gruppenprozeßsteuerung oder Moderation und Metaebene der Intervention getrennt wahrgenommen werden können. Man muß allerdings aufpassen, daß bei kleinen Gruppen (also unter 12) ein 3er-Staff nicht zu kopflastig ist. Bei Gruppen über 20 halte ich einen 3er-Staff für notwendig. Bei dreien ist auch die Wahrscheinlichkeit, daß irgendjemand aus der Gruppe nicht ange-sprochen wird oder sich nicht angesprochen fühlt, schon sehr gering.

Es scheint so zu sein, daß eine Person (ein Referent oder Trainer oder Berater) im-mer nur einen Teil eines Plenums oder einer Gruppe ansprechen kann. Die anderen „liegen ihm/ihr nicht" oder umgekehrt. Sind die Moderatoren aber zu zweit, dann sprechen sie schon zusammen einen Großteil jeder Gruppe an. Drei Referenten kön-nen, wenn sie gut kooperieren und sich die Arbeit teilen, meistens schon über die ganze Gruppe „streuen", so daß niemand mehr durch den Rost fällt.

Die vorgeschaltete Interviewphase dient dazu, die Konflikte zunächst einmal extern diagnostizieren zu können. Dabei ist eine 100%ige Trefferquote sicher unmöglich, aber es kommen doch genügend Informationen, um wenigstens Teile der Konflikte erfassen und interpretieren zu können. **Diagnosen im Bereich der Sozialstrukturen sind ja nie objektiv im Sinne der Naturwissenschaft, sondern bestenfalls ein An-laß für die Selbstreflexion eines Sozialgebildes.** Immerhin muß die Diagnose es er-möglichen, eine Vorgehensweise für die Intervention (also eine Therapie) festzule-gen.

Betroffene können nicht moderieren

Die Störungen der Sozialstruktur müssen jedenfalls so stark sein, daß die normalen Managementmethoden nicht mehr ausreichen. Dies ist übrigens rasch der Fall, wenn Vorgesetzte an diesem Konflikt beteiligt sind. Ich habe selbst die Erfahrung gemacht, daß ich in eigener Sache nicht oder jedenfalls nicht so gut analysieren und interve-nieren kann wie bei Konflikten, an denen ich nicht beteiligt bin. Obwohl ich Kon-fliktinterventionen seit über 30 Jahren erfolgreich durchführe, ziehe ich bei Konflik-ten im eigenen Bereich (also etwa mit Mitarbeitern eines von mir geleiteten Forschungsprojektes) Kollegen hinzu, die eine solche Diskussion moderieren. Man kann schwer zugleich Betroffener sein und neutral moderieren.

Aufgrund der von den externen Moderatoren erstellten Diagnose wird eine Vor-gehensweise festgelegt. Die Interventionsmöglichkeiten reichen dabei von einer Empfehlung, die Sache auf sich beruhen zu lassen, also nichts zu tun, über Einzelge-spräche mit Mitarbeitern, Konfliktsitzungen zwischen zwei oder mehreren Personen unter Mitarbeit eines Moderators etc. bis zur Veranstaltung eines Workshops, bei dem möglichst alle Beteiligten anwesend sein sollen.

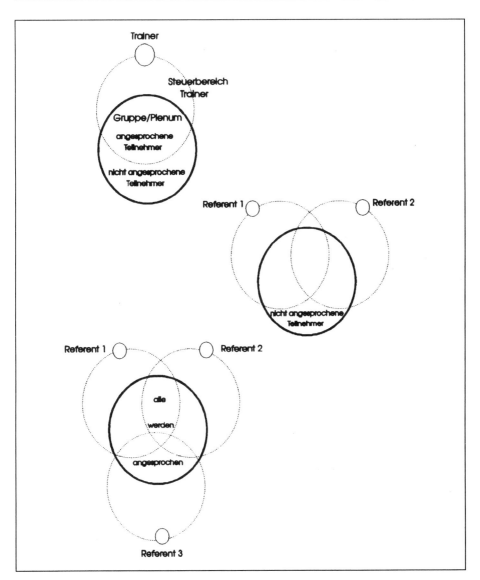

Abbildung
Streuung der Trainer

Ein solcher Workshop wird in seinem Design und Ablauf aufgrund der Diagnose am besten gemeinsam mit dem Auftraggeber festgelegt. Bei diesem Workshop wird zu Beginn zunächst einmal seitens der externen Moderatoren die Diagnose präsentiert. Der Sinn und Zweck dieser Diagnose ist es aber nicht nur, ganz genau die Situation zu erfassen, sondern eher eine Diskussionsgrundlage für die Bearbeitung zu bieten. So kann sogar eine falsche Diagnose, die zum Widerspruch reizt, die Diskussion in

Schwung bringen. Natürlich bringt längere Erfahrung auf diesem Gebiet auch treffendere Diagnosen.

Wichtig ist dabei, daß genügend Denkmodelle zur Verfügung gestellt werden, um die Konfliktsituation differenziert erfassen zu können. **Je unterschiedlicher diese Denkmodelle die Situation beleuchten, desto besser.** (Eine Liste solcher, dafür brauchbarer Konfliktanalysemodelle ist enthalten in Schwarz, 1990, S. 27-47.)

In Gruppenarbeit wird die Diagnose bewertet

Diese Denkmodelle werden dann bearbeitet und bewertet. Meistens sind die Bewertungen der Moderatorenmodelle kontrovers, d.h. verschiedene Gruppen bewerten sie auch unterschiedlich. Dies hängt natürlich auch von der Zusammensetzung der Gruppen ab. Die sollte von den Moderatoren aufgrund der Diagnose festgelegt werden. Bewährt hat sich, daß man die Konfliktparteien trennt, d.h. eher die im jeweiligen Hauptkonflikt Gleichgesinnten jeweils zusammen in eine Gruppe gibt, also bei Autoritätskonflikten Vorstand und Hierarchie in verschiedene Gruppen; oder bei Bereichskonflikten (z.B. Verkauf – Produktion) den Verkauf in eine Gruppe und die Produktion in eine Gruppe. Diese Zusammensetzung bewährt sich für die Bearbeitung der Diagnose, nicht jedoch für das Ausarbeiten von Lösungen. Hier bewährt sich wiederum die Zusammensetzung der Gruppen so, daß die Konfliktkontrahenten zusammen in eine Gruppe kommen. Man muß natürlich abwägen, ob eine neue Zusammensetzung von Gruppen (die funktionieren) nicht wieder einen zusätzlichen Aufwand der Neubildung verlangt und vor allem das Risiko impliziert, daß die neuen Gruppen weniger gut funktionieren.

Außerdem muß man bei der Gruppenzusammensetzung überlegen, ob der Lernprozeß schwerpunktmäßig im Plenum stattfinden soll (dann die Gruppen eher homogen zusammensetzen) oder in den kleinen Gruppen (dann eher heterogen). Dies hängt natürlich auch wiederum davon ab, ob die kleinen Gruppen von externen Moderatoren begleitet werden sollen oder nicht.

Ein Konflikt muß als Konflikt erst akzeptiert werden

Im Anschluß an die Bearbeitung der Diagnose und der Denkmodelle muß man im Gesamtplenum des Workshops wohl die Diagnose soweit korrigieren oder modifizieren, bis sie von allen akzeptiert wird. **Oft wird erst hier überhaupt der Konflikt als Konflikt akzeptiert.** Dieser Grundkonsens ist aber notwendig für die weitere Bearbeitung.

Diese sollte sich dann mit den Lösungen beschäftigen. Welche Entwicklungen oder Lösungen sind denkbar? Dabei wird am besten in Gruppen gearbeitet. Diese präsentieren ihre Lösungen im Plenum. Wiederum erfolgt dort ein Plenumsprozeß, der allen die Möglichkeit geben soll, gemeinsam zu lernen. **Soziales Lernen ist ja eine sehr schwierige und langwierige Angelegenheit,** für die auch eine entsprechend lange Zeit zur Verfügung stehen muß. Wenn man sich einmal auf einem solchen Workshop befindet, ist diese Grundeinsicht ja meist schon akzeptiert. Hier gibt es die Schwierigkeit eher vorher. Daß Sozialgebilde keine technischen Geräte sind, die man einfach neu programmieren kann, ist vielen Managern nicht deutlich. Rational erfaßbare Zusammenhänge sind leichter und vor allem schneller zu lernen als neue Formen der Zusammenarbeit. **Beziehungen oder gar Strukturen so zu verbessern, daß alle Beteiligten damit zufrieden sein können, dies verlangt eine emotionale und zeitliche Investition.**

Hier wird der Unterschied von „dringend" und „wichtig" deutlich. Unter den jeweils Zeitdruck machenden Dringlichkeiten des Alltagsgeschäftes gehen oft zwei wichtige Dimensionen bzw. Voraussetzungen des Managementerfolges verloren: die Strategieplanung und das Konfliktmanagement. Für beides muß man sich Zeit nehmen, und beides funktioniert auch nach anderen Regeln als das Tagesgeschäft.

Resultat sind neue Spielregeln

Am Ende des Workshops sollten dann wieder im Plenum von den Gruppen erarbeitete praktische Konsequenzen stehen. Im Idealfall wird eine neue Betriebs- oder Gruppen „verfassung" festgelegt, die mit neuen Spielregeln die Konflikte angeht, die Pannen erkennt und notwendige Konflikte organisiert.

Bewährt hat sich, nach einem halben Jahr einen ähnlichen Workshop (eventuell kürzer) abzuhalten, um festzustellen, wie gut die beschlossenen Maßnahmen gegriffen haben.

Ob aber überhaupt ein Workshop eine brauchbare Form der Konfliktintervention darstellt, welches Design er haben soll etc., das muß vom Moderatorenteam aufgrund der Diagnose, eventuell gemeinsam mit dem Auftraggeber, entschieden werden.

Wer ist der Auftraggeber?

Der „Auftraggeber" ist übrigens gar nicht so leicht zu definieren. Er ist nicht nur die „zahlende" Stelle in einer Organisation oder der Vorstand oder ein Geschäftsleitungsmitglied, sondern es empfiehlt sich zu vereinbaren, die gesamte Organisation als Auftraggeber anzusehen. Dies zu thematisieren ist günstig, um zu verhindern, daß die Konfliktintervention für Interessen einzelner oder einer Gruppe mißbraucht werden kann.

In den letzten Jahren finden sich in einigen Organisationen bei solchen Konfliktinterventionen immer mehr Personen, die schon durch mehrere absolvierte Verhaltenstrainings, wie Gruppendynamik, Konfliktmanagement, Organisationsdynamik etc., Vorkenntnisse mitbringen. Da diese Personen meist für uns eine große Hilfe darstellen, sind wir dazu übergegangen, größeren Organisationen die **Ausbildung hauseigener Konfliktmanager** vorzuschlagen. Meist sind es Sozialwissenschaftler, die im Psychologischen Dienst oder in Führungstrainings arbeiten und sowohl bei Seminaren als auch bei Konfliktinterventionen mit uns zusammenarbeiten. In manchen Unternehmen sind die Zeiten vorbei, in denen der Personalbereich als quasi hausinterner Geheimdienst verwendet wurde. Wenn die Personaler schon das nötige Vertrauen genießen, dann werden sie auch als Ansprechpartner bei Konflikten verwendet.

Jeder Konflikt muß betreut werden

Im Anschluß an den Workshop kann die Nachbetreuung des Konfliktes dem hauseigenen Konfliktmanager überlassen werden. Externe müssen dann nur noch hinzugezogen werden, wenn es sich um schwierige Situationen handelt (z.B. wenn Vorstands- oder Geschäftsleitungsmitglieder in den Konflikt involviert sind oder bei bereichsübergreifenden Konflikten oder bei Rückfällen etc.).

Im Prinzip gilt für die Autorität des externen Beraters dasselbe, was **für jede Autorität gilt: Ziel ist es, sich überflüssig zu machen.** Sobald Gruppen ihren eigenen Gruppenprozeß steuern können, sind sie „reif" und brauchen externe Berater (Trainer) nicht mehr (vgl. dazu Schwarz, 1985, S.106-136).

Neue Formen des Konfliktmanagements

Ein sehr begrüßenswerter Trend ist meines Erachtens auch die **Entwicklung halbexterner Trainer.** Sie bekommen ein fixes Grundgehalt und können etwa die Hälfte ihrer Zeit außerhalb des Unternehmens an Projekten mitarbeiten. Dadurch kombiniert man meist die Vorteile (z.B. Sicherheit) des Internen mit den Vorteilen (größere Bandbreite) des Externen. Externe Trainer kosten beim ersten Hinsehen natürlich wesentlich mehr als Interne. Ich glaube, daß sich dies beim zweiten Blick aber relativiert. Abgesehen vom „Marktwert" eines Trainers, der sich natürlich auch durch Nachfrage definiert, muß ein Trainertag etwa 5 mal soviel kosten bei einem Freiberufler als bei einem Angestellten, wenn man nur die direkten Gehälter vergleicht. Mit dem Freiberuflerhonorar sind nämlich viele Kosten abgegolten, die das Unternehmen bei Internen natürlich auch hat (Büroorganisation, Akquisitionszeiten, Leerzeiten, Fortbildung, Publikation, Pensions- und Krankenversicherung, Risiko etc.). Bei direkten Vergleichen wird das gerne übersehen.

Die Kosten einer solchen Sozialintervention stehen meist in keinem Verhältnis zum Nutzen, den die Bewältigung eines Konfliktes hat. Meist berücksichtigt man nicht einmal die direkten Kosten eines Konfliktes, also etwa Verzögerungen im Anlauf eines Projektes, Doppelarbeit aus Mißtrauen, Zeitverlust für Manager, wenn sie sich mit demselben Konflikt wieder und wieder beschäftigen müssen. Sehr hoch sind auch die **indirekten Kosten: die Demotivation der am Konflikt Beteiligten.** Viele Konflikte, die nicht richtig gelöst werden, haben nur Verlierer, d.h. aber, *alle* Beteiligten sind demotiviert. Mitarbeiter, die innerlich gekündigt haben, sind meist sehr brav und gar nicht leicht als Sand im Getriebe auszumachen. Würde man berechnen können, was die schlechte Lösung eines Konfliktes kostet, wenn man auch nur einige wenige Mitarbeiter für Monate oder Jahre hinaus emotional abschreiben kann, würden sehr viele Manager Wert auf rasche und erfolgreiche Konfliktlösungen legen.

Ein altes Thema: Lean Management

Auch das sogenannte „Lean Management" muß heute hier erwähnt werden. Ich glaube, daß die alten Probleme immer wieder unter neuen Namen diskutiert werden. **Die Kosten können gegen den Willen der Betroffenen nicht dauerhaft gesenkt werden.** Man verlagert einfach die Kosten dorthin, wo sie erlaubt sind, (es gibt ja kein System, das generell Kosten verbietet) und investiert einige Denkarbeit, um „sich warm anzuziehen". Je mißtrauischer und demotivierter man ist, desto „wärmer" muß man sich anziehen. **Unbearbeitete Konflikte schlagen sich aber indirekt in höheren Kosten nieder.**

Interveniert wird von Anfang an

Man sollte übrigens deutlich sehen, daß auch die Interviews bereits eine Form der Intervention darstellen. Das sehen wir an dem oft beobachteten Meinungsumschwung bezüglich der Interviews. Wenn es anfangs noch eher schwierig ist, Termine für ein Interview zu bekommen, dann ist es meist gegen Ende der Interviewphase so, daß viele beleidigt sind, wenn sie nicht interviewt wurden. Natürlich sagen nicht alle alles, was sie wissen. Aber man kann sich dann bei der Analyse der Interviews die Puzzles zusammensetzen.

Was wir machen, ist hauptsächlich, den in vielen Organisationen anläßlich eines Konfliktes gestörten Feedback-Prozeß wieder in Gang zu setzen oder einen solchen überhaupt zu installieren.

Hierarchien haben meist „Verstopfung"

Es ist eine der großen Schwächen der Hierarchie, daß die Kommunikation von unten nach oben wesentlich schlechter funktioniert als die von oben nach unten (obwohl auch die nicht immer berühmt ist). Dieses Kommunikationsdefizit ist der Preis, den man für einen anderen Vorzug der Hierarchie zahlt, nämlich für die Möglichkeit, verschiedene Gruppen (Abteilungen, Bereiche etc.) koordinieren zu können. Diese Koordination wird durch die Abhängigkeit dieser Gruppen von einem Zentrum erreicht.

Der Nachteil dieses Systems ist dabei das mangelnde Feedback, das die Obertanen (Zentralfunktionen) von den Untertanen bekommen. **Aufgabe einer Konfliktintervention ist es daher, brauchbare Feedback-Systeme zu installieren**, ohne die Koordinationsleistung der Hierarchie zu beeinträchtigen. Solche funktionsfähigen Feedback-Systeme erhöhen dann auch deutlich den Zustimmungsgrad der Mitarbeiter. Dieser Zustimmungsgrad der Mitarbeiter rangiert heute als Qualitätsmesser weit oben in der Skala möglicher Beurteilungskriterien der Qualität von Organisationen.

Eine theoretisch richtige Struktur, die aber von den in ihr und mit ihr lebenden Menschen abgelehnt wird, funktioniert mit Sicherheit schlechter als eine nicht so gute (betriebswirtschaftlich, organisationstheoretisch etc.), die aber von allen akzeptiert wird.

Investitionen in die Verbesserung der Sozialstruktur (in höhere Zustimmung) sind daher (besonders in Krisenzeiten) auch hochrentable Wettbewerbsinvestitionen.

Literatur

Heintel, P. & Krainz, E.E. (1990). *Projektmanagement. Eine Antwort auf die Hierarchiekrise?* (2. Aufl.). Wiesbaden: Gabler. – **Rosenkranz, H.** (1990). *Von der Familie zur Gruppe zum Team.* Paderborn: Junfermann. – **Thielke, W. & Zuschlag, B.** (1989). *Konfliktsituationen im Alltag.* Stuttgart: Verlag für Angewandte Psychologie. – **Schwarz, G.** (1985). *Die „Heilige Ordnung" der Männer. Patriarchalische Hierarchie und Gruppendynamik.* Opladen: Westdeutscher Verlag. – **Schwarz, G.** (1990). *Konfliktmanagement.* Wiesbaden: Gabler.

Peter Heintel

Teamentwicklung

Vorbemerkung

Es hat nicht der „japanischen Herausforderung" bedurft, um in Teams und Gruppen sinnvolle Einrichtungen im Unternehmen zu sehen. Seit mehr als dreißig Jahren beschäftigt man sich in Europa und Amerika mit diesem Thema und hat mit wechselndem Erfolg Teamstrukturen in Organisationen installiert und auch wieder abgeschafft. In den letzten Jahren verdichtet sich aber die Überzeugung, daß man zunehmend mehr mit Gruppen wird arbeiten müssen, ja, daß sie sogar „Führungsinstrument" und Entscheidungsinstanz werden müssen. Die Gründe dafür sind bekannt; ich zähle einige wesentliche auf:

- Dysfunktionalität der hierarchischen Organisationsform mit ihren Bürokratien und Instanzenwegen,
- Komplexität und „Interdisziplinarität" der Entscheidungsmaterien und die Notwendigkeit, „horizontal" abteilungsübergreifend zu agieren,
- „Dependenzumkehr": Die Hierarchie gibt keine Gewähr mehr, daß sich „nach oben hin" Kompetenz anhäuft; Fachkompetenz findet sich immer weiter „unten" und muß in Entscheidungsprozesse eingebunden werden,
- Auseinanderfallen von Kompetenz und Verantwortlichkeit; wichtige Entscheidungen sind oberen Hierarchiestufen vorbehalten, denen auf Grund der zunehmenden Komplexität die dafür nötige Kompetenz fehlt,
- „Informationsausdünnung" auf Grund unnötiger Instanzenwege und Berichtspflichten,
- Überforderung des hierarchischen „Einzelentscheidungsprinzips",
- Demotivation durch „funktionale Reduktion", d.h. Reduktion der Person auf reine Funktion,
- Übernahme „historischer" Vorbilder, hier vor allem der Idee japanischer „Quality circles".

Von den Teams und Gruppen erhoffte man sich die Kompensation der genannten hierarchischen Defizite. Auch war zu bemerken, daß sich Menschen in Teamarbeit meist „wohler" fühlen als sonst im Betrieb. Die Vorteile der Gruppenarbeit schienen augenscheinlich gegeben – allerdings unter der Voraussetzung, daß die Gruppen „reif" und arbeitsfähig waren (hier setzt der Gedanke der Teamentwicklung ein; davon jedoch später). Bei gegebener Arbeitsfähigkeit von Gruppen erhöht sich deren Entscheidungsqualität (Heintel & Krainz, 1990, S. 120f): „Gruppenentscheidungen sind Einzelentscheidungen überlegen,

- wenn die Gruppe reif und konsensfähig ist,
- wenn quantitativ und qualitativ die Meinungen, Interessen und Bedürfnisse der

Gruppenmitglieder berücksichtigt werden,
– wenn Informationen nicht unterdrückt werden,
– wenn die Probleme von allen analysierbar sind,
– wenn die Gruppe imstande ist, die Erfahrungen und Informationen ihrer Teilnehmer zu verknüpfen,
– wenn die Entscheidungen im Konsens fallen,
– wenn Lösungsmöglichkeiten und Durchführungsstrategien erörtert werden können,
– wenn sich alle mit der Durchführung identifizieren,
– wenn Selbstkontrolle stattfindet.

Bessere Ergebnisse kommen zustande:

– weil man gegenseitig Fehler besser kontrollieren kann (Fehlerausgleich),
– weil mehr Informationen vorliegen,
– weil dadurch das Problem besser erkannt wird,
– weil mehr Problemsichtweisen auftreten,
– weil mehr Lösungsmöglichkeiten und Alternativen angeboten werden,
– weil die individuellen Ressourcen besser genützt werden,
– weil meist mehr Kreativität entwickelt wird (durch das positiv empfundene Arbeitsklima),
– weil auf die Bedürfnisse der Gruppenmitglieder mehr Rücksicht genommen wird,
– weil in Gruppen die Belastbarkeit der Individuen größer ist,
– weil eine bessere Verbindung der rationalen und emotionalen Ebene erreichbar ist,
– weil man sich mit dem Ergebnis und seiner Durchführung besser identifiziert".

Diese Überlegenheiten und Vorteile von Gruppen wollte man nun nützen und hat in den unterschiedlichsten Formen Gruppen, Teams in Unternehmen eingesetzt. Eine der reifsten Organisationsformen, die Gruppen nützen, ist „Projektmanagement". Auch im gegenwärtig modernen „lean-management" wird auf Gruppenbasis operiert, wobei leider und oft, die gute Absicht konterkarierend, die Kostenfrage in den Vordergrund gestellt wird.

Man weiß natürlich auch über die möglichen Nachteile von Gruppen. Diese können auf zwei Ebenen angesiedelt werden: auf einer prinzipiellen und einer verhaltensbezogenen. Zu ersterer gehören Themen wie Verantwortung (Wer ist bei Fehlentscheidungen eines Teams verantwortlich zu machen? Was heißt „rechtlich" eine „Kollektivierung" von Entscheidung?; diese Fragen sind in unserer Kultur schon deshalb so besonders dramatisch, weil wir bei auftretenden Problemen zuerst immer nach der „Schuld" und weniger nach den Ursachen zu fragen gewohnt sind), ein höherer Zeit- und Koordinationsaufwand sowie das „Fremdkörperhafte" in „feindlicher" hierarchischer Organisationsumgebung. Uns muß hier die zweite Ebene interessieren. Gruppen und Teams bedürfen eines eigenen Verhaltens; dieses muß einerseits entwickelt werden, andererseits muß erkannt werden, daß Gruppen manchmal auch dysfunktionales Verhalten entwickeln, das sich auf Entscheidung und Ergebnis schlecht auswirken kann (z.B. Gruppendruck mit Unterdrückung von Minderheiten, Entwicklung einer „Binnenkultur" mit Abschluß nach außen, unflexible Standard- und Normbildung mit Einschränkung des Wahrnehmungsfeldes etc.).

Daß im Laufe der letzten Jahrzehnte so viele Gruppenexperimente gescheitert sind, liegt auch an zwei mit Obigem verbundenen Faktoren: Erstens hat man Teams sehr oft kaum die nötige Zeit für die Entwicklung des ihnen adäquaten Verhaltens gegeben (sie sollen sozusagen vom Start her schon perfekt arbeitsfähig sein) – ein Mangel an „Selbstfindung", zweitens hat man nicht zur Kenntnis nehmen wollen, daß manches Verhalten zwar der Gruppe als „Sozialkörper" dienlich ist, auf Arbeit, Entscheidung und Ergebnis sich aber nicht unbedingt positiv auswirken muß (so tun sich längere Zeit tätige Gruppen zweifellos schwer, neue Mitglieder zu akzeptieren, denn jede Neuaufnahme bedeutet eine oft mühevolle Umstrukturierung des gesamten Sozialnetzes. Also läßt man es gleich, auch wenn man arbeitsbezogen zusätzliche Ressourcen brauchen würde).

Naturwüchsige Teamentwicklung

Individuen, die zu Gruppen zusammengestellt werden, machen noch kein Team aus. Ein Team ist keine Summe, kein Aggregat von einzelnen. Es gehört zur „Organisationsillusion", es würde ein gemeinsames Ziel, eine gemeinsame Arbeitsaufgabe genügen, um unterschiedliche Individuen zusammenzuführen und aus ihnen ein Team zu machen. Im Hintergrund steht bei diesem „frommen Wunsch" immer noch die Vorstellung der „Trivialmaschine": Es gibt ein gemeinsames Ziel (einen verlangten „Output"), und dieses soll im funktionalen Zusammenwirken der einzelnen erreicht werden; ein Rad soll ins andere greifen. Dieses Bild stimmt nur dann, wenn die Maschine schon „fertig" vorhanden und auch schon klar ist, was als Produkt herauskommt. Die klassische funktional-bürokratische Hierarchie versuchte sich nach diesem Muster zu organisieren. Teams sollen aber gerade anders funktionieren. Zwar mag ein Ziel feststehen und als verbindlich anerkannt werden, wie es aber erreicht wird, hängt von einem Gruppenprozeß ab, in dem sich die Elemente immer wieder neu „sortieren" und umstrukturieren müssen.

Gruppenprozesse sind keine funktional-maschinellen Vorgänge und Abfolgen, sie bringen gerade dadurch bessere Ergebnisse, daß sie sich zeitweise dem rein funktionalen arbeits- und zielorientierten Arbeiten entziehen. Kreativität z.B. ist nur dann möglich, wenn die Gruppe ein gutes, förderliches Gesamtklima aufbaut und vordergründige, aus der Hierarchie mitgebrachte Dominanzen und Konkurrenzen abbaut. Letzteres gelingt ihr aber nur, wenn sie nicht nur am sachlichen Ziel, sondern auch **an sich selbst** arbeitet. Dafür braucht sie Raum, Zeit und vor allem auch das Bewußtsein, daß diese Beschäftigungen mit sich selbst zur „normalen" Arbeit dazugehören. Gruppen sind „Sozialkörper", keine Arbeitsmaschinen. Nur dann bringen sie wirklich jene Erfolge, um derentwillen man sie eingesetzt hat. Zu einem Sozialkörper muß man sich aber erst entwickeln; er entsteht nicht schon mit dem Auftrag.

Entwicklungsprozesse von Gruppen laufen, wie übrigens jede Kommunikation, schematisch gesprochen auf drei Ebenen ab:
– einer sach- und zielorientierten,
– einer emotionellen, beziehungsorientierten,
– einer strukturellen.

Da in fast aller Gruppenarbeit diese Ebenen nicht nur vorkommen, sondern mehr oder weniger miteinander verflochten sind (schlechte Beziehungen bringen ein suboptimales Ergebnis, verhindern Identifikation mit Durchführungen; ein ungenau festgelegtes Ziel fördert Streit auf der Beziehungsebene, und strukturelle Hintergründe – z. B. mitgebrachte hierarchische Positionen – bestimmen sehr oft Aufgabendefinition wie auch die Gruppenprozesse), liegt die Annahme nahe, daß sie sich gegenseitig sowohl fördern als auch stören können. Im Alltagsleben der Arbeit und der hierarchischen Organisation werden wir daran gewöhnt, hauptsächlich auf der ersten Ebene, der sogenannten „sachlichen" zu agieren. Probleme und Konflikte, die aus den anderen beiden kommen, werden daher meist auch in dieser ersten abgehandelt. Weil es uns nun schwerfällt, diese anderen Ebenen anzusprechen, wird die „Sache" oft zum Stellvertreter für Probleme der anderen Ebenen. Diese „Übertragungen" führen sehr oft zu langwierigen Auseinandersetzungen, die selten ein Resultat bringen und meist das unbefriedigende Gefühl zurücklassen, man sei nicht so recht weitergekommen.

Die klassische Hierarchie hat hierfür ein Lösungsschema strukturell festgelegt: Der jeweilige Vorgesetzte steht im Konfliktfall in der Entscheidungspflicht; er „entlastet" das System vor „zeitvergeudender" Auseinandersetzung. Soll aber der Gruppenvorteil genützt werden, kann dieses Lösungsmuster nicht angewendet werden. Denn wozu dann Teams? Wenn Gruppen daher wirklich funktionieren sollen, dann werden sie zum Wahrnehmen der sonst eher unterdrückten Ebenen förmlich gezwungen. Dies ist zunächst keineswegs eine erfreuliche Erfahrung. Sie trifft Gruppen meist unvorbereitet, ungeschult und wird als Störung der eigentlichen Aufgabenerfüllung verstanden. Sehr oft wird sie daher vom jeweiligen Gruppenleiter abgewehrt. Er ist ja meist nach außen hin für das Erreichen des Zieles verantwortlich.

Teamentwicklung heißt nun aber zunächst zweierlei: Platz einräumen für die Entwicklung der Gruppe auf allen drei Ebenen und gemeinsame Entwicklung eines Bewußtseins über die Bedeutung und die Verflochtenheit derselben. Schließlich sollte alles zusammen der Handhabung, der gemeinsamen „Selbststeuerung" der Gruppe dienen. Im Trivialmodell wird Steuerung eigentlich immer noch als „Außen- oder Fremdsteuerung" verstanden. Es gibt jemanden, der tut etwas und bewegt damit die anderen. Diese, dem hierarchischen Modell entnommene Vorstellung taugt nicht mehr für Gruppenprozesse. Zwar mag es hier auch einzelne geben, die andere bewegen. Der Zweck ist es aber, in der Gruppe als ganzer eine Fähigkeit zur Eigendynamik zu erzeugen, in der niemand mehr „außen" ist. Eine derartige Selbststeuerung gelingt nur, wenn die Gruppenmitglieder ein Bewußtsein über die sie bestimmenden Ebenen und die durch sie ausgelösten Prozesse entwickeln. Damit ist z.B. verbunden, daß man lernt, Probleme auf denjenigen Ebenen anzusprechen, auf denen man ihren Ursprung vermutet.

Die Formierung einer Gruppe, eines Teams, eines „Sozialkörpers" braucht daher eine bestimmte Anfangsentwicklungszeit. Man muß sozusagen von einem mitgebrachten Zustand A in einen veränderten Zustand B kommen. Dies ist so zu verstehen: Richten Unternehmen, Organisationen überhaupt in ihrem Bereich Teams ein, so besteht deren Zustand A aus den „Mitbringseln" der bisher bestehenden Arbeitsverhältnisse. Jeder hat eine bestimmte Vorstellung von der Aufgabe und wie man sie am besten bearbeitet. Es gibt alte Bekanntschaften positiver und negativer Art sowie „Fremdheiten", die gleich zu Beginn oft für ein verfestigtes Beziehungsnetz sorgen, und außerdem bringt jeder in seiner Position auch noch einen Rest hierarchischer Struktur mit, die im Team weitergeführt wird. Ersparen es sich nun Gruppen, sich neu zu formieren, zu einem neuen Sozialkörper zu werden und zusammenzuwachsen und sich dafür die notwendige Entwicklung zu gestatten, tragen sie oft schwer an dieser „Mitgift". Manche werden gar nicht zum Team und dementsprechend sind dann die Ergebnisse. Ein Zustand B wird aber nur dann erreicht, wenn man zunächst auf diesem Feld sozusagen aktive „Vergangenheitsbewältigung" zustande bringt. Ihn zu erreichen bedeutet nämlich Eintritt in ein **neues** Sozialgebilde, das nur entstehen kann, wenn sich seine Elemente eben auch neu formieren und zueinander in Beziehung setzen.

Die Entwicklung zu diesem Zustand B, zu einer arbeitsfähigen, „reifen" Gruppe, muß auf allen drei Ebenen geschehen, die dafür nötigen Prozesse kann man sich nicht ersparen. Es kann dabei natürlich sehr nützlich sein, wenn Teamleiter, Projektleiter durch Schulung und Erfahrungsauswertung mit dieser Rolle vertraut werden. Schließlich sind sie es, die vorerst die Aufgabe zu übernehmen haben, die Aufmerksamkeit der übrigen Gruppenmitglieder auf die notwendige Gruppenentwicklung zu richten, wobei sie sehr oft die Wahrnehmung und Sensibilität der einzelnen Gruppenmitglieder erst „schulen" müssen. Ziel ist eben das Erreichen einer kollektiven Aufmerksamkeit für alle Ebenen, die zur Selbststeuerung des Teams notwendig ist. Daß die Autorität des Projektleiters dabei „undankbarerweise" des öfteren auf den „Prüfstand der Aufrichtigkeit" gestellt wird – meint er es wirklich ernst, Autorität an die Gruppe abgeben zu wollen – ist eine fast zwangsläufig auftretende Facette dieses Prozesses, was für Teamleiter emotional nicht immer leicht zu verkraften ist.

Die Entwicklung beginnt meist schon bei der Aufgaben- und Zielbestimmung – übrigens durchaus ein empfehlenswerter „traditioneller" Einstieg, weil man mit der Sache beginnt und die Gewohnheit nicht allzusehr stört. Aus vielen Erfahrungen in der Beratung von Projektgruppen weiß ich, daß man es oft schon hier versäumt, die nötige Klarheit herzustellen. Man tut so, als wäre der Auftrag klar und erspart es sich, ihn durchzudiskutieren und ihn „sozial" abzusichern, d.h. eine gemeinsame Sichtweise herzustellen. Im weiteren Verlauf passiert es daher nicht selten, daß plötzlich völlig unterschiedliche Zielvorstellungen auftreten, was beweist, daß es anfangs nur eine „Scheinübereinstimmung" gegeben hat. Dieses Phänomen der zu spät (oder gar nicht) aufgedeckten Tatsache der Scheinübereinstimmung hat manchmal schon zum Scheitern eines Projekts geführt, manchmal auch zu späten und für den Auftraggeber überraschenden „Redefinitionen" des Projektzieles.

Die Gründe für schnelle Einigungen in einem verschwommenen Ziel liegen aber meist nicht in der Sache selbst, sondern auf den anderen Ebenen. Teams, die zunächst „von außen" zusammengestellt werden, sind noch keine Gruppen, haben noch keinen inneren, sozialen Zusammenhalt. Weil daher das Auseinanderfallen von Gruppen ständige Anfangsgefahr ist, braucht man einen verbindlichen „Außenhalt", etwas Gemeinsames, das das Fortbestehen garantiert. Dies ist zunächst die vorgegebene Aufgabe. Sie in Frage zu stellen oder in ihr allzu Unterschiedliches zu verstehen, gefährdet den Zusammenhalt; also wird sehr oft eine ausführliche Diskussion der Zielsetzung vermieden und gleich mit der Arbeit begonnen. Erst wenn sich über diesen „Umweg" die Gruppe ihrer selbst so einigermaßen sicher ist, werden Zweifel laut und man versucht, anfänglich Versäumtes nachzuholen.

Es kann sich der Prozeß aber auch in die andere Richtung entwickeln, und mitgebrachte Beziehungen (Konkurrenzen, alte Rechnungen) entfalten sich in der Zieldefinition. Dies kann zu ermüdenden Sachdiskussionen führen, ohne daß man deren Entstehungsursache in den Griff bekommt. Kaum glaubte man sich einig, tritt unerwartet an einem anderen Ort der Sache die Diskussion wieder auf. Die Gruppe „benützt" die Aufgabe, um in sich alte Beziehungen zu kultivieren, sich über deren Bedeutsamkeit klar zu werden, im besten Fall vielleicht auch sie auf diesem Umweg zu bewältigen. Es ist dies allerdings oft ein sehr mühevoller Weg einer Entwicklung, der sich durch ein Ansprechen der zweiten Ebene zweifellos verkürzen ließe.

Strukturell begibt sich der Teamleiter mit dem ganzen hierarchischen „Gepäck" in seine neue Aufgabe. Er weiß sich unter besonderem Führungs- und Verantwortungsdruck. Auch für seine Karriere ist ein möglicher Erfolg nicht unwesentlich. Zugleich ahnt er aber, daß hierarchische Führung und Teamführung nicht dasselbe sein können. Der gleich anfangs mögliche Streit um Aufgabe und Zieldefinition löst „Chaosängste" aus, und diese führen oft zu einer rigideren, autoritären Haltung. Diese läßt sich am besten in einer vermeintlich klarstellenden, verbindenden Zieldefinition ausüben. Schließlich wird von ihm ja von allen Seiten her verlangt, wissen zu sollen, worum es eigentlich geht. Dieser Erwartungsdruck verführt ebenso dazu, differenziertere Meinungen von Gruppenmitgliedern zum Thema erst gar nicht einzuholen. Diese wiederum finden sich in bekannten hierarchischen Strukturen wieder und sind auch zukünftig mit der Äußerung eigener Meinungen zurückhaltend. Ein Team will so nie recht entstehen.

Dieses Beispiel der anfänglichen Zieldefinition und Aufgabenidentifikation und der damit verbundenen möglichen Schwierigkeiten steht für viele andere, unter Umständen sehr „heikle" Fragen (z.B.: Warum ist gerade **der** Teamleiter? Wieso ist **dieser** Teammitglied? Was will man eigentlich von uns? Haben wir eher „Alibiaufgaben" oder werden auch neue abweichende Resultate gewünscht? Will Herr XY überhaupt mitarbeiten oder ist er ein „Abteilungsspitzel"? Wieso sind andere Teams bei derselben Aufgabe bereits gescheitert? Ist der Auftrag nicht das „Steckenpferd" eines höheren Hierarchen? etc.). Anhand dieser (oft nicht gestellten bzw. beantworteten) Fragen zeigt sich, wie für die Arbeit in Projektteams alle drei Ebenen involviert sind, sich gegenseitig beeinflussen und stören können.

Damit ergibt sich die Notwendigkeit von Teamentwicklung in doppelter Weise: Einmal ist zur Kenntnis zu nehmen, daß Teams Entwicklung beanspruchen, ob man sie ihnen gibt oder nicht. Versucht man dies zu verhindern oder unsachgemäß zu beschleunigen, dauert dieser Prozeß nur länger, richtet sich gegen die Aufgabenerfüllung oder es wird aus den zusammengerufenen einzelnen überhaupt kein Team entstehen. Zum anderen aber kann diese Notwendigkeit akzeptiert und sogar „verwendet" werden. Je nach Anlaß und Problem kann auf die verschiedenen Ebenen **bewußt** eingegangen und in diesem Vorgehen die Gruppenentwicklung insgesamt gefördert werden. Auf diese bewußte Weise Teamentwicklung von vorneherein zu betreiben, wirkt für den gesamten Verlauf der Arbeit weichenstellend. Um mit Problemen aller Ebenen umzugehen, wird es immer wieder sinnvoll und nötig sein, Zeiten für Reflexion, Nachdenken und „Feedback-Schleifen" vorzusehen. Hat man dafür nicht vom Anfang an Verständnis erzeugt, ist es später schwer, diese Zeiten einzurichten. Feedback, die Reflexion auf sich selbst, ist nun unabdingbare Voraussetzung für Selbststeuerung. Will man „autonome" Teams einrichten, die nicht weitere Hierarchie reproduzieren, ist bereits in der anfänglichen Teamentwicklung auf diese Voraussetzung zu achten.

Dieser **bewußtere** Umgang mit Sozialentwicklungen darf daher im eigentlichen Sinn als die intendierte Teamentwicklung angesprochen werden. Er ist auch – wie im nächsten Abschnitt abgehandelt wird – zur „Selbstaufklärung" der Gruppe notwendig. Als historisch recht „alte" Sozialformationen sind Gruppen auch von einem dementsprechenden Verhalten bestimmt, das für gegenwärtige Teamarbeit nicht immer brauchbar ist.

Reflexive Teamentwicklung: Der Weg zur „aufgeklärten" Gruppe

Gruppenähnliche Sozialformationen sind so alt wie die Menschheit selbst. Über mehrere hunderttausend, wenn nicht Millionen Jahre war die Gruppe **die** soziale Überlebensform der Menschen schlechthin. Organisationen und Institutionen in unserem Sinn (zielorientierte, kollektive Ausrichtung und Bündelung anonymer Kommunikation vieler Menschen) sind dagegen historisch eine eher späte Errungenschaft menschlicher Entwicklung. Sie mußten dementsprechend auch den ursprünglichen Vergesellschaftungsformen „abgerungen" werden. Im wesentlichen geschah dies durch hierarchischen Zwang und sanktionierbare, verallgemeinernde Gesetzgebung. Hierarchien haben daher in der Geschichte allzu selbständige Gruppierungen (autonome Gruppen) immer mit Argwohn verfolgt, vermuteten sie doch in ihnen zu Recht strukturelle Opposition gegen wesentliche hierarchische Organisationsprinzipien:

Einzelentscheidung, Über- und Unterordnung, Informations- und Kommunikations-Monopole bei Vorgesetzten, Gruppen als Gegenwelt, Tendenzen zur Verselbständigung, Solidarität gegen hierarchische Macht etc. Es kann auch kein Zufall sein, daß Revolutionen in der Geschichte meist mit Gruppen- und Zellbildungen begonnen haben und die Parolen der französischen Revolution (Freiheit, Gleichheit, Brüderlichkeit), aus denen kein Staat zu entwickeln war, auch eher Gruppen- als hierarchischen Organisationsprinzipien entsprachen. Es scheint zwischen Gruppe und Organisation Widersprüche zu geben, die sich jedenfalls historisch betrachtet nie so ohne weiteres harmonisieren ließen.

Teamentwicklung heißt daher vor allem auch Beachtung und Analyse dieser Widersprüche, die sich überall dort ergeben, wo Teamstrukturen in „normale" hierarchische Linienorganisationen eingeführt werden, die normalerweise mit „Systemabwehr" (Heintel & Krainz, 1993) reagieren. Da Gruppen von sich aus – und für gewisse Entwicklungsphasen notwendigerweise – zum Sich-Abschließen nach außen neigen, damit Gefahr laufen, ihre Organisationsumwelt aus den Augen zu verlieren, ist die Wahrnehmung dieser Widersprüche besonders wichtig. Zumindest bleibt sie Aufgabe des Teamleiters, der ja schließlich im allgemeinen die Teamergebnisse wieder an die Organisation rückkoppeln muß (Heintel & Krainz, 1991). Zu einer geglückten Teamentwicklung gehören daher **Widerspruchs- und Konfliktmanagement** unabdingbar dazu.

Eine Erfahrung, die wir in Seminaren zur Teamentwicklung immer wieder machen – wir haben dafür eine Assoziationsübung entwickelt – ist die unterschiedliche emotionelle „Besetzung" von Gruppe und Organisation. Während nämlich Gruppen und Teams emotionell überwiegend positiv besetzt werden, verhält es sich mit Organisationen gerade umgekehrt. Die Ursachen dafür liegen auf drei Ebenen: einer **prinzipiellen** (wir sind „sinnlich" auf kleine überschaubare Assoziationen „programmiert" und können zunächst auch nur hier so positive Gefühle wie Freundschaft, Vertrauen, Liebe etc. entwickeln; anonyme Kommunikation dagegen entfremdet, schadet), einer **historischen** (sie wurde schon genannt: Wir lebten als Menschengattung überwiegend in Gruppenformationen und nur „kurze" Zeit in Organisationen) und einer **lebensgeschichtlichen** (wir wachsen im allgemeinen in kleinen Gruppen, Familien, Jugendgruppen etc. auf und werden meist erst in der Arbeitssituation mit Organisationen konfrontiert; zu dieser Zeit ist ein wesentlicher Teil unserer „Gefühlsentwicklung" schon abgeschlossen).

Obwohl also unser gesamtes Zusammenleben durch Organisationen mitbestimmt und sogar begründet wird, müssen wir zur Kenntnis nehmen, daß wir ihren Wert gefühlsmäßig nicht wirklich anerkennen. Unser „Herz" ist auf die Gruppe gerichtet. Dies hat sich in den letzten Jahrhunderten bzw. Jahrzehnten eher verstärkt, da die Ausdifferenzierung der Organisationen zu ihrer Mächtigkeit, aber auch Unübersichtlichkeit und zur Auflösung traditioneller Gruppen Entscheidendes beigetragen hat (Vernichtung der Dorfgemeinschaften, des Zunftwesens, bis hin zur Familie). Die „Reetablierung" von Gruppen kommt daher einerseits einem historischen Gefühlsdefizit entgegen, schließt

Teamentwicklung 201

aber an „Gruppenerinnerungen" und Verhaltensformen an, die keineswegs in unsere moderne Welt passen (was hier an Emotionspotential „brachliegt", kann man an den Erscheinungen radikaler Jugendgruppen bemerken). Primär sind sie nämlich vorerst einmal organisationsfeindlich. In den meisten Gruppen und Teams laufen die damit verbundenen Prozesse kollektiv unbewußt ab und entziehen sich reflexiver Steuerung.

Dadurch bekommen alle Organisationen, die auf Gruppen zurückzugreifen versuchen, zunächst einmal keinen Vorteil, sondern Schwierigkeiten. Will man aber den Vorteil von Teams nützen, wird man auf Gruppenseite nicht auf eine Reflexion dieser unbewußten Prozesse verzichten können. (Hierzu gehören z.B. die emotionelle und strukturelle Abgrenzung nach außen bis zum Verlust der Umwelt und dem damit verbundenen „Realitätssinn"; Ausübung von Kollektiv-Druck, Unterdrückung von Minderheiten und Individuen; die Konstruktion von Außenfeinden zur inneren Stabilisierung; Entwicklung unkompatibler Normen und Standards, Verlust der Anschlußfähigkeit an die Organisation; emotionaler Druck auf Repräsentanten, Delegierte, Emissäre; Uminterpretation der Aufgabenstellung, Verlust der Selbstkontrolle, Verleugnung eigenen Mangels, Vermeidung der Hinzuziehung zusätzlicher Ressourcen etc.).

Zweifellos brauchen wir heute, wie z.B. im Projektmanagement, Team- und Gruppenorganisationen; die hierarchische Organisation kommt in ihren Strukturen mit den an sie gestellten Aufgaben nicht mehr zurecht. Wir brauchen aber **„neue"** Gruppen, nicht mehr die uns aus Geschichte und Lebensgeschichte erinnerlichen, weil diese in wesentlichen Teilen ebenso dysfunktional sind wie die Hierarchie. Was wir also brauchen, sind „aufgeklärte", reife, sich selbst reflektierende Gruppen, die auch genau über ihre Grenzen Bescheid wissen und imstande sind, die sonst kollektiv unbewußt ablaufenden Prozesse sich bewußt zu machen, ihre Wirkungen zu kennen und sie gemeinsam zu steuern.

Teamentwicklung erhält damit eine neue Dimension: Es geht nicht mehr nur darum, Gruppen und Teams zu entwickeln und ihre Arbeitsfähigkeit **in sich** zu erreichen. Vielmehr ist es wichtig, **Gruppen als Elemente** der sie umgebenden Organisation zu entwickeln. Hierzu gehört zweierlei: erstens die bereits genannte Selbstreflexion der Gruppe und der in ihr ablaufenden Prozesse, zweitens die Reflexion des Verhältnisses von Gruppe und Organisation. Denn wie sich Teams entwickeln, hängt nicht unwesentlich von der sie einsetzenden und umgebenden Organisation ab. Gruppen können keine „Inseln der Seligen" sein, aber auch nicht neue Apparate der Selbstausbeutung, in denen Hierarchien ihre Defizite kompensieren. Zu einer gelungenen Teamentwicklung gehört damit auch eine ständige „Umgebungsreflexion". Da Gruppen aber andererseits nur funktionieren können, wenn sie sich von ihrer Umgebung abgrenzen, ihr gegenüber einen „Sozialkörper" entwickeln können, und dies meist einen Widerspruch zur Organisation bedeutet, heißt Teamentwicklung in diesem Sinn **„Grenzmanagement"**.

Grenzmanagement fällt deshalb schwer und ist deshalb mühevoll, weil man von der Hierarchie nicht erwarten kann, daß sie dieses Management versteht oder gar fördert.

Für die Hierarchie steht der Arbeitsauftrag im Mittelpunkt, und alles andere ist bestenfalls „zusätzliches Beiwerk". Manche meinen ohnehin, Managen sei keine eigene Arbeit, sondern müsse so nebenher geschehen, ohne Aufwand und Auffälligkeit. Und dann wundert man sich, wieso es mit der Einsetzung von Teams dort und da nicht klappt. Man kann aber Teams in Hierarchien nicht so ohne weiteres und bruchlos einführen und die damit gesetzten Widersprüche ableugnen. Die „Ungerechtigkeit" oder besser Ungleichverteilung in der von Teams gegenüber der Hierarchie aufgebauten Differenz liegt meist darin, daß in einer Teamentwicklung für beide Seiten gedacht werden muß, für die Gruppe wie für die Organisation. Für die hierarchische Organisation dagegen scheint die Widerspruchsbearbeitung immer noch kein besonderes Thema zu sein.

Hinweise zu Lernmodellen

Theoretische Zusammenfassungen, Modelle und wissenschaftlich abgesicherte Erkenntnisse können Zugang zum Thema verschaffen und Aufklärungsabsichten befriedigen. Wie in allen sozial- und prozeßbezogenen Bereichen kann aber auch Teamentwicklung nicht aus theoretischer Einsicht allein erfolgen. Wichtig sind Erfahrung, Übung und dabei der Erwerb sozial- und organisationspraktischer Kompetenz. Die eigentliche „Autorität" ist der Prozeß selbst; ihn gilt es zu begreifen, zu begleiten und durch kollektive Selbstreflexion zu steuern. Dabei mag theoretisches „Vorwissen" sprachbildende und verbindende Wegweiserfunktion haben. Aber wahr ist immer auch, daß der Wegweiser nicht „mitgeht". Würde er es, bekämen Theorien und Modelle handlungsbestimmende Autoritätsfunktion und hätten „deduktiven" Charakter, was letztlich in einem technischen Modell münden würde (Heintel, 1992). Wenn man aber unter einem Team einen Sozialkörper versteht, der noch dazu kein bewußtloser Organismus ist, sondern die Fähigkeit hat, sich über sein Selbstbewußtsein zu lenken, bedeutet Kompetenz einmal, diesen Sozialkörper sich konstituieren zu lassen, zum anderen dafür zu sorgen, daß Prozesse reflexiv begleitet werden. Diese Steuerungsfunktion ist wesentlich eine **praktische Kompetenz**.

Wo kann man diese erwerben? Grundsätzlich überall, wenn man bereit ist, soziales Geschehen von einer „Metaebene" aus zu betrachten, sich klar zu machen, zu analysieren und zu reflektieren. Tut man dies allein und für sich, mag man zu mancher Einsicht kommen, für den ablaufenden Prozeß ist dies aber meist irrelevant. Daher empfehlen sich gemeinsame Übungen auf diesem Gebiet. Eine der besten Lernorte ist „institutionalisiertes Feedback" im eigenen Arbeitsbereich, nicht nur in ad hoc eingerichteten Teams, sondern durchaus auch in den Abteilungen. In regelmäßigen Abständen kann man sich hier für eine gemeinsame Reflexion auf all den drei Ebenen, die ich zu Beginn genannt habe, Zeit nehmen. Wichtig ist es, gegen „normale" hierarchische Usancen einen Perspektivenwechsel zu üben, der einen Blick auf uns selbst, die Art unserer Zusammenarbeit gestattet, der uns auch kritisch erfahren läßt, was nicht so gut gelaufen, was verbesserungswürdig ist. Gestattet man es

Teamentwicklung 203

sich, aus dem „Strudel" alltäglicher Geschäftigkeit auf diese Weise von Zeit zu Zeit „auszusteigen", kann man es gar nicht vermeiden zu lernen.

Diesem Lernen „on the job" stehen „externe" Lernangebote gegenüber, die sich speziell mit Teamentwicklung und Gruppenprozessen beschäftigen. Hier halte ich die klassische gruppendynamische Trainingsgruppe, zumal wenn sie Organisationsthemen aufgreift, für ein immer noch wirksames, anregendes und Sensibilität schärfendes Lernmodell. Sie macht eine „Aufmerksamkeitserweiterung" möglich, die für viele erst jene Welt sozialer Prozesse aufschließt, die ihnen vorher gar nicht zugänglich waren. Sie kann auch Mut machen, in den täglichen Arbeitsprozessen den Blickwinkel zu erweitern und mit anderen zusammen Selbstreflexion zu üben. Natürlich gibt es zahlreiche Varianten dieses Modells, auf die hier nicht näher eingegangen werden kann. Am wirksamsten erscheinen mir aber jene, die über eine längere Zeit (mindestens fünf Tage) den Gruppenprozeß in den Vordergrund stellen und möglichst wenig durch Übungen, „Spiele" eingreifen. Theorien, Modelldarbietungen haben hier ausschließlich einen bündelnden, zusammenfassenden Charakter und dienen der gemeinsamen Verständigung im nachhinein. Leider gibt es nicht viele Angebote, die auf dieser gruppendynamischen Grunderfahrung aufsetzen. Organisationsdynamische Seminare sind selten und werden, da sie meist über einen längeren Zeitraum als eine Woche laufen, von Unternehmen nicht gerne „beschickt".

Nun gibt es allerdings zahlreiche Möglichkeiten, außer den genannten Feedback-Sitzungen, „on the job" zu lernen und sich dabei von externen Trainern oder Beratern eventuell zusammen mit internen Kräften helfen zu lassen. Ich will dies abschließend am Beispiel des in den meisten größeren Unternehmen durchgeführten Projektmanagements erläutern.

Projektteams sind die Grundelemente dieses Managements und auch für sie gilt, was wir hier geschrieben haben: Teamentwicklung muß stattfinden, will man arbeitsfähige Gruppen mit möglichst gutem Ergebnis. Bei der Einführung von Projektmanagement wird sehr oft recht „schlampig" und leichtsinnig verfahren, und es werden viele Fehler gemacht, die im Verlauf des Projektes meist als Konflikte wieder hochkommen. Ein verbreiteter Fehler ist unter anderem, daß man den Teams keinen Raum und keine Zeit gibt, sich zu einem Sozialkörper zu entwickeln. Sie sollen sich sofort in die Arbeit stürzen, das Ergebnis hätte gestern schon da sein sollen. Damit werden Teams unter einen Druck gestellt, der es unmöglich macht, vorweg relevante Themen und Probleme der Gruppe zu besprechen und in den Griff zu bekommen. Sie werden unterdrückt, mitgeschleppt, verringern Arbeitsengagement und Identifikation und führen – oft viel zu spät – zu Konflikten, die so manches Projekt scheitern lassen. Versäumte Teamentwicklung rächt sich im späteren Verlauf.

Wir empfehlen daher für jedes bedeutsamere Projekt ein „kick-off-Meeting", eine mehrtägige Klausur des Projektteams, unterstützt von externer oder interner (am besten beides) Beratung. In dieser Klausur soll Zeit für die Konstituierung des Teams eingeräumt werden, damit es ein arbeitsfähiger Sozialkörper werden kann. Nach unserer Anfangsforderung erfolgt dies auf den drei genannten Ebenen. Der Anfang eines Projekts ist von besonderer Bedeutung; man kann damit rechnen, daß die „Geburtsprobleme" den ganzen Projektverlauf begleiten. Daher muß mit dem Beginn besonders sorgfältig verfahren werden. Jeder Anfang durchbricht Kontinuität, Gewohntes; er wird daher in allen Lebenszusammenhängen besonders „behandelt" (Taufe, Feiern, Absegnungen etc.). So funktional Projektmanagement auch sein mag, unterliegt es auch den „Gesetzen" des Anfangs. Daher ist der Start **besonders auszuzeichnen**. Für einen bewußten Anfang ist die Behandlung folgender Problemstellungen und Themen ratsam:

- Teamfindung (kein Team ist sofort arbeitsfähig)
- Aufarbeitung der Projektentstehung
- „Zimmern" des rationalen und emotionalen Fundaments
- Besprechung einzelner Schwierigkeiten und deren Auswirkungen
- Reflexion über die Zusammensetzung der Projektgruppen
- Besprechung der Bedeutung von Projektleitung
- Ablösung von üblichen Hierarchiemustern (Rollenflexibilität)
- Was sind „gleichberechtigte" Teammitglieder?
- Herstellung des gleichen Informationsstandes
- Die Aufgabenübereinkunft muß konkretisiert werden
- „Warum gibt es uns?" (Identitätsfrage soll geklärt werden)
- Zuständigkeiten müssen transparent gemacht werden
- Berichtslinien und Entscheidungsspielräume müssen geklärt werden
- Man muß immer auch noch „aussteigen" können
- Verantwortlichkeiten müssen festgelegt werden
- Wie geschieht die Projektverwaltung (Protokolle, Dokumentation ...)?
- Wer überwacht den Terminkalender?
- Was oder wer fehlt uns noch?
- Was oder wer ist eigentlich „überflüssig"?
- u.a.m.

Dies ist ein Katalog von Aufgabenstellungen in einer Anfangsklausur. Betrachtet man die aufgelisteten Themen, die ein kick-off-Meeting sinnvollerweise behandeln soll, lassen sich leicht Zuordnungen zu den drei notwendigen Kommunikations- und Prozeßebenen durchführen: der sach- und zielorientierten, der emotionellen, beziehungsorientierten sowie der strukturellen. Gelingt es den Projektteams, sich möglichst viel an Themen und Problemen gleich anfangs klar zu machen, umso besser, schneller und ungestörter werden die Teambildung und der weitere Verlauf sein. Gerade an der Organisationsform des Projektmanagements lassen sich alle jene Momente der Teamentwicklung, die ich für diesen Beitrag ausgeführt habe, bemerken und in der Praxis üben.

Literatur

Heintel, P. (1992). Läßt sich Beratung erlernen? Perspektiven für die Aus- und Weiterbildung von Organisationsberatern. In R. Wimmer (Hrsg.), *Organisationsberatung. Neue Wege und Konzepte* (S. 345-378). Wiesbaden: Gabler-Verlag. – **Heintel, P. & Krainz, E. (1990).** *Projektmanagement. Eine Antwort auf die Hierarchiekrise* (2. Aufl.). Wiesbaden: Gabler-Verlag. – **Heintel, P. & Krainz, E. (1991).** Führungsprobleme im Projektmanagement. In L. v. Rosenstiel u.a. (Hrsg.), *Führung von Mitarbeitern* (S. 327-335). Stuttgart: Schäffer-Verlag. – **Heintel, P. & Krainz, E. (1993).** Was bedeutet „Systemabwehr"? In K. Götz (Hrsg.), *Systemtheorien und systemisches Denken*. Heidelberg: Carl-Auer-Verlag.

Ewald E. Krainz

Steuern von Gruppen

Seit einigen Jahren halte ich in inner- und überbetrieblichen Trainings- und Beratungszusammenhängen Seminare zum Thema „Steuern von Gruppen" ab. Die Seminare sind als Workshops aufgezogen, wobei an teilnehmerseitig zur Verfügung gestellten praktischen Erfahrungen entlang Fallbesprechungen durchgeführt und Organisationsanalysen angefertigt werden, jeweils mit dem Ziel, die Steuerungsperspektive besser zu fundieren und die Widrigkeiten und Möglichkeiten eines gegebenen Handlungsfeldes auszuloten. In Ergänzung dazu wird an theoretischen und methodischen Fragen gearbeitet, gelegentlich auch an der Frage persönlicher Grundqualifikationen. Immer wieder konnte ich dabei über die Attraktivität des Wortes „steuern" staunen. Nach und nach stellte sich heraus, daß hinter diesem harmlos scheinenden Wort ein „Manipulationswissen" vermutet wird, über das man eben gerne verfügen würde. Viele haben bereits Erfahrung mit „Moderation", können aber auch davon berichten, daß man mit der Moderationstechnik bis zu einem bestimmten Punkt kommt, dann scheint plötzlich nichts mehr weiter zu gehen, es kommt zu Konflikten, die Gruppe „will nicht", Vorgesetzte signalisieren Unbehagen u.ä.m. Mit der Technik kommt man also so weit, wie einen die Gruppe läßt. Was macht man aber, wenn man sich damit nicht zufrieden geben will oder kann? Allen (und das sind nicht gerade wenige), die hinter „Steuern" besondere Tricks vermuten, die also gerne wissen würden, wie man andere ohne das zwingende Gefühl der Fremdbestimmung dazu bringt, Dinge zu tun, die man gerne von ihnen hätte, widerfährt daher eine gewisse Enttäuschung. Tatsächlich ist es aus einer bestimmten, letztlich hierarchischen Denkgewohnheit heraus regelmäßig ernüchternd, manchmal auch verärgernd, wenn man zur Kenntnis nehmen muß, daß „Steuern" weit mehr zum einen mit **Reflexion** und zum anderen mit ihrer **organisatorischen Herstellung** einhergeht, zwar in Verbindung mit einer festgelegten bzw. festzulegenden „Zielorientierung", aber ärgerlicherweise oft mit ungewissem Ausgang.

1. Zum organisationsdynamischen Hintergrund des Themas – warum „Steuern", warum „Gruppen"?

Der Begriff „steuern" scheint andere Konnotationen zu haben als gebräuchlichere Wörter, mit denen man Einflußnahme ausdrückt. Er scheint semantisch neutraler zu sein als „führen" (massiv) oder „leiten" (etwas milder), wenn auch kräftiger als „moderieren". Zwar liegt naturgemäß jeder Steuerungsaktivität (im Sinne einer absichtsvollen, möglichst bewußten Art von Beeinflussung) durchaus ein Wirksamkeitskalkül zugrunde, das aber – und deshalb die Nähe zur Manipulation – nicht allzu aufdringlich erscheinen soll. Es scheint die Zeit eines understatement angebrochen zu sein, und „Steuern" liegt im Trend einer sprachlichen „Zurücknahme" offensichtlicher Absichten, bei der man nie weiß, ob es sich um Sprachkosmetik handelt (wie bei „outplacement" statt „Entlassung"), also um eine Art von Hinterhältigkeit, oder um eine neue Bescheidenheit, geboren aus der Einsicht in die Begrenztheit der Machbarkeit. In der Sphäre der Politik scheint „Fortschritt" veraltet zu sein, und auch in Unternehmen hat die Vorstellung vom „geplanten Wandel", ja selbst die „Organisationsentwicklung", einst Schreckgespenst geltungshungriger Führungskräfte, dem vorsichtigeren „Innovationsmanagement" Platz gemacht.

Nun ist der Wunsch nach „unaufdringlicher Wirksamkeit" der „Quadratur des Kreises" nicht unähnlich. Die Wirkung von „Führung" ist heute in einem solchen Ausmaß zustimmungsabhängig geworden, daß ein individueller Wille einer hierarchisch auch noch so hoch angesiedelten Person letztlich hilflos aussieht. Ein traditionelles Verständnis von Steuerung erscheint heute als ein nahezu infantil anmutendes, antiquiertes „Wuncherfüllungsparadigma", von dem sich viele Führungskräfte zumindest in ihren verbalen Deklarationen schon verabschiedet haben. Die Konsequenz dessen ist aber, daß man sich dem Streß eines ungewohnten Ausmaßes an Unbestimmtheit und Unsicherheit aussetzt. Aus dem Bedürfnis heraus, in unsicheren Lagen Sicherheit zu gewinnen, halten daher durch die Hintertür Vorstellungen Einzug, die sich als getarntes Hierarchiedenken entlarven lassen müssen, gewissermaßen als Wolf im Schafspelz. Wie kürzlich Sprenger (1992) überzeugend dargelegt hat, verdankt sich dieser Problemlage der „Mythos Motivation", oder, wie ein Seminarteilnehmer einmal meinte, „jetzt, wo ich die Leute nicht mehr zwingen kann, muß ich sie motivieren". Kein Betroffener jedoch, der zum Objekt von „Motivation" gemacht wird, läßt sich soweit übertölpeln, daß er nicht merkte, was gespielt wird. Je nach Kalkül wird dann mitgespielt oder nicht.

Das **Steuerungsdilemma** liegt also darin, daß man einerseits beeinflussen möchte, andererseits aber nicht so einfach kann, bzw. je nach Lage eine solche Fülle an „Randbedingungen" mitberechnen müßte, daß die Wahrscheinlichkeit abnimmt, ein bestimmtes Ziel zu erreichen. Die oft beschworene steigende Komplexität, welche die Steuerung von Organisationen erschwert, ist jedoch nur zum Teil ein Effekt von außen aufgenötigter Anpassungen. Mindestens so stark sind die Abwehrreaktionen eines Systems, wobei dann statt realitätstauglicher Anpassungen meist ohne genauere Situationsanalysen Schnellösungen vom Zaun gebrochen werden, die durch den Einbau neuer Abläufe oder durch zusätzliche Organisationseinheiten die Dinge verkomplizieren (zu den Manövern der „Systemabwehr" und den Methoden der Selbstverkomplizierung siehe Heintel & Krainz, 1994). Versuche, die (selbst- oder fremdverschuldete) Komplexität wieder zu reduzieren, gehen in zwei Richtungen. Die erste ist eine offene (im Fall „verlegenheitsautoritärer" Durchgriffe) oder verdeckte (wie im Fall des „Steuerns") Re-Hierarchisierung, die zweite liegt in der genauen Gegenrichtung, einem postmodernen „anything goes", bis hin zu einer Art von „Chaosromantik", einer Hierarchieauflösungspropaganda, wobei gern das Kind mit dem Bad ausgeschüttet wird.

Denn zunächst spricht nichts dagegen, aus der Verflüssigung verkrusteter (hierarchischer) Strukturen neue Kreativität zu erwarten (siehe Gebhardt, 1991), durch Netzwerke Synergiepotentiale wirksam werden zu lassen, und was es an ähnlich lautenden Vorstellungen mehr gibt. Wohl ist richtig, daß die Leistungsgrenzen der Hierarchie immer deutlicher werden, hierarchisch Niederrangige haben das spezielle Fachwissen, aber keine Entscheidungsmacht, umgekehrt haben die Mächtigen das geringste Wissen über Probleme vor Ort. „Befreiungsbewegungen", die z.b. das Individuum mehr in den Vordergrund spielen wollen (siehe z.b. Pinchot, 1988), wären also durchaus verständlich. Allerdings ist das Gegenmodell, dem zufolge sich lauter von einer guten Idee (meist ihrer eigenen) besessenen Leute kreuz und quer durch die Organisation auf den Weg machen, sich als Charismatiker stilisieren, Anhänger um sich scharen und auf diese Weise der Idee zum Durchbruch verhelfen, auch nicht ohne Defizite denkbar. Auch bei denjenigen Vorstellungen, die am liebsten alles Hierarchische abbauen möchten (Netzwerke, „flache" Hierarchien usw.) bleibt die Frage nach der Steuerung im Sinne einer Subjekt-Objekt-Relation bestehen. Wer steuert wen? – Das Problem möglicher Hierarchisierung wird man so schnell nicht los.

Differenzierter betrachtet kann ja die organisatorische Position ganz unterschiedlich sein, von der aus einem sozialen Zusammenhang gegenüber eine Einflußnahme erfolgt, man kann es topisch gesagt von oben, von unten, von innen oder von außen versuchen. Von wo aber auch immer – da man direkt oder indirekt-manipulativ nichts mehr erreichen kann, da im Interesse besserer Erfolgsaussichten die **Zustimmungsabhängigkeit** von Steuerung nicht nur ein „Beziehungsthema" ist (Kotter, 1987), sondern eine organisatorische Form benötigt, auf der man die Zustimmung aushandeln kann, verlagert sich Steuerung zunehmend in Gruppen hinein. Auch die „Macht" einzelner, die sich sonst an diffusen, schwer greifbaren Widerständen bricht, wird in Gruppen verhandelbar und damit in ihrer möglichen Wirksamkeit wahrscheinlicher. Allerdings steigt in Gruppen auch die Widerspruchswahrscheinlichkeit. Meinem Eindruck nach setzen sich Führungskräfte deshalb nicht gern solchen Situationen aus, in denen ernsthaft diskutiert werden müßte; weitaus bevorzugter sind entweder Vier-Augen-Gespräche oder solche sozialen Situationen, in denen Führungskräfte mit Monologen auskommen und wo wegen der Menge der Zuhörenden mit Einspruch nicht zu rechnen ist. Wenn aber heute weniger „durchgesetzt" werden kann und mehr ausgehandelt werden muß, dann läßt sich die Grundfrage aller Steuerung so formulieren: **Wer bespricht, klärt, stimmt ab, entscheidet was mit wem?** Welcher soziale Zusammenhang nimmt sich welcher Thematik an?

Und damit landet man schließlich bei der Gruppe als der dafür potentesten sozialen Einheit, die man in Organisationen beanspruchen kann. Das gilt für die dem japanischen Vorbild nachempfundenen „Qualitätszirkel" (siehe dazu Antoni, 1990; Krainz, 1991a) ebenso wie für die europäischen Experimente mit „teilautonomen Arbeitsgruppen", und auch in der „lean production" (Womack u.a., 1991) – wenn es z.B. darum geht, in den Zulieferbetrieben keine externen Anbieter mehr zu sehen, sondern mit diesen weitgehende Abstimmungen bis hin zu Kostenplanungen zu suchen – forciert man das Prinzip Gruppe (Gottschall, 1992). Aus ganz unterschiedlichen kulturell-historischen Voraussetzungen heraus verwendet man die Gruppe als „Kollektivsubjekt". Man kann Organisationen streng „rational" als Mittel zum Zweck betrachten (Luhmann, 1988). Da eine Organisation aber nicht als ganze „handelt", sondern der nach außen und innen gebrachte Wille als Ergebnis organisationsdynamischer Prozesse ausfällt (siehe dazu Wimmer, 1993), muß sich das Augenmerk auf die Substrukturen richten. Die Grundfrage der Steuerung (wer was mit wem bespricht usw.), ergibt im Organisationsdesign eine mehr oder weniger passende **„Segmentzuständigkeit"** für bestimmte Materien. Wenn neue Verhandlungsmaterien auftauchen, dann sind die passenden organisatorischen Segmente erst zu schaffen. Nur in Ausnahmefällen sind die Segmente Individuen, meist sind es Gruppen. Steuern heißt heute, daß die Segmente sich (mit einem festzulegenden Gestaltungsspielraum) nach dem Abstimmungsbedarf zu richten haben und nicht – wie in traditionellen Hierarchien eher üblich – umgekehrt. Nicht alle Ansammlungen von Personen sind eine „Gruppe". Gruppen haben eine überschaubare Größe (man muß face-to-face kommunizieren können), eine Grenze (man gehört dazu oder nicht) und ein „Leben" (zwischen den Mitgliedern muß ein Mindestmaß an Interaktion stattfinden).

Das „Andere" der Organisation ist in zunehmendem Maß weniger das Individuum, sondern die Gruppe. In der organigrafischen Darstellung von Organisationen findet man meist individuelle Funktionsbeschreibungen, weniger Gruppenzuständigkeiten, und auch die Theoriebildung ist lange von einem Oppositionsverhältnis Individuum-gegen-Organisation ausgegangen. Individualität ist mit Organisation jedoch nicht weniger schwer kompatibel als die Gruppe. Beide, Organisation und Gruppe, springen mit dem Individuum auf widersprüchliche Weise um: Die Gruppe ist sowohl Heimat wie auch kontrollierende Enge, Organisation ist sowohl „kalt", wie sie auch das Gefühl der „Freiheit" vermittelt. In einer Gruppe lebt man, wenn man ihr Mitglied ist, in der Organisation lebt man, wenn man nicht ausschließlich Mitglied einer Gruppe, sondern Mitglied mehrerer Gruppen ist, man zwischen den Zugehörigkeiten also wählen und jonglieren kann, ja sogar muß. Seit den ersten sozialpsychologischen Versuchen Lewins hat sich zwar auch als eigener sozialpsychologischer Zweig die Kleingruppenforschung (siehe etwa Schütz, 1989) herausgebildet, die sich wohl immer anwendungsorientiert verstand, aber ohne ausgearbeitete Verbindung zur Organisation. Die überwiegende Verwendung von Gruppen im therapeutischen oder pädagogischen Feld hat wichtige Steuerungsprobleme ausgeblendet, so daß theoretisch der Schritt von der Gruppe zur Organisation erst vollzogen werden mußte (zur „Organisationszuständigkeit" gruppendynamischer Theoriebildung siehe Heintel & Krainz, 1986, 1990a; Huber & Krainz, 1990; Krainz, 1986, 1988).

Gruppen und Organisationen „mögen" einander nicht, zwischen ihnen besteht ein Widerspruchsverhältnis. Wer daher in einer Organisation den Auftrag hat, eine Gruppe zu steuern, bewegt sich automatisch in einem schwierigen Kräftefeld. Die Abgrenzung nach außen und darüberhinaus ein sich allmählich entwickelnder Gruppennarzißmus bringen es mit sich, daß Gruppen ein Eigenleben zu führen beginnen und sich von ihrer Umwelt abheben und unterscheiden wollen. Dabei treten oft nicht unbedingt erwünschte Konkurrenzen zu anderen Gruppen in Erscheinung, so daß die Qualität einer Gruppe (etwa ihre Leistungsstärke) zu Störungen im Umfeld führen kann. Da Gruppen in Organisationen aber nicht für sich bleiben können, sondern über bestimmte Kommunikationsbahnen zur Kooperation mit anderen Gruppen gehalten sind, kann die Organisation einen überzogenen Gruppenegoismus nicht hinnehmen. Das von der Organisation zu beobachtende Gesamtinteresse steht den durch Gruppeneigensinn repräsentierten Teilinteressen entgegen. Die hierarchische Ordnung der Organisation geht von einem ungehinderten Zugriff auf einzelne Individuen aus, deren Loyalität und Anhänglichkeit ist aber ihrer Bezugsgruppe gegenüber größer. Das Hemd der Gruppe ist einem sozusagen näher als der Rock der Organisation (wenngleich einzuräumen ist, daß es auch Leute gibt, „Nestflüchter" sozusagen, die allzuviel Bindung an eine Bezugsgruppe scheuen; die machen nicht selten in der Organisation Karriere). Die mit der Steuerung einer Gruppe beauftragte Person hat ihren Auftrag aber von der Organisation, nicht von der Gruppe, Vorgesetzte werden eben „vorgesetzt", nicht selbstgewählt, sind also „Agenten" der Organisation gegen die Gruppe. Gruppen machen sich nur deshalb nicht völlig selbständig, weil sie durch die organisatorische Klammer zusammengehalten werden. Wenn sich die Konflikte zwischen Organisation und Gruppe zuspitzen, wird meist per Hierarchie die Gruppe zerlegt, man hat aber auch schon hochqualifizierte Gruppierungen gesehen, die Organisationen „übernommen" haben oder die sich abgespalten und ein Konkurrenzunternehmen gegründet haben.

2. Steuerung praktisch: Kontextsteuerung und Prozeßsteuerung

Alles in allem ergibt sich folgende paradoxe Lage: Organisationen können auf den Gruppenvorteil nicht mehr verzichten, d.h. Hierarchie kommt **ohne** Gruppen nicht (mehr) aus, **mit** Gruppen kann sie aber auch nicht gut leben. Bei Versuchen, nichthierarchische Kooperationsformen zu entwickeln, können aus allen Richtungen Widerstände kommen. Die Tendenz der jeweils Mächtigen, ihre Positionen zu verteidigen, ist dabei keineswegs größer als das Bedürfnis nach Hierarchie auf Seiten Untergebener. Die Widerstände beeinträchtigen die Leistungsfähigkeit von Gruppen von außen wie von innen, so daß sich allgemein gesagt ein für die meisten unserer gegenwärtigen Organisationen **grundlegender Qualifikationsbedarf** ergibt, nämlich das **Arbeiten mit und in Gruppen** in einer mehr oder weniger hierarchisch strukturierten Umgebung. (Sprachlich läßt sich „Gruppe" von „Team" so unterscheiden, daß Gruppe zunächst nur eine Ansammlung von Personen meint, Team dagegen die eingeübte und auf sich selbst bezogene Gruppe; in diesem Sinn etwa auch Handy, 1993; in der vorliegenden Abhandlung wird diese sprachliche Unterscheidung nicht gemacht, Funktionszustände der Gruppe werden hier aus dem Gruppenprozeß und der Organisationsdynamik erklärt.)

Die Alltagspraxis bietet hier ein breites Übungsfeld, dennoch ist nicht alles unbegrenzt trainierbar. Mit dem Steuern als Tätigkeit verbinden sich **spezifische Rollenprobleme,** man kommt sozusagen persönlich „dran". Der „persönliche Anteil" liegt dabei auf zwei Ebenen, einer know-how-mäßigen, bei der es um Techniken, Tricks und Erfahrung geht, und einer näher an der Person befindlichen, die den persönlichen „Stil" betrifft. Das für Steuerungsbemühungen passende Verhaltensrepertoire kann man trainieren, aber nur bis zu der Grenze, die von der „Persönlichkeit" gezogen wird, allen Persönlichkeitsentwicklungs-Schnellsiedekursen zum Trotz.

Steuern von Gruppen   211

In Gruppenprozessen kommt es immer wieder zu „emotionalen Verstrickungen",
die die individuelle Souveränität bedrohen und die Übersicht nehmen. Das gilt in
besonderem Maße für Personen mit einem expliziten Steuerungsauftrag, der diese
Personen den jeweiligen Gruppen gegenüber in jedem Fall – auch im nicht-hierar-
chischen – in eine **exponierte Lage** bringt. Die Exponiertheit erscheint dabei in
Form eines Widerspruchs, man gehört dazu und zugleich auch nicht. Zu steuern bedeutet, in einem solchen Ausmaß in **Distanz zum Geschehen** und zu den darin in-
volvierten Personen zu bleiben, daß die Außenperspektive nicht verlorengeht,
gleichzeitig aber soweit angekoppelt zu bleiben, daß man nicht aus dem Prozeß fällt
und „nichts mehr mitkriegt". Die Nähe-Distanz-Balance ist aber für viele **schwer
durchzuhalten**. Dabei ist es emotional offenbar schwieriger, in Distanz zu bleiben,
zumindest äußern Gruppenmitglieder oft direkt oder indirekt Nähewünsche, denen
man sich nur entziehen kann, wenn man sie frustriert – und wer möchte das schon.
Gerade wenn man sich deklariertermaßen alternativ zur Hierarchie versteht, ist oft
ein starker „Verschmelzungswunsch" der mit dem Steuerungsauftrag bedachten
Personen zu beobachten. Die als störend empfundene Distanz kann einem von der
Gruppe sehr verübelt werden, daher bemühen sich viele Moderatoren, eine infantili-
sierende Fürsorge zu kultivieren (ich habe schon Moderatoren ihren Gruppen den
Kaffee nachtragen sehen), die sich letztlich wachstumshinderlich und entwicklungs-
hemmend auswirkt. Solche Leute verstehen sich dann vielleicht sehr gut mit ihren
Gruppen, verlieren aber jene „Autorität", die aus der Differenz zur Gruppe, der Re-
präsentation organisatorischer Gesamtinteressen aufrechtzuerhalten wäre. Daß die
Rollenwahrnehmung Abgrenzung bedeutet und man nur eingeschränkt zur Gruppe
gehört, trifft nur in seltenen Fällen auf unmittelbares Verständnis der Beteiligten.
Die Akzeptanz der Exponiertheit kann am besten durch eine möglichst klare **Rol-
len- und Beziehungsdefinition** gesichert werden, die zunächst von der designierten
steuerungsbeauftragten Person zu leisten ist. Man kann ja dann über die verschiedenen Rollenverständnisse diskutieren und fallweise „nachbessern", zunächst muß
aber etwas vorgelegt werden.

Was nun die Trainierbarkeit des Steuerungsverhaltens anlangt, gehört es durchaus
zur „Technik", diese Differenz zu den Gesteuerten handzuhaben, weniger einfach
verhält es sich mit der näher an der Person liegenden Angst, die beim Steuern auftreten kann, welche z.B. Personen mit Moderationsfunktion ihrem Klientel auf den
Schoß flüchten läßt – womit zweierlei bewirkt wird: Man befriedigt Dependenzwün-
sche (auch eigene) und verhindert Selbständigkeit (auch eigene). Es gibt so etwas
wie das Problem einer **Erwartungsgemäßheit des Steuerungsverhaltens**, was
Steuerungsbemühungen ihre Wirksamkeit nehmen kann. Besonders deutlich sieht
man dies an den diversen Verhaltensregeln für Moderatoren, die eine Art von
Scheinrationalität erzeugen, in Wirklichkeit aber eine Art von „Dienstbarkeit" bedeuten, deren Nutzen höchst fraglich ist. Da Regeln ein Versuch sind, eine offene Situation durch Hierarchisierung zu entkomplizieren (man verhält sich dann regelkon-
form oder nicht, also richtig oder falsch), legt man von vornherein die Einschränkung von Möglichkeiten fest, noch dazu ohne diese zu kennen. Tendenziell erzeugt
also die Hierarchie ihre eigene Wirkungslosigkeit.

Das gängigste Beispiel dafür ist, wenn Vorgesetzte jemanden aus der Bildungsabteilung damit beauftragen, aus einer Gruppe etwas Bestimmtes „herauszumoderieren". Nun kann man sicherlich mit Moderationstechnik Leute in Bewegung bringen, und man kann sogar per „Stimmungsübertragung" mitreißen („Wie man in den Wald hineinruft, ..."), interessant dabei ist jedoch der Umstand, daß die **Hierarchie durch Moderationstechnik beerbt** wird und sich etwas einschleicht, das man „Dominanz durch Verfahren" (vgl. dazu Luhmann, 1983) nennen kann. Dazu braucht man nicht einmal einen Auftraggeber, das kann man als Moderator auch aus eigener „Machtfülle". Moderationsmaterial, Pinwände, Kartenabfragen usw. werden auf einmal dazu verwendet, Widerstände niederzuhalten, zumindest um „Chaos" zu ordnen (das meist nur im Gefühl der prozeßsteuernden Person besteht, daß da etwas „entgleitet"). Aus größerer Distanz betrachtet wäre immer zu untersuchen, welche „Beziehungsspiele" sich zwischen Moderierenden und Moderierten, zwischen Steuernden und Gesteuerten herstellen.

Nun sind dies sicherlich (wenn auch ziemlich verbreitete) Negativbeispiele, bei denen die Distanz zwischen den Akteuren entweder verlorengeht oder zu einem die Hierarchie karikaturhaft wiederholenden Rollenspiel wird. Versucht man dagegen positiv zu bestimmen, welche Funktion um Steuerung bemühte Personen haben sollten, zeigt sich, daß es eigentlich um **die Anregung und das In-Gang-Halten von Selbststeuerung** geht, um eine Bemühung, diesbezüglich eine katalysatorische Wirkung zu entfalten.

Je mehr man auf Selbstorganisation und Selbststeuerung setzt (vgl. Schattenhofer, 1992), desto mehr verbieten sich direkte Eingriffe ins Geschehen. Steuerung bleibt dann zuletzt nur mehr „**Kontextsteuerung**", die Schaffung, Beobachtung und Sicherstellung von Rahmenbedingungen. Innerhalb dieses Rahmens kann eine Gruppe hinsichtlich der Aufgabenerfüllung bzw. Zielerreichung sich selbst überlassen oder durch Moderation unterstützt werden, und Steuerungsimpulse richten sich ausschließlich auf den Gruppenprozeß („**Prozeßsteuerung**"). Manch einer hat hier das Gefühl, daß dies zuviel an Freiheit sei und daß Gruppen dann tun würden, was sie wollen. Tatsache ist jedoch, daß man nur bei äußerst simplen Handlungen jemanden wirklich zwingen kann, etwas Bestimmtes zu tun. Man kann z.B. niemanden gegen seinen Willen dazu bringen, sich mit anderen abzustimmen, man würde nur Scheinaktivitäten erzeugen. Der Vorstellung von einer Gruppe als „Kollektivsubjekt" entspricht, daß Gruppen ohnehin nur das tun, was sie wollen, und zwar nicht aus Bosheit, sondern weil es gar nicht anders zu denken ist, außer man gibt sich – letztlich wieder hierarchischen – Illusionen hin (Krainz, 1990). Steuern heißt daher, einen **Verhandlungsspielraum** zu definieren und eine **Plattform** zu organisieren, wo interaktiv festgelegt wird, was sein soll. In Unterscheidung zu „autoritären" Kommunikationen (systemändernde Eingriffe von außen) könnte man diese Kommunikationen mit Willke (1992, S.115) „autoritativ" nennen.

Wie aber kann ein externer Steuernder, der meist von der Organisation als solcher vorgesehen wird, einen Prozeß einleiten, der in diesem Sinn autoritativ ist und das

Selbststeuerungspotential von Gruppen aktiviert, ohne es durch eigene „Beiträge" zu behindern? Hier stoßen wir neuerlich auf ein Paradoxon des Steuerns: **Die Wirksamkeit von Steuerung steigt, wenn man „nichts will".** Je weniger man bestimmte inhaltliche Lösungen befürwortet oder andere ablehnt, desto mehr und umso gelassener kann man seine Aufmerksamkeit der Prozeßsteuerung widmen. Steuerung heißt daher paradoxerweise nicht einfach, das inhaltliche Weitermachen in direkter Einflußnahme perfektionieren zu wollen, sondern ganz im Gegenteil, die fachlich-sachlichen Diskussionen bisweilen zu unterbrechen, den Prozeß anzuhalten, die Ebene der Betrachtung zu wechseln und die Gruppe selbst zum Thema zu machen. Damit wird bewußt eine Differenz zum normalen Ablauf gesetzt. Ein solcher Steuerungseingriff dient der **Gewinnung einer Metaperspektive**, man tritt gewissermaßen aus sich selbst hinaus, um die Lage, in der man sich befindet, von außen zu betrachten. Die Funktion eines solchen Innehaltens, solcher **„Reflexionsschleifen"**, ist die Erzeugung von Bewußtsein über die organisatorische Gesamtlage der Gruppe. Man wird umsichtiger, hat mehr Überblick, ist weniger „organisationsblind", letztlich gescheiter. Die Selbstreflexion kann punktuell betrieben werden, meist empfiehlt sich jedoch die **Institutionalisierung** des Nachdenkens über sich; kontinuierliche „Zwischenbilanzen" erzeugen jenes feedback, das für die Orientierung in einem gegebenen organisatorischen Umfeld nützlich ist.

Nun ist niemand daran gehindert, für sich individuell über die Umstände nachzudenken („die Gedanken sind frei"), organisatorisch wirksam wird Reflexion aber nur, wenn sie gemeinsam stattfindet, sich das individuelle Nachdenken also kommunikativ vermittelt, andere anregt und sich von anderen anregen läßt. Wenn man die reflektierende Kommunikation steuern will, dann kann man sich mit dem üblichen halb informellen, halb öffentlichen „Gerede" nicht zufrieden geben. Reflexion zu steuern heißt oft – da der Reflexion ein reflektierendes Subjekt vorausgesetzt ist, daß man dieses Subjekt (z.B. eine Gruppe, eine Abteilung usw.) erst „schaffen" muß. Dies bedeutet jedoch, daß man sich mit der Hierarchie als System anlegt, denn die organisatorischen Umstände zu diskutieren und zu beraten (also zu reflektieren) war traditionell der Hierarchiespitze vorbehalten. Der abgestufte Kommunikationsfluß schlug sich dort als Wissensvorsprung nieder, umgeben von einer Aura des Geheimnisvollen und belegt mit Tabus, deren wirksamstes das **Reflexionsverbot** ist. Wenn daher Selbstorganisation und Selbstreflexion verlangt werden, dann setzt dies eine Differenz zum normalen hierarchischen Ablauf einer Organisation: Das „Selbst", das hier reflektieren soll, ist ein anderes Subjekt als das traditionelle (die Hierarchiespitze).

Gegenüber allen möglichen Versuchen, eine inhaltliche Zielorientierung zu verfolgen, wäre die Organisation, Veranlassung und Durchführung solcher **Selbstreflexionen von Gruppen Steuern im eigentlichen Sinn.** (Davon zu unterscheiden wären alle nichtreflexiven, direkt zielorientierten Einflußnahmen, die lediglich eine Form von hierarchischer Aufgabenerfüllung, also normale Tätigkeit darstellen.) Wer steuert, hat die Aufmerksamkeit auf zwei Aspekte zu konzentrieren: auf **gruppeninterne Zustände** und auf die **Rahmenbedingungen**, die Position der Gruppe in einer (organisatorischen) Umwelt. Wenn man im Zuge von Organisationsentwicklungsprojekten aus Gruppen Teams machen möchte (siehe dazu den Beitrag „Teamentwicklung" von Heintel in diesem Buch), dann muß Individuen aus ihren jeweiligen Ausgangslagen ins Team hineingeholfen werden, kaum sind sie aber drin, muß man ständig daran erinnern, daß es noch eine Außenwelt gibt. Gerade gute Teams neigen oft dazu, sich in sich selbst zu verlieren. Was Steuerungsaktivitäten in bezug auf die Organisationsumgebung anlangt, treten hier meinem Eindruck nach die größten und bedeutsamsten Defizite auf, Unklarheiten rächen sich auf dem Weg der Durchführung. Wie sehen die Rahmenbedingungen aus, und was erlauben diese? Was ist der Auftrag? Wie klar oder unklar ist das Ziel? Welchen „Vertrag" hat man? Sehr oft wird von einem stillschweigenden Einverständnis ausgegangen, das sich am Ende des Prozesses nach einer hohen Investition aller möglichen Formen von Energie als Scheinklarheit, Mißverständnis oder Irrtum herausstellt.

Nach innen gedacht sind wieder zwei Seiten des Gruppenprozesses von Bedeutung: die sachliche Dimension und das Beziehungsgeschehen. Gruppen durchlaufen unterschiedliche Entwicklungsstadien, nach denen sich die (nicht immer gleiche) Leistungsfähigkeit richtet. Für die Kontext- und Prozeßsteuerung haben sie eine eminente Bedeutung; der **Gruppenprozeß hat eine Eigengesetzlichkeit**, deren Mißachtung sich in der Ergebnisqualität niederschlägt. Aus der experimentellen Kleingruppenforschung wie auch aus der Beobachtung realer Gruppen hat sich eine quasi gesetzhafte Phasenfolge herauskristallisiert, die ein Gruppenprozeß automatisch nimmt, wenn er nicht durch als Steuerung gemeinte Eingriffe behindert wird. Tritt eine solche Behinderung ein, braucht der Phasenverlauf länger, die Gruppe verharrt gewissermaßen auf einem status quo. Einzelne Stadien der Gruppenentwicklung können nicht übersprungen werden, beschleunigend gemeinte Eingriffe wirken eher bremsend, wenn nicht überhaupt zerstörend. Steuerung, die diesen Namen auch verdient, hat mit und entlang dieser Eigengesetzlichkeit des Gruppenprozesses zu arbeiten. Phasenverläufe von Gruppenentwicklung wurden verschiedentlich formuliert, ich halte mich gerne an eine für meine Erklärungszwecke adaptierte Version von Tuckmann (1965), deren Vorteil obendrein ist, daß sie sich reimt. Danach lauten die **Phasen der Gruppenentwicklung** folgendermaßen: Forming, warming, storming, norming und performing. In der Erläuterung, was diese Phasen bedeuten, werde ich gleich auf die spezifischen, phasengemäßen Steuerungsprobleme und die möglichen Fehlerquellen hinweisen.

Diese Überlegungen haben einen breiten **Anwendungsbereich**, sie gelten für bereichsübergreifende Gruppen ebenso wie für Abteilungsgruppen, die versuchen, Teamarbeit zu realisieren. Solche Gruppen sind hinsichtlich des Problempotentials sozusagen noch die „ermäßigte Version". Ähnliches gilt für andere Thematisierungen von Steuerung, bei denen es sich meist um nicht sehr komplexe soziale Lagen handelt, wie etwa im Bereich von Bildung, Schulungen und Didaktik, wo man keinen traditionellen Unterricht mehr machen möchte, sondern sich eher als Moderator versteht, als Organisator von Lernprozessen. Ein wenig „heißer" geht es wieder in gänzlich organisationsexternen Szenarien her, wo gewissermaßen bei Null angefangen wird, bei Bürgerinitiativen etwa, die fallweise auf Moderationsunterstützung zurückgreifen (community development, Regionalentwicklung, Konsumentenschutz usw.). Organisationsexterne Gruppierungen sind schon per Definition eher lose Verbände, bei denen das Interesse aneinander oft zu gering ist, um einen Personenkreis dauerhafter so zu segmentieren, daß man überhaupt Gruppen hätte, mit denen man arbeiten könnte. Das Gemeinsame all dieser Szenarien ist, daß es sich immer um Gruppen als abgegrenzte bzw. abzugrenzende Segmente handelt, der Unterschied zwischen ihnen ist die durch organisatorische Rahmenbedingungen geschaffene Komplexität.

„Forming" wäre die Zusammenstellung einer Gruppe am Reißbrett der Planer, die Steuerung arbeitet gewissermaßen hinter den Kulissen. Hierbei geht es um die Herstellung größtmöglicher Klarheiten bezüglich der **Segmentierung**. Gruppen können (sieht man von der Möglichkeit informeller Gruppierungen ab) in Organisationen auf zweierlei Weise vorkommen: **linienkonform** und **linienübergreifend**. Erstere stören den hierarchischen Aufbau der Organisation weniger, wie etwa im Fall der Qualitätszirkel, bei denen eine Gruppe von Werkern mit ihrem Meister (in der anspruchsvollen und deshalb schwer einzulösenden Doppelfunktion des hierarchisch Vorgesetzten und desjenigen, der den Prozeß steuert) über Verbesserungsmöglichkeiten von Arbeitsabläufen nachdenkt, dieser dann ein allfälliges Ergebnis die Hierarchieleiter hinaufmeldet, wo ein Verbesserungsvorschlag z.B. als gut erachtet wird, gefolgt von Umsetzung, Prämie und lobender Erwähnung in der Betriebszeitung. Aus dem organisatorischen Segment, bestehend aus dem Meister und „seinen" Werkern, ist eine Gruppe geworden.

Grundsätzlich läßt sich jedes organisatorische Segment aus Vorgesetzten und den ihnen Nachgeordneten auf diese Weise als Gruppe ansehen, immer vorausgesetzt, daß diese Ansammlung von Personen eine bestimmte Interaktionsdichte direkter Kommunikation hat. Legt man diese Struktur über alle Hierarchieebenen, dann ergibt sich eine **Organisation als System überlappender Gruppen** (Likert, 1967). Dem Vorgesetzten kommt dabei eine „linking-pin"-Funktion zu, wovon man sich einen besseren Informationsfluß und eine stärkere Einbindung der jeweils Untergebenen versprechen kann. Allerdings unterschlägt diese Vorstellung meist jene Facette, die für die linking pins am störendsten ist: Sie gehören zwei Gruppen an, müssen eine doppelte Loyalität balancieren, dürfen nie vollständig zu einer der beiden Gruppen gehören, weil sonst die jeweils andere aversiv reagiert, eigentlich sitzen sie zwischen den Stühlen bzw. müssen einige Beweglichkeit an den Tag legen, um auf beiden Stühlen Platz zu finden.

Bei linienübergreifenden Gruppierungen wie z.B. im Projektmanagement (Heintel & Krainz, 1990b) verschärfen sich die Probleme der **Doppel- bzw. Mehrfachzugehörigkeit**: Man soll ja in beiden Gruppierungen, etwa der Linie, aus der man kommt, und im Projekt, in das man entsandt wird, Wirkung zeigen können. Dabei sind die Interessen der einen Gruppe gegen die Interessen der anderen Gruppe zu vertreten und umgekehrt. Man ist gewissermaßen genötigt, aus einer Gruppe heraus der Organisationsumgebung bzw. den benachbarten Segmenten gegenüber „Außenpolitik" zu betreiben (zur „Außenpolitik im Projektmanagement" siehe Heintel & Krainz, 1993a). Voraussetzung dafür ist ein erhöhter Reflexionsaufwand, der durch entsprechende Steuerungsimpulse zu garantieren ist. Die Reflexion hat dabei schon in der Formingphase einer Projektgruppe zu beginnen. Wer soll zur Gruppe gehören, wer nicht? Gegen wen soll die Gruppe wie stark abgegrenzt sein, wer darf „dreinreden"? Wie groß ist die „Führungsspanne", wieviele Mitglieder sind günstig, wieviele verkraftbar, um sinnvolles Arbeiten nicht zu verunmöglichen? Welche Organisationsteile sollen in der Gruppe repräsentiert sein (in erster Linie, in zweiter Linie, bei Projektstart, später im Projektverlauf)? Wie und durch wen soll der Kontakt zur organisatorischen Umwelt gehalten werden? Welche Aufgabe hat der designierte Leiter? In der Formingphase empfiehlt sich größtmögliche Umsicht, da über die Zusammensetzung der Personen implizit auch diejenigen Rahmenbedingungen der Projektarbeit betroffen sind, die auf der Ebene der Zielformulierung und der „Vertragsgestaltung" liegen. Steuerung hat hier sicherzustellen, daß all diese Fragen von den Projektinitiatoren überlegt und durchdacht und mit den späteren Projektmitgliedern besprochen werden. Linienkonforme Gruppen haben es insofern leichter, als die meisten Forming-Fragen entfallen.

„**Warming**" passiert, wenn Gruppen der Frage nachgehen, who is who, wobei das „Abtasten" der Gruppenmitglieder, das für diese Phase charakteristisch ist, günstigerweise einen inhaltlichen Bezug haben soll (worauf man prozeßsteuernd Einfluß nehmen kann). So ist es z.B. weniger wichtig, welchem privaten Hobby jemand frönt, hingegen äußerst aufschlußreich, welche Meinung ein Gruppenmitglied zu allen möglichen Bedingungen hat, unter denen die Gruppe arbeitet. In Projektgruppen muß man wissen, wie der organisatorische Hintergrund beschaffen ist, aus dem das betreffende Projektgruppenmitglied kommt. Jeder hat mehr oder weniger deutliche Erwartungen seiner Entsendergruppe im „Gepäck", manchmal im Sinne einer Mission, manchmal im Sinne eines Verteidigungsauftrags. Die Transparenz darüber erleichtert das Arbeiten, mit verdeckten Karten zu spielen ist langfristig sinnlos bzw. geht zu Lasten des Organisationsganzen. Soweit man es zu diesem frühen Zeitpunkt der Gruppenentwicklung überhaupt schon deutlich machen kann: Jeder sollte etwas zu seinem Selbstverständnis sagen, namentlich der Leiter ist gehalten zu erklären, was er unter „Leitung" versteht. Wenn Personen einander aus einem anderen Zusammenhang schon kennen, erspart dies ihnen nicht das warming, denn die Beziehungsmöglichkeiten werden von der Gesamtkonstellation mitbeeinflußt, die aus der Aufgabe, den sonstigen beteiligten Personen und dem Repräsentationsauftrag besteht. Die Steuerungsaktivität in bezug auf diese Phase besteht darin, genügend Zeit dafür bereitzustellen bzw. zu verlangen und solche scheinbar nicht zum Thema gehörenden Fragen zu stellen.

„**Storming**" ist durchaus wörtlich zu nehmen, nach einiger Zeit des näher Bekanntwerdens geraten einzelne aneinander, und dann kann es stürmisch werden. In neuen Gruppen weiß man ja zunächst nie, wieweit man in einer räumlichen Metaphorik ausgedrückt „gehen kann", wo man selbst aufhört und wo andere beginnen. Das Aneinandergeraten ist gewissermaßen ein Streit um Territorium, wer wieviel „Platz hat" bzw. „Raum einnimmt", inhaltlich geht es darum, wessen Meinung wieviel gilt. Eine daraus entstehende Konkurrenz liegt also in der Natur des Gruppenprozesses, kann fast nicht vermieden oder verhindert werden, eher ist es so, daß man hier „durch" muß. Dies kann dann leichter fallen, wenn man begreift, daß es sich beim storming nicht um eine Ablaufstörung handelt, die „befriedet" werden muß, sondern um eine notwendige Durchgangsphase, eine Übergangserscheinung. Steuerung muß in dieser Phase die Nerven behalten und darf Auseinandersetzungen nicht vermeiden wollen. Der Ruf nach Ordnung ist ja ein hierarchisches Manöver, und wenn man sich schon auf Gruppen einläßt, kommt eben ein seinem Wesen nach anti-hierarchisches, „egalitäres" Moment auf, das fast zwangsläufig für Turbulenzen sorgt. Besonders hierarchiegewohnte Organisationen erleben einen „Deckel-herunter-Effekt", d.h. zunächst erfolgt ein Ablassen von Überdruck. Nicht selten reagiert die Hierarchie daraufhin verängstigt und versucht vor Schreck den Deckel gleich wieder draufzudrücken.

Eine eigene Schwierigkeit für die Steuerung von Gruppen sind **Vorgesetzte als Gruppenmitglieder**. Sie haben nicht nur einen „Hierarchievorteil" (wenn sich z.B. erwartungsvolle Blicke auf sie richten, was sie wohl zu einer Sache meinen), sie scheinen das auch nicht zu wissen; denn oft scheinen sie einem inneren Drang zu folgen, am meisten zu reden, fast so als müßten sie dadurch ihre Position behaupten. Gerade eher offene Situationen, in denen nicht von vornherein schon klar ist, was dabei herauskommt, haben für viele Vorgesetzte einen nicht zu übersehenden Bedrohungswert, sie erzeugen offenbar einen „horror vacui", der quasi durch Geräuschproduktion überdeckt wird. Erreicht wird damit natürlich gar nichts, und bei Nachgeordneten stellt sich allmählich die Frage ein, wozu man eigentlich hier sitzt. Die Tendenz, die meiste Redezeit zu verbrauchen, haben Höherrangige gegenüber Niederrangigen auch dann, wenn man – wie z.B. in bereichsübergreifenden Projektgruppen – nicht in einem direkten Über- und Unterordnungsverhältnis miteinander verbunden ist. Von vielen Moderatoren aus den Bildungsabteilungen von Unternehmungen habe ich schon die Frage gehört, wie man einem hochrangigen Vielredner beikommen kann, wobei sich nicht selten gezeigt hat, daß die Wirksamkeit interner Moderatoren genau an diesem Punkt endet, außer es gelingt, in Nachbesprechungen mit diesen Hochrangigen die Auswirkungen ihres Verhaltens auf die anderen Gruppenmitglieder zu bearbeiten.

Im Zuge des storming wird zweierlei „ausgekämpft", zum einen die Position, Rolle und Funktion in der Gruppe, zum anderen die inhaltliche Geltung. Sich in einer Gruppe „durchzusetzen" ist für den Gruppenerfolg riskant, sowohl nach innen (wegen der tendenziellen Konsensverpflichtung), wie nach außen (von jeder unausgewogen repräsentierten Gruppe droht schlimmstenfalls Boykott des Ergebnisses; am ehesten ist ein Ergebnis oft dann akzeptabel, wenn das Resultat für alle Betroffenen gleich „ungerecht" ist). Für die Steuerung bedeutet dies, daß man sich keinen Widerspruch schenken darf, gleichzeitig aber ständig die Vermittlung von Gegensätzen im Auge behalten muß. Bei Projektgruppen, die ihre Arbeit ja nicht für sich, sondern für andere machen, oder auch in anderen Konstellationen mit Doppelzugehörigkeit muß Steuerung dafür sorgen, daß der Prozeß von Integration und Desintegration balanciert wird, was durch kontinuierliche Lagebesprechungen (Inhalt: der Stand der Dinge in der jeweils anderen Gruppe) zu leisten ist.

„Norming" tritt ein, wenn die „Kampfthemen" geklärt sind und soviel Problembewußtsein entstanden ist, daß sich das Kämpfen erübrigt. Man einigt sich irgendwann auf Rollen, Positionen, Arbeitsteilung und Verfahren (was wiederum durch Moderation unterstützt werden kann) und kann sich schließlich der Durchführung (**„performing"**) der eigentlichen Aufgabe widmen. Der Phasenverlauf muß nicht linear erfolgen, es kann Stagnationen geben, man kann sich in bestimmten Stadien länger aufhalten oder gar an den Start zurückgestellt werden. Zugehörigkeitsprobleme (member-ship) sind zeitlich den Geltungsstreits (leadership) vorgelagert und emotional oft ergreifender. Ergeben sich Veränderungen in der Teilnehmerzusammensetzung der Gruppe, wurde diese also neu formiert, ist die über warming, storming und norming laufende Beziehungsarbeit zumindest in Ansätzen noch einmal zu leisten. Tauchen neue inhaltliche Facetten auf, muß mitunter auch noch einmal nachnormiert werden. Im Umgang mit Gruppen begehen Organisationen einen immer wieder zu beobachtenden Kardinalfehler: Gruppen werden gebildet (forming), und dann erwartet man ein Ergebnis (performing). Daß Gruppen eine „Eigenzeit" haben und bis zum Punkt ihrer Arbeitsfähigkeit einen Prozeß durchlaufen müssen, widerspricht dem hierarchischen Denken und muß in Organisationen, die mehr auf Gruppenarbeit setzen wollen, erst mühsam gelernt werden. Jede zeitliche Forcierung von performing rächt sich insofern, als sich das storming in die inhaltliche Arbeit hineinverlagert und man daher nicht mehr unterscheiden kann, ob es sich bei inhaltlich unterschiedlichen Auffassungen um sachlich begründete Differenzen oder um „Beziehungsspiele" handelt.

3. Wie kann man Steuern von Gruppen lernen?

Einer reinen „Verhaltensorientierung" entgegen behaupte ich, daß „Steuern von Gruppen" auch seine Theorie hat, die mehr ist als das, was man in Gruppen „richtig" oder „falsch" machen kann. Ich habe sie im ersten Abschnitt (aus Platzgründen mehr angedeutet als) ausgeführt. Die Verhaltenssicherheit beim Moderieren, Steuern oder Gestalten sozialer Situationen hängt auch vom Verständnis der allgemeinen **Hierarchiekrise** ab, die sich in verschiedenen gesellschaftlichen Subsystemen und den darin angesiedelten Organisationen in jeweils spezifischer Weise äußert. Aus diesem Grund ist im Vorteil, wer nicht bloß eine einzige Organisation kennt (nämlich die, in der man steckt), sondern wer Gelegenheit hat, vergleichende Einblicke in verschiedene Organisationen zu erhalten. In Ausbildungen kann man darauf Bedacht nehmen (vgl. Heintel 1992).

Es gibt Organisationen, die mehr (z.B. im Gesundheitssystem) oder weniger (z.B. EDV-Beratungsfirmen) auf ihre eigene Hierarchisierung Wert zu legen scheinen, und dementsprechend fallen die Bemühungen, eine gegebene Organisation aktiv und reaktiv in eine bestimmte Richtung zu bewegen, unterschiedlich aus. Immer geht es jedoch um einen vorhandenen Gestaltungsspielraum und wie er genutzt werden kann. Als außerordentlich hilfreich erweist sich dabei meinem Eindruck nach das **Denken in organisatorischen Segmenten**, um jeweils stattfindende Interaktionen topisch (intern, extern, grenzüberschreitend) zuordnen zu können.

Die Schlüsselrolle von **Reflexion** nähert dabei das Verhaltensset von Führung und Beratung einander an (Heintel & Krainz, 1992). In den entwickeltsten Organisationen tragen heute allrounder Steuerungsverantwortung, die sich in inhaltliche Details gar nicht mehr allzu tief einmischen können, weil sie diese ohnehin nicht mehr vollständig verstehen. Zu schulen ist also eine soziale und organisatorische Sensibilität, die der Aufgabe und Situation des „general managers" entspricht (Heintel & Krainz, 1993b). Der Institutionalisierung von feedback kommt dabei eine prominente Stellung zu; sie ist gewissermaßen der Münchhausen'sche Zopf, an dem man sich selbst in die Übersicht gewährende Metaposition hochzieht. Der Organisationsalltag bietet hierzu ein reiches Übungsfeld, das freilich nicht immer genutzt wird. Für Lernzwekke sind Supervisionen (einzeln oder in Gruppen) zu empfehlen, in denen gegebene Steuerungsprobleme als Fallsituationen thematisiert, Gestaltungsspielräume beschrieben, Widerstände und Umfeldbedingungen analysiert werden, wobei sich im Lauf der Zeit ein Steuerungswissen und eine Organisationskenntnis einstellen, die in eher offenen Steuerungssituationen genügend Orientierung bieten.

Am leichtesten erlernbar sind moderationstechnische Verfahren (wie man z.B. ein Thema aufbereitet oder Personen aktiviert). Die Grenzen eines moderationstechnischen know-how sind aber auch nicht zu übersehen. Die größten Herausforderungen sehe ich im Eingehen auf den vorhandenen Gruppenprozeß, erfahrungsgemäß treten hier persönliche „Betroffenheiten" auf, die man mit Technik nicht überdecken oder von sich fern halten kann. Hier „hilft" nur ein bestimmtes Ausmaß an **Selbst- und Prozeßerfahrung**, wie dies vor allem in gruppendynamischen Trainingsgruppen (über mehrere Tage gehende, weitgehend strukturfreie Lernsettings) vermittelt werden kann. Der Umgang mit Kollektivemotionen – die Ratlosigkeit in offenen Situationen, die Stärke des Verlangens nach Hierarchie, die eigenen Dominanzwünsche, die Bedeutung des Faktors „Geschlecht" für Kooperationsbeziehungen (siehe dazu Krainz, 1991b) – wird kompetenter, wenn man sie am eigenen Leib aus der Teilnehmerperspektive verspürt hat. Aus der Steuerungsperspektive ist sicherlich Design- und Interventionskompetenz nötig, das emotional belastendste Moment beim Steuern ist aber die Balance von Sich einlassen und Distanz halten. Wie man das lernen kann? Durch Übung.

Literatur

Antoni, C. H. (1990). *Qualitätszirkel als Modell partizipativer Gruppenarbeit. Analyse der Möglichkeiten und Grenzen aus der Sicht betroffener Mitarbeiter.* Bern: Huber. – **Gebhardt, E. (1991).** *Abschied von der Autorität. Die Manager der Postmoderne.* Wiesbaden: Gabler. – **Gottschall, D. (1992).** Lean Production – schneller, besser billiger? *Psychologie heute (9)*, 56-63. – **Handy, C. (1993).** *Im Bauch der Organisation. 20 Einsichten für Manager und alle, die etwas bewegen wollen.*

Frankfurt: Campus. – **Heintel, P. (1992)**. Läßt sich Beratung erlernen? Perspektiven für die Aus- und Weiterbildung von Organisationsberatern. In R. Wimmer (Hrsg.), *Organisationsberatung. Neue Wege und Konzepte* (S.345- 378). Wiesbaden: Gabler. – **Heintel, P. & Krainz, E. E. (1986)**. Über Entscheidung. *Gruppendynamik – Zeitschrift für angewandte Sozialpsychologie, 15,* 117-133. – **Heintel, P. & Krainz, E. E. (1990a)**. Die Rückseite der Vernunft. *Hernsteiner (2),* 4-7. – **Heintel, P. & Krainz, E. E. (1990b)**. *Projektmanagement. Eine Antwort auf die Hierarchiekrise?* (2. Aufl.). Wiesbaden: Gabler. – **Heintel, P. & Krainz, E. E. (1992)**. Beratung als Projekt. Zur Bedeutung des Projektmanagements in Beratungsprojekten. In R. Wimmer (Hrsg.), *Organisationsberatung. Neue Wege und Konzepte* (S.128-150). Wiesbaden: Gabler. – **Heintel, P. & Krainz, E. E. (1993a)**. Führungsprobleme im Projektmanagement. In L. v. Rosenstiel u.a. (Hrsg.), *Führung von Mitarbeitern* (2. Aufl., S. 391-400). Stuttgart: Schäffer. – **Heintel, P. & Krainz, E.E. (1993b)**. Der General Manager als Gestalter von Organisation. *Hernsteiner, 6 (3),* S. 21-28. – **Heintel, P. & Krainz, E. E. (1994)**. Was bedeutet „Systemabwehr". In K. Götz (Hrsg.), *Theoretische Zumutungen. Vom Nutzen der systemischen Theorie für die Managementpraxis* (S. 160-193). Heidelberg: Auer. – **Huber, J. & Krainz, E. E. (1990)**. Gruppendynamik. In S. Grubitzsch & G. Rexilius (Hrsg.), *Psychologische Grundbegriffe* (3. Aufl.; S. 428-433). Reinbek: Rowohlt. – **Kotter, J. P. (1987)**. *Überzeugen und Durchsetzen. Macht und Einfluß in Organisationen.* Frankfurt: Campus. – **Krainz, E. E. (1986)**. Gruppendynamik heute. Ihr Gegenstand und ihre Entwicklung als Wissenschaft. *Psychologie in Österreich, 6,* 170-181. – **Krainz, E. E. (1988)**. Vom Individuum zum System – und zurück. In D. v. Ritter-Röhr (Hrsg.), *Gruppenanalytische Exkurse* (S.1-23). Berlin: Springer. – **Krainz, E. E. (1990)**. Alter Wein in neuen Schläuchen? Zum Verhältnis von Gruppendynamik und Systemtheorie. *Gruppendynamik. Zeitschrift für angewandte Sozialpsychologie, 19,* 29-43. – **Krainz, E.E. (1991a)**. Rezension von Antoni (1990), Qualitätszirkel. *Psychologie in Österreich, 11,* 107. – **Krainz, E. E. (1991b)**. Kooperation und Geschlecht. *Gruppendynamik. Zeitschrift für angewandte Sozialpsychologie, 21,* 415-441. – **Likert, R. (1967)**. *The human organization.* New York: McGraw-Hill. – **Luhmann, N. (1983)**. *Legitimation durch Verfahren.* Frankfurt: Suhrkamp. – **Luhmann, N. (1988)**. Organisation. In W. Küpper & G. Ortmann (Hrsg.), *Mikropolitik. Rationalität, Macht und Spiele in Organisationen* (S. 165-185). Opladen: Westdeutscher Verlag. – **Pinchot, G. (1988)**. *Intrapreneuring. Mitarbeiter als Unternehmer.* Wiesbaden: Gabler. – **Schattenhofer, K. (1992)**. *Selbstorganisation und Gruppe. Entwicklungs- und Steuerungsprozesse in Gruppen.* Opladen: Westdeutscher Verlag. – **Schütz, K. (1989)**. *Gruppenforschung und Gruppenarbeit. Theoretische Grundlagen und Praxismodelle.* Mainz: Grünewald. – **Sprenger, R. K. (1992)**. *Mythos Motivation. Wege aus einer Sackgasse* (3. Aufl.). Frankfurt: Campus. – **Tuckmann, B. W. (1965)**. Developmental sequence in small groups. *Psychological Bulletin, 63,* 384-399. – **Willke, H. (1992)**. Autorität der Kontingenz. Zu einem Problem der Steuerung komplexer Sozialsysteme. In R. Kray u.a. (Hrsg.), *Autorität. Spektren harter Kommunikation* (S.103-118). Opladen: Westdeutscher Verlag. – **Wimmer, R. (1993)**. Zur Eigendynamik komplexer Organisationen. Sind Unternehmen mit hoher Eigenkomplexität noch steuerbar? In G. Fatzer (Hrsg.), *Organisationsentwicklung für die Zukunft* (S. 255- 308). Köln: Ed. Humanistische Psychologie. – **Womack, J. P., Jones, D. T. & Roos, D. (1991)**. *Die zweite Revolution in der Autoindustrie.* Frankfurt: Campus.

Roland Spinola

„Synergie im Team"
Ein dreitägiger Workshop zur Teambildung

(Die deutsche Sprache erlaubt die gleichzeitige Benennung des Weiblichen und Männlichen nicht ohne Einschränkung der Lesbarkeit. Im folgenden wurde deswegen die männliche Form gewählt (z. B. Teilnehmer, statt Teilnehmerin). Selbstverständlich gelten die Aussagen des Aufsatzes für Männer und Frauen gleichermaßen).

Zielsetzung

Hohe **Leistungsbereitschaft** kann heute nur noch von Mitarbeitern erwartet werden, wenn die Zielsetzung der Aufgabe mit den persönlichen Zielen weitestgehend übereinstimmt. Mit den üblichen Zielvorgaben und Leistungsbewertungen wird kaum mehr erreicht als „a fair day's work", also Durchschnitt. Mit selbsterarbeiteten Zielen wird sich ein Mitarbeiter so identifizieren, daß sein Interesse am **Erreichen dieser Ziele** über das rein Finanzielle hinausgeht.

Der Taylorismus wird allmählich überwunden und wir erkennen, daß wir stärker auf die individuellen Beiträge jedes einzelnen Mitarbeiters angewiesen sind. Kreativität, die heute dringender als je zuvor gefordert wird, ist sehr individuell; für die Implementierung kreativer Ideen, die schließlich zur Innovation führt, brauchen wir dagegen Teamarbeit. Ein effizientes Team sollte idealerweise aus selbstbewußten Mitarbeitern bestehen, die einerseits ihre Stärken und Schwächen kennen und akzeptieren und andererseits **Integrationsfähigkeit und Toleranz** für andere Menschen aufbringen.

Hinter Schlagworten wie „Abbau von Hierarchien" und „Lean Management" verbergen sich **Bewußtseinsveränderungen**, deren Bedeutung erst langsam klar wird. Immer mehr Mitarbeiter verlangen, daß sie während der Arbeitszeit genauso ernst genommen werden, wie sie das aus ihrer (selbstbestimmten) Freizeit her gewohnt sind. Das ist in den herkömmlichen Machtstrukturen der Wirtschaft mit ihren Ritualen von **Weisungsbefugnis und Unterordnung** nicht üblich und wohl auch nicht möglich. Dazu kommen meist Belohnungs- und Bestrafungssysteme, die eher dem Behaviorismus entstammen und eigenverantwortliches Handeln selbständiger Menschen nicht gerade ermutigen.

Um zu neuen Formen der Zusammenarbeit zu kommen, genügt es nicht mehr, Verhaltenstraining in der Art der 60er-Jahre durchzuführen. Verhaltensänderungen, die nicht nur angelernt sind, sondern dem Wesen und der **Einmaligkeit der handelnden Person** entsprechen, können nur über eine Bewußtseinsänderung erfolgen, d.h. durch **Einsicht und Selbststeuerung**.

Die Aufgabe des Trainings besteht darin, dem einzelnen zu **Lernerfahrungen** zu verhelfen, die ihm diese **Bewußtseinsänderung** ermöglichen. Dazu muß er sich seiner Einmaligkeit bewußt werden und erkennen, wie er sich von der Einmaligkeit anderer Teammitglieder unterscheidet. Außerdem sollte ihm ein Rahmen zur Verfügung stehen, in dem er neue Verhaltensweisen risikolos ausprobieren kann.

Der dreitägige Workshop „Synergie im Team" hat das Ziel, den Teilnehmern diese Zusammenhänge bewußt zu machen. Die Erkenntnisse aus der Arbeit der drei Tage ermöglichen eine Umsetzung in **Aktionspläne**, nach denen „ab Montagmorgen" gearbeitet werden kann.

Überblick

Der Workshop besteht aus drei Teilen:

- Im ersten Teil soll der Teilnehmer Antworten auf die Frage bekommen: „Wer bin ich?" Er soll Gelegenheit bekommen, seine einzigartigen Fähigkeiten, Neigungen und **Bevorzugungen von Denk- und Verhaltensweisen** besser zu analysieren und zu denen seiner Teamkollegen in Beziehung zu setzen.
- Im zweiten Teil haben alle Teammitglieder die Gelegenheit, in Übungen, Spielen und Projekten **Zusammenarbeit** zu praktizieren,wobei jeweils besondere Aspekte berücksichtigt werden, z.B.:
  – Kommunikation und Zusammenarbeit,

"Synergie im Team"
Ein dreitägiger Workshop zur Teambildung

Erster Tag	Zweiter Tag	Dritter Tag
Begrüßung, Vorstellung "Der gordische Knoten" Denk- und Verhaltensstile: Analyse mit dem H.D.I.	Gehirnjogging Organisation + Projektarbeit: Die Brücken-Übung	Gehirnjogging "Von der Vision über die Ziele zur Aktion: Transfer in den Alltag" (Moderierte Gruppenarbeit)
(Fortsetzung) Einführung in Team-Übungen "Wir werden ein Team" (Metapher) Die Wüsten-Übung	Kooperation und Kreativität: Die"Irrgarten"-Übung Barrieren der Kreativität Feedback: Innenkreis - Außenkreis	(Fortsetzung) "Ich an mich, wir an uns" Zusammenfassung / Feedback
Abendprogramm (Filme, Spiele)	Abendprogramm	

Abbildung 1
Zeitplan für einen dreitägigen Workshop

- Kreativität und Innovation,
- Risikobereitschaft und der Umgang mit Rückschlägen,
- Organisation und Entscheidungsfindung im Team.
- Im dritten Teil wird der **Transfer in die berufliche Wirklichkeit** vorbereitet. Was muß getan werden, damit möglichst viele der gewonnenen Einsichten in den Alltag gerettet werden und langfristig zu **Verhaltensänderungen** führen?

Im folgenden wird dieser Workshop näher beschrieben. Die einzelnen Teile werden dargestellt, und anhand von Beispielen aus der Praxis wird erläutert, wie diese Teile variiert werden müssen, damit auf jedes „individuelle" Team speziell eingegangen werden kann. Die Abbildung 1 zeigt einen möglichen Zeitplan, der jeweils auf die konkreten Anforderungen des Teams zugeschnitten wird.

Der erste Tag: „Wer bin ich?" – Das H.D.I.

Im ersten Teil, der etwa einen Tag dauert, geht es darum, die **Einzigartigkeit des einzelnen Teammitglieds** zu ermitteln und darzustellen. Für diese Aufgabe hat sich das „**Herrmann Dominanz Instrument**" (H.D.I.) sehr gut bewährt, mit dem durch eine Selbstanalyse ein Profil der bevorzugten Denk- und Verhaltensweisen ermittelt wird.

Es basierte ursprünglich auf den Erkenntnissen der modernen Gehirnforschung, insbesondere von Roger Sperry (1977), Paul McLean und Robert Ornstein (1972) und beinhaltete sowohl die Ergebnisse der **Hemisphärenforschung** als auch der Aufteilung in **Großhirn, limbisches System und Stammhirn**.

Die laufenden Forschungsarbeiten haben inzwischen gezeigt, daß das **Instrument in sich valide** ist, d.h. es bedarf nicht mehr der Abstützung auf gehirnphysiologische Gegebenheiten. Das ist insofern von Bedeutung, als die Erkenntnisse über die Funktionen des Gehirns sich ständig ändern. Außerdem scheint das Gebiet des Unbekannten in dem Maße zu wachsen, in dem neue Erkenntnisse gewonnen werden. So wissen wir heute, daß die funktionale Aufteilung des Großhirns in eine rationale, logisch und sequentielle (linke) Hälfte einerseits und eine intuitive, visuelle und simultane (rechte) Hälfte andererseits eine unzulässige Vereinfachung darstellt.

Ned Herrmann (1991), der das Dominanz Modell Anfang der 80er Jahre entwickelte, bezeichnet daher die Verbindung zu den Erkenntnissen der Gehirnforschung als „**metaphorisch**" – sie dienen der Anschaulichkeit, sind aber nicht zur wissenschaftlichen Absicherung nötig.

Die wissenschaftlichen Grundlagen und die Anwendungen im Bereich von Training und Führung sind sehr ausführlich im **Buch „Kreativität und Kompetenz"** von Ned Herrmann dargestellt. Dort findet sich auch ein größerer Abschnitt über die **Va-**

lidierung des Instrumentes, der vom Leiter der Validierungsarbeiten, Vic Bunderson, verfaßt wurde.

Das H.D.I. weist folgende Vorteile auf:

- Die Ergebnisse sind **wertneutral** – es gibt keine „guten" oder „schlechten" Profile. Dadurch ist die Akzeptanz bei den Teilnehmern sehr hoch, zumal das Instrument einfache „Schubladisierung" vermeidet und ausreichend differenziert.
- Die visuelle Darstellung von Gruppen ist sehr einfach. Die **„mentale" Zusammensetzung der Gruppe** ist während des gesamten Workshops sichtbar.
- Der **Austausch der Ergebnisse** der Auswertung untereinander kann schrittweise erfolgen – je nach dem Grad der Bereitschaft der Gruppe bzw. einzelner Mitglieder, sich zu öffnen.

Das H.D.I. ist seit 1983 in Deutschland verbreitet. Bisher wurden weltweit ca. **2 Millionen Fragebogen** ausgewertet; die jetzt verwendete Version ist seit 1988 stabil. Aus den vielen Anwendungen und der seit Beginn der Entwicklung laufenden Validierung stehen sehr breitgefächerte Erfahrungen zur Verfügung.

Das Herrmann Dominanz Modell teilt die **Denk- und Verhaltenspräferenzen** in **vier Quadranten** ein, die ihrerseits nochmal in **drei Intensitätsstufen** aufgeteilt sind. Die Abbildungen 2 und 3 zeigen das Modell und einige typische Merkmale der Quadranten. Abbildung 4 ist ein Beispiel für ein Dominanz-Profil, das sich aus der Auswertung eines Fragebogens ergibt. In der Abbildung 5 ist ein **Gruppenprofil** dargestellt: Mehrere Einzelprofile sind auf einem Profilschema aufgeführt, wodurch sehr anschaulich die Zusammensetzung der (in diesem Fall eher heterogenen) Gruppe sichtbar wird. Das Ausfüllen des Fragebogens dauert etwa 20 bis 30 Minuten; die Auswertung erfolgt bei dafür lizenzierten Stellen, in Deutschland z. B. im Herrmann Institut in Fulda.

Die Teilnehmer haben mit der Einladung zum Workshop den Fragebogen zum H.D.I. zugeschickt bekommen, zusammen mit einer Erläuterung über den Zweck und die Verwendung dieses Instrumentes. Die Auswertung des Fragebogens, also das individuelle Profil, erhält jeder Teilnehmer im Workshop nach einer ca. 3-stündigen Einführung in die Grundlagen und Anwendungen des Modells.

Dabei wird vor allem deutlich herausgestellt, wie die Profildarstellungen zu interpretieren sind. Außerdem werden Fragen diskutiert, die aus Erfahrung von den meisten Menschen gestellt werden, wenn sie ihr Dominanzprofil betrachten, z.B.:

- Kann sich das **Profil** im Laufe der Zeit **ändern**? Die Antwort ist eindeutig „**Ja**". Wie die langjährigen Erfahrungen der Ned Herrmann Group in USA und des Herrmann Instituts in Deutschland zeigen, sind solche Änderungen häufig. Das Grundmuster des Profils bleibt allerdings erhalten. Es gibt Beispiele, bei denen sich größere Verschiebungen (um mehr als 20 Punkte je Quadrant) dann ergaben, wenn die betreffende Person bewußt und intensiv daran gearbeitet hat.

"Synergie im Team" – Ein dreitägiger Workshop zur Teambildung

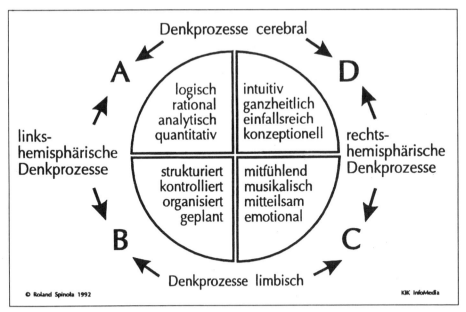

Abbildung 2
Das Herrmann Dominanz Modell

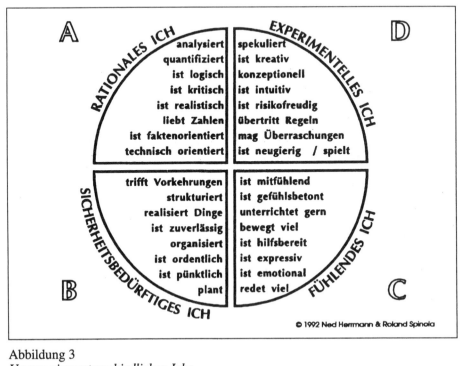

Abbildung 3
Unsere vier unterschiedlichen Ichs

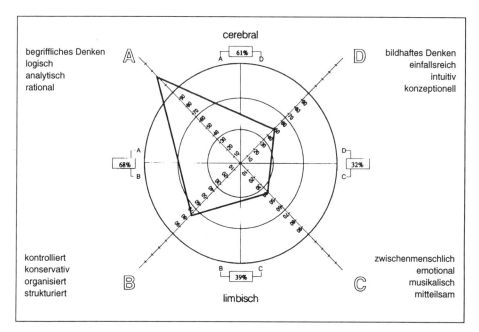

Abbildung 4
Beispiel für ein Profil

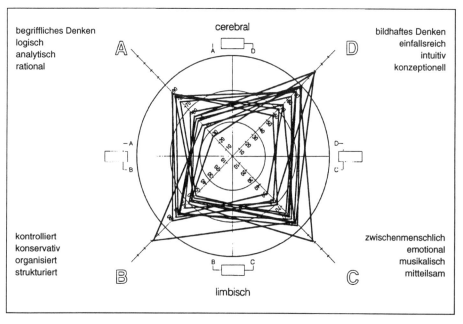

Abbildung 5
Beispiel für ein Gruppenprofil

- Wie weit ist das **Profil stimmungs- bzw. situationsabhängig**? Die Vermutung liegt zunächst nahe, daß diese Abhängigkeit groß ist – tatsächlich ist dies jedoch nicht der Fall. Von Extremsituationen (z.B. tiefe Depression wegen Fehlverhalten) abgesehen schwanken die Profilwerte nur sehr gering, wenn der Fragebogen zu unterschiedlichen Zeitpunkten ausgefüllt wird.

- Bin ich das **„wirklich"** oder handelt es sich möglicherweise um ein **Wunschbild**? Das ist eine fast mehr philosophische Frage: Eine objektive Realität gibt es in diesem Zusammenhang nicht. Es gibt ein Bild, das jeder von sich selbst hat (und das sicher am reichhaltigsten ist, weil es innere Stimmen und Bilder sowie Gefühle mitenthält) und es gibt die vielen Bilder, die andere von einer Person haben. Die Auswertung des H.D.I.-Fragebogens vermittelt ein Selbstbild – in dem natürlich auch Wunschvorstellungen enthalten sind. Es ist eine reizvolle Aufgabe, dieses Selbstbild mit den Bildern zu vergleichen, die andere Menschen von mir haben. Die Ergebnisse dieses Vergleichs können zu interessanten Einsichten verhelfen.

- Gibt es typische **Profile**, z.B. für **Berufe**? Die beruflichen Aufgaben prägen sicher stark unser Denken und Verhalten und das zeigt sich deutlich in berufstypischen Profilen. Die Datenbanken, in denen die H.D.I.-Profile heute gesammelt werden, erlauben die Angabe vieler solcher Berufsprofile. Je genauer dabei ein Beruf beschrieben werden kann (z.B. „Ingenieur als Produktionsleiter" statt lediglich „Ingenieur"), desto treffsicherer sind solche Beispiele.

Nach dieser intensiven Auseinandersetzung mit den Grundlagen sind die Voraussetzungen gegeben, im Team die H.D.I.-Profile zu diskutieren. Dafür gibt es verschiedene Möglichkeiten, je nach dem, wie offen im Team über **persönliche Bevorzugungen und Vermeidungen** gesprochen werden kann.

Sind die Barrieren noch ziemlich hoch, d.h. besteht wenig Neigung, das eigene Profilbild mit anderen Menschen zu diskutieren, so können **interaktive Übungen** angeboten werden, die diese Nähe erst allmählich herstellen. So können sich z. B. Kleingruppen mit folgenden Themen beschäftigen:

1. „Wir schätzen an Menschen mit hohen Ausprägungen im Quadranten (hier folgt einer der vier Quadranten) ... "

2. „Wir wünschen uns von Menschen mit hohen Ausprägungen im gleichen Quadranten ... "

Im Idealfall ist das Vertrauen in der Gruppe bereits so groß, daß **strukturierte Übungen** nach folgendem Muster möglich sind („strukturiert" bedeutet hier, daß die Teilnehmer gebeten werden, sich eng an die vorgegebenen Formulierungen zu halten).

Je zwei Teammitglieder sitzen sich gegenüber. Teilnehmer A gibt Teilnehmer B folgendes Feedback:

1. „Quadranten mit höheren Ausprägungen sind bei Ihnen vermutlich .... "

2. „Das ist mir aufgefallen bei ... "

3. „Quadranten mit geringerer Ausprägung sind bei Ihnen vermutlich ... "
4. „Das ist mir aufgefallen bei ... "
Erst zu diesem Zeitpunkt geht Teilnehmer B auf das Gehörte ein und es entspinnt sich ein **Dialog**, der beiden die Möglichkeit gibt, Näheres über sich und den anderen zu erfahren. Anschließend werden die Rollen vertauscht.

Je nach Zusammensetzung der Gruppe kann jedes Teammitglied diese Gespräche mit mehreren anderen Mitgliedern führen. Diese Übung führt zu einem wesentlich **erweiterten Bewußtsein** über die eigenen Bevorzugungen und Vermeidungen und vor allem über das Bild, das andere Teammitglieder von mir haben.

Am Ende des ersten Teils
– kennt der Teilnehmer sein H.D.I.-Profil als **Darstellung seiner Einmaligkeit** im Denken und Handeln,
– weiß der Teilnehmer, welche **Konsequenzen dieses Profil** für ihn persönlich hat, als Individuum und als Mitglied einer Gruppe,
– kennt er das **Profil seiner Gruppe** und kann sich dort hinsichtlich seiner Stärken und Schwächen einordnen. Er kann gezielter Feedback über seine Gedanken und Empfindungen geben.

Der zweite Tag: „Wie wirken sich unsere Denk- und Verhaltenspräferenzen im Team aus?"

Im zweiten Teil erfahren und lernen die Teilnehmer, wie sich ihre Denk- und Verhaltensweisen im Team auswirken. In einer Reihe von **gruppendynamischen Übungen**, unterstützt durch Kurzvorträge, Diskussionen, Videos und Einzelarbeiten, werden 2 oder 3 Themen behandelt. Beispiele sind:

– Entwickeln von **Strategien und Zielen,**

– Organisation der **Zusammenarbeit,**

– Umgang mit neuen Situationen, **Unsicherheiten, Krisen, Risiken,**

– Kreative Problemlösungen, **Barrieren der Kreativität,**

– **Kooperation oder Konkurrenz** im Team?

– **Zuhören**, Feedback geben, klar kommunizieren,

– **Vertrauen** und Empathie in der Gruppe,

– Persönliche Werte, **Unternehmenskultur.**

Die Auswahl hängt natürlich stark von der Zielsetzung des Workshops, der Zusammensetzung des Teams und dem bereits vorhandenen „**Reifegrad**" der Zusammenarbeit ab – alles vor dem Hintergrund der **gelebten oder postulierten Unternehmenskultur.** Die endgültige Auswahl erfolgt meistens erst am ersten Tag des Workshops, auch unter Beteiligung des Teams.

Eine wesentliche Rolle spielt auch die Frage, ob es sich um ein heterogenes oder ein homogenes Team handelt. Bei einem **heterogenen Team**, wie es die Abbildung 5 darstellt, sind die H.D.I.-Profile unterschiedlich, d.h. alle Denk- und Verhaltensstile sind gut im Team repräsentiert. Dadurch wird die **Zusammenarbeit schwieriger**; mehr Toleranz und Behutsamkeit im Umgang sind nötig. Allerdings sind auch die Chancen für Synergie sehr viel größer. Im **homogenen Team** ist meist ein Quadrant „unterbelichtet", d.h. es finden sich wenige oder keine Teammitglieder mit hohen Werten in diesem Quadranten. Angenommen, es handelt sich um den Quadrant A, der für rationales, an Fakten orientiertes Denken zuständig ist: Dann kann es durchaus sein, daß dieses Team regelmäßig wichtige Informationen nicht genügend würdigt, einfach weil niemand da ist, der „natürlicherweise" dieser Aufgabe nachgeht.

Jedes Team, dessen Aufgabenspektrum alle Denk- und Verhaltensweisen des H.D.I. umfaßt, tut also gut daran, **Heterogenität zu suchen**, entweder durch Erweiterung um entsprechende Mitglieder oder durch Delegation der in Frage kommenden Aufgaben an andere Stellen.

Da auch der **persönliche Lernstil** abhängig ist vom H.D.I.-Profil, ergibt sich hier eine weitere Variante, die bei der Auswahl der Übungen berücksichtigt werden muß. Mehr „rechtshemisphärisch" denkende Menschen brauchen die persönliche, fast körperliche Erfahrung, um zu lernen, während z.B. Menschen mit hohen Ausprägungen im Quadranten A so lernen, wie wir das von der Schule her meist gewöhnt sind: Durch Pauken von Wissen, das schriftlich oder verbal vermittelt wird.

Zwei Übungen aus der Fülle der Möglichkeiten seien kurz genannt:

• **„Irrgarten":** Während dieser Simulation stoßen die Teilnehmer bei der Bewältigung eines neuen Projektes in unbekanntes Terrain vor. Das ist mit Risiken behaftet. Mut, Kreativität, Organisationstalent und Empathie für andere Teilnehmer sind gefordert. Die Aufgabe besteht darin, das gesamte Team durch schwieriges Gelände zum Ziel zu bringen, wobei die Kommunikation eingeschränkt ist und Änderungen der Randbedingungen für zusätzliche Schwierigkeiten sorgen.

• **„Brückenübung":** Das gesamte Team soll mit wenig Material eine Brücke bauen, die vorgegebenen Anforderungen des Auftraggebers gerecht wird, z. B. „Hohe Tragfähigkeit", „Große Originalität". Geschicktes Projektmanagement, effizienter Umgang mit Ressourcen (Material, Menschen, Zeit) und gute Koordination sind gefordert.

Wie bei jeder gruppendynamischen Übung ist eine **eingehende Diskussion** zum Schluß sehr wichtig, um Lernerfahrungen, die teilweise nur intuitiv erfaßt wurden, auch rational zu verankern.

Am Ende des zweiten Teils haben die Teilnehmer

- durch Feedback von anderen und durch eigene Beobachtungen die **Auswirkungen ihrer Denk- und Verhaltensstile** bei der Bearbeitung von Aufgaben im Team kennengelernt,
- eine Grundlage, auf der sie eventuell **wünschenswerte Verhaltensänderungen** einleiten können,
- können sie anderen Mitgliedern des Teams helfen, **Schwächen auszugleichen und Stärken gezielter einzubringen.**

Der dritte Tag: „Wie setzen wir das Erfahrene und Gelernte in Zukunft um?"

Im dritten Teil erarbeiten die Teilnehmer aufgrund der Erfahrungen der beiden ersten Teile Aktionspläne. Ausgehend von einer gemeinsam entwickelten **Vision** werden zunächst **Ziele** formuliert und daraus konkrete **Aktionen** abgeleitet. Es wird darauf geachtet, daß die Aktionen folgende Kriterien erfüllen:

1. **Sie sind konkret** (und nicht nach dem Muster „Wir wollen in Zukunft besser miteinander kommunizieren"), d. h. Aktionen und nicht Absichtserklärungen.
2. Sie sind mit dem **Namen eines Verantwortlichen** versehen, der anwesend ist (nicht irgendeine Person in der Organisation, die nicht teilgenommen hat).
3. Sie sind mit einem **Datum** versehen, bis zu dem erkennbare Ergebnisse vorliegen bzw. bis zu welchem ein Feedback an die Workshopteilnehmer erfolgt.

Der **Transfer** kann noch durch andere Maßnahmen gefördert werden, z.B. durch einen Brief, den jeder an sich selber schreibt und der ihm einige Wochen später zugestellt wird. Die Trainer sind während dieser Aufgabe im wesentlichen Moderatoren, z.B. nach der METAPLAN-Methode, die dem Team helfen, seinen Weg zu finden. Richtung und Ziel werden aber vom Team im Rahmen seiner Stellung im Unternehmen bestimmt. Im Idealfall übernehmen die **Teamleiter** oder **Führungskräfte** hier eine sehr aktive Rolle, die sie in den beiden vorangegangenen Tagen bewußt nicht wahrgenommen haben.

Die Ergebnisse des dritten Teils (und nur dieses Teils!) werden ausreichend **protokolliert** und allen Beteiligten und Berechtigten zur Verfügung gestellt.

Bewährt hat sich das Führen eines **Kurstagebuches**: Ein leeres Heft (das möglichst attraktiv sein soll, so daß man es gerne zur Hand nimmt), wird jedem Teilnehmer zu Beginn ausgehändigt und von ihm selber im Laufe des Workshops mit eigenen **Notizen, Bildern, Mindmaps** etc. gefüllt. Zwischen den einzelnen Modulen wird hierfür bewußt Zeit zur Verfügung gestellt. Teilnehmer, die mehr Material bevorzugen, können dann individuell bedient werden.

Am Ende des dritten Teils

- hat das Team eine **Vision** entwickelt und **Ziele** formuliert, die auf dem Weg zu dieser Vision angesteuert und erreicht werden sollen.

- hat jeder Teilnehmer die Möglichkeit bekommen, an dieser Arbeit aktiv mitzuwirken und seine **persönliche Einstellung** zur Vision und zu den Zielen zu artikulieren.

- existieren **konkrete Aktionspläne**, versehen mit den Namen der anwesenden Teammitglieder sowie mit Anfangs- und Endterminen.

Erfahrungen aus bisherigen Trainings

In einem konkreten Fall hat das Führungsteam eines Geschäftsbereiches den Workshop als **Pilotveranstaltung** mitgemacht, um den Einsatz in allen deutschen Vertriebsteams vorzubereiten. Bei den nachfolgenden Workshops haben die **Leiter der Teams als Co-Trainer** mitgewirkt; sie konnten ihre Erfahrung aus dem Pilotkurs einbringen. Gerade für den erfolgreichen Transfer der Workshoperfahrungen in den beruflichen Alltag war dieses Vorgehen sehr wertvoll.

Offenheit und Empathie sollten durch das Beispiel der Trainer ermutigt werden, der dafür notwendige Rahmen muß bereitgestellt werden. Die Privatsphäre jedes Teilnehmers und seine Integrität sind voll zu respektieren. Es bleibt in jedem Fall dem einzelnen überlassen, mit wem er Gedanken und Gefühle teilt und wie weit er dabei gehen will. Der Erfolg des Workshops ist allerdings umso größer, je mehr Öffnung stattfindet.

Jeder Workshop ist anders, vor allem, weil er stark von der individuellen Einmaligkeit jedes Teilnehmers geprägt wird. Die Trainer müssen sehr flexibel sein, wenn sie den Lernerfolg maximieren wollen.

Der Workshop ist für alle Teilnehmer eine intensive, auch emotionale Erfahrung. Erfolg hat er dann, wenn es allen Beteiligten gelingt, diese Workshoperfahrung im Alltag umzusetzen. Von den drei Voraussetzungen für eine hohe Motivation **„Wollen, Können und Dürfen"** wird viel für die ersten beiden während des Workshops erarbeitet. Die Organisation muß für das „Dürfen" sorgen und sicherstellen, daß für die Umsetzung auch der kreative **Freiraum** im Alltag gegeben ist.

Literatur

Bäck, H. (Hrsg.) (1990). *Entwicklung von Teams für Spitzenleistungen.* Köln: Verlag TÜV Rheinland. – **Claassen, U.** (1987). *Großhirnforschung, Unternehmer und Wirtschaftspolitik. Ein interdisziplinärer Ansatz am Beispiel interhemisphärischer Relationen.* Frankfurt/M: Lang. – **Herrmann, N.** (1991). *Kreativität und Kompetenz. Das einmalige Gehirn.* Fulda: Paidia. – **Holler, J.** (1991). *Das neue Gehirn. Ganzheitliche Gehirnforschung und neue Medizin – Modelle, Theorien, praktische An-*

wendung (2. Aufl.). Südergellersen: Verlag Bruno Martin. – **Ornstein, R.E. (1972).** *The psychology of consciousness.* San Francisco: Freemann. – **Sperry, R.W. (1977).** Bridging science and values – A unifying view of mind and brain. *American Psychologist, 32.* – **Spinola, R. & Peschanel, F.D. (1992).** *Das Hirn-Dominanz-Instrument (H.D.I.). Grundlagen und Anwendungen des Ned-Herrmann-Modells für die Personalentwicklung* (3. Auflage). Speyer: Gabal.

Veronika Dalheimer

Organisationsdynamik als Seminar – ein Widerspruch?

1. Das Phänomen

Seminare für Führungskräfte werden zumeist fern der Organisation abgehalten, weil nur in der ruhigen Abgeschiedenheit des Tagungsortes ausreichend Ruhe und Raum für das Lernen und Reflektieren neuer Verhaltensweisen garantiert werden kann.

Nun gibt es aber Seminare, die dem unbefangenen Beobachter keineswegs den Eindruck vermitteln, daß sich die Teilnehmer ernsthaft um den Erwerb von Führungskompetenz bemühen. Eher würde man meinen, es mit Managern zu tun zu haben, die plötzlich den Elan ihrer Jugend wiederentdeckt haben und dem Spieltrieb ihrer Schulzeit verfallen sind.

Sie ziehen in kleinen Gruppen geheimnisvoll durch das Haus, gestalten bunte Plakate, veröffentlichen freche Flugblätter, verschließen in ihrer Abwesenheit die Türen ihrer Arbeitsräume und hängen mehr oder weniger verständliche Mitteilungen daran.

Jeder üblichen Lehrgangs- und Hausordnung zum Trotz verlassen sie manchmal unvermutet die Stätte des Lernens, um in benachbarten Dörfern den Einheimischen unsinnig anmutende Fragen zu stellen.

Sie halten sich nicht an die üblichen Arbeitszeiten, behandeln auch das geduldige Personal nicht immer mit der gebührenden Aufmerksamkeit und Wertschätzung; sie hinterlassen einfach überall ihren Mist – seien es nun überfüllte Aschenbecher, Papierreste oder benützte Kaffeetassen.

Stehen sie unter Streß? Nein, das kann nicht sein, denn sie lachen manchmal, als wären sie in einer Bierkneipe oder in der Uni-Kantine. Sie stecken die Köpfe zusammen, um nicht belauscht zu werden, oder aber sie vergessen vollkommen, daß es außer ihnen noch jemanden auf der Welt gibt – man würde sagen ein Haufen Pubertierender! Und das bezahlt das Unternehmen?

Kann es sich hier um eine ernsthafte Lehrveranstaltung handeln, die nach wissenschaftlichen Kriterien – also der Vermehrung von Wissen dienenden Methoden – geplant, durchgeführt und evaluiert wird?

Was dem Außenstehenden unmöglich scheint, passiert hier tatsächlich: In einer Großgruppenübung mit einer Aufgabenstellung, die in arbeitsteiliger Organisation zu erfüllen ist, werden Fertigkeiten wie Zeitmanagement, strategische Planung, Genauigkeit, Kreativität, gute Ausdrucksfähigkeit, Verhandlungsgeschick u.s.w. gefordert. Diese Qualifikationen kann man bei einzelnen wohl voraussetzen, die Gruppe aber muß sie erst erwerben, um in der Organisation wirksam werden zu können.

Phänomene, die aus Gruppendynamik-Veranstaltungen bekannt sind, müssen in einem Seminar, das die Dynamik von Organisationen zum Thema hat, in verstärktem Ausmaß erwartet werden. Die Beteiligten sind mit sich, ihrer Gruppe und ihrer Organisationsaufgabe emotional so engagiert, daß sie ihre sonstigen Verpflichtungen leicht vergessen.

Induktion und Reflexion von sozialen Erfahrungen wechseln einander ständig ab und verfließen ineinander, da die gemeinsame Verarbeitung kollektiver Erlebnisse bereits wieder eine neue Erfahrung darstellt.

2. Ziele

Organisationsdynamik-Seminare zielen darauf ab, die soziale Kompetenz einzelner in Gruppen und in Organisationen zu erhöhen.

In der Gruppe gilt es, notwendige Aufgaben zu erkennen und übernehmen zu können, was zur temporären Wahrnehmung einer Leitungsfunktion unter Gleichrangigen führen kann. Hier besteht für alle TeilnehmerInnen die Gelegenheit, durch das Feedback der anderen Gruppenmitglieder etwas darüber zu erfahren, welche Rollen sie offenbar unbewußt bevorzugt übernehmen. Sie erfahren, wie ihr Verhalten von den anderen wahrgenommen wird und welche Auswirkungen ihre Aktivitäten auf die Entwicklung der Gruppe haben. Es werden die diversen Möglichkeiten interpersoneller Einflußnahme erprobt, analysiert und anschließend mit den Alltagserfahrungen aus der Berufspraxis verglichen, um auch dort ein produktives Arbeitsklima mitgestalten zu können.

Auf der Organisationsebene sollen die TeilnehmerInnen ihren Handlungsspielraum erweitern, indem sie lernen, Willensbildung und Entscheidungsprozesse in Großgruppen genauer und schneller zu verstehen, um darauf ad hoc Einfluß nehmen zu können. Hier gilt es, zwischen formellen und informellen Gruppen zu unterscheiden und vernetzte Systeme zu durchschauen, in denen sie selbst – absichtlich oder unabsichtlich – auf unterschiedlichste Weise zu Akteuren werden. Im weiteren soll erfahren werden, wie die Kooperation zwischen Gruppen mit unterschiedlichen Interessen vor sich geht, wenn zur Erfüllung der Organisationsaufgabe Arbeitsteilung und Kooperation erforderlich sind.

Die gleichzeitig entstehende Konkurrenz zwischen den Gruppen soll den Beteiligten erkennbar gemacht und von ihnen produktiv genutzt werden, anstatt den Energiehaushalt einzelner zu belasten und dem Organisationsziel zu schaden.

Organisationsverständnis soll auch insofern erzielt werden, als produktive Irritationen aus der relevanten Umwelt aufgegriffen, angenommen und verarbeitet werden können.

Dadurch gelingt die Erweiterung des individuellen Repertoires, der Kompetenz in Gruppen und der Sicherheit in und für Organisationen.

3. Beispiele der Durchführung eines Seminars zur Organisationsdynamik

Neben zahlreichen Seminaren in Firmen, Universitäten, Schulen und dem überbetrieblichen Bereich gab es in den zwei in der Folge beschriebenen Fällen besonders viele Hinweise auf die vielfältige Anwendbarkeit solcher Seminare.

3.1. Organisationsdynamik für Volontäre

Volontäre haben in manchen großen Firmen die Möglichkeit, nach ihrem Studienabschluß ein Jahr lang das Unternehmen kennenzulernen und sich selbst bekannt zu machen. Im Anschluß daran sollen sie – im Einvernehmen mit der entsprechenden Abteilung – ihren endgültigen Arbeitsplatz einnehmen. Im Laufe dieses Jahres haben sie Gelegenheit, ihr Wissen um die Organisation zu vermehren, um schließlich eine für alle Beteiligten zufriedenstellende Entscheidung treffen zu können.

Das Seminar „Organisationsdynamik" gilt als eine Ausnahme, was Inhalt und Methode betrifft. Statt theoretischem Wissen über die Organisationskultur geht es um soziale Kompetenz, statt Vorträgen und Arbeit in Kleingruppen ist das Lernen durch Erfahrung angesagt. Die Unsicherheit über den bevorstehenden Ablauf und Gerüchte über die „Wildheit" solcher Veranstaltungen in der Vergangenheit erhöhen die Bereitschaft zum Risiko und machen eine enthusiastisch-ausgelassene Stimmung wahrscheinlicher.

Nicht selten bekommt das Trainerteam etwas von jenen Aggressionen ab, die sich im Organisationsalltag angestaut haben. Die Identifizierung der TeilnehmerInnen mit dem Unternehmen ist dann trotz großer Unterschiede in der Zeit der Zugehörigkeit (1 -12 Monate) in der Regel bereits so groß, daß die TrainerInnen als Außenstehende erlebt und in ihren Vorstellungen und Regeln sehr kritisch hinterfragt werden. Hier hat sich die Mitarbeit von internen Trainern bewährt, die den Bezug zur Organisation herstellen und dabei gleichzeitig das Seminar live erfahren können. Sie müssen aber so eingesetzt werden, daß sie als Ressource genutzt und nicht als Kontrolle wahrgenommen werden.

Gewählt wurde in einem Fall eine Aufgabenstellung, die möglichst viele Assoziationen zuließ: „Planen Sie Entwicklung, Herstellung und Verkauf eines innovativen

Produktes, mit dem Sie in drei Jahren neu in den Markt einsteigen wollen und das in Europa absolut konkurrenzlos ist, und zwar für die Zielgruppe Mütter mit Kleinkindern".

Die Bildung von „Abteilungen" (Produktion, Forschung & Entwicklung, Marketing und Verkauf sowie Finanz- und Rechnungswesen) war eine Sache von Minuten; die Entscheidung für ein bestimmtes Produkt war bereits Aufgabe des Spieles und erforderte einen ständigen Meinungsaustausch mit dem „Markt", genau gesagt mit den hübschen, jungen Müttern, die in einem nahe gelegenen Supermarkt ihre Einkäufe tätigten. Die Marketing-Abteilung war schon ganz auf deren Bedürfnisse ausgerichtet, die Abteilung Forschung und Entwicklung eifrigst dabei, alle auftauchenden Wünsche zu verwirklichen, als plötzlich ein Ordnungsruf aus dem Bereich Finanz- und Rechnungswesen ertönte – sehr zur Erleichterung der Vertreter der Produktion, die schon längst vor gefährlichen Engpässen und Abstürzen warnten. Nun mußten neue Verhandlungen geführt und neue Vereinbarungen getroffen werden. Entscheidungen mußten vorbereitet und abgesegnet werden.

Die Kultur der Organisation reproduzierte sich vor Ort mit einer Schnelligkeit und Präzision, die die internen Trainer in banges Staunen versetzte. Innerhalb weniger Stunden waren intuitiv jene Entscheidungsmuster und Handlungsstrukturen hergestellt, wie sie seit Jahren in der Organisation üblich waren. Nicht nur die TeilnehmerInnen, auch die internen Trainer selbst, die ja im Trainerteam genügend Zeit hatten, ihre Interventionen zu planen, imitierten bei ihren Auftritten unbewußt zu 100% die Usancen der Organisation.

Hier halfen genaue Beobachtungen im Zuge einer nachfolgenden Verhaltensanalyse, die sich mit der Auswirkung von verschiedenen Kommunikationsstilen auf die Reaktion von Gruppen beschäftigte, die Wirkung automatischer Handlungen im Kontext mit gewohnten Vorgaben zu verstehen. Hier wurden spontane Verhaltensweisen mit gewohnten Kommunikationsmustern verglichen und es wurde festgestellt, daß die zuletzt genannte Kategorie eine deutliche Anpassung an die Organisationskultur mit sich brachte.

3.2. Organisationsdynamik im Rahmen des Hochschullehrganges „Arbeit mit Gruppen und Organisationen" am IFF, Wien
(Interuniversitäres Institut für Fernstudien der österreichischen Universitäten, Abteilung Gesellschaftliches Lernen)

TeilnehmerInnen des Lehrganges, der insgesamt 30 Schulungstage verteilt auf drei Semester umfaßte und vom Herbst 1989 bis zum Sommer 1991 dauerte, waren 36 Betriebsräte und Gewerkschaftsfunktionäre.

Das Seminar „Organisationsdynamik" stellte den vierten von insgesamt zehn verschiedenen Teilen dar, die der Methode nach abwechselnd als Seminare mit einem starken Anteil an Selbsterfahrung, als Workshops vorrangig zur Wissensvermittlung und als Regionalgruppen mit dem Schwerpunkt Supervision abgehalten wurden.

Dieser Teil brachte das emotionale Schlüsselerlebnis des Lehrganges. Auch in späteren Seminarphasen, bis hin zur Schlußauswertung, wurde immer wieder auf die Wirkungen der Organisations-Simulation hingewiesen.

In diesem Seminar wurden die TeilnehmerInnen aufgefordert, aus ihrer beruflichen und politischen Praxis einen Fall zu wählen, der in Form eines simulierten Spieles erforscht werden kann. Es standen viele interessante Probleme zur Diskussion, so daß die Entscheidung in der Delegiertenrunde bereits ein spannender lernträchtiger Prozeß war. Da die Fälle alle realitätsnah und brisant waren, wurde der Frage der Entscheidung durch Delegierte viel Bedeutung beigemessen – insbesondere auch deshalb, weil sie für die Praxis von Betriebsräten und Gewerkschaftern ebenfalls von elementarer Wichtigkeit ist.

Die gewählte Problemstellung war die Verlagerung eines Teiles der Produktion einer Fabrik von X nach Y, Strukturbereinigung in den Produktionslinien dieser beiden Standorte und damit verbundene personalpolitische Konsequenzen.

Die interagierenden Gruppen waren: die Vorstände von X und von Y, Gewerkschaftsvertreter aus X und aus Y für Angestellte und für Arbeiter, die Angestellten- und die Arbeiterbetriebsräte aus X und aus Y sowie vier Arbeitnehmergruppen aus X und aus Y, je eine Gruppe von Angestellten und eine von Arbeitern aus jedem der beiden Betriebe.

Der Ablauf war der Aufgabenstellung entsprechend turbulent und aufgeregt. Die Telephone liefen heiß, fehlende Informationen über das Unternehmen, die Infrastruktur der Umgebung, andere Betriebe u.s.w. wurden eingeholt – und zwar so nachdrücklich, daß manche angerufenen Stellen glaubten, die Firma werde demnächst tatsächlich geschlossen.

Die wichtigsten Verhandlungen, die zur Aufgabenerfüllung notwendig waren, wurden – wie in der Realität – nicht vor den Augen der Öffentlichkeit geführt, sondern hinter verschlossenen Türen oder zwischen Tür und Angel oder abends bei einem Glas Wein. Nur durch die gewissenhaften Recherchen der Beobachtergruppe wurden sie einer breiteren Öffentlichkeit und damit der späteren Auswertung und Verarbeitung zugänglich.

Im Zuge dieser Aufregungen war es dringend notwendig, der Aufarbeitung der Ereignisse viel Platz zu geben. Zu groß waren die Verflechtungen von Spiel und Realität, die es zu entwirren galt.

4. Die Methode

Um die beschriebenen Dimensionen im Seminar nicht nur theoretisch zu vermitteln, sondern für die Beteiligten selbst erfahrbar, erlebbar und verarbeitbar zu machen, eignet sich die Einrichtung eines Großgruppen-Rollenspieles.

Es wird zum Zweck der Entscheidungsfindung in der Großgruppe durch die TeilnehmerInnen selbst im Plenum (aus Vorbereitungsgruppen heraus über Delegierte) eine schwierige Aufgabenstellung aus der realen Arbeitswelt gewählt und dafür eine Organisationsform geschaffen, die allen möglichst vertraut ist. Dieses Verfahren führt zu einer hohen Eigenverantwortung für die Mitbestimmung der Seminarinhalte und die Entwicklung des Arbeitsprozesses.

Die verschiedenen im Spiel interagierenden Gruppen – in einem Fall die Abteilungen einer Firma, im anderen Fall die diversen Interessensgruppen – werden definiert und personell besetzt, wobei die TeilnehmerInnen aufgefordert werden, nach Möglichkeit Funktionen zu übernehmen, die sie im Alltag nicht innehaben.

Eine Beobachtergruppe wird eingerichtet, die der Spielleitung (dem Trainerteam) gegenüber laufend zu berichten hat, was sich in den einzelnen Arbeitsräumen ereignet und welche Entscheidungen in welcher Form getroffen wurden. Die Beobachter müssen überall Zutritt haben, dürfen sich aber nie einmischen. Sie können deshalb nicht als Weisungsüberbringer verwendet werden – auch vom Trainerteam nicht.

Die Spielleitung verwaltet das Plenum, wo möglichst viele Verhandlungen nach vorheriger Anmeldung durchgeführt werden sollen, wo Video-Aufzeichnungen möglich sind und wo unter Umständen Anweisungen veröffentlicht werden. Die Spielleitung hat das Pouvoir zum Abbruch des Spieles.

Zur Aufarbeitung des Planspieles erhalten die einzelnen Funktionsgruppen je eine halbe Stunde Gelegenheit, in Anwesenheit der übrigen Gruppen den Verlauf aus ihrer Perspektive zu schildern, wobei jeweils ein Mitglied des Trainerteams vertiefende Fragen stellt. TeilnehmerInnen aus anderen Gruppen können sich über einen open chair in das Gespräch einschalten. Im Anschluß daran geben die Beobachter ihre Rückmeldungen und beantworten Fragen über die unterschiedlichen Entscheidungsprozesse.

Schließlich formuliert das Trainerteam seine Hypothesen darüber, welche Aktionen und Trends die Entwicklung des Szenariums am stärksten beeinflußt haben, und begründet sie an Hand von Beobachtungen. Die TeilnehmerInnen können diese Hypothesen mit Hilfe ihrer eigenen Erfahrung und der Videoaufzeichnungen auf ihre Relevanz für das Erlebte und für andere vergleichbare Situationen überprüfen, aber auch selbst Hypothesen entwerfen und prüfen.

5. Der Rahmen

Für ein Seminar dieser Art, in dem eine Organisationsaufgabe gelöst werden soll, eignet sich eine Gruppengröße von etwa 30 – 35 Personen. Dadurch stellen sich ausreichend Resonanzphänomene zwischen den Gruppen her und es ist sichergestellt, daß die Seminargruppe nicht versucht, die zu treffenden Entscheidungen in der Großgruppe herbeizuführen.

Als Zeitrahmen sind mindestens vier – besser aber fünf Tage – anzusetzen. Wenn die Gruppe aus einem Unternehmen kommt und man sich bereits kennt, spielen vermutlich sowohl beim Entscheidungsprozeß als auch bei der Bewältigung der Aufgabe Vorerfahrungen – und damit Vorurteile – eine Rolle.

Bei einer neu zusammengewürfelten Gruppe ist darauf zu achten, daß das persönliche Kennenlernen und die inhaltlichen Abstimmungsprozesse mehr Zeit in Anspruch nehmen.

Das zeitliche Verhältnis Entscheidung : Planspiel : Auswertung sollte etwa 20 : 40 : 40 sein.

Beginn und Ende der Übung müssen im voraus zeitlich fixiert und dem Auftraggeber bekanntgegeben werden. In diesem speziellen Zeitraum fungiert das Trainerteam als Spielleitung; übliche Seminarordnungen werden durch die folgenden Spielregeln ersetzt:

- *Alle Gruppen konstituieren sich im Plenum und erarbeiten dort ihre Zielsetzung und ihr Verhandlungskonzept. Sie geben der Spielleitung ihren Arbeitsstoff bekannt und verpflichten sich, zumindest über einen Delegierten immer erreichbar zu sein.*
- *Die Beobachter haben überall freien Zutritt, dürfen sich aber nicht einmischen und auch nicht für Botendienste verwendet werden.*
- *Die Spielleitung verwaltet den zentralen Ort des Planspieles (das Plenum) und die Zeit (Beginn, offizielle Arbeitszeiten und Pausen, Ende des Spieles bzw. eventuellen Abbruch); sie trifft sich mehrmals mit der Beobachtergruppe, um die für diese Entscheidungen notwendigen Informationen zu erhalten.*
- *Mitglieder der Spielleitung können auf Anfrage oder nach eigenem gemeinsamen Gutdünken vorübergehend als Moderatoren oder Prozeßberater den Arbeitsgruppen zugeordnet werden.*

Es sollten genügend kleine Räume zur Verfügung sein, in denen Gruppen arbeiten können. Diese sollten alle mit Flipchart-Ständern, Papier und Schreibmaterial ausgestattet und außerdem versperrbar sein.

Da Organisationsdynamik-Seminare üblicherweise eine rasante Dynamik entwickeln, ist es angebracht, ein ruhiges Bildungshaus zu wählen, in dem nach Möglichkeit zur selben Zeit keine anderen Kurse stattfinden. Mit der Leitung des Hauses ist die besondere Art des Seminars zu besprechen und das entsprechende Einverständnis einzuholen.

Die Planung und Durchführung eines solchen Seminares erfordert eine fundierte Ausbildung in Gruppen- und Organisationsdynamik, um der emotionalen Wucht einer wenig strukturierten Großgruppe begegnen und die freiwerdenden Kräfte konstruktiv nützen zu können.

Die TeilnehmerInnen des Seminars sind im vorhinein zu verpflichten, während der gesamten Dauer anwesend zu sein und daher keine anderen Termine zu vereinbaren.

6. Resultate

In dem unter 3.1. genannten Seminar zeigte sich, daß das gemeinsame, aber unausgesprochene Wissen um die Organisationskultur im Unternehmen die TeilnehmerInnen zu Handlungsabläufen bewegte, die mit jenen im Unternehmen praktisch identisch waren. Sie errichteten die Realität ihrer Abteilungen im Seminar getreu dem Original. spielten die ihnen zugewiesenen Rollen entsprechend den an sie gestellten Erwartungen und reproduzierten auf diese Weise unwillkürlich jene Eigenheiten der Organisation, die sie hinter sich lassen wollten.

Interessant waren auch die Aktionen der internen Trainer, die ihre Interventionen manchmal ungewollt im organisationsspezifischen Ton einbrachten und damit Reaktionen der Abwehr und des inneren Rückzuges erzielten, die nicht beabsichtigt und für das Spiel auch dysfunktional waren.

Möglich wurde dadurch aber ein gemeinsames Lernen aus der Situation und die phantasievolle Planung von Anwendungen in der Organisation. Inwieweit die größere Einsicht in Entscheidungsprozesse und Organisationsstrukturen tatsächlich zu neuem Verhalten und innovativen Einstellungen führt, bleibt offen, die Bereitschaft konnte zumindest geweckt und eine erste Praxis geübt werden.

In dem unter 3.2. beschriebenen Seminar war die Phase der Aufarbeitung ebenso emotionsgeladen wie das Spiel selbst. Die Diskussion schwankte zwischen moralischen Appellen, einer auf Schuldgefühlen und Schuldzuweisungen orientierten Auseinandersetzung und einer sehr differenzierten, die unterschiedlichen Perspektiven der Gruppen und ihren Handlungsspielraum auslotenden Analyse. Ein häufiges Muster in Konfliktsituationen schien das Operieren mit stark moralisch aufgeladenen Kategorien, die Suche nach Schuldigen, die Klage um vernachlässigte Interessen, politische Vorwürfe, Abwertung und Selbstabwertung zu sein.

Das gegenseitige Verständnis zwischen den beiden Untergruppen der TeilnehmerInnen (Betriebsräte und Gewerkschaftsfunktionäre) wurde gefördert, die Vorurteile wurden zurechtgerückt. Die jeweiligen Handlungsspielräume wurden sichtbar und

Organisationsdynamik als Seminar – ein Widerspruch? 241

erlebbar. Mit den Worten der TeilnehmerInnen klang das so:

„Viele Dinge, die einem dauernd passieren, sind schärfer sichtbar geworden. "

„Wir haben gelernt, nicht sofort zu handeln, sondern eine Situation zuerst gemeinsam zu verstehen und richtig einzuschätzen. "

„Wir haben in den spielerisch übernommenen Rollen über die anderen sehr viel gelernt – das war manchmal auch schmerzvoll. "

Einige TeilnehmerInnen betonten, daß die Organisationsdynamik bei ihnen persönlich vieles in Bewegung gesetzt hat, und bedauerten, daß keine Zeit für die Aufarbeitung dieser individuellen, persönlichen Erkenntnisse vorgesehen war.

7. Anwendungsbereiche des Seminars „Organisationsdynamik"

Im Prinzip lassen sich diese Seminare sowohl innerbetrieblich als auch überbetrieblich organisieren.

Für die innerbetriebliche Anwendung ist neben dem großen Lernerfolg in bezug auf die Organisationskultur und das Organisationsgeschick der TeilnehmerInnen auf folgende „Nebenwirkung" zu achten: Die gemeinsame Seminarerfahrung bindet die beteiligten Persönlichkeiten stark aneinander, es entsteht eine Kameradschaft, die die TeilnehmerInnen nicht nur durch gemeinsames Wissen, sondern auch durch gemeinsame Emotionen „zusammenschweißt". Will man das erreichen, so ist ein solches Seminar ein guter Start – will man es verhindern, so darf man es nur in einem sehr großen Betrieb organisieren, so daß die TeilnehmerInnen sich nach Möglichkeit nicht kennen, auch außerhalb nichts miteinander zu tun haben. Dann sollte auch die gestellte Aufgabe einen deutlich humorvollen Anstrich haben und sich damit erkennbar vom Alltagsgeschehen abheben. In diesen Fällen ist der Planung des individuellen Transfers mehr Raum zu lassen.

Für den überbetrieblichen Bereich empfiehlt es sich, daß bei den TeilnehmerInnen ein ähnliches Ausmaß an Organisationserfahrungen vorliegt, da nur dann von einem vergleichbaren Wissen um die Praxis der Abläufe ausgegangen werden kann.

Außerdem wäre ein Grundkurs in Gruppendynamik eine gute Voraussetzung, um nicht während des Organisationsspieles im Erfahren und Lernen der Gesetzmäßigkeiten von Gruppen (Entwicklung von Regeln und Normen, Zusammenhalt, Entscheidungsfähigkeit, Aufgabenteilung u.s.w.) immer wieder durch die Organisationsaufgabe gestört zu werden.

Wenn Verhalten im Team und Verhalten als Team in der Organisation gleichzeitig erlernt werden soll, so kann das zu Überforderungen führen.

In jedem Fall ist für die notwendigen Rahmenbedingungen zu sorgen, und ein gutes Maß an Experimentierfreude sollte von den TeilnehmerInnen auch erwartet werden dürfen. Nur dann können sie die Verdichtung der Organisationsvielfalt auf die Aufgabenstellung des Seminars als Lernchance aufgreifen und nutzen. Daß sie selbst und ihr Umfeld dabei zeitweilig unter Streß geraten, sollte als selbstverständliche Begleiterscheinung gelten: Ein Organisationsdynamik-Seminar ist keine ruhige Angelegenheit.

Literatur

Dörner, D. (1989). *Die Logik des Mißlingens. Strategisches Denken in komplexen Situationen.* Reinbek: Rowohlt. – **Foerster, H. v. (1985)**. *Sicht und Einsicht. Versuche zu einer operativen Erkenntnistheorie.* Braunschweig: Vieweg. – **Heintel, P. (1979)**. Institutions- und Organisationsberatung. In A. Heigl-Evers (Hrsg.), *Lewin und die Folgen* (Bd. VIII von „Die Psychologie des 20. Jahrhunderts"). Zürich: Kindler. – **Heintel, P. & Krainz, E. (1986)**. Über Entscheidung. *Gruppendynamik, 17,* 117-133. – **Luhmann, N. (1984)**. *Soziale Systeme.* Frankfurt: Suhrkamp. – **Luhmann, N. (1988)**. *Die Wirtschaft der Gesellschaft.* Frankfurt: Suhrkamp. – **Pelikan, J.M., Grossmann, R. & Dalheimer, V. (1992)**. „Neue Wege" der Organisationsberatung im Krankenhaus am Beispiel des WHO-Projektes „Gesundheit und Krankenhaus". In R. Wimmer (Hrsg.), *Organisationsberatung. Neue Wege und Konzepte.* Wiesbaden: Gabler. – **Schein, E.H. (1988)**. *Process consultation, Vol 1: Its role in organization development.* Reading, MA: Addison-Wesley. – **Simon, F.B. (1988)**. *Unterschiede, die Unterschiede machen. Klinische Epistemologie: Grundlage einer systemischen Psychiatrie und Psychosomatik.* Berlin: Springer. – **Wimmer. R (1989)**. Ist Führen erlernbar? Oder warum investieren Unternehmen in die Entwicklung ihrer Führungskräfte? *Gruppendynamik, 20,* 13-14.

Peter H. Weissengruber

Wie manage ich ein „Komplexes System ...?"
... ein Ausbildungs-Curriculum zum Erlernen, Erfahren und Vertiefen des Systemischen Managements

0. ... was den Leser so erwarten wird ...

Der nachfolgende Artikel ist für Personalchefs, Personalentwickler, Weiterbildungsverantwortliche, Trainer und Vorgesetzte von Führungskräften geschrieben. Er versucht, pragmatische Ansätze zu vermitteln, wie **Führungskräften** das Wissen und die notwendigen Fähigkeiten für ein **erfolgreiches Arbeiten in einer immer komplexer werdenden Umwelt** durch Trainings und Personal- und Organisationsentwicklungsmaßnahmen vermittelt werden kann.

Der Bogen der beschriebenen Entwicklungsmaßnahmen spannt sich dabei vom Erlernen eines ganzheitlichen Management-Instrumentariums in drei Stufen über dessen Umsetzung und Handhabung bis hin zu Maßnahmen zur Steigerung der Wahrnehmungsfähigkeit und Handhabung von Prozessen menschlichen Zusammenlebens und Zusammenarbeitens, oder anders ausgedrückt: bis hin zu Maßnahmen der Persönlichkeitsentwicklung eines Managers.

Abgerundet wird der Artikel durch konkrete Erfahrungen, die mit diesem Entwicklungskonzept bereits gemacht wurden.

1. Problemstellung: „Wozu systemisches Management ...?"

Die Anforderungen an uns Manager steigen ständig: internationale Konkurrenz, fallende Preise bei steigenden Kosten, stark wachsende internationale Handels- und Finanzverflechtungen, rapide zunehmende Kommunikations- und Transportverbindungen, Zusammenrücken von unterschiedlichsten Kulturen, Völkern, Religionen bis auf wenige Flugstunden, ein Wandel der Werte, Verschmelzung unterschiedlichster Weltanschauungen, „neue" Lebens- und Arbeitseinstellungen etc. fordern uns. Ein Manager am Ende des zweiten Jahrtausends hat heute innerhalb eines Jahres eine größere Anzahl von Entscheidungen zu treffen, als sein Urgroßvater am Beginn dieses Jahrhunderts im Laufe seines gesamten Arbeitslebens zu fällen hatte.

Die Dynamik und der Wandel der Wirtschaftssysteme werden zunehmend schneller und die Prognostizierbarkeit, Machbarkeit und Beherrschbarkeit dieser Entwicklungen immer geringer – zumindest bei den derzeitigen Kombinationsmustern traditioneller Denkweisen, gegenwärtiger Institutionen und herkömmlicher Management-Ansätze. Von starren, zentralistisch gelenkten „Maschinen" [1] müssen sich heutige

Organisationen zunehmend mehr in organische, offene, entwicklungsfähige Systeme mit „amöbenähnlicher" Flexibilität „um-entwickeln", die „organisch" mit ihrer Umwelt verbunden sind und die fähig sind, sowohl kooperieren als auch sich eigenständig behaupten zu können.

Dieses geänderte Zusammenspiel zwischen Organisationen und Umwelt ist Inhalt des Themenkomplexes „Systemisches Management" (vgl. Rieckmann & Weissengruber, 1990). Die daraus zu ziehenden Konsequenzen für das „praktische Erlernen des Systemischen Managens" von Organisationen haben die nachfolgenden Zeilen zum Inhalt.

Die Kernfrage aller heutigen Management-Tätigkeiten lautet (vgl. Krieg, 1985):
Wie kann die (Über-) Lebensfähigkeit und Lenkbarkeit heutiger Unternehmen unter wechselnden Zielen, sich ständig ändernden Umständen und bei notwendigerweise unvollkommenen Informationen hergestellt, erhalten und sichergestellt werden?

Um diese Kernproblematik zu lösen, scheinen zumindest drei Dinge vonnöten:
- **Bewußtseinsveränderungen** durch neue Denk- und Wahrnehmungsweisen und
- ein neues Management-Verständnis inklusive alternativer **Managementstrategien** und **Managementinstrumente** (vgl. Hanna, 1988) und
- quasi als gemeinsame Klammer ein neues **Management-Verhalten**.

Wir müssen anfangen, unsere Welt – und unsere Organisationen – mit anderen Augen zu sehen und mit anderen Gedanken „denken" zu lernen (vgl. Dörner, 1981, 1989). Folgende Veränderungen und Anforderungen sind dabei von besonderer Bedeutung:
- Wir müssen beginnen, vom monokausal linearen Denken in „Wenn-Dann-Beziehungen" zu einem nicht-linearen systemischen Denken zu gelangen. Wir müssen begreifen, daß **exponentielle Entwicklungen** andere Qualitäten hervorbringen als lineare Entwicklungen. Im Beispiel: wenn jemand krank ist und das Fieber von 40° C auf 44° C steigt, ist dieser Mensch nicht um 10 % kränker, sondern tot ... und das ist eine andere Qualität als 10 % kränker ...
- Wir müssen lernen, exponentielle Entwicklungsverläufe richtig einzuschätzen und rechtzeitig zu beachten. Wir müssen sensitiv und vorausschauend steuern und „**proaktiv managen**". Wir müssen aufhören, unseren Erfolg als Manager im Trouble-Shooting und Fire-Fighting zu messen.
- Wir müssen lernen, **System-Belastungsgrenzen** wahr- und vor allem auch ernstzunehmen – und das bedeutet Verzicht auf Gewalt (Stichwort: „Wir müssen sparen – koste es was es wolle ...").
- In unseren Managerköpfen hat sich in den letzten Jahren die Idee festgesetzt, wir müßten die Menge an verfügbarer Information für eine Entscheidungsfindung erhöhen, um Fehlentscheidungen zu vermeiden. Die Qualität unserer Entscheidun-

gen wurde durch die gestiegene Informationsflut nicht wesentlich besser, aber wir stehen kurz vor dem Informationsinfarkt. Wir müssen beginnen zu begreifen, daß wir nie all die Information haben werden, die wir zu brauchen glauben. Wir müssen lernen, uns auf die Schlüsselinformationen zu konzentrieren und mit **chronischer Unterinformation** zu leben und in dieser Situation trotzdem gute Entscheidungen zu treffen.

- Wir müssen beginnen, die **Komplexität** zu **akzeptieren** – anstatt sie zu verdrängen. Dies setzt aber gesinnungsmäßig voraus, daß wir Manager zugeben, daß wir nicht alles wissen können, daß nicht alles machbar ist. Das macht uns Manager aber verletzlicher und angreifbarer und ist nur in einer Kultur der Offenheit und auch Bescheidenheit möglich, die die Zeit der „großen Macher" überwunden hat.
- Wir müssen lernen, unsere Organisationen zu monitoren, d.h. ständig zu beobachten und zu diagnostizieren. Wir müssen lernen, „Sensing" nach außen zu betreiben, d.h. Trends und Strömungen, Botschaften und Signale (z.B. von „Grünen und anderen Spinnern") etc. nicht zu verdrängen und zu ignorieren, sondern aufzunehmen und zu verstehen. Wir müssen unsere **„Awareness"** schärfen, d.h. schwache Signale von außen und von innen aufzunehmen, richtig zu interpretieren und zu verarbeiten.
- Letztendlich führt all dies dazu, daß wir die **Kultur** in unseren Organisationen dramatisch verändern müssen. Wir müssen – da die Komplexität der Umwelt unser Fassungsvermögen bereits übersteigt – die Systembinnenkomplexität so gering wie möglich halten. Das bedeutet ein Klima der gegenseitigen Unterstützung und des Vertrauens und eine Abkehr vom „Management by Mushrooms" (Bei Fehler: Kopf ab!). Das Angstniveau, Säbelrasseln und Stühlesägen in den Organisationen muß weniger werden. Organisationen müssen ein Klima der Lernfähigkeit und Experimentierfreudigkeit bereitstellen. Wir müssen in unseren Organisationen „spinnen dürfen", ohne gleich ein Spinner zu sein. [2]

All diese Ausführungen über die Fehler im Umgang mit komplexen Systemen, über die Anforderungen an ein „Neues Management" lesen sich ja in der Theorie sehr anschaulich und erscheinen plausibel, nur wo in aller Welt kann man dieses geforderte Verhalten auch erlernen und erproben.

2. Wo und wie kann man systemisches Management lernen ...

Der OSTO-Verein für offene Systementwicklung in Klagenfurt, Österreich, setzt sich aus Wissenschaftlern der Universitäten Klagenfurt und Aachen und Praktikern aus der Industrie in Deutschland und Österreich zusammen, die gemeinsam versuchten, die Theorie des systemischen Managements in handhabbare Managementinstrumente umzusetzen und auch in angemessener Form zu vermitteln.

Die Ergebnisse und Erkenntnisse dieser Gruppe fanden ihren Niederschlag in der Entwicklung eines theoretischen Ansatzes für das Management Komplexer Systeme: dem OSTO-Systemansatz. [3]

Der Fokus dieser Gruppe liegt darin, die Grundgedanken des systemischen Managements nicht nur intellektuell zu verstehen und weiterzuentwickeln (denn die kognitive Bewältigung des Themas ist bereits weit fortgeschritten), sondern diese Theorie in konkret umsetzbare Management-Instrumentarien zu transformieren und diese Instrumente für die tägliche Managementpraxis erlernbar, d.h. erlebbar und erfahrbar werden zu lassen.

2.1 Erlernen des Instrumentariums

Die Erfahrung hat gezeigt, daß sich ein mehrstufiger Prozeß beim Erlernen dieses komplexen Themengebietes empfiehlt. Es erscheint notwendig, nach dem intellektuellen Verstehen eine Phase des „Verdauens" und des ersten konkreten Anwendens/ Experimentierens einzuplanen, bevor die nächsten Lernschritte – Vertiefen und Umsetzen – gegangen werden können.

2.1.1 Das OSTO-Systemmanagement-Curriculum

Das OSTO-**SY**stem-**MA**nagement-Curriculum (SYMA-Curriculum) folgt dieser Maxime und besteht im wesentlichen aus drei Teilen, die aufeinander aufbauend vom

1. **grundlegenden Verstehen** komplexer Systeme mit all ihren Wechselwirkungen und Abhängigkeiten (Baustein 1) über
2. die **Diagnose** des eigenen Systemes, für welches ich als Führungskraft verantwortlich bin (Baustein 2) bis
3. hin zur **Veränderung** und Neugestaltung dieses eigenen Systems (Baustein 3)

reichen. Das Curriculum kann nach jedem Baustein beendet werden, je nach Interesse und „Leidensdruck" der Curriculums-Teilnehmer.

2.1.1.1 SYMA-Baustein 1: OSTO-Systemmanagement-Seminar

Das Denken, Wahrnehmen und Managen von bzw. in komplexen Systemzusammenhängen ist, wie bereits ausgeführt, etwas, das für die meisten Menschen ungewohnt ist und nicht wenige schnell überfordert.

Eine bloß intellektuelle Auseinandersetzung mit diesen neuen Management-Herausforderungen reicht für die Bewältigung solch komplexer Problemstellungen nicht aus.

Deswegen wurde versucht, den OSTO-System-Ansatz [4] (Rieckmann & Weissengruber, 1990) in die „Erlebnissphäre" zu bringen. Für die Einübung in die praktische

Handhabung des komplexen OSTO-Systemmanagement-Modells (SYMA-Modell) wurde ein eigenes fünfeinhalbtägiges Management-Seminar entwickelt. Ziel dieses Trainings ist das **Verstehen von Organisationen als komplexe offene Systeme** mit all ihren internen und externen Abhängigkeiten und Wechselwirkungen. Die Teilnehmer erleben dort in simulierter Form ein komplexes System am eigenen Leib: durch Learning by Doing.

Die kognitive Basis des Seminars ist das SYMA-Modell, und auf der Seite des Erlebens werden Prozesse aus Organisationslaboratorien und der Gruppendynamik übernommen: Die Teilnehmer selbst bilden eine Lernorganisation, die sich selbst zu steuern und zu managen hat und die in sinnvolle Interaktion mit ihren jeweiligen Umwelten in dieser Lernorganisation zu treten hat. Solche Umwelten sind beispielsweise das Seminarhotel, die Trainergruppe, die anderen Lerngruppen etc.

Das Seminar läuft so ab, daß die Lerninhalte auf einzelne aufeinander aufbauende Bausteine über das gesamte Seminar verteilt werden. Am Beginn jedes Bausteines wird anhand eines kurzen Impulsreferates dargestellt, um welchen kognitiven Inhalt es geht. Daran anschließend müssen die Teilnehmer in teilautonomen Lerngruppen diese theoretischen Erkenntnisse in praktisches Handeln „transformieren".

Das Seminardesign ist dabei so ausgelegt, daß ein „Lernmarkt" entsteht, in dem jede Lerngruppe ihre Ergebnisse und Erkenntnisse den anderen Gruppen anbietet. Jede Lerngruppe erhält so direktes Feedback, ob erstens die Theorie ausreichend verstanden wurde und zweitens in der Transformationsphase brauchbare Hilfsmittel und praktische Ansatzpunkte entwickelt wurden, die für andere ebenfalls als hilfreich erlebt werden. Darüber hinaus hat jede Lerngruppe ein konkretes Lernergebnis im Laufe dieses Seminares zu erstellen. Dieses „Lernprodukt" wird dann am gemeinsamen Lernmarkt am Ende des Seminares angeboten und „verkauft". Damit werden im Seminar sowohl Produktionsdruck als auch die Chance auf eine Bewährungsprobe und die Mechanismen der Marktwirtschaft simuliert. Die Erfahrungen haben gezeigt, daß dieses Designelement dazu beiträgt, daß die Seminarteilnehmer ihre Aufgaben ernst nehmen („Wir müssen in der Zeit etwas fertig bringen und dürfen uns am Ende nicht blamieren. Vom Diskutieren allein werden wir nicht satt!") und einen konkreten Bezug zu realen Alltagssituationen herstellen können („Das geht ja hier zu wie im tagtäglichen normalen Wahnsinn"). Somit kann mit neuem Verhalten in „vertraut ungewohnten" Situationen experimentiert werden – jedoch ohne Risiko in einem „geschützten Raum".

Die Erfahrung der letzten Jahre hat gezeigt, daß dieser Seminartyp einerseits als sehr streß- und anspruchsvoll erlebt wird (Auseinandersetzung mit dieser komplexen Materie, bewußtwerden und handhaben „gewohnt" ungewohnter Situationen) und andererseits tiefe persönliche Betroffenheit bei den Teilnehmern auslösen kann (etwa durch das Hinterfragen/Infragestellen des bisherigen persönlichen Management- und Führungsstiles).

2.1.1.2 SYMA-Baustein 2: OSTO-Systemdiagnose-Workshop

Während der erste Baustein dieses Curriculums auf die Bewußtseinsschaffung und das Erlangen eines vertieften Verständnisses der Zusammenhänge ausgerichtet war, dient der Systemdiagnose-Workshop zum **konkreten Anwenden des OSTO-Systemansatzes als Diagnoseinstrument** für das jeweils eigene System des Teilnehmers.

Aufbauend auf die im ersten Baustein erworbenen Kenntnisse und Fähigkeiten werden die Systeme, für welche die Teilnehmer jeweils verantwortlich sind, in einem dreitägigen Workshop durch die OSTO-Brille analysiert. Als theoretische Basis dient dazu das OSTO-10-Phasen-Diagnosemodell (vgl. Weissengruber, 1987).

Während dieses Workshops werden in einer **schrittweisen Diagnose** die internen und externen Gegebenheiten des zu untersuchenden Systems (Abteilung, Werk, etc.) nach systemischen Gesichtspunkten analysiert und parallel dazu wird eine „Projektliste" geführt, auf der die gefundenen Schwachstellen, Defizite und Veränderungsbedürfnisse festgehalten werden.

Die Teilnehmer können nach diesem Dreitages-Workshop mit ihren individuell erstellten Schwachstellen- und Projektlisten in ihre Organisationen zurückkehren und gegebenenfalls Veränderungsprozesse initiieren.

2.1.1.3 SYMA-Baustein 3: OSTO-Systemveränderungs-Supervision

In der dritten Vertiefungsstufe des SYMA-Curriculums geht es letztendlich um die **Steigerung der Handlungsfähigkeit der Organisation.** In der OSTO-Systemveränderungs-Supervision werden **konkrete Veränderungsprojekte** – die aus dem Diagnoseworkshop entsprungen sein können – **begleitend betreut.**

Unter Supervision verstehen wir dabei die Arbeit einer Gruppe, deren Mitglieder ausschließlich zum Zweck der kritischen Überprüfung ihrer Tätigkeit (in konkreten Projekten) zusammenkommen. Lernen soll erfolgen durch Einblick in die Arbeit anderer. Des weiteren soll erfahren und gelernt werden, andere zu beraten und auch beraten zu werden: Das Erhalten von Ideen und Denkanstößen von anderen – zur Gestaltung der eigenen Arbeit – soll eine Reflexion des eigenen Arbeitsfeldes ermöglichen. Als Grundregel für diese Arbeitssupervision gilt, daß jeder Teilnehmer zugleich „Gebender" und „Nehmender" ist, d.h., daß jedes Mitglied sowohl in der Rolle des Ratsuchenden als auch in der Rolle des Beratenden lernt. Dies bedeutet, daß jedes Mitglied dieser Supervisionsgruppe ein wichtiger und notwendiger Lernpartner der anderen ist.

Wie manage ich ein „Komplexes System...?" ... ein Ausbildungs-Cirriculum ...

Die Größe der Supervisionsgruppe sollte für eine effiziente Arbeit inklusive Supervisor nicht mehr als sieben Personen betragen. Über einen Zeitraum von ein- bis eineinhalb Jahren trifft sich diese Gruppe in Intervallen von fünf bis sechs Wochen zu jeweils eineinhalb- bis zweitägigen Arbeitssitzungen. In diese Arbeitstreffen bringt jeder Teilnehmer sein „Lernprojekt" – d.h. das Projekt der Veränderung seines Systems – ein, wobei jedem Teilnehmer ein gleiches Zeitkontingent zur Bearbeitung seines Projektes in der Arbeitsgruppe zur Verfügung steht.

Das methodische Konzept, das hinter diesen Supervisionssitzungen steht, ist vom Prozeß her das TZI-Konzept [5] und inhaltlich der OSTO-Systemansatz mit all seinen Facetten.

Diese Arbeitssitzungen ermöglichen den Supervisanden eine **kritische Überprüfung ihrer inhaltlichen Arbeit**, sie bieten aber auch den Raum für eine **Reflexion der eigenen Persönlichkeit in der Arbeitssituation**.

2.1.2 Das OSTO-System-Drama

Verhaltensweisen, die als wünschenswert für ein kompetentes Managen komplexer Systeme gesehen werden, sind das Wahrnehmen und Interpretieren von schwachen Signalen, das ganzheitliche Verstehen von Zusammenhängen, das angstfreie antizipative „Herumspinnen", das kreative Generieren von Ideen.

Das Gedankengut des Systemischen Managements und des OSTO-Systemansatzes kann nun auch zur ganzheitlichen Darstellung und Analyse von Systemzusammenhängen, Abhängigkeiten und Wechselwirkungen mit der relevanten Umwelt angewendet werden. Dazu wird die SYMA-Theorie umgeformt in ein „Systemdrama" – in ein „OSTO-Rollenspiel". Diese Vorgehensweise lehnt sich an die Techniken von Psychodrama und Gestalttherapie an, nur eben nicht mit einem therapeutischen Anspruch, sondern mit dem Ziel der **Vergrößerung des Erkenntnisfeldes und Handlungsspielraumes** auf der Ebene eines gesamten Organisationssystems.

Das Systemdrama ist ein eigenständiger Workshop, dessen Anspruch weniger im Trainieren und Erlernen neuer Verhaltens- und Denkweisen liegt, als vielmehr im **Verstehen konkreter Zusammenhänge in spezifischen Unternehmenssituationen** mit dem Ziel, konkrete **Probleme** (zumindest ansatzweise) zu **lösen**. Daß dabei natürlich „auch etwas gelernt wird", ergibt sich sozusagen als Nebenprodukt.

Beim „Systemdrama" treffen sich Menschen aus einem Unternehmen, die die verschiedensten „Lebensdimensionen" des Unternehmens vertreten (können) in einem Raum und bekommen eine komplexe Entscheidungsaufgabe, die sie interdisziplinär diskutieren und in gemeinsamer Zusammenarbeit zu lösen haben.

Gemäß dem OSTO-Systemansatz werden für dieses Systemdrama folgende Rollen verteilt (analog einem Soziodrama, Psychodrama oder einer gestalttherapeutischen Analyse):

– **soziales System** (die beteiligten Menschen mit ihren Wünschen, Bedürfnissen, Interessen und Ängsten)

– **ökonomisches System** („Geld": Umsatz, Kosten, Deckungsbeiträge; Wirtschaftslage, ...)

– **technisches System** (Technologie, Produktion, Maschinen und Anlagen, ...)

– **politisches Steuerungs-System** (Aktionäre, Eigentümer, Betriebsrat, Banken, Gemeinden, Staat, ...)

– **Produkt-Markt-Zukunftssystem** (Zukunftsmärkte, zukünftige Kundenwünsche und -bedürfnisse, zukünftiges Verhalten der Marktpartner, Konkurrenten, ...)

– **Geschichte und Zukunft** (Historie des Unternehmens, „Gründerlegenden", Werte, Visionen, ...)

– **Unterwelt der Organisation** (... was da so jeder in der Organisation weiß, aber keiner offiziell ausspricht ...)

– **Existenzgrund** (d.h. konkret: derzeitige Bedürfnisse der Kunden, Behörden, Verbände etc.)

– **Input** (Lieferanten, Rohstoffe etc.) und **Output** („Was würde ich als Produkt, das diese Firma verläßt, sagen ... ")

– **Feedbacks** (welche Rückmeldungen kommen – gewollt und ungewollt – in das System) und

– **Sinngrund** (Verantwortung der Umwelt gegenüber, z.B. vertreten durch die Meinungen politischer Gruppierungen – die „Grünen" etc.)

Die Protagonisten versuchen, sich emotional in die von ihnen zu vertretenden Rollen einzustimmen und „spielen" in einem Rollenspiel die Standpunkte ihres jeweiligen Rollenmusters. Je mehr sich die Teilnehmer mit ihrer Rolle identifizieren können und je emotionaler die Rollen gespielt werden, desto größer wird in der Regel der Erkenntniszuwachs.

In einer anschließenden Auswertungsrunde werden von allen Teilnehmern gemeinsam neue Erkenntnisaspekte, eventueller Handlungsbedarf und (Re-) Aktionsmöglichkeiten festgehalten, analysiert und bewertet.

Mit Hilfe einer solchen systemdramaturgischen Personifizierung des OSTO-System-Ansatzes können komplexe Unternehmensprozesse nicht nur schnell verdeutlicht werden (und unter die Haut gehen), sondern auch „Misfits", Konflikte und Redesignbedürfnisse binnen kürzester Zeit diagnostiziert und Veränderungen geplant werden. Durch die erlebten systemischen Vernetzungszusammenhänge wird die Gefahr eindimensionaler und/oder monokausaler bzw. linearer Diagnose- und Lösungsversuche erheblich vermindert.

Wie manage ich ein „Komplexes System...?" ... ein Ausbildungs-Cirriculum ...   251

2.2 Verständnis der Prozeßebene

Während das OSTO-SYMA-Curriculum und das OSTO-Systemdrama mehr auf die Ebene des Verständnisses und der Anwendung von Management-Instrumentarien und auf Steigerung der Handlungsfähigkeit im Management abzielen, geht es bei den nachfolgenden beiden Seminardesigns um das vertiefte Verständnis von Prozessen in sozialen Systemen.

2.2.1 Das Organisations-Dynamik-Labor

Das Organisations-Dynamik-Seminar versteht sich als Labor, in welchem die Prozesse und Dynamiken, die sich in den unterschiedlichen Ebenen der **„Unterwelt von Organisationen"** abspielen, erfahren und exploriert werden können. Zielgruppe für dieses Seminar sind vorrangig Menschen, die konkrete Organisationsveränderungsprojekte durchführen oder steuern müssen (z.B. als Projektleiter, interne Berater etc.). Das Ziel ist das **vertiefte Verständnis von „Regeln und Gesetzmäßigkeiten" in sozialen Gebilden.**

Dieses Organisations-Dynamik-Seminar kann selbst als offenes System verstanden werden, als temporäre Lern-Organisation, in die Menschen als Teilnehmer und Veranstalter eintreten; sie haben ein gemeinsames Interesse, etwas über das Verhalten in Organisationen und die Dynamik sozialer Prozesse in Systemen zu erfahren und verstehen zu lernen. Dieser Lernprozeß verschafft den Teilnehmern die Möglichkeit, ihr Verständnis der bewußten und unbewußten Vorgänge und „Gesetzmäßigkeiten" in sozialen Systemen – seien es Kleingruppen / Großgruppen, Organisationen oder Institutionen, Staaten etc. – zu erweitern und mit diesem Lernen wieder in die Umwelt hinauszugehen.

Organisationen können dabei als offene sozio-techno-ökonomische Systeme verstanden werden; sie sind eigenständige Einheiten, die sich durch eine oder mehrere Grenzen gegenüber ihrer Umwelt behaupten. Die unterschiedlichen Auswirkungen und „Qualitäten" von Grenzen können in diesem Seminar ausgiebig erfahren werden. Grenzen sind notwendig, damit Individuen (Sinn-) Beziehungen vielfältiger Art knüpfen können. Ohne Grenzen wäre eine Organisation und damit eine „Heimat" für die Mitglieder nicht möglich. Aber Grenzen dürfen nicht als unüberwindbare Barrieren wirken; damit würden sie Systeme abschließen und Rollenflexibilität und Wandel verhindern. Träume des Niederreißens aller Grenzen erweisen sich somit ebenso illusionär wie der Wunsch, innerhalb sehr starrer Grenzen leben zu wollen.

Damit finden sich die Teilnehmer in diesem Labor in einem Spannungsfeld wieder, wo sie (gegebene und fiktive) Grenzen und Autoritäten erfahren und z.T. bekämpfen, sich in orientierungslosen Zuständen selbst wieder finden und beginnen neue Grenzen zu errichten. Damit erfahren die Teilnehmer am eigenen Leib die **Wirkung von**

Strukturen einer Organisation und die Auswirkungen von Organisationsveränderungen.

Vom methodischen Vorgehen her sind die Teilnehmer in diesem Seminar mit unterschiedlichen sozialen Systemen mit unterschiedlichsten Aufgaben konfrontiert. So gibt es beispielsweise während jedes Seminartages eine **Großgruppensitzung,** wo bis zu 60 Teilnehmer gleichzeitig die Dynamik in anonymen sozialen Gebilden erfahren können. Als konkretes Lernfeld bietet sich die Exploration des Einflusses einer Einzelperson auf ein anonymes soziales System an. Dieses Setting wechselt sich ab mit unterschiedlichsten Kleingruppen: z.B. **Transfergruppen,** die sich mit der Übertragung der erfahrenen Erlebnisse in den beruflichen Alltag befassen; **Rollenanalysegruppen,** in denen die unterschiedlichsten Rollen (als Mann / Frau, Teilnehmer, Führer, Geführter, aber auch von konkret eingenommenen Rollen in dieser Lernveranstaltung ...) erforscht werden; **Sozio-Technische-Systemveranstaltungen,** in denen die Teilnehmer teilautonome Organisationen bilden, die konkrete (z.T. manuelle) Arbeitsaufträge zu erfüllen haben. **Gesamt-Systemveranstaltungen,** in denen auf einer Metaebene die Dynamik des gesamten Labors reflektiert wird, dienen immer wieder zur Standortbestimmung und runden den Seminarverlauf ab.

Die unterschiedlichen Aufgabenstellungen – einmal sich selbst zu reflektieren, dann der Ohnmacht einer anonymen Großgruppe ausgesetzt zu sein und im Anschluß daran eine monotone Bastelarbeit zum Erstellen z.B. eines Papierspieles – und das alles in dauernd wechselnden Teilnehmerkonfigurationen erleben die Teilnehmer sehr oft als „Wechselbäder", die die Anforderungen unterschiedlicher sozialer Systeme an das Individuum klar werden lassen.

Als konkrete Lernergebnisse gingen laut Aussagen von Teilnehmern sowohl das Erkennen von Fits und Misfits zwischen Organisationsform, Aufgabenstellung und Zusammensetzungen von Menschenansammlungen als auch eine realistischere Einschätzung von Machbarkeiten in Prozessen organisatorischer Veränderung hervor.

2.2.2 Das Seminar „Sensibilität sozialer Prozesse"

Überall wo Menschen zusammenleben und zusammenarbeiten – sei es in kleinen Gruppen oder größeren Organisationen – spielt das **zwischenmenschliche Verhalten** eine überragende, zentrale und häufig auch recht problematische Rolle.

Wegen der hohen Bedeutung dieser „Dimension" wurde u.a. das Seminar „Sensibilität sozialer Prozesse" entwickelt und eingerichtet. Das Ziel dieses Seminares ist vorrangig das **Erkennen der Wirkung des eigenen Verhaltens** auf andere Menschen und gegebenenfalls **Impulse zur Veränderung** des eigenen Verhaltens zu geben. Im Gegensatz zum Organisations-Dynamik Labor, wo es um die Dynamiken und Pro-

Wie manage ich ein „Komplexes System...?" ... ein Ausbildungs-Cirriculum ...

zesse in Organisationen und (mehr oder weniger großen und anonymen) Gruppen geht, liegt hier das Hauptaugenmerk auf der Entwicklung der Persönlichkeit des Individuums. In diesem Seminar soll Menschen die Gelegenheit gegeben werden,

- ihr zwischenmenschliches Verhalten (und dessen Auswirkungen in sozialen Prozessen) besser kennenzulernen und überprüfen zu können („explorieren"),
- „blinde Flecken" abzubauen (Vertiefung der Selbsterkenntnis),
- unbewußte psychische und geistige Hintergründe des eigenen Verhaltens zu entdecken („diagnostische Kompetenz – existentielle Kompetenz"),
- um gegebenenfalls. neue Formen (und Inhalte?) zwischenmenschlichen Miteinanders zu erforschen, einzuüben und weiterzuentwickeln („personale und soziale Kompetenz").

Dieser Baustein rundet den Leitsatz, daß „Personal-Entwicklung" sehr viel mit „Persönlichkeits-Entwicklung" zu tun hat, ab. Das Seminar ist als eine „total-residence"-Veranstaltung ausgerichtet. Das heißt: Alle Teilnehmer sind von Anfang bis Ende gemeinsam in einem Haus untergebracht. Sie müssen sich dabei selber verpflegen, kochen, haushalten, sich die „Freizeiten" organisieren, das Leben dort miteinander gestalten ...

Die „Trainer" wohnen außerhalb des Hauses und betreten dieses nur zu den vereinbarten gemeinsamen „offiziellen Arbeitszeiten" der Gruppe.

3. Konkrete Erfahrungen

Die in diesem Artikel dargestellten Seminare wurden bisher sowohl am freien Seminarmarkt als auch in betriebsinternen Veranstaltungen durchgeführt. Die Erfahrungen reichen dabei von Produktionsbetrieben (Automobil- und Automobilzulieferindustrie, Elektronikindustrie) bis zu Dienstleistungsbetrieben (Druckereien, Banken), von Großbetrieben bis zu Mittelständlern.

Dabei zeigte sich, daß besonders für den **SYMA-Baustein 1** (OSTO-Systemmanagement Seminar) eine „bunt gewürfelte" Teilnehmerschaft das Lernen fördert. Wichtig für dieses Seminar ist eine intellektuelle Aufgeschlossenheit und Offenheit der Thematik gegenüber sowie die Fähigkeit, sich selbst kritisch zu hinterfragen (und hinterfragen zu lassen). Um an einem Beispiel konkret zu werden: Dieses Seminar wurde für Mitglieder der Unternehmensspitze durchgeführt und dann „per Verordnung" in die Organisation „hinuntergetragen". Dabei zeigte sich oftmals Reaktanzverhalten gegen die Lerninhalte bei Teilnehmern, die auf unteren Hierarchieebenen zu diesem Seminar „delegiert" wurden.

Gute Erfahrungen mit unteren Hierarchieebenen machten wir wiederum beim **SYMA-Baustein 2** (OSTO-Systemdiagnose-Workshop) und beim **SYMA-Baustein 3**

(OS-TO-Systemveränderungs-Supervision). Die Mentalität des „konkreten Tuns" in den Workshops fördert das Engagement der Teilnehmer. Der Wunsch und die Aussicht, das eigene System zu verstehen und verändern zu können, sind die wesentlichen Treiber für den Erfolg. Hohe Hierarchen wiederum – die beim 1. Baustein begeistert waren – haben wir in den Folgeworkshops manchmal etwas „zappelig und ungeduldig" erlebt. Ein Design, das beim Baustein 3 (Systemveränderungs-Supervision) die Hierarchie als Steuerungsgruppe miteinbindet, die konkrete Arbeitssupervision und Projektbearbeitung aber auf der operativen Ebene beläßt, scheint sich zu empfehlen.

Der **Diagnose-Workshop**, die **Systemveränderungs-Supervision** und das **Systemdrama** bieten sich für eine innerbetriebliche Anwendung und für die Lösung anstehender Probleme an. Als sehr positiv von den Teilnehmern wurden diese Veranstaltungen bei einer Teilnehmerzusammensetzung aus mehreren unterschiedlichen Unternehmensbereichen erlebt, da sie den Trainees die Möglichkeit gaben, über den „eigenen Tellerrand" zu schauen und mehr Verständnis über die Gesamtzusammenhänge im Unternehmen zu entwickeln.

Bei den beiden Seminaren zum Vertiefen des Verständnisses auf der Prozeßebene (**Organisations-Dynamik-Labor** und **Sensibilität sozialer Prozesse**) sollte von einer innerbetrieblichen Verwendung Abstand genommen werden. Die Teilnehmer sind mit völlig überraschenden, fordernden und neuartigen Situationen konfrontiert. Aus diesem Grund sollen sie sich bei diesen Seminaren in einem geschützten Raum befinden, in dem sie mit anderen Verhaltensweisen experimentieren können, ohne sich dabei vor anderen Mitgliedern der Heimorganisation „zu blamieren". Wir raten daher bei diesen Veranstaltungen unbedingt zu Seminaren außer Haus. Zielgruppe für diese Lernbausteine sind vorrangig Menschen, die Veränderungsprozesse begleiten und steuern, z.B. (interne) Berater, Coaches oder Projektleiter.

Wichtig erscheint uns, daß diese Seminare und Workshops in ein **längerfristiges innerbetriebliches Konzept der Personalentwicklung und der geplanten organisatorischen Veränderung** eingebettet sind. Die Maßnahmen müssen, um erfolgreich sein zu können, mit der Unternehmensstrategie verbunden sein und von der Unternehmensspitze getragen, gestützt und gefördert werden.

4. Abschluß

In diesem Artikel wurde versucht, ein **Trainingskonzept für Manager** zum Verstehen, Erlernen und Anwenden eines komplexen Systemansatzes für das Diagnostizieren, Durchdenken und Gestalten von heutigen „offenen" Organisationen darzustellen und schrittweise zu entfalten.

Mit diesen Darstellungen verbindet sich die Hoffnung, dem einen oder anderen Kollegen einen Denkanstoß für die alternative Gestaltung von Trainingskonzepten gege-

Wie manage ich ein „Komplexes System...?"... ein Ausbildungs-Cirriculum ... 255

ben zu haben und in einen fruchtbaren Erfahrungsaustausch- und Diskussionsprozeß zu treten.

Anmerkungen

[1] Das mechanistische Organisationsmodell ergab sich als eine Folgewirkung der Theorien Taylors, denenzufolge die Aufgaben und Subsysteme von Organisationen isoliert und mehr oder minder unabhängig voneinander zu optimieren sind.

[2] vgl. dazu das exzellente Video von Tom Peters: Teaching elephants to dance.

[3] OSTO steht für Offenes Sozio-Techno-Oekonomisches System, d.h. jedes System besteht aus einem Zusammenspiel von technologischen, ökonomischen und menschlichen Komponenten, die in einem offenen Austausch mit der Umwelt stehen. Eine genaue Beschreibung des OSTO-Systemansatzes und der konkreten Management-Instrumente findet sich bei Rieckmann und Weissengruber (1990).

[4] Konkret geht es um eine neue Sichtweise von Organisationen (die „OSTO-Brille"), um ein theoretisches Organisationsmodell (das OSTO-Systemmodell) und um konkrete Instrumente zum Diagnostizieren und Steuern von Organisationen (das „OSTO-SYMA (= SYstem-MAnagement) Tool" bzw. SYMA-Instrument).

[5] Konzept der Themenzentrierten Interaktion nach Ruth Cohn, wonach alle Probleme sich aus einem Konglomerat aus Sachproblem, Beziehungsproblem der Beteiligten und der Auseinandersetzung mit dem eigenen Ich zusammensetzen. Vorrangig ist die Lösung des Sachproblemes; jedoch muß dort, wo in diesem Dreiklang eine Störung vorliegt, mit der Problembearbeitung begonnen werden.

Literatur

Dörner, D. (1981). Über die Schwierigkeiten menschlichen Umgangs mit Komplexität. *Psychologische Rundschau, 32,* 163-179. – **Dörner, D. (1983).** *Lohhausen – Vom Umgang mit Unbestimmtheit und Komplexität.* Bern: Huber. – **Dörner, D. (1989).** *Die Logik des Mißlingens.* Reinbek: Rowohlt. – **Gerken, G. (1986).** *Der neue Manager.* Freiburg: Haufe. – **Hanna, D. (1988).** *Designing organisations for high performance.* Prentice Hall: Addison Wesley. – **Hickman C. & Silva M. (1986).** *Der Weg zu Spitzenleistungen.* München: Goldmann. – **Krieg, W. (1985).** Management- und Unternehmensentwicklung – Bausteine eines integrierten Ansatzes. In G. Probst & H. Siegwart (Hrsg.), *Integriertes Management.* Bern: Haupt. – **Malik, F. (1984).** *Strategie des Managements komplexer Systeme. Ein Beitrag zur Management-Kybernetik evolutionärer Systeme.* Bern: Haupt. – **Peters, T. (1989).** *„Teaching elephants to dance"* – Tom Peters Überlebensstrategie (Video). Frankfurt/M.: FSP. – **Rieckmann, H. (1980).** Organisationsentwicklung und soziotechnische System-Gestaltung. In U. Koch, H. Meuers & M. Schuck (Hrsg.), *Organisationsentwicklung in Theorie und Praxis.* Frankfurt/M.: Industrielle Organisation. – **Rieckmann, H. (1982).** *Auf der grünen Wiese ... Organisationsentwicklung einer Werksneugründung. Soziotechnisches Design und Offene-System-Planung.* Bern: Haupt. – **Rieckmann, H. & Weissengruber, P. (1990).** Managing the unmanageable. In H. Kraus, N. Kailer & K. Sandner (Hrsg.), *Management Development im Wandel.* Wien: Manz. – **Trist, E. (1975).** Sozio-technische Systeme. In W. Bennis, K. Benn & R. Chin (Hrsg.), *Änderung des Sozialverhaltens.* Stuttgart: Konzepte der Humanwissenschaften. – **Vester, F. (1980).** *Neuland des Denkens.* Stuttgart: dtv. – **Weissengruber, P. (1987).** *Holistische Unternehmensberatung – Die Betriebsberatung vor dem Hintergrund des systemisch-evolutionären Paradigmas und unter Einbeziehung des Organisationsentwicklungs-Ansatzes.* Unveröff. Diss., Linz.

Marlen Theiß

Zielorientiert verhandeln: Wertschätzung und Durchsetzung – geht das zusammen?

Am Anfang war das Wort und gleich danach kam die Verhandlung

Und dann kam jemand auf die Idee, daraus ein Training zu machen. Und da das eine gute Idee war, griffen immer mehr Leute diese Idee auf und verkauften die Trainings mit wunderschönen Namen und versprachen wunderbare Erfolge ...! Ja, und wenn sie mittlerweile nicht eine neue Idee haben, dann verwursten sie diese noch immer!

Definitionen, Grundlagen und was vor einem Training wichtig ist

Es ist verblüffend, daß ausgerechnet ein bodenständiges Thema wie „Verhandlungsführung" die Trainerzunft zu verführerischen Slogans animiert, die von der bildungswilligen Klientel mit Begeisterung konsumiert werden, z.B.:
* *Schlagend* argumentieren und verhandeln!
* Überlegen im Gespräch; *siegreich* in Verhandlungen!
* So gewinnen Sie *immer*!
* Konflikt*frei* verhandeln!
* Verhandlungspartner bewußt *für sich* gewinnen!

Was sind wohl die schlagenden Argumente, die siegreichen Verhandlungen und die immerwährenden Erfolge? Gibt es sie also doch, die legendäre Trick-Kiste, die den meisten Teilnehmern/innen vor dem geistigen Auge ersteht, wie die Aussicht auf immensen Reichtum in der Vorstellung von Schatzsuchern? Brauchen wir nur ein Seminar zu besuchen und sind die Gewinner jeder Verhandlungsszene?

Zunächst einmal: Was ist überhaupt: eine Verhandlung? In dem Präfix „ver-" sind gemäß dem Duden mehrere mittelhochdeutsche Vorsilben eingeflossen, die unserem Begriff Verhandlung dadurch jeweils einen anderen Sinn geben könnten:

ver = fair – heraus: könnte bedeuten, daß man ordentlich etwas heraushandeln kann,
ver = faur – vor/vorbei: könnte bedeuten, daß es etwas ist, was vor dem Handeln passiert,
ver = fra – weg: meint vielleicht, daß die Handlung (dadurch) wegfallen kann.

Wenn der Begriff selbst im Duden nicht viel hergibt, dann hilft vielleicht unser Alltag weiter: Wer verhandelt mit wem worüber und mit welchem Ziel? Hört man den Menschen in ihrer Umgebung einmal genau zu, wird man erstaunt sein, wie oft und wie intensiv verhandelt wird: mit dem Polizisten über das „Knöllchen"; mit dem Vorgesetzten über den Tag Sonderurlaub; mit der Sekretärin über den wichtigen

Brief, der unbedingt noch herausraus muß, obwohl sie Feierabend hat; mit dem Lebenspartner über den Urlaubsort; mit dem hoffnungsvollen Sprößling über schulischen (Nicht-) Einsatz; im Geschäft über einen kleinen preislichen Nachlaß; im Kollegenkreis über das Kaffeekochen etc.

Und trotzdem glauben die meisten Menschen, daß eine „richtige" Verhandlung etwas anderes sein muß, größer und wichtiger vielleicht. Und es klingt durch, daß eine Verhandlung oft schwierig und meist auch mit Konflikten behaftet sei.

Diese Konfusion um den Begriff stellen Trainer/innen auch immer wieder bei Vorgesprächen mit Interessenten und Kunden fest, wenn es darum geht, ein Verhandlungs-Training inhaltlich zu definieren.

Eine recht pragmatische Definition, die ich entwickelt habe und als Basis verwende, lautet: *Eine Verhandlung ist ein beabsichtigtes Gespräch, in dem zumindest eine/r der Beteiligten konkrete Vorstellungen über das Gesprächsziel hat und auch Maßnahmen einleitet , dieses Ziel zu erreichen.*

Mit dieser zwar weiten Definition haben wir immerhin den Small-talk und das unabsichtliche Geplauder ausgeschaltet, haben aber noch ein weites Feld von Verhandlungen, die Bestandteil eines Trainings werden können.

Was soll erreicht werden?

In keinem Training sitzen Teilnehmer/innen mit identischen Fähigkeiten, Stärken und Schwächen. Und darum ist eigentlich das klassische Training nicht der ideale Weg, um diesen Unterschieden gerecht zu werden. Bei einer Teilnehmerzahl von 10 bis 12 Personen ist es einfach nicht möglich, ganz genau die Verhaltensweisen zu trainieren, die der einzelne benötigt. Der ideale Weg heißt Coaching und ist für manche Firmen unbezahlbar. Also behelfen wir uns mit dem zweitbesten Weg: dem konventionellen Training (10-12 Teilnehmer/innen und 1-2 Trainer/innen).

Für einige Teilnehmer/innen ist das wichtigste Lernziel, in Verhandlungen überhaupt den Mund aufzumachen, ihr Ziel klar und deutlich zu artikulieren und sich auf angemessene Art und Weise durchzusetzen. Andere wiederum können das (zu) gut und müssen etwas ganz anderes lernen: zuhören, eingehen auf die Argumente des Partners, andere nicht „überfahren", sich etwas zurücknehmen, ohne das Ziel aus den Augen zu verlieren. Und das ist der Spagat zwischen Durchsetzung und Anpassung.

Die Gefahr liegt darin, daß Teilnehmer/innen glauben, es würde eine Art der Überkompensation von ihnen verlangt. Der/die Ruhige befürchtet, er/sie müsse jetzt ganz „wild" werden. Und da er/sie das so kaum schaffen kann (und/oder will), läßt er/sie gleich mutlos jede Art der (für ihn/sie angemessenen) Durchsetzung bleiben. Der Durchsetzungsfreudige meint, daß er jetzt gar nichts mehr sagen darf und wird darüber erst recht aggressiv. Diese – gedachten – Mißverständnisse müssen im Training aufgeklärt werden. Die Teilnehmer/innen sollten das Training möglichst wie ein Angebot und eine Einladung verstehen, die an die eigene Entscheidung appelliert: *„Lerne, was Du brauchst, um Deine Ziele zu erreichen; und zwar auf Deine Weise!"*

Damit kann in einem Training die vorher zitierte Überkompensation in den Köpfen der Teilnehmer/innen vermieden werden. Es wird quasi eine Erlaubnis ausgesprochen, die zum Lernen, Ausprobieren und Umsetzen ermuntert. Und es werden keine schablonenhaften Klischees vom „guten Verhandler" als Norm vorgegeben. Um das erreichen zu können, muß ein sinnvolles und wirksames Verhandlungs-Training an alle drei „Straßen des Lernens" gerichtet sein. Der/die Teilnehmer/in braucht für die

kognitive Lern-Straße	Aufklärung durch Information, Theoriemodelle und Konzepte;
emotionale Lern-Straße	selbsterfahrendes Lernen (jetzt und hier, und was geht das mich selbst an);
aktionale Lern-Straße	verhaltenstrainierende Angebote, die er umsetzen und üben kann.

Wenn ein Lernangebot auf allen drei „Straßen" erfolgt, ist die Wahrscheinlichkeit groß, daß jede/r Teilnehmer/in ein passendes Angebot für die eigene Art zu lernen findet.

Die Zielgruppen

Sehr leicht ist es, ein Verhandlungs-Training für *Außendienst- und Vertriebsmitarbeiter/innen* zu planen. Die Verhandlungen, die von dieser Klientel geführt werden, sind (sollten es zumindest sein) absolut zielorientiert (Pre-sales-Gespräche, Auftragsverhandlungen und Reklamationen) und entsprechen voll meiner Definition.

Bei einem Training für *Führungskräfte* sind es oft Mitarbeitergespräche (Anweisungen, Kritik etc.), die Verhandlungsthema sind. Hier fällt es der Klientel oft schwer, sich für ein ganz konkretes Ziel zu entscheiden, weil oft mehrere Ziele vermischt werden (Kritik am Mitarbeiter – aber er soll dabei auch motiviert werden; ein verbaler Kraftakt, der beide Ziele nicht erfüllen kann). Ein weiteres Verhandlungsthema für Führungskräfte ist der Interessenausgleich zwischen den Delegierten verschiedener (Geschäfts-) Bereiche, Verhandlungen in und zwischen Projektteams oder Verhandlungen mit Kunden und Lieferanten, Arbeitnehmervertretern etc.

Dabei geht es nicht nur um Zielerreichung in Verhandlungen, sondern auch um die Fähigkeit, überhaupt Kompromisse zu sehen und zu prüfen und schließlich tragfähige Kompromisse einzugehen. Dazu müssen die Teilnehmer/innen den Unterschied zwischen „faulen" und „tragfähigen" Kompromissen erkennen und natürlich selbst niemanden in die Falle eines faulen Kompromisses hineinlocken.

Außerdem ist ein Verhandlungs-Training sinnvoll für die *Mitarbeiter/innen von Projektteams.* Der Vorteil eines gemeinsamen Trainings besteht darin, daß die Gruppenmitglieder in der Projektgruppe gemeinsam lernen und sich gemeinsam entwikkeln. Nach meiner Erfahrung mit Projektteams ist es häufig so, daß es sehr durchsetzungsfreudige Gruppenmitglieder gibt, die ihr „Sachziel" zwar erreichen, aber dabei einen riesigen Scherbenhaufen produzieren, dessen Bewältigung Zeit und Energie kostet, die besser im Projekt investiert wären. Solche Situationen kann man ganz gut mit dem Satz beschreiben: „Jeder Hammer, den .wir werfen, kommt zurück." Die eher überangepaßten Gruppenmitglieder, die zwar viel Harmonie verbreiten, aber in der Sache nichts bewegen, haben die Chance, angemessene Durchsetzungsstrategien zu lernen, und zwar über Verhandlung mit anderen und nicht „gegen" andere.

Eine vierte Zielgruppe unterscheidet sich nicht durch Aufgabe und Funktion von den drei anderen, sondern durch das Geschlecht. *Verhandlungsführung für Frauen* impliziert nicht, daß Frauen andere Verhandlungsobjekte haben. Sie haben eher ein Durchsetzungs- und Lerndefizit im Fordern und Klar-sagen, was man will. Also: Zielorientierte Gespräche führen (mit der zusätzlichen Variante: Lernen, „Nein" zu sagen).

Hürden und Hindernisse: double-binds

William James sagte einmal: „Die Menschen haben für ihre Handlungen zumeist zwei Gründe: einen, der gut klingt, und den wirklichen". Bei kaum einem anderen Training bekommt man in der Planungsphase, wenn über Inhalte, Ziele und Konditionen verhandelt wird, so viele Bestätigungen dieser Aussage in Form von klassischen double-binds (ein Begriff von Bateson, 1972; deutsch: Doppelbotschaften) zu hören, wie bei der Konzipierung von Verhandlungsführungs-Seminaren.

Die Botschaft lautet einerseits (stark überspitzt formuliert – aber nah an der Sache): „Machen Sie unsere Leute fit, damit die sich draußen wie ein Verhandlungsterrier in die Gesprächswade des Kunden verbeißen und ihr Ziel keine Sekunde aus den Augen verlieren". Die Botschaft, die aber noch übermittelt wird, heißt: „Und laß dieselben Menschen lammfromm sein, wenn sie wieder in das eigene Unternehmen kommen und mit mir, ihrem Chef, reden, denn sonst könnte es ja sein, daß ich alt aussehe, wenn die mit mir erfolgreich verhandeln.."

Es ergeben sich sehr interessante Gespräche, wenn diese Doppelbotschaften aufgedeckt und angesprochen werden. Scheinbar werden mit Seminaren über Verhandlungsführung bestimmte Fähigkeiten und Fertigkeiten assoziiert, die die Teilnehmer/innen danach beherrschen, die aber doch „eigentlich" Herrschaftswissen bleiben sollen. Wo bleibt mein Vorsprung, denkt sich manch ein/e Vorgesetzte/r, wenn selbst meine Assistenten, die Sachbearbeiter/innen und der Bürobote „erfolgreich verhandeln" können.

Nur wenn offen über Ziele und Erwartungen, aber auch über Bedenken gesprochen wird, kann ein Training erfolgreich in die Firmenkultur eingebettet werden. Wenn das offene Gespräch nicht erfolgt, wird es passieren, daß zwischen Trainer/in und Auftraggeber eine andere Form eines double-binds entsteht, die nicht immer sofort erkennbar ist. Dieses ist z.B. der Fall, wenn ein Unternehmen einen Trainer beauftragt, ein Seminar über Verhandlungsführung auf der Basis von wertschätzendem und humanem Verhalten durchzuführen, das Unternehmen aber so autoritär (und evtl. auch inhuman) geführt wird, daß die Seminarinhalte intern keinesfalls in den Alltag transferiert werden können (oder nur von tollkühnen, engagierten – manchmal auch rebellischen – Mitarbeitern, die es halt ein xtes Mal versuchen und sich irgendwann einen anderen Arbeitsplatz suchen, an dem sie die erlernten Dinge umsetzen und anwenden können). Meist bekommt man solche Informationen (es sind eher Eindrücke der atmosphärischen Art) erst im Training mit, weil die Vorgespräche nur mit einigen wenigen Führungskräften geführt werden, die das Firmenklima und die Art, wie intern miteinander umgegangen wird, natürlich aus ihrer Sicht beschreiben.

Ein Training darf keine Feigenblattveranstaltung sein, sondern ein kontinuierliches Entwicklungsprogramm. Ein/e Trainer/in muß gezielt darauf hinweisen, daß ein Verhandlungs-Training kontraproduktiv wirkt, wenn die Teilnehmer/innen hinterher feststellen, daß sie zwar ein paar interessante Trainingstage hatten, dabei auch wertvolle und wichtige Impulse erhalten haben, der Transfer in den beruflichen Alltag jedoch nicht funktioniert, weil das, was an Verhandlungsstil und Umgangston topdown vorgelebt wird, nicht mit dem Erlernten übereinstimmt.

Als Trainer darf man sich nicht von der Vorstellung blenden lassen, daß „mal eben" ein Training Wunder bewirken könnte, und Führungsversäumnisse oder Unternehmensfehler dadurch aufgehoben würden. Es schmeichelt zwar oft der eigenen Eitelkeit, wenn man quasi als „Retter" für vertrackte Situationen geholt und eingesetzt wird, aber ein Training unter solchen Vorzeichen wird mit hoher Wahrscheinlichkeit schiefgehen. Oft werden durch solche „Schnellschüsse", die noch dazu motivieren sollen, die Konflikte erst richtig angeheizt. Denn dann kollidieren die hehren Sollzustände, die im Training vermittelt werden, mit der ach so niederen Realität. Und dann knallt's. Und von Motivation keine Spur.

Das heißt also, daß die Trainingsphilosophie und die Firmenphilosophie deckungsgleich sein müssen. Es gibt kaum ein Training, bei dem die Widersprüche zwischen Trainings-Theorie und gelebtem Alltag so schnell evident werden, wie in einem Training „Verhandlungsführung". Jeder Mitarbeiter kann genau sehen, wie und auf welche Weise der eigene Vorgesetzte – aber auch die übrigen Hierarchen des Unternehmens – Verhandlungen führen. Jeder Mitarbeiter vergleicht in einem Training, ob er das im Training erlernte Verhalten gefahrlos in der eigenen Arbeitswelt einsetzen kann oder ob die Trainingsinhalte konträr zu den „Schattenwerten" des eigenen Unternehmens stehen. Als Schattenwert bezeichne ich die ungeschriebenen Gesetze eines Unternehmens, die oft im klaren Widerspruch zu der auf Hochglanzpapier gedruckten Firmenphilosophie (company values) stehen. Diese ungeschriebenen Gesetze werden neuen Mitarbeitern nicht verbal mitgeteilt, sondern – nicht bewußt – vorgelebt.

Da man ein Verhandlungs-Training nicht „per Katalog" bestellen sollte, steht die aufwendige Arbeit am Beginn: *Die Auswahl des Trainers!* Das sollte mindestens mit derselben Intensität erfolgen, die sonst der Auswahl der Firmenfahrzeuge vorbehalten bleibt. Ein/e Trainer/in sollte auch unter dem Aspekt ausgewählt werden, daß er/sie das Unternehmen eine Zeit lang (zwischen 2 und 5 Jahren) begleitet, um wirkliche Entwicklung und nicht nur Trainings-Kosmetik zu betreiben. Nur dann sind Entwicklungen und nachhaltige Transfers in den beruflichen Alltag möglich. Und nur dann erreichen sie außerdem eine nachhaltige Verbesserung der internen, zwischenmenschlichen Kommunikation. Und wie findet man einen „guten" Trainer? Dies ist eine nicht ganz einfache Aufgabe, die sich sicherlich nicht nur durch den Vergleich von Honoraren lösen läßt.

Ein wesentliches Kriterium ist: Wie verhandelt der Trainer mit dem Auftraggeber? *Lebt* er das, was in den Angebotsunterlagen steht? Wie verhandelt er/sie über Inhalte, Konditionen und Vorgehensweisen? An solchen Dingen können Auftraggeber auch ohne großartige Pilotprojekte feststellen, ob der Trainer das fachliche Handwerkszeug besitzt. Die nächste Frage müßte sein: Wie hält er/sie selbst es mit der eigenen Weiterbildung? Wieviel Urlaub gönnt er/sie sich? Wie informiert ist er/sie über psychologisches und andragogisches Hintergrundwissen? Und dann kommt der berühmte „Nasenfaktor": Kann und will der Auftraggeber mit diesem Trainer arbeiten? Ihn an vertraulichen Informationen teilhaben lassen, ihn in wichtige Entscheidungen einbeziehen? Ihm die eigenen Mitarbeiter anvertrauen?

Verhandlungsführung: Stufe für Stufe

Da menschliche (und organisatorische) Entwicklung nur schrittweise, also in Stufen vonstatten geht, sind einmalige Trainings oft wirklich das, was Zyniker behaupten: Der Trainer und das Training als Durchlauferhitzer fürs „Gefühlvolle" und fürs „Gemüt". Quasi als Feigenblatt für Pseudo-Personalarbeit und Pseudo-Motivation.

Statt viel Geld für unkoordinierte Einzelmaßnahmen auszugeben, empfiehlt es sich, von vornherein *Stufentrainings* einzuplanen, um die Teilnehmer/innen über einen längeren Zeitraum (ideal sind 18 bis 24 Monate) durch Trainingsmaßnahmen zu betreuen. Die Erfolge sind dauerhafter und die Teilnehmer/innen haben die Möglichkeit, die eigene Entwicklung gezielt anzugehen. Gute Stufen-Trainings beginnen mit einem Basis-Seminar, um die Gruppe inhaltlich und thematisch zu synchronisieren. Ein solches Modul dauert 3-4 Tage. Es ist sinnvoll, das zweite Trainings-Modul erst nach einem Zeitraum von min. 2 und max. 4 Monaten anzusetzen.

Mit der Personalabteilung (und/oder Firmenleitung) sollten die Inhalte und Ziele aus deren Sicht abgestimmt werden. Danach empfiehlt es sich, in einem Workshop mit der Zielgruppe abzuklären, ob die Inhalte und Ziele auch genau dem entsprechen, was die Zielgruppe braucht. Und erst danach startet das erste Modul. Natürlich wirkt diese Vorgehensweise auf den ersten Blick teuer. Und wer nur die direkten Kosten vergleicht, wird auf gravierende Unterschiede stoßen; denn die Vorbereitungstage eines Trainers, die internen Kosten für die vielen Gespräche, den Workshop etc. stehen einem fixen Kostenblock von 3 oder 4 Trainertagen gegenüber, die anfallen, wenn ein Training „mal eben so" gemacht wird. Aber das ist eine der berüchtigten Milchmädchenrechnungen. Crosby (1986), der amerikanische Qualitätspapst, hat genau dieses Denken angeprangert und fordert dagegen: *„Erstes absolutes Gebot – Qualität muß als Erfüllung von Anforderungen definiert werden"* und: *„Zweites absolutes Gebot – Das Grundprinzip der Qualität ist Vorbeugung."*

Stufentrainings sind sinnvoll, weil die Teilnehmer/innen schnell und zügig Theorien und Werkzeuge um- und einsetzen können und erst dann weitere theoretische Modelle lernen, die sie dann wieder ausprobieren können. Bei dieser Vorgehensweise erfolgt entschieden mehr Transfer, als bei konventionellen Seminaren, die einmalig über 3-4 Tage gehen.

Im Klartext heißt das, daß bei einem schlecht eingebetteten Training später die sog. Kosten der Abweichung (die zwar nicht out-of-pocket, trotzdem aber immens sein können) viel höher sind, als der vermeintlich eingesparte Betrag. Gar nicht zu reden von den"ideellen" Kosten, die bei Mitarbeitern entstehen, die frustriert und enttäuscht sind, weil sie das mit Begeisterung aufgenommene Wissen nicht umsetzen können.

Die Organisation von mehrstufigen Trainings (wie schafft man es, alle Teilnehmer/innen zu allen Modulen wieder zusammenzubekommen ?) ist recht einfach: Die weiteren Termine werden gemeinsam in der Gruppe beschlossen. So trägt jeder Teilnehmer die Verantwortung, daß der Termin in den eigenen Arbeitsablauf hineinpaßt und er/sie den Termin auch einhält.

Die Basis: Verhandeln nach dem Harvard Konzept

Mit ihrem Buch „Das Harvard Konzept" haben Fisher, Ury und Patton (1993) ein Standardwerk geschaffen, dessen Philosophie und Konzept sich als Basis für Trainings hervorragend eignet. Ihr Credo lautet: statt um Positionen zu rangeln und zu feilschen, lieber die Interessen der Verhandler im Auge zu behalten und einen Interessen-Ausgleich herbeizuführen. Sie stellen anhand von Beispielen sehr konkret dar, daß es entschieden sinnvoller ist, sachbezogen zu verhandeln, statt weiche und/oder harte Verhandlungs-Strategien anzuwenden, die ja doch meist in einer Verhandlungs-"Sackgasse" münden und wenig Raum für situative Verhaltensweisen lassen. Die Beispiele, aber ganz besonders der Spirit dieses Buches lassen sich sehr gut in Trainingssequenzen integrieren.

Die „Gebote" für gute Verhandlungsführung

Ein wichtiges Trainingsziel sollte es sein, den Teilnehmern/innen zu vermitteln, *daß jede Verhandlung ein Unikat ist und es daher auch keine Rezepte für die Vorgehensweise geben kann.* Gleichzeitig soll jedoch der Blick geschärft werden, um Grundregeln zu erkennen, die in jeder Verhandlung gültig sind und deren Beherrschung und Anwendung in Verhandlungen den Kopf frei halten für das wirkliche Problem und dessen Lösung.

Eine Möglichkeit ist, den Teilnehmern/innen als Aufgabe zu geben: „Stellen Sie sich vor, Sie dürften 'Gebote und Regeln für gute Verhandlungsführung' erlassen. Erarbeiten Sie mindestens 5 und maximal 10 Regeln, die für Verhandlungen wichtig sind. Bringen Sie diese in eine Rangfolge!"

Die Ergebnisse der Kleingruppen sehen meist ziemlich ähnlich aus. Alle Gruppen betrachten gutes Zuhören (aktives Zuhören natürlich!) und gute Argumente als wichtige Gebote für Verhandlungen, gefolgt von: angenehme Atmosphäre schaffen, freundlich sein, ausreden lassen etc. Was nur ganz selten als „Gebot" erscheint, und wenn, dann nie an erster Stelle der Rangfolge, ist das Verhandlungsziel: *Was will ich erreichen? Wo will ich hin in dieser Verhandlung? Was soll durch diese Verhandlung anders oder besser werden?*

Wenn alle Gebote, die die Teilnehmer/innen gesammelt haben, diskutiert worden sind, stelle ich die *„8 Gebote für gute Verhandlungsführung"* (Theiß) vor:

1. *Das eigene Ziel für das Gespräch definieren und festlegen* (also: Wo will ich hin, was will ich erreichen?).

2. *Fragen stellen, um die Ziele des anderen kennenzulernen, seine Motive und seine „Klingelknöpfe"* (also: Wie weit sind wir voneinander entfernt?).

3. *Aktiv zuhören: Der Partner steht im Mittelpunkt des Interesses* (also: Keine Unterbrechungen, keine Interpretationen, keine Angriffe und auch kein Vorformulieren der eigenen Argumente).

4. *Nutzen und Vorteil der eigenen Lösung aufzeigen* (also: Was hat der andere davon, wenn er das tut, was ich möchte? Wie kann ich das vermitteln und mit welchen Argumenten?).

5. *Teilergebnisse sichern* (also: Was bereits verabschiedet ist, nicht wieder zerreden).

6. *Auch Kompromisse akzeptieren* (also: Kompromisse sehen, prüfen und dann erst akzeptieren).

7. *Das endgültige Ergebnis sichern und bestätigen lassen* (also: Eine konkrete Vereinbarung treffen und nicht mit Annahmen und Vermutungen arbeiten).

8. *Den Partner wertschätzend behandeln* (also: Die Normen und Werte des anderen respektieren).

Diese „Gebote" können als Grundlage für Übungen und Fallstudien im Training verwendet werden.

Durchsetzungsstrategien

Die meisten Menschen haben unklare Vorstellungen davon, wie sie sich in Verhandlungen durchsetzen. Darum sollten diesem Thema nicht nur theoretische Erklärungen, sondern auch Übungen zur Förderung der Selbstwahrnehmung gewidmet werden. Den Hintergrund hierfür bilden die *16 „legitimen" Durchsetzungsstrategien* (nach R. Müller, 1989):

1. *Den Wunsch ohne weitere Begründung höflich äußern:* Bitten, freundlich fragen, klar sagen, was man will.

2. *Eine einsichtige Begründung des Wunsches geben: Pläne, Absichten, Bedürfnisse, Klingelknöpfe etc.* Dabei sind sachliche Gründe, aber auch Übertreibungen möglich.

3. *Mögliche Gegenargumente oder Einwände des anderen vorwegnehmen:* Einmaligkeit des Anspruchs.

4. *Logische Schwächen oder Lücken in der Argumentation des anderen aufzeigen:* Bezug auf frühere Aussagen oder Begebenheiten, andere Fälle, Erfahrungen anderer.

5. *Einen Vorteil für die Erfüllung des Wunsches anbieten:* Gegenleistung, Belohnung, finanzielle Vorteile.

6. *Bei einer Weigerung Nachteile in Aussicht stellen:* Auf Einfluß pochen, negative Konsequenzen androhen, Druck ausüben.

7. *Den Aufwand für die Wunscherfüllung herunterspielen.* Den Wunsch kleiner machen als er ist, Sachverhalt bagatellisieren.

8. *Einen für beide akzeptablen Lösungsvorschlag machen:* Objektive Möglichkeiten anbieten, Kompromiß finden.

9. *An das Mitgefühl des anderen appellieren:* Mitleid erwecken, hilfloses Verhalten.

10. *Den anderen einschüchtern:* Eigene Erfahrungen hervorheben, Ärger durch Lautstärke zeigen, Aufsehen erregen, unverschämt werden.

11. *Das Pflichtgefühl des anderen ansprechen:* Den anderen an seine Rolle erinnern, an die Kulanz appellieren, auf Rechte verweisen.

12. *Den anderen für die Wunscherfüllung verantwortlich machen:* Fragen, wie er eine Lösung sieht, was er dazu tut, wenn er nicht darauf eingeht: Schuld zuweisen.

13. *Persönliche Nähe zum anderen herstellen:* Nicht mit der Tür ins Haus fallen, dafür sorgen, daß der andere am Problem interessiert ist, erwähnen, daß man auch schon in der Situation des anderen war.

14. *Dem Selbstwertgefühl des anderen schmeicheln:* Ihm das Gefühl geben, daß er mehr und besser ist.

15. *Hartnäckig immer wieder auf den Wunsch zurückkommen:* Zäh und stur verhandeln, penetrant werden.

16. *Eine dritte Person zur Konfliktlösung hinzuziehen* (Geschäftsführer, Chef, Freunde o.a.).

Zielorientiert verhandeln: Wertschätzung und Durchsetzung – geht das zusammen? 265

Die Frage an die Teilnehmer/innen, welche (drei) Strategien sie ihrer Meinung nach häufiger und welche (drei) sie kaum oder nie anwenden, führt stets zu einem ähnlichen Ergebnis. Die drei Strategien, die nach der Häufigkeit der Nennungen an der Spitze liegen, sind:

Nr. 8: Einen für beide akzeptablen Lösungsvorschlag machen: objektive Möglichkeiten anbieten, einen Kompromiß finden.

Nr. 2: Eine einsichtige Begründung des Wunsches geben: Pläne, Absichten, Bedürfnisse, Klingelknöpfe etc.

Nr. 1: Den Wunsch ohne weitere Begründung höflich äußern: Bitten, freundlich fragen, klar sagen, was man will.

Die Strategien, die nach der Selbsteinschätzung nicht angewendet werden, sind (ebenfalls mit überwältigender Häufigkeit) die Nr. 10, Nr. 6 und Nr. 15.

Die Übungen

Im Anschluß an die – meist sehr lebhafte – Diskussion über die unterschiedlichen Durchsetzungs-Strategien sollten die Teilnehmer/innen diese in einer Übung in die Praxis umsetzen. Die eine Hälfte der Gruppe wird Beobachter, die andere Hälfte wird zu aktiven Verhandlern. Die Beobachter suchen sich aus, welchen Aktiven sie beobachten wollen. Jede/r Mitspieler/in bekommt eine klar definierte Aufgabe mit einem klar definierten Ziel auf der „Sachebene". Die Aufgabe ist so konzipiert, daß mit vernünftigen Kompromissen alle Mitspieler/innen ihr Sach-Ziel erreichen könnten. Gleichzeitig sind in der Aufgabenstellung Aussagen eingestreut wie: „Kollege X ist immer gegen Ihre Vorschläge." Oder auch: „So ein ähnlicher Vorschlag wurde schon einmal von Herrn/Frau Y abgelehnt". Die Beobachter erhalten klare Anweisungen, worauf sie während der Übung bei ihrem/ihrer speziellen Teilnehmer/in achten sollen. Die Teilnehmer/innen bekommen ein paar Minuten Zeit, um eine Strategie festzulegen und sich über das anzusteuernde Ziel klarzuwerden. Sie müssen vor dem Start ihrem persönlichen Beobachter ihr Ziel und ihre Strategien nennen, mit denen sie ihr Ziel erreichen wollen. Die Aufgabenstellung variiert je nach Zielgruppe, damit es den Teilnehmern/innen leicht fällt, sich in die jeweilige Rolle hineinzudenken.

In 99 % aller Fälle verlieren die Teilnehmer/innen sehr schnell das Sachziel aus den Augen und begeben sich auf Nebenkriegsschauplätze. Watzlawick hat solche Verhandlungen als „Nullsummenspiel" bezeichnet. Der eine rückt eins rauf – der andere eins runter. Plus eins minus eins = 0. Dieses Nullsummenspiel basiert auf der (momentanen) „Über"- Durchsetzung des einen Partners und der „Über"- Anpassung des anderen. Weder die eine noch die andere Verhaltensweise hat etwas mit „Zielorientierung" zu tun. Aber beide Strategien haben eins gemeinsam: Wer sie anwendet, verliert das Sachziel völlig aus den Augen und denkt in den Kategorien von Sieg und Niederlage.

Selbsterkenntnis und blinder Fleck

Wenn die (vorgegebene) Zeit vorüber ist, können die Teilnehmer/innen ihre spontanen Eindrücke über diese Verhandlung (habe ich mein Verhandlungsziel erreicht, habe ich den Nutzen „verkauft", welche Durchsetzungsstrategie habe ich angewendet, etc.) kurz notieren. Obwohl die Aufgabe so konzipiert ist, daß alle Teilnehmer/innen zumindest Teilziele erreichen können, sieht die Realität ganz anders aus. Von meist sechs Teilnehmern/innen erreicht einer sein komplettes Ziel (aber wie und mit welchem Preis), ein bis zwei erreichen Teilziele, und die restlichen Teilnehmer/innen haben noch nicht einmal annähernd ihr angepeiltes Ziel erreicht.

Die Beobachter schildern nun zusätzlich ihre Eindrücke von der Verhandlung. Diejenigen, die ihr Ziel erreicht haben, sind oft mehr oder weniger der Meinung, daß es an ihnen selbst gelegen hat, daß sie erfolgreich waren, und daß sie Strategien angewandt haben, die kompromißorientiert sind. Die Teilnehmer/innen, die ihr Ziel nicht erreicht haben, sehen häufig in den Verhandlungspartnern oder der Situation den Grund dafür. Oder sie meinen, daß das Ziel überhaupt nicht erreichbar gewesen sei. Wenn die Schilderung der Beobachter und die Eindrücke der Akteure miteinander verglichen werden (evtl. auch noch mit der „Realität" einer Videoaufzeichnung), dann gibt es interessanten Diskussionsstoff. Speziell der Vergleich: Welche Durchsetzungsstrategie wurde denn nun wirklich angewendet? Und deckt sich das mit der Selbsteinschätzung aus der vorangegangenen Übung? Und wurden vielleicht sogar Strategien angewendet, die man angeblich „nie" anwenden würde? Und kann so etwas in „echten" Verhandlungen auch passieren?

Verhandlungswerkzeuge

Das Rollenspiel und die Diskussion bieten die Grundlage, um Verhandlungs-"Werkzeuge" vorzustellen. *Trainingsziel muß sein, den Teilnehmern/innen möglichst viele, leicht anwendbare Modelle zur Verfügung zu stellen, die das eigene Denken anregen und zu eigenen Lösungen motivieren.* Also: Keine vorgestanzten Patentrezepte und ebenfalls keine „Guru-Gläubigkeit", d.h. der Trainer weiß alles, kann alles und macht alles. Schulz von Thun, Kommunikationswissenschaftler und Professor an der Universität Hamburg, sagt: „Der Trainer ist Experte für die Trainingsinhalte, die Teilnehmer/innen sind Experten für ihren Arbeitsalltag. Also geht es darum, im Training ein Expertengespräch zu führen und nicht ein Lehrer-Schüler-Verhältnis herzustellen".

Die Trainer-Aufgabe kann man als eine Art Hebammenfunktion ansehen, also dem gedanklichen Kind, das bereits da ist, auf die Welt zu verhelfen. Außerdem ist es Trainer/innen-Aufgabe, einen neuen Rahmen um Probleme zu ziehen und den Fokus der Teilnehmer/innen neu auszurichten. Welche Lösung dann jeder/jede Teilnehmer/in für sich wählt, ist die freie Entscheidung. Aber dafür ist es erforderlich, genügend Werkzeuge kennenzulernen, um die Werkzeugkiste für Verhandlungen gut zu bestücken. Nur dann kann jede/r sicher sein, daß er auch für schwierige Situationen das richtige Werkzeug parat hat. Sonst geht es einem so, wie es ein Szene-Spruch beschreibt: „Wer als Werkzeug nur einen Hammer kennt, für den ist jedes Problem ein Nagel." Erst wenn Teilnehmer/innen feststellen, daß es immer mehrere Lösungsmöglichkeiten gibt und daß sie selbst darüber entscheiden, welche sie anwenden (können, wollen), haben sie einen echten Nutzen aus dem Training gezogen.

Einwirkfaktoren auf Verhandlungen

Ein sehr gutes Konzept für eine Analyse von Verhandlungssituationen ist in meinen Augen der systemische Ansatz von Crisand (1980) über die *7 Einwirkfaktoren auf Verhandlungen* (s. Abb. 1)

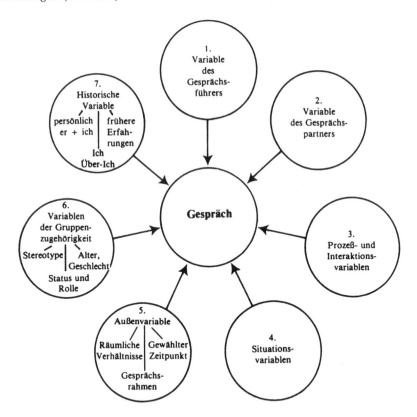

Abbildung 1
7 Einwirkfaktoren auf Verhandlungen

Dieses Modell hilft den Teilnehmern/innen, klar zu erkennen, daß sich jede Verhandlung ändert, wenn sich auch nur einer der sieben Faktoren verändert. Man kann es mit der Analogie eines Rechenbeispiels mit sieben Zahlen erklären, die eine Summe als Ergebnis haben. Will man ein anderes Ergebnis, so muß man mindestens eine Zahl verändern. In Verhandlungen funktioniert das Prinzip ebenso. *Und die einfachste Möglichkeit der Veränderung liegt im ersten Faktor: in mir selbst* als Verhandlungsführer/in. Auch hier reicht die Veränderung des einen Faktors, um ein anderes Ergebnis zu erzielen. Außerdem werden sich andere Faktoren mitverändern.

Anhand von kleinen Beispielen und kurzen Übungen können die Teilnehmer/innen einmal erproben, wie schnell die Unterschiede wirksam werden, wenn wir eine Verhandlung führen, in der die einzelnen Faktoren gezielt verändert werden. Situationen könnten sein: eine Verkaufsverhandlung, wo der Verkäufer steht und der Kunde sitzt (betrifft den Faktor 5), eine Verhandlung unter Kollegen über eine Aufgabenverteilung und dasselbe Thema mit Vorgesetzten dabei (Faktor 6) oder eine Verhandlung über ein heikles Thema „ohne Vorgeschichte" (Faktor 7), und alternativ mit einer negativen und einer positiven Vorgeschichte.

Transaktions-Analyse

Seit vielen Jahren gehört die Transaktions-Analyse (TA; entwickelt von Eric Berne, 1985) zu den am häufigsten vermittelten psychologischen Modellen in Wirtschafts-Seminaren. Der Vorteil der TA liegt in ihrer leichten Verständlichkeit; es wird mit besonders anschaulichen Begriffen gearbeitet, die Praktikern natürlich eher einleuchten als abstrakte Theorien, die oft als „abgehoben" und realitätsfern empfunden werden.

Die Grundanschauungen der TA lauten: *Menschen sind in Ordnung. Jede/r hat die Fähigkeit zum Denken. Menschen entscheiden selbst über ihr Schicksal und können diese Entscheidungen auch ändern.*

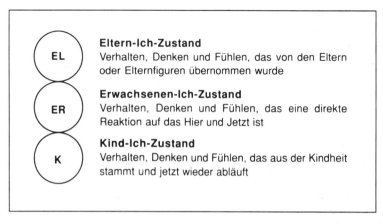

Abbildung 2
Ich-Zustände (nach der Transaktions-Analyse)

Gerade für Verhandlungen sind diese Botschaften sehr hilfreich, denn sie appellieren an das eigene Denken und die eigene Verantwortung. Je nach Zielgruppe und Aufgabenstellung kann man das sogenannte *Ich-Zustandsmodell aus der Transaktions-Analyse* als Werkzeug vorstellen (s. Abb. 2). Dieses Modell ergänzt sehr gut die oben erwähnten 7 Einwirkfaktoren, speziell dann, wenn die Teilnehmer/innen sich fragen, wie sie es schaffen können, den Faktor 1 (also sich selbst oder die eigene Sicht und Einstellung) zu verändern. Es reicht als theoretische Grundlage aus, wenn für ein Verhandlungs-Training nur der Teil TA vermittelt wird, der die Ich-Zustände und die Transaktionen beschreibt (Stewart & Joines, 1990).

Drama-Dreieck

Ein weiteres hilfreiches Modell ist das *„Drama-Dreieck"* (aus der Transaktions-Analyse entwickelt von Karpman; s. Abb. 3). Man kann damit gut erkennen, welche psychologischen Rollen die Teilnehmer/innen in einer Verhandlung einnehmen und zu welchen (vorhersehbaren) Konflikten diese Rollen führen. Das Drama-Dreieck ist ein zusätzlicher Fokus auf den Faktor 3 der Einwirkfaktoren. Es ist sehr gut möglich, „Muster" zu erkennen, d.h. wie der Prozeß in Verhandlungen abläuft. Und oft sind diese Muster kontraproduktiv zu unserer eigentlichen Zielerreichungsabsicht (Stewart & Joines, 1990).

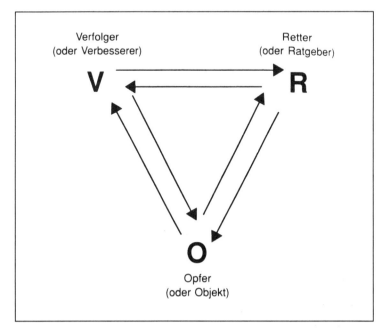

Abbildung 3
Drama Dreieck

Kommunikations-Modell

Das Kommunikations-Modell von Schulz von Thun (1981, 1989) ist ebenfalls gut geeignet, um als Werkzeug für Verhandlungen zu dienen. Teilnehmer/innen können damit die „4 Aspekte einer Nachricht" analysieren:
- *Sachinhalt* (Worum geht es?)
- *Selbstkundgabe* (Was teile ich von mir als Sender mit?)
- *Beziehungsinhalt* (Wie stehe ich zum Empfänger? Wie behandle ich ihn?)
- *Appell* (Was soll der andere denken, fühlen, tun auf die Nachricht hin?)

Es ist zweckmäßig, als Einstieg kleine Alltagssituationen, die jeder kennt, analysieren zu lassen. Dadurch bekommt der schlichte Satz: „Der Mülleimer ist voll" auf einmal mehr als eine Bedeutung. Erst danach werden konfliktreiche Situationen aus Fallstudien und Rollenspielen nach demselben Schema analysiert. Diese Übung hilft den Teilnehmern/innen, sich nicht nur damit zu beschäftigen, was sie selbst gehört haben, sondern auch mit den (zwar vorhandenen, aber u.U. versteckten) Inhalten, die „auch" gehört werden können (vgl. Abb. 4). Außerdem macht diese Übung Spaß und kann von den Teilnehmern/innen auch außerhalb des Trainings allein durchgeführt werden.

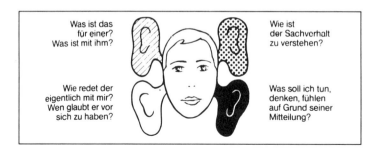

Abbildung 3
4-Ohren-Modell (nach Schulz von Thun, 1981)

Transferhilfen in den Alltag

Und was passiert nach dem Training? Wie können die erlernten Inhalte in den Alltag „gerettet" werden? Wie kann sichergestellt werden, daß Veränderungsdenken einsetzt, dem dann verändertes Handeln folgt? Wie können Teilnehmer/innen unterstützt werden, wenn sie neue Verhaltensweisen ausprobieren und sich „riskieren"?

Zuerst einmal sind – wie oben schon erwähnt – *Stufentrainings* ein guter Weg, den Transfer zu ermöglichen. Es ist eben ein großer Unterschied, ob Teilnehmer/innen nur einmal in einem 3-tägigen Training neue Verhandlungsmethoden kennenlernen

Zielorientiert verhandeln: Wertschätzung und Durchsetzung – geht das zusammen?

oder ob sie in z.B. drei Veranstaltungen an zwar wechselnden Übungen, aber mit identischem Ziel arbeiten. Die Werbebranche macht uns das Prinzip erfolgreich vor: „Sage mehrfach, was der andere hören soll". Außerdem können Lernerfolge „applaudiert" werden und Mißerfolge analysiert und eventuelle Defizite gleich ausgemerzt werden.

Bei den Transferhilfen sind allerdings auch die *Unternehmenskultur und Firmenphilosophie* zu *berücksichtigen*. Kehrt der/die Teilnehmer/in nach dem Training in ein Umfeld zurück, das ganz andere Kommunikations- und Verhaltensweisen aufweist als die im Training vermittelten, dann wird er/sie vielleicht einmal, zweimal oder sogar dreimal riskieren, sich den Mund zu verbrennen beim Versuch, das Erlernte umzusetzen. Wenn er/sie aber jedes Mal eine harsche Abfuhr erhält (oft noch mit dem Zusatz: „Ach, Sie waren wohl beim Training und wollen jetzt alles umkrempeln!"), dann wird er/sie irgendwann wieder in die alten Verhaltensweisen zurückfallen, weil die in diesem Umfeld sicherer sind. Darum ist den Teilnehmern/innen zu empfehlen, sich innerlich zu wappnen, um eventuelle Widerstände gegen den neuen Verhandlungsstil nicht allzu persönlich zu nehmen und sich dadurch nicht entmutigen zu lassen. Der berühmte „stete" Tropfen, der den Stein höhlt, ist auch hier gefragt.

Und was kann man tun, damit sich die Seminarinhalte nicht allzu schnell wieder verflüchtigen? Es gibt eine ganz leichte und zugleich witzige Übung: Man sucht sich für jede Woche ein „Werkzeug" aus (Einwirkfaktoren, 4-Ohren-Modell, Drama-Dreieck, Ich-Zustände etc.) und schaut sich Kino-Filme, Fernsehsendungen incl. Werbeblöcke etc. an, um die dort gezeigten Verhandlungen anhand des jeweiligen Werkzeugs zu analysieren. Auf spielerische Art und Weise können Teilnehmer/innen so selbst dafür sorgen, daß ihr Wissen verfügbar bleibt und trainiert wird.

Das Fazit für die Teilnehmer/innen lautet also: *„Sei Dein eigener Coach!"* Oder, um es mit Erich Kästner zu sagen *„Es gibt nichts Gutes, außer man tut es (selbst)."*

Literatur

Bateson, G. (1972). *Ökologie des Geistes.* Frankfurt/M.: Suhrkamp. – **Berne, E. (1985).** *Was sagen Sie, nachdem Sie „Guten Tag" gesagt haben?* Frankfurt/M.: Fischer. – **Crisand, E. (1980).** *Psychologie der Gesprächsführung.* Heidelberg: Sauer. – **Crosby, P.E. (1986).** *Qualität ist machbar.* Hamburg: McGraw-Hill. – **Fisher, R., Ury, W. & Patton, B. (1993).** *Das Harvard-Konzept.* Frankfurt/M.: Campus. – **Karpman, S. (1971).** "Options". *TA Journal, 1,* 78-87. – **Mastenbroek, W. (1992).** *Verhandeln: Strategie, Taktik, Technik.* Frankfurt/M: Frankfurter Allgemeine Zeitung; Wiesbaden: Gabler. – **Schulz von Thun, F. (1981).** *Miteinander reden – Teil 1.* Reinbek: Rowohlt. – **Schulz von Thun, F. (1989).** *Miteinander reden – Teil 2.* Reinbek: Rowohlt. – **Sprenger, R.K. (1992).** *Mythos Motivation.* Frankfurt/M.: Campus. – **Stewart, I. & Joines, V. (1990).** *Die Transaktions-Analyse.* Freiburg: Herder. – **Tannen, D. (1992).** *Das habe ich nicht gesagt.* Hamburg: Kabel. – **Theiß, M. (1991).** *Arbeit suchen, finden, behalten* (Modul). Wiesbaden. – **Watzlawick, P. (1983).** *Anleitung zum Unglücklichsein.* München: Piper.

Peter Weil

Neue Verkaufstrainings in Deutschland – vom Verhaltenstraining zur Persönlichkeitsentwicklung

1. Das Verkäufer-Image im Wandel

„Es war einmal ein Volk von fleißigen Verkäufern. In harten Trainings hatten sie gelernt, wie man sich verstellen muß, um dummen Kunden Produkte zu verkaufen. Man erkannte sie leicht an ihrer Art, sich zu kleiden und an ihrem gekünstelten Auftreten. Ihr prägnantes Parfum roch meterweit gegen den Wind und prägte noch viele Stunden die Atmosphäre in den Räumen der Kundenwohnung. Diese Verkäufer lächelten immer freundlich, oft auch, ohne es mit ihrer Freundlichkeit ernst zu meinen, denn sie waren darauf programmiert, ihre Kunden zu manipulieren. Doch siehe, es kam die Zeit, da hatten die Kunden solche Verkäufer satt und schließlich mochten sich diese Verkäufer selbst nicht mehr leiden und sie fingen an, sich zu verändern ..."

So oder ähnlich könnte die Moritat vom Wandel des Verkäufer-Image erzählt werden. Auch wenn die frohe Botschaft bis zu manchen Unternehmen, die in den neuen Bundesländern Kunden akquirieren, noch nicht vorgedrungen ist:

Der Verkäufer muß sich wandeln, will sich wandeln und hat sich bereits gewandelt.

Die Zeiten der Menschenfängerei sind ein für allemal vorbei. Die Unternehmen distanzieren sich von einem Verständnis, nach dem der Verkäufer ein menschlicher Manipulationsroboter mit Erfolgsprogrammierung und der Kunde ein willfähriges Objekt zur Suggerierung von Produktwünschen ist.

Der Verkäufer darf, will und muß wieder Mensch werden.

Hinter diesem Image-Wandel des Verkäufers steckt nicht nur pure Humanität, sondern vor allem eine reale Veränderung des Kunden- Verhaltens und ein Wandel des Wertegefüges in der Gesellschaft, von dem auch die Unternehmen betroffen sind. Die Überschrift über diesen Wandel könnte lauten:

Abschied von der Manipulation.

Denn bevor der Käufer manipuliert werden konnte, mußten in den Verhaltenstrainings die Verkäufer selbst kräftig manipuliert werden. Die Eigenheiten, die eine eigenständige Persönlichkeit auszeichnen, wurden oftmals so gut es ging abgeschliffen. Den Verkäufern wurden Verhaltens-Schablonen antrainiert (und sie ließen es sich antrainieren!), die auf die Entwicklung der Persönlichkeit regressiv wirkten.

Heute ist ein anderes Selbstverständnis des Verkäufers nötig. Der Verkäufer ist heute nicht mehr jemand, der um jeden Preis das Produkt an den Mann oder die Frau bringen will, sondern er ist so etwas wie ein PR-Vertreter der ganzen Firma. *Er vertritt über sein Produkt hinaus sein Unternehmen in der Öffentlichkeit.* Heute wird das Image der Firma mitverkauft, nicht nur das Produkt allein. Deshalb ist es wichtig, im Verkaufstraining nicht nur das Verhalten des Verkäufers, sondern zugleich sein ganzes Image zu schulen. Die wesentlichen Impulse für diese Trend-Wende gehen vom Kunden und vom Markt aus.

2. Der Kunde im Wandel

Der neue Kunde ist der „individualisierte Verbraucher" (Szallies & Wiswede, 1991). Er ist zugleich Produkt und Motor einer gesamtgesellschaftlichen Entwicklung hin zu immer stärkerer Individualisierung (Beck, 1986). Dieser Kunde ist sensibler, anspruchsvoller, aber auch spontaner, selbstbestimmter geworden. Er ist nicht mehr der genormte Verbraucher, von dem mit guter Treffsicherheit vorhergesagt werden konnte, welches Produkt er kaufen wird, weil er es braucht, und welches nicht.

Von „Otto Normalverbraucher" müssen wir uns verabschieden. Vielmehr ist der neue Kunde darauf gerichtet, sich durch außergewöhnliches Verhalten abzusetzen. Er strebt nach Selbstverwirklichung und Expressivität. Mit seinem Hang zum Besonderen möchte er sich vom allgemein Üblichen unterscheiden.

Dieser Individualisierungstrend führt wiederum zum Entstehen verschiedener Subkulturen und zur Bildung von Bereichen. Die Amerikaner nennen diesen Prozeß „compartmentalization" (vgl. Szallies & Wiswede, 1991, S. 36f.). Vor allem aber ist der neue Kunde aufmerksamer und kritischer geworden gegenüber allen Versuchen, ihn zu manipulieren. Er spürt, daß er von traditionellen Verkäufern nur als Gewinn-Objekt angesehen und behandelt wird und fühlt sich – mit recht – narzißtisch gekränkt. Demgegenüber möchte er als Mensch, als Person ernst genommen werden. Das Bedürfnis des Kunden nach Individualität unterstützt seinen Wunsch, in seiner personalen Einmaligkeit wahrgenommen und angesprochen zu werden.

Individualisierung vereinzelt und vereinsamt aber auch. Der Kunde von heute ist in wachsendem Maße ein Single, der einerseits seine Freiheit und Ungebundenheit genießt, andererseits aber auch unter Beziehungsmangel und Einsamkeit leidet. Deshalb ist er – wenn auch oft nur unterbewußt oder unbewußt – *auf der Suche nach Beziehung.* Er möchte begegnen; er möchte vertrauen können. Verkaufen ist deshalb heute immer auch eine „Beziehungs-Kiste": *Das Entscheidende spielt sich auf der zwischenmenschlichen Ebene ab.*

Der *Verkäufer von heute* muß sich auf diese veränderte Bedürfnisstruktur des Kunden einstellen. Um Erfolg zu haben, muß er *beziehungsfähig und menschlich überzeugend* sein – und nicht nur so scheinen. Der wachsenden Pluralität und Unberechenbarkeit der Kundenschaft kann nur ein Verkäufer gerecht werden, der flexibel und selbstverantwortlich zu einem mitmenschlichen *Partner* des Kunden wird.

Mit einem festgelegten Verhaltensstil kann der Unterschiedlichkeit der Kunden und damit auch ihrer kommunikativen Bedürfnisse nicht mehr entsprochen werden. Für den einen Kunden ist der Verkäufer vielleicht seelischer Müllabladeplatz, für einen anderen einfach Fachberater im Hinblick auf das Produkt. In Entsprechung zur Individualisierung des Kunden muß und darf auch der Verkäufer individuell, das heißt aber: er selbst sein.

3. Der Markt im Wandel

Die Veränderung der Werte und des Kaufverhaltens der Kunden hat auch den Markt verändert. Er ist härter geworden. Nicht das Produkt und der Preis allein entscheiden heute über den Erfolg am Markt, sondern immer stärker der Service und die Beziehung zum Kunden. *Die Beziehung selbst ist zu einem Teil der Ware geworden:* die Beziehung des Kunden zum Unternehmen, zum Verkäufer und schließlich zum Produkt. Angesichts dieser Entwicklung spielen *Corporate Identity* und *Key-Account-Management* eine immer größere Rolle. Der Kunde wird eingeladen, gleichsam ein Teil der Unternehmensfamilie zu werden. Er soll sich mit den Zielen und Werten des Unternehmens identifizieren können. Das Unternehmen ist aufgefordert, dem Wunsch des Kunden nach Beziehung zu entsprechen und aus der Anonymität des wirtschaftlichen Produzenten herauszutreten, um dem Kunden ein erfahrbares, persönliches Gegenüber, ein Partner zu werden.

Diesen Beziehungstransfer hat der Verkäufer zu leisten. *Service* ist in diesem Sinne die dem Kunden zugewandte *personale Seite der Unternehmensaktivität.* Service bedeutet, dem Kunden die Erfahrung zu vermitteln, daß er als einzelner wirklich gemeint ist. Das setzt voraus, daß der Verkäufer zwischenmenschlichen Kontakt auch wirklich realisieren kann.

Angesichts eines harten, veränderten Marktes bedeutet *Key-Account-Management,* daß der *Verkäufer* sich selbst *als Unternehmer* versteht, der sich mit seinem Unternehmen, seinem Produkt und seiner Beziehung zum Kunden identifiziert. Auswendig gelernte Phrasen und Slogans reichen heute nicht mehr, um Kunden zu überzeugen. Der Verkäufer vertritt dem Kunden gegenüber Werte, und er muß in der Lage sein, diese auch sprachlich überzeugend zu transportieren. Aber es müssen lebbare, erfahrbare Werte sein, an die der Verkäufer und sein Unternehmen wirklich glauben. Leere Worthülsen oder aufgeblähte Sprechblasen stoßen den Kunden ab. Das *eigenverantwortliche Agieren* ist nicht Luxus, sondern gehört zur Bedingung erfolgreichen Verkaufens. Das bedeutet aber einen grundlegenden Wandel im Verständnis und in der Fortbildung des Verkäufers.

4. Verkaufsschulung im Wandel

Moderne Verkaufsschulung verzichtet darauf, den Verkäufer auf den Kunden „abzurichten"; vielmehr bedeutet sie *Arbeit am Selbstverständnis des Verkäufers.* Sie dient der Entwicklung seiner *ganzen* Person. Die Persönlichkeit des Verkäufers darf heute keine zufällige Beigabe zum Produkt sein, sondern sie wird in wachsendem Maße zur Bedingung erfolgreichen Verkaufens.

Schwerpunkt des Verkaufstrainings sollte deshalb immer mehr **DIALOGFÄHIG-KEIT** des Verkäufers sein. Wirklicher Dialog bedeutet, konsens- und auch dissensfähig zu sein. Nicht nur das geflissentliche Nicken und Lächeln, sondern auch das ehrliche „Nein"-Sagen muß mit dem Verkäufer trainiert werden. Ziel des Verkaufstrainings ist heute die *Unterstützung der eigenen Entscheidungsfähigkeit, letztlich der Selbstverantwortlichkeit.*

Der Abschied vom programmierten Verkaufs-Schauspieler ist die Freisetzung des Menschen, die Entwicklung der Persönlichkeit, und zwar gerade zugunsten des Unternehmens und des Produktes!

Eigenverantwortung und Wahlfreiheit sind gefordert

Selbstverantwortlichkeit bedeutet Wahlfreiheit. Der Verkäufer verkauft nicht jedem alles um jeden Preis, sondern er wählt im Auftrage des Unternehmens das jeweilige Produkt für den jeweiligen Kunden aus. Aber auch in der Wahl seiner Mittel ist der moderne Verkäufer selbstverantwortlich und kreativ.

Der Umgang mit Menschen erfordert heute viel Sensibilität, und das Verkaufen von Produkten verlangt ein hohes Maß an Ideenreichtum und Beweglichkeit. Angesichts einer Pluralität von Werten, Einstellungen und Charakteren sind viele Verkaufssituationen nicht mehr vorwegzunehmen oder zu simulieren.

Es kommt vielmehr darauf an, die Eigenverantwortlichkeit und Entscheidungsfreiheit des Verkäufers zu aktivieren, ihm Mut zu machen, in konkreten Situationen kreativ zu sein und mit den Herausforderungen spielerisch, also auch experimentierend umzugehen. **EIGENVERANTWORTLICHKEIT, ENTSCHEIDUNGSFREI-HEIT** und **KREATIVITÄT** sind Qualitäten, die eine ganzheitliche Förderung der Person des Verkäufers erfordern. Das moderne Verkaufstraining baut deshalb auf der Überzeugung auf, daß die *Basis des Erfolgs die Entwicklung der Gesamtpersönlichkeit ist.*

Selbstbild, Fremdbild und Metabild entwickeln

Ausgehend von der ernüchternden Erfahrung, daß die Befolgung reiner Verhaltensregeln zu einer blassen, oberflächlichen und kontaktschwachen Verkäuferpersönlichkeit führt, beginnt das neue Training mit der *Arbeit am Selbstbild und Fremdbild.* Die Konfrontation mit dem offenen und ehrlichen Feedback der Trainingsteilnehmer und die gezielten Hinweise des Trainers führen jeden einzelnen an die Fragen heran: Wer bin ich, und wie nehme ich mich selbst wahr? Wie wirke ich auf andere – als

Person und in der Rolle des Verkäufers? Welche Persönlichkeitsmerkmale unterstützen die Verkäuferrolle, und welche wirken hemmend oder gar blockierend?

Kontakt- und Kommunikationsblockaden wurzeln immer in begrenzenden Glaubenssätzen, die Menschen über sich selbst angenommen haben, wie etwa: „Im Grunde bin ich ein Verlierer"; oder: „Mein Selbstbewußtsein reicht nicht aus, um andere zu überzeugen". Da diese Hemmungen oft unterbewußt oder sogar unbewußt sind, steht am Anfang des Trainings die *Verbesserung der eigenen Wahrnehmung*. Bleiben die eigenen Kontaktblockaden unerkannt oder werden sie einfach durch Techniken überspielt, so ist der verkäuferische Mißerfolg vorprogrammiert. Der nächste Schritt des Verkaufstrainings ist die Verbindung von Selbstbild und Fremdbild mit dem *Meta-Bild*. Hier werden die *Rolle* und das *Image des Verkäufers* selbst zum Thema. Der Verkäufer wird mit Fragen konfrontiert, wie: Wer möchte ich eigentlich sein ? Welche Beziehung habe ich zur Rolle des Verkäufers ? Wie bin ich dieser Rolle gegenüber eingestellt ? Wie möchte ich sie gestalten ? Wie sehen das Unternehmen, der Kunde und die Gesellschaft die Rolle des Verkäufers ?

Besonders in den neuen Bundesländern zeigt sich, wie wichtig diese Thematisierung des Meta-Bildes ist. Hinter vielen verkäuferischen Schwächen steckt eine fehlende Identifizierung mit der Rolle des Verkäufers an sich. Das führt zum Rückzug in alte Vermeidensmuster. Die Berufswahl sagt noch nichts über die wirkliche innere Einstellung des einzelnen Verkäufers zu seiner Rolle aus. Deshalb ist es wichtig, diese Frage im Training zu thematisieren, um auf diese Weise mehr Klarheit und damit mehr Eigenverantwortlichkeit und letztlich mehr Spaß an der verkäuferischen Arbeit zu ermöglichen.

Ein Bewußtsein der Selbstverpflichtung schaffen

Eigenverantwortlichkeit bedeutet für den Verkäufer auch: **SELBSTVERPFLICH-TUNG.** Das ist die *Fähigkeit, sich selbst Ziele zu setzen und sich aufgrund der eigenen Wahl selbst zu motivieren.* Das *Bewußtsein der eigenen Wahl* und damit die *Steigerung der Motivation* kann durch selbsterfahrungsorientierte Übungen und durch die gezielte Arbeit des Trainers unterstützt werden. Für das moderne Verkaufstraining gilt in besonderer Weise der Satz von Sprenger (1992, S.149): „Die Motivation jedes einzelnen ist die natürliche Ordnung der Dinge." Der moderne Verkäufer ist nicht nur deshalb motiviert, weil gutes Verkaufen gutes Geld bedeutet, sondern auch, weil das Verkaufen, der Kontakt zu Menschen seine Sache ist, für die er sich in freier Wahl entschieden hat.

Ziel des Verkaufstrainings ist das authentische Ja-Sagen des Verkäufers zu sich selbst und zu seiner gewählten Aufgabe und Rolle. Denn nur der Verkäufer, der zu sich selbst steht und sich als Persönlichkeit mit seiner Aufgabe identifiziert, kann auch den Kunden als Menschen annehmen. Darin besteht heute aber die entscheidende Herausforderung im Verkauf.

Die Kreativität fördern

Die Loslösung von traditionellen Verhaltensmustern bedeutet die Befreiung zur *Selbstverantwortung* und zur *Kreation von neuen und eigenen Spielregeln.* Die Vorgabe von traditionellen Verhaltensmustern kann für den Verkäufer eine Begrenzung seines Ideenreichtums und seiner Eigenverantwortlichkeit bedeuten, etwa nach dem Motto: „Ich muß es auf diese Weise tun, denn so ist es richtig. Wenn es so nicht klappt, dann geht es eben nicht. Es liegt jedenfalls nicht an mir, denn ich habe ja alles richtig gemacht." Modernes Verkaufstraining fördert deshalb die Kreativität des Verkäufers und verbindet sie mit seiner Eigenverantwortlichkeit. Das geschieht vor allem durch Übungen, in denen die Teilnehmer kreativ ein neues, anderes Verhalten ausprobieren, indem sie etwas tun, was sie sonst nicht tun würden und sich auf diese Weise eine neue Selbsterfahrung schaffen.

Der Weg zur eigenen Kreativität verlangt den Mut, aus dem Kreis der eigenen Gewohnheiten herauszutreten. Deshalb verzichtet die moderne Verkaufsschulung darauf, traditionelle Verhaltensmuster anzutrainieren. Statt dem Verkäufer einzupauken, daß in Amerika weiße Socken geschäftsschädigend wirken, fördert das Training seine *Fähigkeit, selbständig und kreativ Situationen zu erkennen, zu analysieren und eigene Handlungsstrategien zu entwickeln.* Die durch Verantwortlichkeit gewonnene Freiheit des Verkäufers wird transformiert in die Fähigkeit, sich Neues, Anderes, Innovatives vorzustellen und zu verwirklichen. Die Erfahrung mit der eigenen Kreativität ist ein fester Bestandteil des modernen Verkaufstrainings.

Im Spannungsfeld zwischenmenschlicher Beziehungen agieren

Gegenseitige Anerkennung ist ein Lernprozeß, der durch eine offene und ehrliche Kommunikation der Trainingsgruppe und durch gezielte Interventionen des Trainers maßgeblich unterstützt werden kann. Um wirkliche gegenseitige Anerkennung zu entwickeln, muß das *Spannungsfeld menschlicher Beziehungen* thematisiert werden, in dem der Verkäufer faktisch immer agiert:
Die Spannung zwischen Außendienst und Innendienst: *Individuum-Gruppe;* die Spannung zwischen dem natürlichen Bedürfnis, in die eigene Tasche zu wirtschaften und dem Auftrag, zugleich für das Unternehmen Gewinne zu erzielen und dementsprechend zu kooperieren: *Eigennutz-Kooperation;* die Spannung zwischen dem entschiedenen und konsequenten Durchsetzen der eigenen Verkaufsinteressen gegenüber der Konkurrenz und dem Kunden, also zwischen dem „Biß" und der Fähigkeit, auch nachgeben, verstehen und zuhören zu können: *Aggressivität-Verständnis.*

Die Spannung zwischen dem Einhalten *vorgegebener Regeln* und der *eigenen Kreativität* gehört ebenso zum Inhalt der Verkaufsschulung wie jene zwischen *Distanz* und *Nähe.* Denn einerseits soll sich der Verkäufer auf eine persönliche, zwischenmenschliche Beziehung zum Käufer einlassen – das bedeutet Nähe – , andererseits braucht er die nötige Distanz, um die Beziehung als Medium des Verkaufs zu gestalten.

Die Beziehungen, in denen sich der Verkäufer bewegt, sind – wie alle zwischenmenschlichen Beziehungen – paradox. Um in diesem Spannungsfeld sicher und erfolgreich agieren zu können, *braucht der Verkäufer Klarheit über sich selbst und seinen Stand in diesem Beziehungsgeflecht.* Zu dieser Klarheit verhelfen dem Verkäufer im Training gruppendynamische Übungen, die Verhaltensmuster und deren Folgen offenlegen. Das Feedback der Gruppe und gezielte Hinweise des Trainers unterstützen den einzelnen bei der Arbeit an der Weiterentwicklung der eigenen Persönlichkeit. Deshalb reicht es auch hier nicht, in der Verkaufsschulung Tips und Techniken zu vermitteln, sondern das Training muß Bereiche der Gesamtpersönlichkeit ansprechen.

4.1 Verschiedene Trainingsansätze

Je nach innerer Einstellung und Ausbildung des Trainers variieren die dem Verkaufstraining zugrundeliegenden theoretischen Ansätze. Gegenwärtig dominieren in Deutschland vor allem zwei Ansätze in Verkaufstrainings: die *konstruktivistische Kommunikationspsychologie* (Watzlawick, Beavin & Jackson, 1990; Watzlawick, 1978, 1991) und das *Neuro-Linguistische Programmieren* (NLP; s. Bachmann, 1991; Bagley & Reese, 1990). Während die kommunikationspsychologische Schule stärker die Relativität und damit auch die kreative Verantwortung für die jeweils eigene Wirklichkeit thematisiert, zeigt das NLP Wege und Techniken zur Beeinflussung und Veränderung der Wirklichkeit auf.

Die praktische Umsetzung dieser Ansätze geschieht in Verbindung mit *gruppendynamischen* und *selbsterfahrungsorientierten Leitlinien und Übungen.*

Als *Transfer-Maßnahme* hat sich das *persönliche Commitment* bewährt: Der Teilnehmer verpflichtet sich in und vor der Gruppe zu einer Handlung, die deutlich außerhalb des Kreises seiner Gewohnheiten liegt und dazu dient, seine persönliche Weiterentwicklung voranzubringen bzw. ein konkretes Problem erfolgreich zu lösen.

4.2 Bewußtseins-Entwicklung als Prozeß

Modernes Verkaufstraining rückt die Arbeit am Bewußtsein und an der Verbesserung der Wahrnehmung des einzelnen in den Vordergrund, während das in Regeln eingefangene Verhalten an Bedeutung verliert. Im engeren Sinn ist es ein *Rollen-Training.* Die *positive Identifikation mit der Rolle des Verkäufers* – im privaten Leben, im Unternehmen, in der Gesellschaft – das ist Ziel und Inhalt der modernen Verkaufsschulung.

Nicht die Farbe der Krawatte und die Geruchsnote des Eau de Toilette oder die Wahl der Einstiegsfrage, sondern die Rolle des Verkäufers und alle mit ihr zusammenhängenden Problemfelder gehören zum Inhalt moderner Verkaufsschulung. Diese – auch kritische – Auseinandersetzung erfordert einen längeren Lernzeitraum, an dessen Beginn die Arbeit am Rollen-Bewußtsein und an dessen vorläufigem Ende die darauf aufbauende *individuelle Spezialschulung* steht. Das *Coaching*, die auf den einzelnen bezogene reflektierende Praxis-Beratung, hat sich als aufbauendes Trainingselement sehr gut bewährt. Für den gestandenen Verkäufer sollten Aufbauseminare im Sinne von *Supervisions-Gruppen* organisiert werden.

Die eingangs erwähnte Moritat kann sich auf diese Weise in eine optimistische Vision verwandeln: Vom selbstverantwortlichen, kreativen, kontakt- und konfliktfähigen Verkäufer, der intelligenten Kunden anspruchsvolle Produkte verkauft. Die neue Verkaufsschulung ist der Weg, diese Vision zu verwirklichen.

Literatur

Bachmann, W. (1991). *Das Neue Lernen. Eine systematische Einführung in das Konzept des NLP.* Paderborn. – **Bagley, D.S. & Reese, E.J. (1990).** *Beyond Selling. Die neue Dimension im Verkauf – Wie Sie Ihre persönliche Wirksamkeit voll entfalten können.* Freiburg. – **Beck, U. (1986).** *Risikogesellschaft. Auf dem Weg in die andere Moderne.* Frankfurt/M. – **Sprenger, R.K. (1992).** *Mythos Motivation. Wege aus einer Sackgasse.* Frankfurt/M. – **Szallies, R. & Wiswede, G. (Hrsg.) (1991).** *Wertewandel und Konsum. Fakten, Perspektiven und Szenarien für Markt und Marketing.* Landsberg am Lech: vmi. – **Watzlawick, P. (1978).** *Wie wirklich ist die Wirklichkeit? Wahn, Täuschung, Versehen.* München. – **Watzlawick, P. (1991).** *Die Möglichkeit des Andersseins. Zur Technik der therapeutischen Kommunikation.* Göttingen: Hogrefe. – **Watzlawick, P., Beavin, J. H. & Jackson, D. D. (1990).** *Menschliche Kommunikation. Formen, Störungen, Paradoxien.* Bern: Huber.

Autorenverzeichnis

Ardelt, Elisabeth: Dr., Universitätsdozentin am Psychologischen Institut der Universität Salzburg, freiberufliche Tätigkeit in den Bereichen Psychotherapie und Training

Berger, Christa: Professorin an der Pädagogischen Akademie Salzburg, Lehrbeauftragte der Universitäten Klagenfurt, Wien und Salzburg, Lehrtrainerin der Österreichischen Gesellschaft für Gruppendynamik und Organisationsberatung (ÖGGO), Leiterin des Institutes für Wirtschaftspsychologie und Organisationsentwicklung, freiberufliche Tätigkeit in den Bereichen Training, Beratung und Coaching, Psychotherapeutin

Beyer, Thomas: Dipl.-Päd., Personalmanagement und -strategie, Geschäftsbereich Produktionsoptimierung und Beschaffung, Volkswagen AG, Wolfsburg

Birkhan, Georg: Dr., Dipl.-Psych., Forschung, Lehre und Veröffentlichungen auf den Gebieten „Lern- und Denkpsychologie" sowie „Methodenlehre", freiberuflicher Berater und Trainer für Management-Diagnostik

Bürmann, Christian: Studium der Sozialpädagogik (Schwerpunkt: Jugend- und Erwachsenenbildung), Berufsausbildung als Elektroanlageninstallateur, seit 1981 bei der Volkswagen AG in verschiedenen Funktionen im Personalwesen, u.a. auch drei Jahre Auslandseinsatz bei der Volkswagen de México, derzeit Personalleiter bei der Volkswagen AG, Salzgitter

Dalheimer, Veronika: Dr., Psychoanalytikerin, freiberufliche Trainerin und Organisationsberaterin, Geschäftsführerin der Österreichischen Gesellschaft für Gruppendynamik und Organisationsberatung (ÖGGO) und des European Institute for Transnational Studies in Group and Organizational Development (eit)

Dressler, Wolfgang: Dipl.-Ing., Dipl.-Oec., Leiter der Personalbetreuung im Personalwesen der Volkswagen AG, Salzgitter, mehrjährige Tätigkeit in den Bereichen Fertigungsplanung sowie Arbeitsorganisation/Einsatz und Entgelte im Personalwesen

Hackethal, Claus: Trainer in der Personalentwicklung/Fortbildung im Personalwesen der Volkswagen AG, Salzgitter, auf den Gebieten Hydraulik, Werkstoffkunde, E.-Technik, Fertigungstechnik, VW-Zirkel, Moderation, Kommunikation, OE-Maßnahmen, Zusammenarbeit, Konfliktlösungen, Problemlöse- und KVP-Methoden

Heintel, Peter: Dr., Professor für Philosophie und Gruppendynamik am Institut für Philosophie der Universität Klagenfurt, Vorsitzender der Interuniversitären Kommission des Instituts für Interdisziplinäre Forschung und Bildung, 1974-1977 Rektor der Universität Klagenfurt, Organisationsberater in zahlreichen in- und ausländischen Unternehmen

Jaehrling, Dieter: Dr., Studium der Germanistik, Pädagogik, Geschichte und Philosophie, drei Jahre Lektor des DAAD in der Türkei, jeweils mehrere Jahre Management-

Autorenverzeichnis 281

trainer bei der Volkswagen AG und Leiter des Bildungswesens der AUDI AG, derzeit Leiter Managementplanung, -entwicklung und -training bei der Volkswagen AG

Koeppe, Klaus: M.A., Studium der Theologie, Philosophie, Soziologie (Schwerpunkte: Anthropologie, Verstehen und Kommunikation), Weiterbildung in Psychologie, Führungserfahrung in der Hotellerie und Gastronomie

Krähe, Horst: Dr., Studium der Soziologie, Volkswirtschaft, Pädagogik, Psychologie, mehrjährige Forschungs- und Lehrtätigkeit an den Universitäten Ulm, Frankfurt, Bielefeld, geschäftsführender Partner im Beratungsinstitut Krähe & Partner in München: Training, Beratung, Personalentwicklung

Krainz, Ewald E.: Dr., Assistenz-Professor am Institut für Philosophie und Gruppendynamik der Universität Klagenfurt, Vorsitzender der Österreichischen Gesellschaft für Gruppendynamik und Organisationsberatung (ÖGGO), Forschungs- und Lehrtätigkeit, Trainings- und Beratungstätigkeit für Wirtschafts- und Non-profit-Organisationen

Landshut, Gerd: Dipl.-Psych., Führungskräfte- und Teamentwicklung, Lehrbeauftragter für Psychotherapie und Supervision am Fritz-Perls-Institut

Quiske, Christo: Dipl.-Kfm., geschäftsführender Partner im „Institut für angewandte Kreativität, IAK" in Burscheid bei Köln, Führungskräfte- und Persönlichkeitsentwicklung, Projekte zur Intensivierung von Kooperation, Kommunikation und Innovation

Pesendorfer, Bernhard: Dr., Institut für angewandte Philosophie in St. Gallen, Philosoph, Management-Schulung für Gruppen- und Organisationsdynamik, Konfliktmanagement, Dialektik, Interessen Vertreten, Projektmanagement, Frauen und Männer im Management, Denkprojekt Gegenwart; Organisationsberatung in der Schweiz, in Deutschland und in Österreich, philosophische Marktforschung, Lehrtätigkeit an der Hochschule St. Gallen und an den Universitäten Wien und Klagenfurt

Rosenstiel, Lutz von: Dr., Dipl.-Psych., Univ.-Professor für Psychologie, Leiter des Institutsbereichs für Organisations- und Wirtschaftspsychologie an der Universität München, wissenschaftliche Arbeiten auf den Gebieten der psychologischen Diagnostik, der Organisations-, Markt-, Bevölkerungspsychologie und der empirischen Werteforschung

Sarges, Werner: Dr., Dipl.-Psych., Dipl.-Kfm., Univ.-Professor für Methodenlehre am Fachbereich Pädagogik der Universität der Bundeswehr in Hamburg und Beratender Psychologe (Management-Diagnostik) in der Wirtschaft, Publikationen auf den Gebieten Psychologie für die Weiterbildung, Management-Diagnostik und Psychologie für das Personalmanagement

Schwalb, Ulrich: Dipl.-Kfm., geschäftsführender Partner im „Institut für angewandte Kreativität, IAK" in Burscheid bei Köln, Führungskräfte- und Persönlichkeitsentwicklung, Projekte zur Intensivierung von Kooperation, Kommunikation und Innovation

Schwarz, Gerhard: Dr., Universitätsdozent für Philosophie und Gruppendynamik, freiberufliche Tätigkeit in Forschung und Lehre, Entwicklung der „Mehrdimensionalen Ursachenforschung" zur Analyse von Produkten, Trainings- und Beratungstätigkeit auf den Gebieten Gruppendynamik, Konfliktmanagement und Organisationsentwicklung

Spinola, Roland: Dipl.-Ing., geschäftsführender Gesellschafter des Herrmann Instituts Deutschland in Fulda, mehrjährige Tätigkeit bei der IBM Deutschland in führenden Positionen in Vertrieb, Marketing und Personal und als Trainingsmanager im Ausland

Steinert, Thomas: Dr., Dipl.-Psych., Dipl.-Vw., geschäftsführender Partner im Beratungsinstitut Endruweit, Steinert & Partner, Entwicklung für Unternehmen, in Hannover, Berater von Entwicklungs- und Trainingsprojekten überwiegend in der Automobilindustrie, für Automobilzulieferer, im Bankgewerbe, der chemischen Industrie sowie im Bergbau

Theiß, Marlen: Inhaberin von „stairs" (Trainings- und Beratungsinstitut), Beraterin von High-Tech-Firmen (EDV- und Kommunikationsindustrie), langjährige Vertriebs- und Managementerfahrung (u.a. Nixdorf, IMS), Sachbuch-Autorin (zum Thema Bewerbung und Karriere)

Voß, Bärbel: Dr., Dipl.-Psych., Fachreferentin in der Personalbetreuung im Personalwesen der Volkswagen AG, Salzgitter, mehrjährige Tätigkeit in den Bereichen Forschung, Lehre, Beratung sowie bei der Volkswagen AG,Wolfsburg, auf den Gebieten Managementtraining und Organisationsentwicklung

Weil, Peter: Dipl.-Psych., selbständiger Managementtrainer und Berater, geschäftsführender Partner im Beratungsinstitut „Quest" Managementdevelopment und Organisationsberatung, Niedersteinebach, Führungsnachwuchskräfte-Entwicklung, Vertriebsentwicklungsprogramme, Team- und Persönlichkeitsentwicklung

Weisengruber, Peter H.: Dr., Dipl.-Psych., Gründungsmitglied des OSTO-Vereins für offene Systementwicklung, Tätigkeit als Human Resource Manager in der deutschen Tochter eines amerikanischen Konzerns, derzeit Leiter Organisations- und Personalentwicklung in einem mittelständischen Unternehmen der Elektronikbranche in Österreich